Handboek generalistische ggz

Giel Hutschemaekers
Mirjam Nekkers
Bea Tiemens

Handboek generalistische ggz

Werken aan zelfregie: een bijzonder specialisme

Houten 2019

ISBN 978-90-368-2363-0   ISBN 978-90-368-2364-7 (eBook)
https://doi.org/10.1007/978-90-368-2364-7

© Bohn Stafleu van Loghum is een imprint van Springer Media B.V., onderdeel van Springer Nature 2019
Alle rechten voorbehouden. Niets uit deze uitgave mag worden verveelvoudigd, opgeslagen in een geautomatiseerd gegevensbestand, of openbaar gemaakt, in enige vorm of op enige wijze, hetzij elektronisch, mechanisch, door fotokopieën of opnamen, hetzij op enige andere manier, zonder voorafgaande schriftelijke toestemming van de uitgever.

Voor zover het maken van kopieën uit deze uitgave is toegestaan op grond van artikel 16b Auteurswet j° het Besluit van 20 juni 1974, Stb. 351, zoals gewijzigd bij het Besluit van 23 augustus 1985, Stb. 471 en artikel 17 Auteurswet, dient men de daarvoor wettelijk verschuldigde vergoedingen te voldoen aan de Stichting Reprorecht (Postbus 3060, 2130 KB Hoofddorp). Voor het overnemen van (een) gedeelte(n) uit deze uitgave in bloemlezingen, readers en andere compilatiewerken (artikel 16 Auteurswet) dient men zich tot de uitgever te wenden.

Samensteller(s) en uitgever zijn zich volledig bewust van hun taak een betrouwbare uitgave te verzorgen. Niettemin kunnen zij geen aansprakelijkheid aanvaarden voor drukfouten en andere onjuistheden die eventueel in deze uitgave voorkomen. De uitgever blijft onpartijdig met betrekking tot juridische aanspraken op geografische aanwijzingen en gebiedsbeschrijvingen in de gepubliceerde landkaarten en institutionele adressen.

NUR 770
Basisontwerp omslag: Studio Bassa, Culemborg
Automatische opmaak: Scientific Publishing Services (P) Ltd., Chennai, India

©: illustraties Roel Vanderbosch

Bohn Stafleu van Loghum
Walmolen 1
Postbus 246
3990 GA Houten

www.bsl.nl

Woord vooraf

Niets zo leuk als werken in de generalistische ggz! De zorg is effectief, voor patiënten goed toegankelijk en collega-hulpverleners spreken vol passie over hun werk. We voelen ons pioniers in deze jongste loot van de Nederlandse ggz. Generalistische ggz vraagt heel veel van zowel patiënten als hulpverleners: Je leert er anders kijken (diagnostiek), anders beslissen (indicatiestelling), anders handelen (interventies) en op geheel eigen wijze evalueren (monitoring). Werken in de generalistische ggz is een bijzonder specialisme.

Wat maakt het specialisme van generalistisch werken zo bijzonder? Voor ons zijn dat twee zaken. De eerste is de positieve grondhouding. We richten ons minder op wat misgaat en juist veel meer op wat goed gaat en nog beter kan; mensen aanspreken op hun eigen expertise. Het tweede kenmerk ligt in het verlengde hiervan: we willen vooral bijdragen aan het eigen herstel van de patiënt. Dat is iets anders dan maximaal herstel van de patiënt. De generalist maakt de patiënten leidend en helpt hen vaardigheden te ontwikkelen waardoor zij zichzelf beter kunnen maken. Dat noemen wij in dit boek bijdragen aan (meer) zelfregie.

Generalistisch werken in de ggz heeft een lang verleden maar nog slechts een korte geschiedenis. Al in de negentiende eeuw beschreven huisartsen een manier van werken die wij tegenwoordig als generalistisch betitelen. Maar als apart erkende tak van zorg met zijn eigen deskundigheidsgebied moet de generalistische ggz nog tot volle bloei komen. Daar willen wij met dit boek een bijdrage aan leveren. We willen laten zien hoe generalistisch werken zich onderscheidt van specialistisch werken, en welke andere principes daaraan ten grondslag liggen. Vervolgens gaan we uitvoerig in op de praktijk van generalistische ggz zoals die onder andere tot ontwikkeling is gebracht binnen Indigo, een landelijke organisatie op het gebied van preventie, poh en generalistische basis-ggz. We beschrijven de belangrijkste stappen in de zorg, werken een heel nieuw model van zelfregie uit, geven daarbij talrijke voorbeelden en laten vervolgens zien hoe veel methodieken – ook uit de specialistische ggz – heel goed bruikbaar zijn voor de generalist.

Dit boek is het resultaat van jaren intensief samenwerken. Ieder van ons heeft een heel eigen geschiedenis van werken in de generalistische ggz. Het is dankzij de organisatie Indigo dat wij elkaar hebben mogen ontmoeten en samen plannen hebben mogen maken om de generalistische ggz op te stuwen in de vaart der volkeren. Uit een van die plannen is dit *Handboek generalistische ggz* ontstaan. Vanuit de werkzaamheden voor Indigo, nu eens vanuit het perspectief van hulpverlener, dan weer vanuit de rol van onderzoeker en trainer en soms ook als medevormgever en inrichter van de praktijk van generalistische ggz in de regio, hebben wij onze ervaringen bijeengebracht en neergelegd in een algemeen handboek voor alle hulpverleners in de generalistische ggz. Daarbij bouwen wij voort op de inzichten van de pioniers van het eerste uur, onder wie Paul Rijnders, de bouwer van het KOP-model, en Ruud Coenen die het Indigoconcept heeft ontwikkeld.

Dankzij de inzet van velen is dit boek tot stand gekomen. Enkelen willen we bij naam noemen. Allereerst de achtereenvolgende directeuren van de Indigo Service Organisatie (ISO) die de totstandkoming van dit boek mogelijk hebben gemaakt, te weten Judith Meijer, Frank Hengeveld en sinds kort Fennie Zwanepol. Via hen danken wij het ISO-bureau en met name David van Zijl die het register heeft opgesteld. Roel Venderbosch maakte de prachtige illustraties. Ook de leden van de Zorgraad, de directeuren uit de Franchiseraad alsmede de aandeelhouders en bestuurders willen we danken voor hun inzet en betrokkenheid.

Een bijzonder woord van dank aan degenen die hebben meegedacht en meegelezen, waaronder Frans Boeckhorst, Jan Bransen, Peter Lucassen, Liesbeth Mok en de collega's van Nijca^{2}re (Nijmegen). Ook danken wij de programmaleiders van Indigo Gelderland, te weten: Masja Al, Mehrnoosh Eslami, Lisette Wittkampf en Ronald Roskam en hun voorgangers Iris Peperkamp, Sabine Bouts en Iris Vrieling. Cecile Exterkate, Joke Groeneweg, Arie de Vries en Myrna Rossing hebben ieder op hun eigen wijze het boek van meer fundament voorzien. Aparte vermelding verdienen ook al onze collega's op de Indigowerkvloer die met ons hun ervaringen deelden, hun kritische vragen stelden en met enthousiasme reageerden op de verschillende versies van dit handboek. En *last but not least* danken wij heel in het bijzonder onze patiënten. Via hen hebben wij het vak geleerd. Het is dankzij hen dat wij zo overtuigd zijn geraakt van de zinvolheid van generalistisch werken en het accent daarbinnen op versterking van zelfregie.

Giel Hutschemaekers
Mirjam Nekkers
Bea Tiemens

Inhoud

1	**Generalistische en specialistische ggz: een passende tweedeling**	1
1.1	Specialistische en generalistische beroepen	3
1.2	Specialistische en generalistische geneeskunde	6
1.3	Specialistische en generalistische geestelijke gezondheidszorg	14
1.4	Uitgangspunten van een generalistische ggz	18
	Literatuur	19
2	**Het doel van de generalistische ggz: zelfregie vergroten**	21
2.1	Het zelf	23
2.2	De toneelmetafoor	26
2.3	Het gezondheidspodium	33
2.4	Regie en zelfregie, hoe werkt dat?	37
2.5	Samenvatting en conclusies	45
	Literatuur	46
3	**Van diagnose naar probleemeigenaarschap**	47
3.1	De basishouding: direct en dichtbij	49
3.2	De KLOP-aanpak	51
3.3	De kracht van de beperking	60
3.4	De gemeenschappelijke probleemdefinitie	66
3.5	Van probleemdefinitie naar probleemeigenaarschap	70
3.6	Selectie: van pluis naar niet-pluis	73
3.7	Samenvatting en conclusies	74
	Literatuur	75
4	**Van indicatiestelling naar oplossingseigenaarschap**	77
4.1	De basishouding: oplossingsgericht	79
4.2	Perspectiefwisseling	81
4.3	Focussen, focussen en focussen	83
4.4	Het behandeldoel formuleren	97
4.5	Voorbereiden op de interventie	100
4.6	Van indicatiestelling naar oplossingseigenaarschap	102
4.7	Samenvatting en conclusies	105
	Literatuur	106
5	**Van interventie naar uitvoeringseigenaarschap**	107
5.1	De basishouding: doelgericht en pragmatisch	110
5.2	Vier regievaardigheden	112
5.3	Mentaliseren	114
5.4	Flexibiliseren	127
5.5	Internaliseren	139

5.6	Veerkracht	148
5.7	Sluiproutes, rondritten en hoofdwegen	158
5.8	Van interventie naar uitvoeringseigenaarschap	163
5.9	Samenvatting en conclusies	165
	Literatuur	166
6	**Van evaluatie naar proceseigenaarschap**	169
6.1	De basishouding: methodisch, behendig en roldoorbrekend	171
6.2	Evalueren: van resultaatmeting naar monitoring	175
6.3	Evaluatie als gemeenschappelijke opdracht	177
6.4	Van evalueren naar inzicht	182
6.5	Van inzicht naar proceseigenaarschap	185
6.6	De toolbox van de (zelf)regisseur	188
6.7	Samenvatting en conclusies	193
	Literatuur	194
7	**Slot: werken aan zelfregie, een bijzonder specialisme**	197
7.1	Samenvatting	198
7.2	Werken aan zelfregie	200
7.3	Een bijzonder specialisme	202
	Literatuur	205
	Bijlagen	207
	Literatuur	208
	Register	212

Over de auteurs

Prof. dr. Giel Hutschemaekers
studeerde filosofie in Straatsburg en psychologie in Tilburg. In 1990 promoveerde hij (cum laude) op de cultuurgebondenheid van psychische stoornissen (*Neurosen in Nederland. 85 jaar psychisch en maatschappelijk onbehagen*. Nijmegen:SUN). In datzelfde jaar werd hij onderzoekscoördinator en later hoofd onderzoek bij het Trimbos-instituut Utrecht, waar hij verantwoordelijk was voor het onderzoek naar de eerstelijns ggz en de ambulante ggz, alsmede naar de beroepenstructuur in de ggz (Hutschemaekers & Neijmeijer, *Beroepen in Beweging, Professionalisering en grenzen van een multidisciplinaire GGZ*. Houten: BSL; 1998). In 2000 werd hij bijzonder hoogleraar Professionalisering van zorg aan de Radboud Universiteit Nijmegen en hoofd van de afdeling onderzoek van de Gelderse Roos (tegenwoordig Pro Persona). Hier verrichtte hij onderzoek naar de inrichting van de geestelijke gezondheidszorg, de vorming van de generalistische ggz en was hij een van de oprichters van Indigo. In 2008 werd hij gewoon hoogleraar Geestelijke Gezondheidszorg aan de Radboud Universiteit Nijmegen. Vanaf 2014 is hij tevens als gz-psycholoog werkzaam bij Indigo Gelderland, waar hij naast de zorg voor patiënten verantwoordelijk is voor de inrichting van de generalistische basis-ggz.

Drs. Mirjam Nekkers
studeerde klinische en gezondheidspsychologie in Leiden. Ze begon haar loopbaan in de s-ggz als behandelaar met als specifiek aandachtsgebied trauma en persoonlijkheidsproblematiek. Daarnaast specialiseerde zij zich in psychodiagnostisch onderzoek, waaronder neuropsychologisch onderzoek. In deze periode realiseerde zij haar registratie als gz-psycholoog en als gedragstherapeut. In 2007 stapte zij over naar kortdurend behandelen. Enkele jaren later werd zij als manager zorg inhoudelijk verantwoordelijk voor Indigo Rijnmond. In 2015 werd zij landelijk opleider Indigo en trad zij toe tot het managementteam van de Indigo Service Organisatie. Vanuit deze functie was zij medeverantwoordelijk voor de ontwikkeling van de specifieke behandelmethodiek van Indigo. Deze visie werd in 2015 voor het eerst beschreven in het *Indigo Handboek voor de Basis GGZ. Focus in de Basis GGZ* waar zij aan meewerkte. In 2018 was zij verantwoordelijk voor de ontwikkeling van de Indigo e-*health*-aanpak en was zij betrokken bij de start van een volledig digitale poli. Hiernaast geeft zij regelmatig opleidingen en trainingen op het gebied van kortdurend (generalistisch) werken o.a. bij de RINO in het kader van de gz-opleiding. Gedurende haar hele loopbaan werkt zij als behandelaar (gz-psycholoog). De laatste jaren in een vrijgevestigde praktijk in de basis-ggz en vanaf 2018 ook als regiebehandelaar bij de digitale poli van Indigo West.

Prof. dr. Bea Tiemens
studeerde andragologie in Groningen en epidemiologie in Amsterdam (VU). Ze promoveerde in 1999 op onderzoek naar diagnostiek en behandeling van psychische problematiek in de huisartsenpraktijk (Management of mental health problems in primary care. The doctor, the patient and the medical model. Rijksuniversiteit Groningen). In1998 begon ze als senior

onderzoeker en later als programmahoofd Diagnostiek en Behandeling bij het Trimbos-instituut in Utrecht. De eerste lijn, het *stepped-care* inrichten van de zorg en kosteneffectiviteit van de ambulante ggz waren daar de belangrijkste thema's in haar werk. In 2001 maakte ze de overstap naar de Gelderse Roos (tegenwoordig Pro Persona), waar ze zich als senior onderzoeker richt op o.a. methodisch evidence-based werken (B. Tiemens, A. Kaasenbrood & G. de Niet, *Evidence Based werken in de GGZ. Methodisch werken als oplossing*. Houten: BSL; 2010) en onderzoek naar en de implementatie van *routine outcome monitoring*. Dit laatste ook samen met andere ggz-instellingen in het Centrum voor Zorgmonitoring, waarvan ze drie jaar directeur was. Sinds de start van de basis-ggz is ze programmaleider onderzoek van Indigo en doet ze onder meer onderzoek naar de kosteneffectiviteit van de basis-ggz. In 2016 werd ze bijzonder hoogleraar *Evidence-based practice in mental health care* aan de Radboud Universiteit in Nijmegen.

Inleiding

Generalistische ggz

Nederland heeft een uitstekende gezondheidszorg. Dat geldt voor de algemene gezondheidszorg, het geldt zeker ook voor de geestelijke gezondheidzorg (ggz). Vanaf de jaren vijftig van de vorige eeuw is gestaag gewerkt aan een web van professionele zorgaanbieders en voorzieningen waarin kwalitatief goede zorg op ieders maat geboden wordt. In vergelijking met onze buurlanden is onze geestelijke gezondheidszorg niet alleen van uitstekende kwaliteit maar ook dicht bij de burger en goed toegankelijk.[1]

Van oudsher wordt binnen de gezondheidszorg onderscheid gemaakt tussen de zorg geboden door en rondom de huisarts (vaak eerstelijnszorg genoemd) en zorg op iets grotere afstand van de patiënt[2] waarvoor verwijzing noodzakelijk is, de zogenoemde tweedelijnszorg. Dat onderscheid alsook de onderlinge verhoudingen tussen die twee zorgcompartimenten vormen een regelmatig terugkerend punt van discussie en aandacht. Al vanaf het einde van de jaren tachtig van de twintigste eeuw staat het onderwerp op de agenda van onderzoekers.[3] Met de opkomst in 1982 van de Regionale Instellingen voor Ambulante Geestelijke Gezondheidszorg (Riagg) en later de geïntegreerde instellingen voor geestelijke gezondheidszorg, is vanaf de jaren tachtig een ware trek van patiënten naar deze tweedelijnsvoorzieningen op gang gekomen. Die trek laat zich voor een groot deel begrijpen door een verschuiving van patiënten uit de eerste lijn. Tussen 1980 en 2000 is het aantal in de eerste lijn behandelde patiënten met psychische problemen met circa een derde afgenomen.[4] Voormalig minister Els Borst stelde in 1998 voor het eerst expliciet een verschuiving voor van tweedelijns geestelijke gezondheidszorg naar de eerstelijns ggz.[5] In navolging van minister Borst pleitten alle ministers sindsdien voor het in ere herstellen van geestelijke gezondheidszorg rondom de huisartsenpraktijk.

Om die ontwikkeling kracht bij te zetten heeft in 2014 een fundamentele herinrichting van de gezondheidszorg plaatsgevonden, waarbij het oude onderscheid tussen eerste en tweede lijn heeft plaatsgemaakt voor een herverkaveling van het veld in generalistische ggz en specialistische

---

1   Van Rooij E, Droyan-Kodner L, Rijsemus T, Schrijvers G, editors. Health and health care in the Netherlands. A critical self-assessment of Dutch experts in medical and health sciences. 2nd revised ed. Maarssen: Elsevier Gezondheidszorg; 2002.
2   In lijn met het vocabulaire van de huisarts zal in dit boek consequent gesproken worden over de patiënt. Daarmee wijken wij af van het binnen de ggz meer gangbare gebruik van cliënt. Ook zullen wij omwille van de leesbaarheid consequent de patiënt in de mannelijke vorm gebruiken, zonder daar v/m aan toe te voegen. Dit laatste geldt ook voor de behandelaar; waarmee behandelaar m/v wordt bedoeld.
3   De Rijk K, Verhaak P, Tiemens B, De Vries W, Kerssens JGH. Tussen de lijnen. Achtergrondstudie bij de Beleidsvisie GGZ. Utrecht: Trimbos-instituut Nivel; 1999.
4   Verhaak P, Van de Lisdonk E, Bor H, Hutschemaekers G. GP's referral to mental health care during the last 25 years. Brit J Gen Pract. 2000;50:307–8.
5   Ministerie van Volksgezondheid, Welzijn en Sport. Beleidslijnen GGZ. 's – Gravenhage: Ministerie VWS; 1998.

ggz (s-ggz). Generalistische ggz wordt aangeboden door de huisarts, de praktijkondersteuner ggz (poh-ggz) alsmede door de generalistische basis-ggz. Een deel van de oude tweedelijns ggz is daarmee verplaatst naar de generalistische ggz. Tegelijkertijd heeft de tweedelijns ggz een sterker programmatisch en specialistisch karakter gekregen, vandaar de naam specialistische ggz. Met deze transitie heeft de overheid de daad bij haar visie gevoegd dat lokale zorgaanbieders, onder wie huisartsen, sociale wijkteams, maatschappelijk werkers en andere professionele zorgaanbieders, een centrale plaats in zorg en welzijn moeten krijgen. Een ontwikkeling die aansluit bij het streven van de overheid om de rol van burgers zelf bij de opbouw van hun wijk en het welzijn van de bewoners te versterken.

Er zijn veel goede redenen om de generalistische ggz te versterken. Onderzoek laat zien dat generalistische ggz zowel effectief als doelmatig is. Recent is aangetoond dat de effectiviteit van de generalistisch ggz zeker even groot is als die van de s-ggz, maar dat de kosten per patiënt ongeveer een derde zijn van die in de s-ggz.[6] Deze lagere kosten bij patiënten met soortgelijke problematiek en even ernstige beperkingen in functioneren zijn waarschijnlijk toe te schrijven aan de veel kortere procedures, kortere lijnen, een pragmatischer werkwijze en vooral veel minder behandelsessies. We voegen daar aan toe dat de wachttijden korter zijn en dat patiënten een hogere satisfactie rapporteren over generalistische ggz in vergelijking tot de s-ggz (zie bijvoorbeeld de jaarcijfers van grote ggz-instellingen met een aparte generalistische afdeling als Indigo). Ook blijken de verwijzers beter te spreken over de generalistische aanbieders. Vergelijkbare resultaten komen naar voren uit eerdere (helaas nog beperkt beschikbare) experimentele studies. Ook uit dat type onderzoek blijkt dat de effectiviteit van behandelen gelijk is en de kosten aanzienlijk lager,[7] ook op de langere termijn.[8] Ten slotte wijzen de eerste resultaten met betrekking tot de behandeling van patiënten met chronische problematiek in de generalistische ggz in dezelfde richting: goedkoper en zeker niet slechter.[9]

De cijfers over de generalistische ggz sluiten direct aan bij uitkomsten van studies over de algemene gezondheidszorg. Ook hier is vergelijkbare effectiviteit gevonden tegen veel lagere kosten. Stange spreekt daarbij over de *paradox of primary care*: in gezondheidszorgsystemen met de huisarts als poortwachter worden in het algemeen dezelfde resultaten gevonden als in gezondheidszorgsystemen waarbij patiënten direct

---

6   Van Mens K, Lokkerbol J, Janssen R, Van Orden ML, Kloos M, Tiemens B. A cost-effectiveness analysis to evaluate a system change in mental healthcare in the Netherlands for patients with depression or anxiety. Adm Policy Ment Health & Ment Health Serv Res. 2018;07.
7   Van Straten A, Tiemens B, Hakkaart L, Nolen WA, Donker MCH. Stepped care versus matched care for mood and anxiety disorders: a randomised controlled trial in routine practice. Acta psychiatr Scand. 2006;113(6):468–76.
8   Van Orden ML, Deen ML, Spinhoven P, Haffmans J, Hoencamp E. Five-year mental health care use by patients referred to collaborative care or to specialized care. Psychiatr Serv Adv. 2015.
9   Beckers T, Koekkoek B, Tiemens B, Jaeqx-van Tienen L, Hutschemaekers G. Substituting specialist care for patients with severe mental illness with primary healthcare. Experiences in a mixed methods study. J Psychiatr Ment Health Nurs. 2018.

toegang hebben tot de specialist, maar tegen veel geringere kosten.[10] Daarnaast, en daar verwijst het woord 'paradox' naar, is er iets bijzonders aan de hand: de specialistische zorg is effectiever in de behandeling van specifieke stoornissen, de generalistische zorg is effectiever op het collectieve niveau van de bevolking. Hoe dat kan? De gezondheid van de hele bevolking omvat veel meer dan de optelsom van alle specifieke stoornissen. In een land met een goede generalistische gezondheidszorg word je gemiddeld ouder in goede gezondheid, in een land met een goede direct toegankelijke specialistische ggz genees je sneller van specifiek ziekten en is de kans kleiner dat je daaraan overlijdt. Hoe het ook zij, in de ideale gezondheidswereld is er naast een heel goede specialistische zorg ook sprake van een heel goede generalistische zorg.

Met dit boek willen wij een bijdrage leveren aan de uitbouw en nadere invulling van zo'n heel goede generalistische ggz zoals die al sinds 1998 is beoogd en sinds 2014 feitelijk in heel Nederland wordt aangeboden. Generalistische zorg maakt sinds 2014 deel uit van het basispakket van de zorgverzekering. Tot de generalistische ggz behoren de zorg voor psychische problemen die wordt geboden door de huisarts, de poh-ggz en de professional in de gb-ggz. Voor hen is dit boek primair geschreven. Daarnaast bieden ook tal van andere hulpverleners in andere sectoren van de gezondheidszorg generalistische ggz aan. Denk daarbij aan hulpverleners in categorale voorzieningen, zoals jeugdzorg of gehandicaptenzorg. Ook in het algemeen ziekenhuis wordt vaak generalistische ggz geboden, zeker als het gaat over leren omgaan met angsten rondom lichamelijke ziekten. Ook voor hulpverleners die in die settingen werken, is dit boek bedoeld. Vandaar de titel: *Handboek generalistische ggz*. Dit boek biedt een gedetailleerde beschrijving van de uitgangspunten van de generalistische werkwijze, een blauwdruk van het therapeutisch proces alsmede een beknopte beschrijving van de talrijke interventies die generalisten aanbieden.

Aan de basis van dit boek ligt de praktijk van de generalistische basis-ggz zoals die is ontwikkeld binnen Indigo, een landelijke aanbieder van preventie, poh-ggz en generalistische basis-ggz.[11] Indigo heeft zich afgelopen jaren uitdrukkelijk geprofileerd als aanbieder van generalistische zorg, met name geboden door de gz-psycholoog en verpleegkundig specialisten, en gepositioneerd tussen huisarts en specialistische ggz. Deze basis bepaalt de psychologische insteek van dit boek. Strikt medische interventies (bijvoorbeeld psychofarmaca) worden nauwelijks beschreven. De psychiater, die wel degelijk een rol heeft in de generalistische ggz, komt hiermee slechts zijdelings aan bod. Hetzelfde geldt voor (psycho)sociale interventies zoals die binnen welzijn en maatschappelijk werk worden gebruikt. Ook collectieve preventiestrategieën blijven voor het grootste deel buiten beschouwing. Wij concentreren ons op de individuele zorg met een generalistische aanpak aan patiënten met expliciet psychologische klachten. In het vervolg van deze inleiding schetsen we de kaders van de generalistische zorg en vertellen we waar de verschillende onderdelen in het boek te vinden zijn.

---

10 Stange KC, Ferrer RL. The paradox of primary care. Ann Fam Med. 2009;7(4):293.
11 Hutschemaekers G. Focus in de Basis GGZ. Indigo Handboek voor de Basis GGZ. Utrecht: Indigo; 2015.

De opzet van dit boek

Waarin schuilt het eigene van de generalistische ggz? Natuurlijk zijn de lijnen korter en is de organisatievorm eenvoudiger. Maar dat bepaalt maar een deel van de verschillen. Andere verschillen zijn het andere behandelperspectief en daaraan gekoppeld andere te realiseren doelen met deels andere middelen (interventies). Generalisten, ook wel poortwachters van de gezondheidszorg genoemd, hebben als belangrijke taak te bepalen wat hun patiënten minimaal nodig hebben om zelf weer verder te kunnen. 'Minimaal' staat daarbij voor zo min mogelijk ondersteuning door de gezondheidszorg. Specialisten krijgen vooral patiënten over de vloer die onvoldoende zijn opgeknapt met de zorg van de generalist om zelf weer verder te kunnen. Hun vraag heeft daarom een ander vertrekpunt, te weten de ziekte van de patiënt, en luidt: welke interventies bieden de hoogste kans op genezing van deze ziekte? Zij selecteren interventies op basis van de effectiviteit op het herstel van die ziekte. Die andere uitgangspunten en hun gevolgen voor de keuze van interventies werken we verder uit in ▶H. 1 waar het onderscheid generalistische en specialistische ggz centraal staat. Het betreft hier een ideaaltypische beschrijving van het onderscheid tussen generalistische en specialistische ggz. In de praktijk van alledag komen allerlei mengvormen voor.

De generalistische benadering is dus gericht op het zo snel mogelijk zelf weer verder kunnen, oftewel de versterking van het zelfhelend vermogen van patiënten. Binnen de generalistische ggz spreken wij bij voorkeur over *zelfregie*. In ▶H. 2 werken we het begrip zelfregie verder uit. Aan de hand van de toneelmetafoor maken we duidelijk dat er naast de rol van (zelf)regisseur ook altijd sprake is van een acteur die op het podium een personage uitbeeldt dat samen met andere personages in allerlei situaties en verwikkelingen verzeild raakt. Gaat het mis op het podium, dan kan de regisseur achter het podium (backstage) de acteur ondersteunen bij het zoeken naar een oplossing. Zelfregie is vanuit die metafoor de vaardigheid van de acteur om bij problemen met zijn personage op het podium kleine aanpassingen te organiseren zodat het personage weer verder aan de slag kan. En nogmaals in de beeldspraak van die metafoor vervult de hulpverlener de rol van regisseur die de acteur (patiënt) ondersteunt bij dat leerproces. Doel van meer zelfregie is dan dat de patiënt aan de hand van zijn actuele probleem ontdekt hoe oplossingen kunnen worden gerealiseerd, en hoe hij die problemen een volgende keer eerder herkent en zelf kan oplossen. Op basis van de regiemetafoor presenteren we in dit hoofdstuk een *regiemodel*, bestaande uit zowel de therapeutische acties van de therapeut (de regisseur) als die van de patiënt (op weg naar zelfregisseur).

Met die centrale doelstelling van versterken van zelfregie sluit de generalistische ggz aan bij het onderscheid van Machteld Huber tussen uitdagingen van het leven en de wijze van omgaan ermee.[12] Uitdagingen verwijzen naar ziekten, omstandigheden en

---

12 Huber M, Knottnerus JA, Van der Horst H, Jadad AR, Kromhout D, Leonard B, et al. How should we define health? BMJ. 2011;343:d4163.

gebeurtenissen, het omgaan ermee, hier *coping* genoemd, is een basisactiviteit van ieder individu en geschiedt hoofdzakelijk, maar niet uitsluitend, via automatische psychologische processen. Bij nieuwe, zich steeds herhalende uitdagingen of combinaties ervan kan het zijn dat die coping stagneert. Generalistisch werkende hulpverleners ondersteunen de patiënt bij het opheffen van die stagnatie. Dat doen ze idealiter vanuit een oplossingsgerichte en niet-pathologiserende (normaliserende) basishouding, waarbij de patiënt maximaal wordt aangemoedigd zelf het heft weer in handen te nemen. Daarvoor beschikken ze over een bijzondere expertise, met eigen diagnostiek, indicatiestelling, interventies en evaluatiemethoden. Daarbij past een transparante, methodische werkwijze die past op de individuele maat van de patiënt en waarbij wetenschappelijke kennis (*evidence*) optimaal wordt ingezet en de voortgang en uitkomst van de zorg systematisch worden geëvalueerd. In de ▶H. 3, 4, 5 en 6 wordt die generalistische aanpak uitgewerkt en toegelicht met talrijke voorbeelden. Let wel, wie een soort kookboek verwacht met vaststaande therapeutische recepten uit de generalistische keuken, zal bedrogen uitkomen. In plaats daarvan wordt de lezer meegevoerd in de eigen unieke wereld van generalistisch werken in de geestelijke gezondheidszorg. Een wereld waarin niet volgens vaststaande recepten wordt gekookt, maar waar wordt gekookt met wat op die dag op de markt te koop is aan liefst regionale producten, met als doel op die manier in korte tijd samen de gezondste maaltijd op tafel te zetten. Een maaltijd die de patiënt ook na de therapie nog vele malen in eigen varianten kan maken.

De generalistische ggz maakt gebruik van specifieke diagnostische instrumenten; sommige zijn speciaal ontwikkeld voor gebruik in een generalistische context, andere instrumenten laten zich in licht gemodificeerde vorm, goed gebruiken als generalistisch instrument. Een goed voorbeeld daarvan is het KOP-model, zoals dat ontwikkeld is in Zeeland door Paul Rijnders en collega's.[13] In ▶H. 3 zullen we laten zien hoe het KOP-model kan worden uitgebreid tot een volledig generalistisch model, ook geschikt voor huisarts en poh-ggz. In de hier voorgestelde aanpak zullen *K*lachten worden geïnterpreteerd als een gevolg van een specifieke samenhang tussen *L*ijf, *O*mstandigheden en *P*ersoonlijke stijl (de KLOP-aanpak). Door de toevoeging van het lijf als factor kan de huisarts goed uit de voeten met dit model. Ook voegt lijf een specifieke verklaringscategorie toe voor specifieke groepen patiënten bij wie lichamelijke klachten vaak op de voorgrond staan, zoals migranten en patiënten met een chronisch psychiatrische aandoening. Met de KLOP-aanpak wordt gewerkt aan een gemeenschappelijke probleemdefinitie die uiteindelijk leidt tot probleemeigenaarschap bij de patiënt.

In ▶H. 4 wordt vervolgens de generalistische indicatiestelling beschreven. Daarbij gaat het over de vraag langs welke weg welk doel in de verdere behandeling zal worden gerealiseerd. Ook hier maakt de generalistische hulpverlener gebruik van verschillende

---

13 Rijnders P, Heene E, editors. Handboek KOP-model. Kortdurende interventies voor de basis GGZ. Amsterdam: Boom; 2015.

interventiestrategieën, waaronder de probleemoplossende aanpak en tal van oplossingsgerichte technieken. Kenmerkend voor de generalistische aanpak is de gemeenschappelijke actie van hulpverlener en patiënt, gericht op focussen en keuze voor een helder doel, praktisch aangrijpingspunt en passende interventies. De fase van indicatiestelling mondt uit in oplossingseigenaarschap van de patiënt die gemotiveerd is voor verdere therapeutische actie en weet wat hem te doen staat om het probleem op te lossen.

▶Hoofdstuk 5 gaat over interventies. Het regiemodel wordt als ordeningsprincipe gehanteerd. We maken onderscheid tussen vier regievaardigheden die ontwikkeld worden, te weten: mentaliseren, flexibiliseren, internaliseren en evalueren. We maken vervolgens inzichtelijk dat talrijke interventies afkomstig uit verschillende therapeutische tradities prima toepasbaar zijn voor het verwerven van regievaardigheden. Met die interventies ondersteunt de hulpverlener de patiënt door tijdelijk bepaalde taken van hem over te nemen, waardoor de patiënt weer in beweging kan komen om uiteindelijk weer zelf de regie over de oplossing van zijn problemen te kunnen nemen. Hoewel de generalistische aanpak voor grote groepen van patiënten toepasbaar is, zullen we ons hier vooral richten op volwassen patiënten aan de voordeur van de ggz. Voor patiënten met een uitgebreide geschiedenis van ggz en een chronisch beloop van hun klachten wordt een aparte aanpak middels veerkrachtinterventies voorgesteld. Zonder de pretentie van volledigheid worden enkele voorbeelden van deze veerkrachtsystematiek kort toegelicht. Specifieke interventies voor kinderen en jeugdigen komen in dit boek nauwelijks aan bod. Dat vraagt een apart overzicht.

De vierde stap van evaluatie staat centraal in ▶H. 6. Daarbij beginnen we bij de eerste functie van evalueren: vaststellen of het beoogde resultaat is gerealiseerd. Vervolgens zetten we de stap naar de tweede functie, die van voortdurende monitoring van het verloop van de behandeling. Naast een beschrijving van mogelijke meetinstrumenten en gebruik daarvan, gaat het uiteindelijk vooral om de stap waarbij kijken of het werkt verandert in zorgen dat het werkt. De patiënt leert daarmee eigenaar te worden van het veranderproces zelf. Einddoel van de behandeling is immers zelfregisseur worden, dat wil zeggen: de vaardigheden verwerven om in de toekomst bij dreigende stagnatie zelf acties te ondernemen die leiden tot afstand nemen, focussen en keuzes maken, tot trainen en ten slotte het proces volgen en continu bijsturen.

In de slotbeschouwing kijken we eerst terug op de generalistische werkwijze en de verschillende stappen in het therapeutisch proces leidend tot meer zelfregie bij de patient. We schetsen hoe patiënten deze stappen leren te zien en vertalen deze stappen in actietermen die de patiënt meeneemt, ook na de behandeling. Acties die hij kan inzetten om het resultaat van de behandeling te behouden, en mogelijk zelfs in geval van een toekomstig probleem als daadwerkelijk zelfregisseur. We schetsen enkele concrete tools die hiervoor gebruikt kunnen worden. Die terugblik kan gelezen worden als een samenvatting van dit boek. We eindigen met een beschouwing over de rol van de hulpverlener in de generalistische ggz en zullen daarbij een krachtig pleidooi voeren voor verdere uitbouw van het bijzonder specialisme van generalistische ggz.

Generalistische en specialistische ggz: een passende tweedeling

1.1 Specialistische en generalistische beroepen – 3
1.1.1 Het optelmodel – 3
1.1.2 Het complementaire model – 4

1.2 Specialistische en generalistische geneeskunde – 6
1.2.1 Specialistische geneeskunde – 6
1.2.2 Generalistische geneeskunde – 9
1.2.3 Generalisten en specialisten samen in de algemene gezondheidszorg – 12
1.2.4 De paradox van de generalistische zorg – 13

1.3 Specialistische en generalistische geestelijke gezondheidszorg – 14
1.3.1 Late specialisatie – 14
1.3.2 De geïntegreerde specialistische ggz – 15
1.3.3 Een nieuwe positie voor de generalistische ggz – 17

1.4 Uitgangspunten van een generalistische ggz – 18

Literatuur – 19

© Bohn Stafleu van Loghum is een imprint van Springer Media B.V., onderdeel van Springer Nature 2019
G. Hutschemaekers, M. Nekkers en B. Tiemens, *Handboek generalistische ggz*,
https://doi.org/10.1007/978-90-368-2364-7_1

Sinds 1 januari 2014 is er sprake van een nieuwe inrichting van de geestelijke gezondheidszorg. Dat heeft geleid tot een forse versterking van de zorg voor mensen met psychische problemen in en rond de huisartsenpraktijk, door onder andere een structurele uitbreiding van de praktijkondersteuner huisarts-ggz (poh-ggz) en de oprichting van de generalistische basis-ggz (gb-ggz). Huisarts, poh-ggz en de gb-ggz vormen gezamenlijk de generalistische ggz. Naast de generalistische ggz staat de specialistische ggz die onder andere ondergebracht is in de grote geïntegreerde ggz-instellingen. Wat nu maakt het onderscheid tussen beide zorgsegmenten, wat is met andere woorden het inhoudelijke verschil tussen generalistische en specialistische ggz?

In dit hoofdstuk gaan we in op dit onderscheid generalistisch-specialistisch. Duidelijk wordt dat de literatuur hierover allesbehalve eenduidig is, noch over de generalistische ggz noch over de specialistische ggz. We beginnen met het onderscheid specialistische versus generalistische beroepen. Op basis van de literatuur onderscheiden we twee professionaliseringsmodellen. In het eerste model, het optelmodel, wordt een professional specialistischer naarmate hij over meer kennis beschikt en is de generalist iemand die nog onervaren is en nog geen specialist is. In de tweede benadering, hier het complementaire model genoemd, worden specialist en generalist onderscheiden als diepte- en als breedtespecialist. Het complementaire model vormt het uitgangspunt voor het ideaaltypische onderscheid tussen generalistisch en specialistisch werken waarop dit boek is gebaseerd.

1.1 Specialistische en generalistische beroepen

Het woord 'specialistisch' wordt gebruikt om een verbijzondering aan te geven: sommige winkels worden speciaalzaken genoemd en van sommige apparaten wordt gezegd dat ze een zeer specialistische functie vervullen. In wetenschappelijke taal wordt specialisme vaak gebruikt ter aanduiding van een tak van wetenschap die afzonderlijk beoefend wordt, als deel van een gebied van kennis waarin iemand in het bijzonder thuis is. Tegenover specialistisch staat dan meestal algemeen, dat wil zeggen: niet opgedeeld en niet toegespitst. Het woord 'generalisme' wordt veel minder eenduidig gebruikt. Nu eens wordt het gebruikt als synoniem van algemeen, en dan weer lijkt generalisme een soort van specialisme te zijn. We spreken hier van het optelmodel en het complementaire model [1].

1.1.1 Het optelmodel

Wikipedia definieert een generalist als: 'Iemand die niet ergens (beroepsmatig) in is gespecialiseerd maar over allerlei onderwerpen een behoorlijke basiskennis heeft.' Een generalist is volgens deze definitie iemand die wel iets maar niet heel veel over een onderwerp weet. Een generalist beschikt over basale kennis maar die kennis is (nog) niet heel precies en uitgekristalliseerd. Conform deze visie is de generalist een specialist in opleiding. Opleidingen gaan vaak uit van deze betekenis: de initiële fase van de studie (bijv. de bachelor) is generalistisch, daarna in de master is er ruimte voor de specialistische vervolgstappen. Een voorbeeld van die opvatting vormt het beroepengebouw van de psycholoog in de gezondheidszorg. Deze begint als 'basispsycholoog', dat wil zeggen: als relatieve nieuweling aan de gz-psychologieopleiding. Daar krijgt hij vervolgens een brede, generalistische opleiding die hem in staat stelt onder begeleiding te gaan werken of de specialistische opleiding tot klinisch psycholoog te volgen. De klinisch psycholoog heeft specialistische kennis over het hele brede terrein van de gz-psychologie. De klinisch psycholoog weet op elk terrein meer dan de gz-psycholoog, en de gz-psycholoog weer meer dan de basispsycholoog. Een soort van optelling.

In dit optelmodel zit niet alleen een hiërarchische lijn tussen de generalist en de specialist, maar ook een zekere organisatorische plaatsbepaling. Heel vaak zitten generalisten aan de voordeur, dat wil zeggen dat ze van de betreffende discipline het meest toegankelijk zijn voor patiënten; ze kunnen vaststellen wat het probleem is en welke oplossing passend is. Bij simpele oplossingen kunnen ze het zelf doen, bij moeilijke en complexe oplossingen zullen ze verwijzen naar de specialist die meer kennis en ervaring heeft en dus over meer expertise beschikt. Gekoppeld aan die organisatorische plaats blijkt er vervolgens ook een onderscheid in doelgroep te ontstaan. Patiënten met eenvoudige problematiek kunnen volstaan met de generalist, patiënten met complexe problematiek gaan naar de specialist. Ook mensen die nog niet weten waar ze moeten zijn, gaan naar de generalist.

Heel vaak zien we dat in deze eerste definiëring van generalist en specialist ook een zeker waardeoordeel schuilgaat. De generalist is niet alleen eenvoudiger toegankelijk en meer een allrounder, hij is misschien ook wat pragmatischer en misschien zelfs wat rommeliger. Omdat zijn expertise beperkt is, moet hij vaak een beetje gokken en wat provisorisch te werk gaan. De specialist weet preciezer wat hij moet doen. Niet geheel toevallig is zijn aanpak sterker gestandaardiseerd en maakt hij vaker gebruik van protocollen en heel precieze instrumenten. Ten slotte klinkt in deze definitie door dat een goede generalist als vanzelf een specialist wordt, zeker als hij zijn ervaring koppelt aan scholing. Iemand is slechts tijdelijk generalist. Blijft hij generalist, dan zegt dat iets over zijn beperkte capaciteiten: hij is kennelijk niet in staat uit te groeien tot specialist.

Het is nauwelijks verwonderlijk dat vooral specialisten uitgaan van een dergelijke definitie van het onderscheid generalist-specialist. Voor hen spreekt het vanzelf dat expertisevorming een cumulatief karakter heeft: hoe meer kennis en ervaring, des te beter de kwaliteit van het professioneel handelen (vandaar de naam optelmodel). Bovendien sluit deze opvatting direct aan bij ons eigen leren: hoe vaker we een specifiek probleem tegenkomen, des te groter wordt de kans dat we dat probleem beter leren herkennen en sneller leren oplossen. Voor een reparatie brengen we onze auto dan ook het liefst naar onze vaste garage onder de hoede van de meest ervaren monteur. Er is een hele onderzoekstraditie die deze ervaring lijkt te bevestigen [2]: specialisten hebben vergeleken met minder ervaren collega's in dezelfde setting een krachtigere probleemanalyse, kunnen in lastige situaties beter grotere en betekenisvolle patronen construeren en beschikken over meer routines, waardoor zij ook beter vooruit kunnen kijken en meer oog hebben voor mogelijke complicaties. Ook zijn ze beter opgewassen tegen externe druk. Kortom: hoe langer iemand kennis blijft verwerven en in de praktijk ervaring blijft opdoen, des te groter zijn expertise [3]. Er komt vooral veel bij, er gaat niets vanaf. Logisch ook dat de specialist het beter doet, meer aanzien geniet en een beter salaris krijgt.

1.1.2 Het complementaire model

Tegenover het optelmodel staat het complementaire model, waarin de specialist gezien wordt als 'dieptespecialist' en de generalist als 'breedtespecialist'. Uitgangspunt is de opvatting dat de expertise van de specialist alleen maar kan toenemen door inperking van zijn professionele vizier. Doordat hij zich op moeilijke en complexe zaken richt, wordt zijn aandacht bijna automatisch gezogen naar details en verbanden die op afstand niet of nauwelijks te zien zijn. Daarmee verdiept hij zijn expertise in het betreffende probleem, maar krijgt hij tegelijkertijd minder aandacht voor de grote lijn en de brede context waarin het probleem zich voordoet. Die brede expertise wordt daardoor een zaak van de generalist. Door de verscheidenheid aan zaken die op zijn bureau verschijnt, kan hij zich niet focussen op een specifiek probleem maar ontdekt hij eerder de mogelijke relaties tussen die verscheidene zaken en ontwikkelt hij bijzondere expertise voor het plaatsen van het probleem in een bredere context. ◻Figuur 1.1 illustreert de valkuilen van de diepte- en breedtespecialist: de een weet minder van meer en meer,

 Figuur 1.1   De specialist en de generalist

de ander weet steeds meer van minder en minder. Van belang is de erkenning dat naarmate de specialist en generalist meer expertise ontwikkelen, ze steeds duidelijker andere zaken gaan zien.

Ook in het complementaire model zit vaak een organisatorische plaatsbepaling. De generalist zit meestal aan de voordeur en de specialist komt in beeld zodra de generalist het probleem niet zelf krijgt opgelost. Doet het koffieapparaat op het werk het niet, dan kijkt eerst de persoon ernaar die dagelijks het apparaat van verse koffie voorziet. Krijgt ook hij het apparaat niet aan de praat, dan volgt een belletje naar de onderhoudsdienst van de leverancier. Eerst wordt de oplossing in veranderingen in de omgeving gezocht (breedte, bijvoorbeeld doordat de stroom even uitgevallen is, moet het apparaat gereset worden), daarna pas in de diepte (er is motorisch iets aan de hand). Dat heeft te maken met gemak: breedteoplossingen zijn vaak eenvoudiger dan diepteoplossingen, die meer studie of uitzoekwerk vragen en vervolgens ook meer verwerkingstijd nemen. Er speelt ook pragmatiek: zet je de dieptespecialisten aan de voordeur, dan heb je veel meer experts nodig om de hulpvragers op de goede plek te krijgen, want de diepte-expert kent vooral collega's die over vergelijkbare expertise beschikken. De generalist aan de voordeur ziet vaak in één oogopslag waar de schoen wringt en welke expertise nodig is. Hij is breedte-expert. Vervolgens leidt de plaats van de generalist aan de voordeur en de specialist daarachter tot verdere verdieping van kennis bij de specialist, en verbreding van kennis bij de generalist. De verschillen worden zo steeds groter: de specialist wordt meer specialist en de generalist meer generalist.

De verdeling van soort vragen (de klanten) tussen generalist en specialist in het optel- en complementaire model is, zoals eerder al geschetst, niet zo heel anders: de eerste vraag komt meestal bij de generalist aan de voordeur terecht, en deze verwijst vervolgens naar de specialist als zijn generalistische oplossing niet werkt. Alleen de argumenten zijn anders in de twee modellen. De veranderingen die de generalist inzet, sluiten vaak beter aan bij de inzichten en mogelijkheden van de vragers zelf. De oplossing van de generalist is voor mensen beter te volgen en hierdoor kunnen zij vervolgens beter zelf bijdragen aan die oplossing (het resetten van het koffieapparaat). Hierdoor kunnen ze meer zelf de regie houden. Bovendien zijn die oplossingen vaak sneller en goedkoper. In het complementaire model is dus niet de generalistische oplossing maar juist de specialistische oplossing de *next best* oplossing, die vooral wordt ingezet als het echt niet meer anders kan en het probleem anders niet meer oplosbaar is (het inroepen van een technicus). Ten slotte het impliciete waardeoordeel. Doordat er in het complementaire model veel minder sprake is van een hiërarchie, zijn onderlinge verhoudingen ook minder complex. Van belang is de erkenning dat er niet één juiste interpretatie van het probleem is, maar dat het probleem gelaagd is. De oplossing die gekozen wordt, volgt direct uit de laag die je aanspreekt. De generalistische oplossing is vaker eenvoudiger te realiseren en geniet daardoor de voorkeur. Tegelijkertijd is er het voortdurende besef dat soms wel degelijk specialistische inzet nodig is en dat de specialist met heel andere oplossingen komt.

Samenvattend: hoewel de feitelijke procesvoering in het optelmodel niet zoveel anders is als in het complementaire model – generalisten aan de voordeur die zelf de eenvoudige oplossingen realiseren en specialisten daarachter met veel specifiekere oplossingen – is de onderliggende rationale van beide modellen sterk verschillend. Dat blijkt vooral uit het al dan niet impliciete waardeoordeel over de generalist: in het ene model is hij een gemankeerde specialist die vooral om pragmatische redenen wordt ingezet, in het andere model is hij een breedtespecialist en een absoluut noodzakelijke teamspeler binnen de (geestelijke) gezondheidszorg.

1.2 Specialistische en generalistische geneeskunde

In deze paragraaf zetten we de specialistische en generalistische manier van kijken en werken zoals die is ontwikkeld binnen de geneeskunde tegenover elkaar. We spitsen de analyse daarbij toe op de specialist in het optelmodel (de dieptespecialist) en contrasteren die vervolgens met de generalist volgens het complementaire model (de breedtespecialist).

1.2.1 Specialistische geneeskunde

Het optelmodel was en is vooral dominant in de algemene curatieve geneeskunde. In het ziekenhuis bijvoorbeeld vervullen jonge algemene artsen vaak de rol van generalist, terwijl de oude, ervaren doktors zich laten voorstaan op hun specialistische kennis. Voorbeelden van generalisten zijn de vroegere zaalarts en de zogenoemde 'grijze' dokters (artsen die zich niet gespecialiseerd hebben maar wel werkzaam zijn binnen het domein van een specialisme). Ook de nieuwe intensivist heeft nog iets van een generalist uit dat oude model, met als belangrijkste taak de communicatie tussen de specialisten op gang houden en hun interventies beter op elkaar aan te laten sluiten. Ook speelt de

1.2 · Specialistische en generalistische geneeskunde

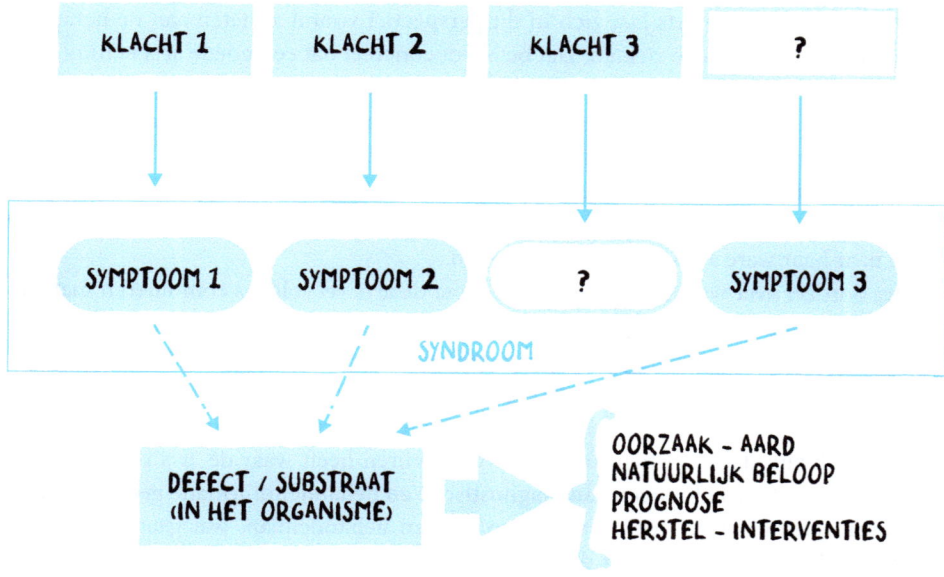

Figuur 1.2 Het medisch model van ziekten

traditionele hiërarchie nog volop: hoe specialistischer de (deel)discipline, des te hoger het inkomen en des te hoger lijkt de maatschappelijke status. Chirurgen en cardiologen staan hoger in de rangorde dan kinderartsen of sociaal geneeskundigen.

Het optelmodel steunt in belangrijke mate op het curatieve medische model van ziekte en gezondheid. Geneeskunde gaat over genezen, dat wil zeggen: over het opheffen van ziekten. Ziekten laten zich binnen deze medische benadering omschrijven als een specifiek samenspel van klachten, symptomen en onderliggende fysiologische entiteiten (zie fig. 1.2). Patiënten rapporteren klachten en de arts gebruikt die klachten om te weten te komen wat het onderliggende en niet zichtbare probleem in het organisme is. De veronderstelling is dat sommige klachten een teken zijn van dat probleem in het organisme (symptoom = teken). Om de aard van dat probleem (= ziekte) te kunnen vaststellen onderzoekt en ordent de arts hetgeen van buiten zichtbaar is. Geleidelijk aan ontstaat er dan een beeld van symptomen. Zodra hij het patroon van symptomen herkent (het syndroom), kan hij een hypothese formuleren over wat er precies aan de hand is, dus over de aard van de ziekte. De hypothese is steviger naarmate het beter lukt de aanwezigheid van symptomen te voorspellen, zelfs als die niet als klacht naar voren zijn gebracht. Een ziekte laat zich in deze opvatting in eerste instantie kennen als een set van symptomen die in een specifieke samenhang worden gepresenteerd en die veroorzaakt worden door een probleem in het organisme (defect). Om echter van een ziekte te spreken moet er daarnaast ook sprake zijn van een herkenbaar natuurlijk beloop (wat gebeurt er bij niets doen), moet er zicht zijn op de prognose (hoe loopt het af) en moeten er mogelijke interventies zijn, met daarbij een duidelijke theorie over hun werking. Die extra informatie is nodig om tot een goede indicatiestelling en passende behandeling te komen.

De kwaliteit van de arts laat zich in dit perspectief vooral afmeten aan de hand van zijn kennis over specifieke ziekten. Dat betekent concreet dat een goede arts kennis heeft over ontstaan en fysiologie van de ziekte; kennis over de specifieke vorm (syndroom) en kennis over de wijze waarop patiënten die symptomen kunnen beleven. En hij weet wat er gaat gebeuren bij niets doen en bij ingrijpen. Complicerende factor is dat identieke ziekten zich op verschillende wijzen kunnen tonen. Dat alles vraagt van de diagnosticus ervaring in patroonherkenning en -afwijking, alsmede creativiteit en speurderszin om de ziekte naar haar ware aard te kunnen onthullen.

Het oordeel over wat er aan de hand is, moet de arts vervolgens combineren met zijn kennis over behandeling, dat wil zeggen: kennis van interventies en de mate waarin zij effectief zijn, van de onderliggende werkzame ingrediënten en van mogelijke bijwerkingen. Die kennis moet hij vervolgens combineren met de feitelijke behandelmogelijkheden van de patiënt. Het kan zijn dat er contra-indicaties voor sommige interventies zijn. Het kan ook zijn dat de patiënt duidelijke voorkeuren heeft waar de arts rekening mee kan houden. Het bijeenbrengen van diagnostische en behandelinformatie gebeurt tijdens de indicatiestellingsfase. Doel is te komen tot een behandelplan: wat gaat er in welke volgorde gebeuren. Meestal gaat de eerste voorkeur uit naar die interventie waarvan de a-priorikans op positief resultaat het grootst is. Soms echter moet gekozen worden voor een *next best* oplossing omdat de risico's bij die eerstevoorkeursinterventie te groot zijn of de kosten ervan niet opwegen tegen de resultaten.

Naast heer en meester in de diagnostiek en indicatiestelling is de specialist ook bij uitstek deskundig in het uitvoeren van de behandeling zelf. Interventies weet hij strak uit te voeren. Heel wat interventies vragen specifieke vaardigheden in combinatie met veel oefening. We weten dat voor sommige operaties geldt dat zij pas echt goed zijn uit te voeren indien de betreffende chirurg die operatie dagelijks verricht. Zijn expertise is dan pas volledig in zijn vingers gaan zitten en zijn specialistische expertise toont zich *in the action* [4]. En zelfs als bepaalde ingrepen ook goed zijn uit te voeren door minder gespecialiseerde artsen, dan nog heeft de echte specialist beter weet van hoe om te gaan met complicaties en eventuele bijeffecten. Dat maakt hem wendbaarder en geeft hem meer mogelijkheden tot eventuele bijstelling van de behandeling.

Er is nog een vierde expertisegebied van de specialist: de kwaliteits- en voortgangscontrole van de behandeling, hier aangeduid met evaluatie. Professionele expertise vraagt naast diagnostiek, indicatiestelling en behandeling (*reflection in action*) ook *reflection on action*: afstand nemen en nagaan of de voortgang conform planning is, de doelen gerealiseerd worden en zo niet, wat er moet gebeuren om die doelen alsnog te realiseren of zo nodig bij te stellen. Deze evaluatie is een cyclisch proces en moet ertoe leiden dat de behandeling binnen de gestelde termijn succesvol kan worden afgerond. Voortdurende evaluatie maakt ook plotselinge veranderingen zichtbaar en geeft de specialist handvatten om snel de behandeling bij te sturen.

Naast een eigen diagnostiek, indicatiestelling, behandeling en evaluaties kan met enige voorzichtigheid ook gesproken worden van een specifieke medisch specialistische attitude. Let wel: met enige terughoudendheid omdat de verschillen tussen specialismen en specialisten onderling erg groot zijn. Het ideaaltype medisch specialist is sterk gericht op wetenschap en het top-down toepassen van wetenschappelijke kennis in de praktijk.

Hij werkt strak volgens heldere regels, zowel in zijn diagnostiek en indicatiestelling als in zijn behandeling. Die regels hebben een sterk top-downkarakter, dat wil zeggen dat ze zijn afgeleid uit algemene kennis en de *collective sense of the profession* [5]. Die regels bepalen hoe hij te werk gaat: via inductie komt hij tot expliciete hypothesen over wat er aan de hand is. Vervolgens werkt hij volgens het principe van deductie: bij meerdere hypothesen sluit hij de één na de andere hypothese uit, totdat uiteindelijk de juiste hypothese overblijft. De klachten van zijn patiënten vormen het vertrekpunt van de speurtocht, maar uiteindelijk bepaalt niet de patiënt wat er aan de hand is als wel de ziekte van de patiënt. Ook de keuze voor de meest passende interventie vindt plaats volgens diezelfde strakke methodische benadering. Op basis van de feiten en statistieken over effectiviteit en werkzaamheid, aangevuld met kennis over onderliggende mechanismen, komt de specialist tot de conclusie welke interventie in dit concrete geval het meest passend is. Met die kennis overlegt hij met patiënt en kan hij zijn wensen en voorkeuren verdisconteren in zijn keuze. En ten slotte komt diezelfde attitude ook terug in zijn interventies en de evaluatie ervan: strikt toegepast volgens de regels van de kunst om zodoende de kans op maximale effectiviteit zo groot mogelijk te maken.

Samenvattend: specialisering is in het optelmodel het vanzelfsprekende antwoord op de vraag naar verbetering van kwaliteit: hoe meer expertise een arts heeft met betrekking tot een specifieke ziekte, des te beter zal hij in staat zijn de geheimen van die ziekte te doorgronden en een halt toe te roepen. Als iemand succes kan realiseren, dan is hij het wel. En vervolgens: hoe meer kennis over ziekten en de behandelexpertise beschikbaar is, des te groter de noodzaak tot verdergaande specialisering. Het aantal specialismen is recht evenredig aan kennis en expertise over ziekten. Eerst was er alleen de arts, toen kwamen de internist en de chirurg. Vervolgens specialiseerde de internist zich in de richting van maag, darm en lever (MDL), of richtte hij zich juist meer op de nieren (nefroloog) et cetera. Het komt er dus op neer: hoe meer specialismen, hoe meer de geneeskunde weet en kan.

1.2.2 Generalistische geneeskunde

Vanaf de jaren vijftig van de vorige eeuw zien we binnen de geneeskunde steeds nadrukkelijker een expliciete rol voor de generalist weggelegd. Niet als *next best* oplossing, maar als noodzakelijk onderdeel van de gezondheidszorgketen. De kinderarts, de intensivist en de geriater hebben inmiddels een veel omvangrijkere taak dan het bijeenbrengen van de perspectieven van de specialisten. Ze noemen zich generalist en beschikken over een eigen expertisegebied met een eigen referentiekader en eigen interventies. De grootste motor van het complementaire model is echter de huisartsgeneeskunde geweest. Daar heeft zich geleidelijk een nieuw breedtespecialisme van generalisme ontwikkeld.

Het generalistisch model in de geneeskunde is door velen op veel verschillende manieren beschreven. Daarbij zijn tal van benamingen gebruikt, waaronder het contextuele model, het integrale model en het persoonsgerichte model [6]. De Nijmeegse hoogleraar Huijgen is een van de eerste pioniers geweest die de bijzondere positie en expertise van huisartsen voor het voetlicht heeft geplaatst [7]. Een goede huisarts is eerst en vooral

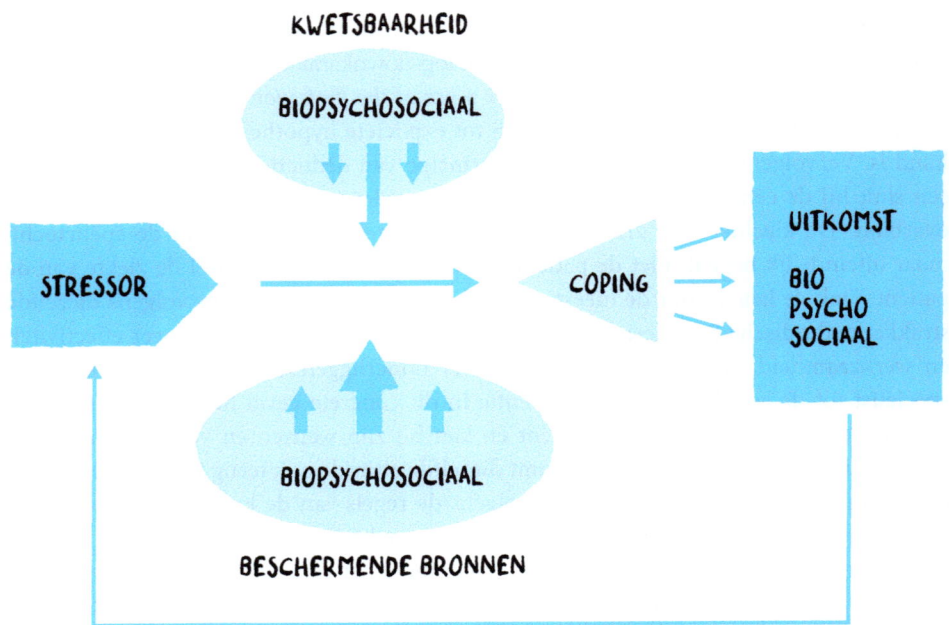

Figuur 1.3 Het stress-copingmodel

een *family practitioner*: families volgt hij generaties lang. Bij de patiënten in zijn praktijk ziet hij niet alleen hun ziekten, maar ook hun gezinnen, hun verwanten, hun sociale inbedding alsmede de gebeurtenissen (*life events*) die hen overkomen. Als vanzelf, zo laat Huijgen zien, ontstaat een beeld van aandoeningen in een brede biopsychosociale context. Die context geeft hem extra informatie over klachten. Telkens terugkerende klachten zal hij anders wegen dan klachten die ineens opkomen en niet eerder aanwezig zijn geweest. Daardoor krijgen dezelfde klachten bij de ene persoon een andere betekenis dan bij de andere. Bij de ene persoon zal hij vermoeden dat ze vanzelf overgaan, bij de andere wordt hij ongerust en verwijst hij direct door naar de specialist in het ziekenhuis. Dat belangrijke diagnostische onderscheid is later uitgegroeid tot het zogenoemde pluis/niet-pluiscriterium. Pluis verwijst ernaar dat deze klachten binnen de biopsychosociale context van deze patiënt begrepen kunnen worden en dat erop vertrouwd mag worden dat ze uiteindelijk geen kwaad aanrichten en een grote kans hebben vanzelf over te gaan of slechts na een bescheiden interventie. Niet-pluis staat voor niet gerust op wat er aan de hand is, twijfel hebben aan het zelfhelend vermogen van de patiënt. Bij niet-pluis is nader onderzoek geïndiceerd en krijgt de medische modelbenadering voorrang. Bij pluis daarentegen lijkt de huisarts eerder uit te gaan van een basaal stress-copingmodel.

In zijn meest elementaire vorm staat het stress-copingmodel voor het samenspel van biologische, psychologische en sociale factoren bij het omgaan met stressoren en de effecten daarvan (zie ￭ fig. 1.3).

Het model begint met erkenning van een stressor, een bron van activering. Een stressor kan zowel fysiek, psychisch of sociaal zijn. Hoe gereageerd gaat worden, hangt af van kwetsbaarheid en beschermende factoren. Bij een stressor moet het organisme aan de slag, de zogenoemde *coping*. Coping wordt hier breed gezien: als reactie van het organisme. Daaruit volgt tenslotte de uitkomst: de stressor kan verwerkt worden en de rust keert weder, maar het kan ook zijn dat er verandering in het organisme optreedt, bijvoorbeeld ziekte. De uitkomst zelf kan op haar beurt weer een stressor zijn die uiteindelijk weer tot een nieuwe actie/coping leidt met mogelijk een andere en meer bevredigende uitkomst. Deze *feedbackloop* is afgebeeld met de pijl die terugwijst van uitkomst naar stressor en verwijst naar het uitgangspunt van zelfregulering: het organisme zelf is voortdurend bezig met het realiseren van de gewenste uitkomst.

Het stress-copingmodel biedt de huisarts-generalist een contextueel kader voor diagnostiek, indicatiestelling en behandeling. In zijn diagnostiek gaat het in eerste instantie niet om een oorzakelijke verklaring, maar om de vraag naar betekenis: kan ik (liefst samen met de patiënt) begrijpen wat er aan de hand is, hoe de klachten zijn ontstaan en wat het probleem is. Hoe moet dat probleem vervolgens worden opgelost zodat de klachten kunnen afnemen? De klacht wordt dus in eerste instantie geïnterpreteerd als antwoord (coping) op een probleem. Of beter nog: als een voorlopig antwoord. Dat voorlopige is vervolgens van groot belang voor de indicatiestelling: gaat de oplossing in de goede richting, dan is het mogelijk voldoende dat de zelfregulatie (het zelfhelend vermogen) wordt aangemoedigd of versterkt. Is de verwachting dat zelfregulatie niet tot het gewenste antwoord zal leiden, dan is een forser ingrijpen nodig. Dat kan bijvoorbeeld zijn: eliminatie van de stressor, beperking van kwetsbaarheid, extra bescherming of activeren van andere coping. Blijft de verkoudheid maar aanhouden, dan kan de arts aanbevelen eens een paar dagen thuis te blijven en uit te zieken. Gaat het dan nog niet over, dan zou er mogelijk sprake kunnen zijn van een bacteriologische infectie en moet misschien toch een antibioticum worden voorgeschreven. In het generalistische model geschiedt de indicatiestelling volgens het zogenoemde *stepped care* model: Er zal worden gekozen voor die interventie die de zelfregulatie maximaal ondersteunt en dus zo min mogelijk ingrijpt om het gewenste resultaat te verkrijgen [8]. Huisartsen kiezen bijvoorbeeld nogal eens voor *watchfull waiting*, afwachten met de vinger aan de pols. De kans is groot dat je als patiënt van je huisarts de opdracht krijgt om goed op het beloop van je klachten te letten en terug te komen als de klachten over enkele weken niet fors zijn afgenomen. Komt herstel niet vanzelf op gang, dan is de huisarts erbij om alsnog in te grijpen en intensiever te behandelen.

Behandelen in het generalistische perspectief geschiedt vaak volgens een wat generieke aanpak. Kenmerkend voor de generalistische werkwijze is dat ook interventies worden toegepast die gericht zijn op beïnvloeding van andere zaken dan de klachten. Denk bijvoorbeeld aan voorschrijven van rust en activeren van andere coping. Nogal eens wordt bewust gebruikgemaakt van deze zogenoemde non-specifieke factoren, dat wil zeggen: algemeen werkzame factoren die gekoppeld zijn aan de rol van de arts. Juist in zijn positie als *family practitioner* kan hij toegevoegde waarde inbrengen, bijvoorbeeld door zijn bredere kennis van de patiënt en zijn sociale context. Zo kan de huisarts adviseren wat vaker samen met de partner eropuit te trekken, wetend dat dit vroeger een beproefd recept was. De generalist neemt met andere woorden in vergelijking tot de specialist een geheel eigen positie in, waarbij hij andere kennis gebruikt, andere overwegingen meeneemt in zijn behandeladvies en andere interventies toepast. Daarbij maakt hij gebruik van een set van eigen vaardigheden.

Naast diagnostiek, indicatiestelling en behandeling krijgt ook de evaluatie een eigen invulling binnen de generalistische werkwijze in de geneeskunde. Evenals de specialist bewaakt de generalist de voortgang van de zorg en gaat hij na of de behandeldoelen binnen de gestelde termijn worden gerealiseerd. Maar in vergelijking tot de specialist is zijn evaluatie breder: hij volgt het beloop van de klachten zonder altijd direct in te grijpen. Daarbij maakt hij zoals gezegd veelvuldig gebruik van *watchfull waiting*. En vervolgens gebruikt hij ook zijn evaluatie om tijdig te constateren of eventueel andere en intensievere zorg nodig is. Dat is zijn rol als poortwachter: bij uitblijven van succes volgt verwijzing naar de specialist.

Last but not least, van de huisarts-generalist wordt een geheel eigen professionele attitude gevraagd, die getypeerd wordt door vertrouwen in het zelfhelende vermogen van de patiënt, bereidheid af te wachten en dus het risico te nemen dat herstel uitblijft. Daarbij past een persoonlijke benadering die empathisch doch beslist moet zijn. Ook moet de generalist een zekere pragmatiek uitstralen, waarbij hij nu eens veel tijd neemt voor de patiënt en dan weer in enkele minuten het consult beëindigt. In tegenstelling tot zijn collega-specialist laat hij zich daarbij veel meer leiden door contextuele factoren en is zijn aanpak minder gestandaardiseerd.

Machteld Huber heeft enkele jaren geleden het stress-copingmodel uitgewerkt tot een nieuwe definitie van gezondheid. Zij definieert gezondheid als het vermogen van mensen zich aan te passen en eigen regie te voeren in het licht van fysieke, emotionele en sociale uitdagingen van het leven [9]. In deze definitie maakt ze onderscheid tussen de uitdagingen van het leven, dat wil zeggen: ziekten, emotionele en levensgebeurtenissen, en het vermogen ermee om te gaan, dat wil zeggen: gezondheid, door haar later omgedoopt tot 'positieve gezondheid'. Een vergelijkbaar onderscheid – klachten versus welbevinden – wordt ook gemaakt binnen de positieve psychologie [10]. Dat onderscheid maakt het mogelijk iemand tegelijkertijd ziek en gezond te noemen. Het biedt daarmee aanknopingspunten voor een meersporenbeleid waarin zowel de ziekte wordt aangepakt als dat de coping ermee wordt verbeterd. In ▶ H. 2 zullen we uitvoerig op dit onderscheid en het daarmee samenhangende begrip zelfregie terugkomen.

1.2.3 Generalisten en specialisten samen in de algemene gezondheidszorg

In Nederland is de organisatie van de algemene gezondheidszorg gebaseerd op het model van complementariteit. Generalistische zorg via de huisarts is de eerste stap binnen de professionele gezondheidszorg. Bij niet-pluis of uitblijven van het gewenste resultaat volgt verwijzing naar de specialist, meestal in het algemeen ziekenhuis. Daar maakt het breedteperspectief plaats voor het diepteperspectief van de specialist. ◘ Figuur 1.4 laat zien dat verschillende waarheden naast elkaar kunnen bestaan. De generalist heeft vooral oog voor de context en ziet twee gezichten, de specialist kijkt vooral naar de schaal. Beiden zien iets anders en toch gaat het over dezelfde afbeelding. Beide perspectieven op het beeld zijn juist, toch is het nagenoeg onmogelijk ze tegelijkertijd voor 'waar' te nemen.

Figuur 1.4 Twee onderscheidbare perspectieven

Binnen de Nederlandse geneeskunde wordt het model van complementariteit (generalisten en specialisten samen) breed gedragen. Het generalistische en het specialistische perspectief staan naast elkaar waardoor de voordelen van beide benaderingen optimaal benut worden. De generalist maximaliseert het zelfhelende vermogen van de patiënt, de specialist maximaliseert de effectiviteit van medisch ingrijpen. Het complementaire model steunt op de hypothese dat een gecombineerde, sterke, generalistische en specialistische benadering kosteneffectiever is dan een gezondheidszorgsysteem waarin het medisch specialistische perspectief de bovenhand voert en specialistische zorg direct toegankelijk is [11–13]. Er is empirisch bewijs voor de juistheid van die hypothese. We weten dat landen met een sterkere eerste lijn beter op bepaalde volksgezondheidsindicatoren scoren, met name op kosten en verloren aantal levensjaren, maar tegelijkertijd moeten we daarbij vaststellen dat een sterke eerste lijn niet onafhankelijk is van de welvaart van een samenleving [14].

1.2.4 De paradox van de generalistische zorg

In *The paradox of primary care* vatten Stange en Ferrer de stand van wetenschap als volgt samen. Generalistische huisartsenzorg is gekoppeld aan: a. minder effectieve zorg voor specifieke ziekten; b. vergelijkbare gezondheid tegen lagere kosten voor patiënten met chronische aandoeningen, en c. betere kwaliteit van leven, betere gezondheid, minder sociaal-economische verschillen en lagere kosten voor afzonderlijke bevolkingsgroepen en de gehele samenleving [15]. Vooral punt a. is met de regelmaat van de klok onderwerp van discussie. Regelmatig rijst in de zorg de vraag op of er door de inbreng van huisartsen mogelijk vertraging in de zorg ontstaat. Patiënten met kanker zouden misschien wel een betere prognose hebben indien er geen huisarts-poortwachter was die de gang naar de specialistische zorg zou afremmen [16]. Deze schaduwzijde van generalistisch werken is goed voorstelbaar: vanuit hun contextualistische perspectief laten huisartsen klachten in eerste instantie vaker op hun beloop en verwijzen zij pas na verloop van tijd naar de specialist. De kostbare tijd die daarmee verloren gaat, leidt er vervolgens toe dat de exacte diagnose te laat wordt gesteld [14]. De andere kant van de medaille is dat bij snellere verwijzing er een veel groter risico is dat er ten onrechte een ziekte wordt vastgesteld en er ten onrechte wordt behandeld. Deze kant van de medaille komt minder vaak in het nieuws omdat we, anders dan bij een te late behandeling, bij te vroege behandeling vaak niet weten hoe het alternatief er had uitgezien. Bovendien denken we vaak: baat het niet, het schaadt ook niet. Dat de gevolgen van voorbarige behandeling wel degelijk ernstig kunnen zijn, weten we uit screeningsonderzoek. Bijvoorbeeld van de 1.000 vrouwen die vanaf hun vijftigste levensjaar deelnemen aan borstkankerscreening, worden vier vrouwen 'gered', worden 125 vrouwen ten onrechte doorverwezen en worden zestien à twintig vrouwen nodeloos behandeld [17]. Hier zien we de paradox ten voeten uit. De vier individuele vrouwen die zijn gered, zullen dankbaar zijn voor de screening. Maar gezien de zwaarte van een behandeling voor borstkanker moet de impact voor de vrouwen die nodeloos zijn behandeld (wat ze overigens niet weten) niet worden onderschat. En deze groep is vier tot vijf keer zo groot als de groep die daadwerkelijk baat heeft gehad bij de behandeling.

1.3 Specialistische en generalistische geestelijke gezondheidszorg

1.3.1 Late specialisatie

De geestelijke gezondheidszorg kent nauwelijks een traditie van onderscheid tussen diepte- en breedtespecialisten. De eerste medici die zich expliciet met ggz bezighielden, waren de gestichtsartsen in de tweede helft van de negentiende eeuw. Van een eigen expertisegebied was nauwelijks sprake: de geneeskunde stond machteloos tegenover de meeste psychiatrische aandoeningen. De psychiatrisch verpleegkundigen hadden een rol van bewaarder en bewaker. Het waren vooral de huisartsen die in die jaren over deskundigheid op het gebied van de ambulante ggz beschikten. Na 1850 ontwikkelde zich hier bijzondere deskundigheid op het gebied van de psychotherapie, dat wil zeggen: behandeling van lichamelijke kwalen met psychologische middelen. Een goed voorbeeld daarvan was de hypnose die rond 1890 in Nederland werd geïntroduceerd door de huisartsen Frederik van Eeden en Albert Willem van Renterghem. Deze nieuwe deskundigheid verspreidde zich snel en de artsen die hypnose toepasten, gingen zich psychotherapeuten noemen.

In het begin van de twintigste eeuw ontstond een bijzonder verband tussen de huisarts-psychotherapeuten en de gestichtsartsen. Samen legden zich zij zich toe op het medische domein van zenuw- en zielsziekten. Aan de universiteiten werden de eerste leerstoelen zenuw- en zielsziekten gevestigd en de nieuwe hoogleraren, onder wie de Leidse dokter G. Jelgersma, schreven de eerste handboeken. Daarmee ontstond het medisch specialisme zenuw- en zielsziekte. In 1929 volgde de officiële erkenning en werd de zenuwarts een van de eerste medisch specialisten. In de jaren 1950 werd dit specialisme opgedeeld in neurologie en psychiatrie. Veel van die nieuwe specialisten psychiatrie noemden zichzelf generalist op het gebied van geestelijke gezondheid. Ondertussen zagen zij echter maar een fractie van de totale patiëntengroep met psychische problemen. De overgrote meerderheid werd gezien en bediend door huisartsen, die eerder spraken van mensen met functionele klachten. Slechts een handjevol patiënten werd door hen verwezen naar de nieuwe zenuwarts. Verwijzingen naar de gestichtspsychiatrie verliepen tot na de Tweede Wereldoorlog hoofdzakelijk via politie en burgemeester.

Na WO II zou het domein van de ambulante ggz snel groeien. Er ontstonden behandelcentra voor kinderen, voor volwassenen met psychische klachten en voor sociaalpsychiatrische patiënten. Naast artsen kwamen er ook psychologen, maatschappelijk werkers en verpleegkundigen werken. Een klein deel van deze beroepsbeoefenaren legde zich toe op de psychotherapie en vanaf 1966 werden ook niet-artsen toegelaten als psychotherapeut. Het zou overigens nog tot 1986 duren dat de psychotherapeuten als aparte beroepsgroep werden erkend.

Van bijzondere betekenis voor het onderscheid tussen generalist en specialist binnen de ggz is de vorming van de Riagg (Regionale Instelling voor Ambulante Geestelijke Gezondheidszorg) geweest. De Riagg's kregen tot taak ambulante geestelijke gezondheidszorg voor hun rekening te nemen. De overheid dacht daarbij in eerste instantie aan patiënten uit de psychiatrische ziekenhuizen. De feitelijke stroom van patiënten kwam echter op gang vanuit de huisartsenpraktijken. Dat sloot aan bij de dominante opvatting in die jaren: huisartsen hadden amper verstand van psychische stoornissen, goede zorg moest worden geleverd door speciaal daartoe opgeleide professionals (lees: specialisten). Toen midden jaren 1990 nog steeds geen patiëntenstromen van ziekenhuis naar Riagg op gang kwamen, kregen beide instellingen de opdracht zorgvernieuwing te realiseren rondom patiënten die konden ambulantiseren. En nog weer een paar jaar later leidde dat tot grootschalige fusies tussen Riagg's en psychiatrische ziekenhuizen. Deze nieuwe instellingen kregen een sterk specialistisch karakter, zonder echter de stroom van huisarts richting de ggz een halt toe te roepen. De grote geïntegreerde ggz-instellingen gingen de ggz vormen, met daarbinnen een dominante medisch-specialistische aanpak [18]. Hierna bespreken we kort de kenmerken van deze specialistische ggz. Daarna schetsen we de contouren van een generalistische ggz.

1.3.2 De geïntegreerde specialistische ggz

Binnen de geïntegreerde specialistische ggz-instellingen is het optelmodel van specialisering dominant. De twee belangrijkste specialismen – psychiatrie en klinische psychologie – afficheren zich beide als brede specialismen op het gebied van diagnostiek en behandeling van alle psychische aandoeningen. Voor specifieke deelterreinen, bijvoorbeeld een zeer gespecialiseerde psychotherapie of medicatieondersteuning bij chronisch psychiatrische patiënten, kunnen andere disciplines worden ingeschakeld, mits de betreffende hulpverleners over voldoende ervaring beschikken en ter zake bekwaam zijn.

Binnen de specialistische ggz is de zorg afgelopen jaren meer en meer gekoppeld geraakt aan specifieke stoornissen en is ze organisatorisch opgedeeld in *zorgprogramma's*. Een zorgprogramma is gericht op de diagnostiek en behandeling van patiëntengroepen met een specifieke stoornis, denk aan een zorgprogramma voor patiënten met angststoornissen, met stemmingsstoornissen, met psychosen et cetera. Direct in het eerste gesprek wordt op basis van de diagnostiek bepaald in welk zorgprogramma de patiënt terechtkomt. Vervolgens wordt gewerkt met een standaard volgorde van interventies. Die volgorde is mede gebaseerd op richtlijnen voor passende zorg. Deze richtlijnen zijn opgesteld op basis van beschikbare *evidence*. De interventie met de grootste evidentie van effectiviteit staat op de eerste plaats. Of de patiënt daadwerkelijk de interventie van eerste voorkeur krijgt, hangt onder andere af van de urgentie en zijn medische voorgeschiedenis inclusief eerdere behandelingen. Ook moet de interventie geaccepteerd worden door de patiënt en moet er voldoende professionele deskundigheid beschikbaar zijn. De indicatiestelling geschiedt met andere woorden op basis van stagering [19], de beschikbare *evidence*, eventuele voorkeuren van de patiënt en aanwezigheid van specifieke professionele expertise. De behandeling wordt vervolgens uitgevoerd conform de indicatiestelling. Vaak, maar lang niet altijd, gebeurt dat door een multidisciplinaire groep van hulpverleners (behandelteam) onder verantwoordelijkheid van een psychiater en/of klinisch psycholoog. Bij dit specialistische model past dat de behandeling in beginsel pas wordt afgerond als de klachten allemaal onder controle zijn. De attitude van professionals sluit direct aan bij deze werkwijze: ideaaltypisch is de professional specialistisch expert in de zin van kundige vakman en uitvoerder van specifieke interventies voor een specifieke doelgroep. Opleiding en scholing staan hoog op de prioriteitenlijst en maken hem steeds kundiger en dus ook steeds beter geschikt voor zijn vak. Als vertegenwoordiger van een discipline maakt de professional deel uit van het multidisciplinaire team. Hij is een echte teamspeler die zijn vragen, twijfels en beslissingen graag voorlegt aan zijn collega's in het team. Bij dat ideaaltype hoort een professionele openheid tot de *evidence* (nieuwe kennis wordt altijd verwelkomd), feedback in de vorm van *Routine Outcome Monitoring* (ROM) en continue bereidheid zich te laten ondervragen over de inhoud van de zorg (intervisie), om de zorg zo effectief mogelijk te maken en zo nodig bij te stellen.

De afgelopen jaren is er twijfel ontstaan over dit model van geïntegreerde ggz [20]. Een deel van die kritiek gaat erover dat de geïntegreerde instellingen nog lang niet voldoen aan het professionele ideaal dat hoort bij die medisch-specialistische aanpak. Het antwoord op die kritiek ligt voor de hand: 'We moeten gewoon nog beter worden. Door verfijning van de werkwijze, het genereren van extra kennis en nog betere opleiding komen we steeds dichter bij ons ideaal.' Nog verder specialiseren dus. Op basis van ervaringen uit de algemene gezondheidszorg weten we echter dat dit maar een deel van de oplossing is. Een aantal problemen is inherent aan de specialistische werkwijze. We zullen enkele ervan de revue laten passeren.

Het meest beladen probleem van de geïntegreerde ggz is de grote stijging van het aantal patiënten, die vervolgens gemiddeld steeds intensievere zorg krijgen aangeboden [21]. Deze stijging doet zich voor vanaf de jaren tachtig van de vorige eeuw en heeft vervolgens een grote vlucht genomen na 2000, terwijl de prevalentie van stoornissen niet is toegenomen [22]. De specialistische ggz wordt almaar duurder en ook de aanzuigende werking lijkt nauwelijks te remmen. De groei wordt versterkt door beperkte door- en uitstroming aan de achterdeur van de geïntegreerde ggz. Een tweede probleem betreft de waarde van de specialistische diagnostiek. In de algemene gezondheidszorg volgt de specialistische diagnostiek nadat gebleken is dat de patiënt niet beter wordt door zijn zelfhelende vermogen te stimuleren of door minimale interventies. Binnen de geïntegreerde ggz is dat geen gangbare praktijk, waardoor snel uitvoerige diagnostiek dreigt. Dat kost niet alleen veel tijd, het leidt ook tot langere behandelingen en versterkt daarmee het eerste probleem [20]. Ook is er discussie over de toegevoegde waarde van de DSM-classificatie [23]. Naast principiële argumenten (wat is ziekte, e.d.) zijn er ook concrete problemen over de relatie met behandeling (diagnose-behandelcombinaties (DBC) binnen zorgprogramma's). Vooral bij patiënten met veel en meervoudige problematiek (comorbiditeit) is het de vraag of een dergelijke aanpak wel werkt. Deze patiënten passen niet goed in één zorgprogramma, met als gevolg dat patiënten van het ene programma naar het andere worden gestuurd. Zij lopen daarbij het risico dat ze als een hete aardappel voortdurend op het bord van de buurman worden geschoven.

Ook op het behandelaanbod zelf is kritiek. Passend bij een specialistisch aanbod heeft de geïntegreerde ggz de afgelopen jaren prioriteit toegekend aan strak gestandaardiseerde interventies met maximale kans op effect. Die aanpak past veel minder bij een vraag naar beperking van het invasieve karakter van interventies, of de wens tot maximale zelfregulatie van de patiënt. Ook sluit deze benadering niet direct aan bij de zorgbehoefte van patiënten met chronisch psychiatrische problematiek, die vaker willen werken aan persoonlijk herstel.

1.3.3 Een nieuwe positie voor de generalistische ggz

De gesignaleerde problemen in de geïntegreerde ggz waren mede de aanleiding voor een verdere uitbouw van generalistische ggz. De minister van VWS heeft in 2014 de keuze gemaakt de geïntegreerde ggz een sterker specialistisch karakter te geven en daarnaast een aparte generalistische ggz in te richten. Binnen de generalistische ggz wordt de regie in de regel gevoerd door de huisarts. Tegelijkertijd is zijn positie binnen de ggz versterkt door de introductie van de poh-ggz, die onder verantwoordelijkheid van de huisarts ggz-taken uitvoert. De derde poot van de generalistische ggz wordt gevormd door de generalistische basis ggz (gb-ggz) waar met name gz-psychologen werkzaam zijn en voor de doelgroep patiënten met chronische problematiek, de verpleegkundig specialisten. De gb-ggz past binnen de traditie van eerstelijnspsychologen, aangevuld met een deel van het ambulante zorgaanbod van de geïntegreerde ggz. Inmiddels is een aantal jaren ervaring opgedaan met deze nieuwe generalistische zorg en zijn de contouren en uitgangspunten verder uitgekristalliseerd, geheel conform de uitgangspunten van het complementaire model uit de algemene gezondheidszorg. In de volgende hoofdstukken komen we uitgebreid op deze uitgangspunten en werkwijze terug. Hier beperken we ons tot enkele hoofdlijnen.

1.4 Uitgangspunten van een generalistische ggz

De generalistische ggz wordt gebouwd op drie tradities: de huisartsgeneeskunde, de eerstelijnspsychologie en de ambulante geïntegreerde ggz-poot met zorg door (sociaal-)psychiatrisch verpleegkundigen en (gz-)psychologen.

De traditie van de huisartsgeneeskunde toegepast op de ggz is de afgelopen jaren door diverse auteurs in verschillende vormen beschreven en onderzocht. Internationaal is veel werk verzet door de groep rondom Vikram Patel [24]. Kortdurende generalistische interventies blijken zowel in westerse als niet-westerse samenlevingen kosteneffectief en veel minder medicaliserend te werken. In Nederland zijn de nodige stappen gezet door onder andere het Nivel [25-27] en de eerstelijnsgeneeskunde aan de universiteiten van Nijmegen en Groningen [6, 28]. Vanuit de ambulante ggz zijn eerstelijnsprojecten opgezet en beschreven door het Trimbos-instituut, en later vanuit ggz-instellingen, waaronder Emergis, Altrecht en Pro Persona [29]. Tenslotte is de eerstelijnspsychologie vanuit de praktijk opgezet en uitgewerkt en is daar een eigen theoretisch kader ontwikkeld dat gebaseerd is op elementen van directieve, cognitieve en systeemtherapie.

In dit boek zijn de verschillende elementen bijeengebracht in één samenhangend conceptueel model, het regiemodel. Het model gaat steeds uit van de vier basisonderdelen van een behandeling: diagnostiek, indicatiestelling, gedragsverandering door interventie(s) en evaluatie, maar generalistisch ingevuld. Dat wil zeggen dat de interpretatie van klachten primair geschiedt volgens het stress-copingmodel: klachten worden gezien als een reactie op stress, gegeven de specifieke omstandigheden (context) van patiënten en gegeven hun specifieke persoonlijke copingstrategieën. Generalistische ggz wil de patiënt mogelijkheden verschaffen om zelf de richting van de oplossing te kiezen. Anders geformuleerd: doel van de generalistische ggz is de patiënt ondersteuning bieden in het proces van zelfregulering door versterking van zijn zelfhelend vermogen. We spreken in dit verband van zelfregie: de patiënt leert zelf vast te stellen welke coping ingezet kan worden bij (dreigende) stagnatie. De bijdrage van de hulpverlener is gericht op het 'in positie brengen' van de patiënt, en hem assisteren bij het aanleren van zelfregievaardigheden. Het regiemodel steunt daarom op de volgende zes uitgangspunten:
1. In principe generalistisch, complementair aan specialistisch
2. Normaliseren en inzetten op zelfregie
3. Diagnose wordt probleemeigenaarschap
4. Indicatie wordt oplossingseigenaarschap
5. Gedragsverandering door interventies wordt uitvoeringseigenaarschap
6. Objectief, cyclisch proces van evalueren wordt proceseigenaarschap

Het eerste principe is in dit hoofdstuk uitgewerkt. In de volgende hoofdstukken komen de andere vijf principes aan bod. Stap voor stap ontvouwt zich zo het regiemodel.

In ▶H. 2 wordt het begrip zelfregie uitgewerkt aan de hand van de metafoor van de regisseur (behandelaar) achter het toneel die de acteur (patiënt) helpt die op het toneel (in het dagelijks leven) in (een van) zijn rol(len) is vastgelopen. De analyse van het vastlopen, de diagnostiek, gebeurt aan de hand van de zogenoemde KLOP-aanpak, die helpt om samen met de patiënt de klacht te contextualiseren. Dit is een uitbreiding op het KOP-model; hierover later mee. Deze analyse leidt tot een gezamenlijke probleemdefinitie die de patiënt helpt probleemeigenaar te worden. Dit wordt beschreven in ▶H. 3. ▶Hoofdstuk 4 staat geheel in het teken van focussen, dat wil zeggen: een focus kiezen op basis van de probleemdefinitie, een behandeldoel formuleren en de eerste stappen zetten richting de oplossing, waarmee de patiënt oplossingseigenaar wordt. In ▶H. 5 staan de interventies centraal die gebruikt kunnen worden in drie stappen die steeds terugkeren: mentaliseren, flexibiliseren en internaliseren. Met deze drie stappen gekoppeld aan de focus van de behandeling worden verandermechanismen ingezet die de patiënt helpen uitvoeringseigenaar te worden. Tot slot wordt in ▶H. 6 beschreven hoe in het cyclische proces van het generalistische behandeltraject volgens het regiemodel de patiënt steeds meer eigenaar wordt van het proces, helder zicht krijgt op de stappen die zijn gezet en leert hoe hij in de toekomst die stappen zelf kan zetten. De patiënt is zelfregisseur geworden.

Literatuur

1. Hutschemaekers GJM. De gz-psycholoog en zijn specialismen. In: Verbraak M, Visser S, Muris P, Hoogduin K, redactie. Handboek voor gz-psychologen. Amsterdam: Boom; 2011. pag. 51–60.
2. Hutschemaekers GJM, Witteman C, Rutjes J, Kaasenbrood AJA. Different answers to different questions exploring clinical decision making by general practitioners and psychiatrists about depressed patients. Gen Hosp Psychiatry. 2014;36(4):425–30.
3. Boshuizen HPA, Bromme R, Gruber H. Professional learning: gaps and transistions on the way from novice to expert. Dordrecht: Kluwer; 2004.
4. Schön DA. The reflective practitioner: how professionals think in action. New York: Basic Books; 1983.
5. Kaasenbrood AJA. Consensus als criterium: de ontwikkeling, de verpreiding en het gebruik van richtlijnen voor goed psychiatrisch handelen. Utrecht: NcGv; 1995.
6. Lucassen P, Postma S, Hartman TO, Van Ravesteijn H, Linssen M, Wolf J, et al. Psychische problemen benaderen als een huisarts. Ned Tijdschr Geneeskd. 2017;161:1–4.
7. Huijgen F. Family Medicine: the medical life history of families. New York: Brunner/Mazel, Inc.; 1982.
8. Tiemens B, Hutschemaekers GJM, Kaasenbrood AJA. Getrapte zorg als beslismodel. MGV. 2004;59(11):916–30.
9. Huber M, Knottnerus JA, Van der Horst H, Jadad AR, Kromhout D, Leonard B, et al. How should we define health? BMJ. 2011;343:d4163.
10. Bohlmeijer E, Bolier L, Steeneveld M, Westerhof G, Walburg JA. Welbevinden: van bijzaak naar hoofdzaak? In: Bohlmeijer E, Bolier L, Steeneveld M, Westerhof G, Walburg JA, (redactie). Handboek Positieve Psychologie. Amsterdam: Boom; 2013. pag. 17–38.
11. Starfield B. Is primary care essential? Lancet. 1994;344:1129–33.
12. De Maeseneer J, Boeckxstaens P. James Mackenzie Lecture 2011: multimorbidity, goal-oriented care, and equity. Br J Gen Pract. 2011;2012(62):522–4.
13. Van Weel C. Context en Medisch handelen. Een visie vanuit de huisartspraktijk. Huisarts en Wetenschap. 2001;11:494–7.
14. Groenewegen P. Huisartsen als poortwachter: betere gezondheidszorg dan in landen met vrij toegankelijke specialisten? Ned Tijdschr Geneeskd. 2016;160.
15. Stange KC, Ferrer RL. The paradox of primary care. Ann Fam Med. 2009;7(4):293–9.
16. Vedsted P, Olesen F. Are the serious problems in cancer survival partly rooted in gatekeeper principles? An ecologic study. Br J Gen Pract. 2011;61:508–12.

17. Bonneux L. De voor- en nadelen van borstkankerscreening. Tijd voor evidence-based informatie. Ned Tijdschr Geneeskd. 2009;153:A887.
18. Hutschemaekers GJM, Tiemens B, Winter M de. Effects and side-effects of integrating care: the case of mental health care in the Netherlands. Int J Integr Care. 2007;7:e31.
19. Peeters FP, Ruhe HG, Beekman AT, Spijker J, Schoevers R, Zitman F, et al. Stagering en profilering van unipolaire depressies [Staging and profiling of unipolar depression]. Tijdschr voor Psychiatr. 2012;54(11):957–63.
20. Hutschemaekers GJM, Tiemens B. Het einde van de categorale GGZ.Ontwikkelingen, trends en controverses. Tijdschr voor Psychiatr. 2006;48(1):27–37.
21. Duyvendak J, Hutschemaekers GJM, Van Londen J, Schnabel P, Visser A, De Winter M. Zorg van velen: eindrapport landelijke commissie geestelijke volksgezondheid. Den Haag: Ministerie van Volksgezondheid Welzijn en Sport; 2002. pag. 143.
22. Hutschemaekers GJM. Wordt Nederland steeds zieker? Kengetallen en achtergrondanalyses. Maandblad Geestelijke Gezondheidszorg. 2000;55:314–35.
23. Van Os J. De DSM-5 voorbij! Persoonlijke diagnostiek in een nieuwe GGZ. Leusen: Diagnosis uitgevers; 2014.
24. Singla DR, Kohrt BA, Murray LK, Anand A, Chorpita BF, Patel V. Psychological treatments for the world: lessons from low- and middle-income countries. Annu Rev Psychol. 2017;13:149–81.
25. Verhaak PFM, Hoeymans N, Garssen A, Westert G. Mental health in the Dutch population and in general practice: 1987–2001. Br J Gen Pract. 2005;55(10):770–5.
26. Verhaak PFM, Van de Lisdonk E, Bor H, Hutschemaekers GJM. GP's referral to mental health care during the last 25 years. Br J Gen Pract. 2000;50:307–8.
27. Meijer SA, Zantinge EM, Verhaak PFM. Evaluatie versterking eerstelijns GGZ. Utrecht: Nivel; 2004.
28. VonKorff M, Tiemens B. Individualized stepped care of chronic illness. Cult Med. 2000;17:133–7.
29. Hutschemaekers GJM. Focus in de Basis GGZ: Indigo Handboek voor de Basis GGZ. Utrecht: Indigo; 2014.

Het doel van de generalistische ggz: zelfregie vergroten

2.1 Het zelf – 23

2.2 De toneelmetafoor – 26
2.2.1 Acteur en personage – 28
2.2.2 Regie en zelfregie – 30

2.3 Het gezondheidspodium – 33
2.3.1 Stagnatie – 33
2.3.2 Gezondheid – 35

2.4 Regie en zelfregie, hoe werkt dat? – 37
2.4.1 Van diagnose naar probleemeigenaarschap – 38
2.4.2 Van indicatie naar oplossingseigenaarschap – 39
2.4.3 Van interventie naar uitvoeringseigenaarschap – 41
2.4.4 Van voortgangscontrole naar proceseigenaarschap – 41
2.4.5 Vier vaardigheden – 44

2.5 Samenvatting en conclusies – 45

Literatuur – 46

© Bohn Stafleu van Loghum is een imprint van Springer Media B.V., onderdeel van Springer Nature 2019
G. Hutschemaekers, M. Nekkers en B. Tiemens, *Handboek generalistische ggz*,
https://doi.org/10.1007/978-90-368-2364-7_2

In de generalistische werkwijze staat het zelfhelend vermogen van de patiënt centraal. De inzet van de zorg is daarom gericht op het vergroten van de zelfregie van de patiënt. Maar wat is dat eigenlijk, zelfregie? En vaak wordt in één adem de vraag gesteld of dat bij alle patiënten wel haalbaar is. Die tweede vraag impliceert echter dat we weten wat zelfregie is en hoe we die kunnen vergroten. Zoekend in de literatuur of op internet vinden we vooral beschrijvingen die gaan over zelf keuzes kunnen maken in het dagelijks leven. In de zorg gaat het dan over *shared decision making*, samen met de behandelaar keuzes maken. Deze betekenis helpt ons echter niet als we ons willen richten op het zelfhelend vermogen van de patiënt. Wat betekent dat bij een patiënt die in de g-ggz om hulp vraagt? Wat is in die context zelfregie en hoe stuurt de invulling van zelfregie het behandelproces?

In dit hoofdstuk werken we het begrip zelfregie nader uit. Als vertrekpunt daarbij hebben we gekozen voor de setting waarin we de begrippen regie en regisseur kennen, namelijk het toneel. Deze setting van de regisseur en acteurs op het toneel functioneert als metafoor bij onze begripsbepaling van zelfregie. We hebben gemerkt dat dit beeld heel behulpzaam is. Waarom? Het kernwoord hierbij is 'afstand'. Een regisseur haalt een acteur die vastloopt in zijn rol soms even van het toneel, zodat ze samen met afstand naar de rol of het personage op het toneel kunnen kijken: de wijze waarop de acteur deze invult, de interactie met de andere personages in het toneelstuk en misschien zelfs met het decor.

Vanuit deze toneelmetafoor kijken we naar ons perspectief op geestelijke ongezondheid als uiting van stagnatie: de patiënt is vastgelopen in een of meer 'scènes' van zijn of haar 'toneelstuk', op een of meer 'podia' in zijn of haar leven. Dit klinkt misschien wat oneerbiedig, maar in dit hoofdstuk leggen we uit waarom het helpt om op deze manier naar problematiek van patiënten te kijken. Zelfregie definiëren we vervolgens als een set aan strategieën gericht op het opheffen van deze stagnatie. Voor de vraag naar de aard van die strategieën kijken we vervolgens niet naar de regisseur, maar uiteraard naar de hulpverlener, die bij uitstek is gericht op het doorbreken van stagnatie. We onderscheiden hierin vier kernelementen van zelfregie: probleemeigenaarschap, oplossingseigenaarschap, uitvoeringseigenaarschap en proceseigenaarschap.

2.1   Het zelf

In ons dagelijks leven gaan we er als vanzelfsprekend vanuit dat ons leven gestuurd wordt door zoiets als ons *zelf*. Omdat het zelf zich maar moeilijk laat omschrijven, gebruiken wij daarvoor het liefst metaforen, bijvoorbeeld het beeld van de kapitein op het schip. Het zelf is als de kapitein die de koers bepaalt, de commando's uitdeelt, zorgt dat alles goed verloopt en uiteindelijk verantwoordelijk is voor het reilen en zeilen van het schip. De ene kapitein is de andere niet: we kunnen ons heel goed meer of minder effectieve kapiteins voorstellen. Hoe beter de kapitein, des te groter de kans dat het schip telkens een behouden vaart heeft. En misschien ook wel: hoe beter de kapitein, des te beter de manschappen op het schip zijn georganiseerd en des te wendbaarder het schip. Vanuit deze metafoor is de stap naar zelfregie snel gezet: hoe meer zelfregie, des te meer het individu vermag, des te meer controle het heeft, en des te kleiner de kans dat stormen het schip schade zullen berokkenen. Om zich die rol eigen te maken, volgt het zelf een lange leerweg, waarbij het gelouterd door ervaringen, inclusief ontberingen en successen, uiteindelijk zo sterk, verstandig en wijs zal worden, dat geen storm te machtig en geen golf te hoog meer zal zijn. Het zelf is als een voortdurend groeiende, gouden kern die uiteindelijk *fully functioning* [1] volledig autonoom en zelfstandig de weg bepaalt.

Deze intuïtieve opvatting over het zelf is allesbehalve dominant in hedendaagse psychologische theorieën. Integendeel, hersenwetenschappers als Dick Swaab weten ons met niet-aflatende inzet telkens duidelijk te maken: *Wij zijn ons brein* [2]. De reikwijdte van die stelling kunnen we nauwelijks bevatten, maar Swaab wil ons duidelijk maken dat het beeld van ons zelf als een kapitein die steeds wijzer en behendiger wordt, niet klopt. De metafoor is te simpel en maakt van kapitein en schip twee aparte entiteiten. Swaab gebruikt liever de metafoor van het ondergrondse complex van kamers in Londen vanwaaruit Winston Churchill dag en nacht met zijn oorlogskabinet en een grote staf vanaf 1940 de oorlog naar zijn hand zette.

> Stafkamers behangen met kaarten, waar alle informatie op verschillende wijzen gecodeerd of ongecodeerd via een heel netwerk van lijnen van over de hele wereld binnenkwam. Er wordt gefocust op de belangrijkste informatie van dat moment, die wordt gecontroleerd, op waarde geschat, verwerkt en opgeslagen. Hierbij zijn talloze afdelingen goed gecoördineerd bezig. Er wordt op basis van deze geselecteerde informatie (door het voorste deel van de hersenen, de prefrontale hersenschors) een conceptplan opgesteld, uitgewerkt en getoetst, waarbij alle beschikbare informatie wordt meegewogen. Voortdurend wordt er over het conceptplan overleg gevoerd met talrijke specialisten, intern of zo nodig zelfs extern via een directe lijn met Amerika. Na het wegen van alle opinies en informatie leidt dat dan tot de uitvoering van een definitief plan of tot het afzien van iedere actie. Het plan kan worden uitgevoerd door de landmacht (de motoriek), door de zeemacht (hormonen), door eenheden die in stilte achter de linies opereren (het autonome zenuwstelsel) of resulteren in een bombardement door de luchtmacht (van neurotransmitters, slim gericht op één bepaalde hersenstructuur). Het meest effectieve is natuurlijk een gecoördineerde actie van alle strijdkrachten. Ja ons brein werkt als een ingewikkeld commandocentrum voorzien van de modernste apparatuur (pag. 28–9).

Die metafoor spreekt al evenzeer tot de verbeelding en op het eerste gezicht wijkt zij niet zo heel sterk af van de metafoor van de kapitein, want waarom niet veronderstellen dat juist Churchill de baas van dat commandocentrum was. Het is hier dat de wegen zich splitsen. Volgens Swaab is er geen Churchill in ons brein. 'Misschien zijn onze bewuste, mentale voorstellingen alleen maar gedachten achteraf – ideeën die we naderhand denken om ons de illusie van macht en beheersing te geven', aldus Irvin Yalom, geciteerd door Swaab [2]. Het zelf is een illusie, een artefact of een bijproduct in plaats van een autonome factor die ertoe doet.

Swaab staat niet alleen met die omkering van het perspectief waarin het zelf niet langer de kapitein van het brein is maar hooguit een bijproduct van onze hersenen. Veel wetenschappers volgen hem in deze gedachtegang. Denk aan de boeken van Lamme [3], Mieras [4] en Nelissen [5], of neem het werk van de psycholoog en Nobelprijswinnaar Daniel Kahneman. In zijn bestseller *Thinking fast and slow* maakt hij onderscheid tussen systeem I- en systeem II-processen in onze hersenen [6]. Systeem I werkt automatisch en vlug, zonder veel inspanning en zonder bewuste controle of coördinatie. Systeem II is gekoppeld aan de aandacht en richt die op mentale activiteiten die moeite kosten, waaronder complexe redeneringen en gevolgtrekkingen. De acties van systeem II worden in verband gebracht met bewustzijn en subjectieve ervaringen van agency, keuze en concentratie. Kahneman laat zien hoe onbelangrijk dit systeem is en hoe gering de invloed ervan is op het veel belangrijkere systeem I. De Nijmeegse psycholoog Ab Dijksterhuis [7] gaat nog een stap verder door te laten zien dat systeem II niet de regie voert, maar hooguit een afgeleide is van systeem I. We denken dat systeem II de macht heeft, feitelijk speelt systeem I de hoofdrol en kan systeem II hooguit wat kanttekeningen in de marge plaatsen. Met behulp van systeem II is het mogelijk, maar met moeite, om systeem I een klein beetje te corrigeren.

We kunnen de lijst van adepten van de opvatting over de ondergeschikte rol van het zelf naar believen uitbreiden. Zelfs onder hulpverleners viert deze opvatting hoogtij. Denk aan Martin Appelo die graag spreekt over het belang van ons reptielenbrein, dat feitelijk ons bewuste brein voortdurend de baas is [8]. Wat betekent dit nu voor het inzetten van de generalistische ggz ten aanzien van het vergroten van zelfregie? Is dat wel mogelijk als we zo sterk gestuurd worden door systeem I? Is het niet onbegonnen werk? Zouden we de overgrote meerderheid van hedendaagse wetenschappers volgen, dan zouden we zelfregie maar het beste overboord kunnen zetten. Dat doen we niet, maar tegelijkertijd kunnen en willen we niet voorbijgaan aan deze recente inzichten: de wijze waarop wij zelfregie invullen en uitwerken in dit boek, mag niet strijdig zijn met de stand van de wetenschap. Dat betekent bijvoorbeeld dat we het belang van systeem I voor de standaardoplossingen recht willen doen en dat vergroting van zelfregie geenszins mag betekenen dat de invloed van systeem I wordt ingeperkt ten gunste van systeem II. Systeem I zorgt voor de standaardoplossingen, systeem II komt in beeld zodra systeem I faalt. Op dat moment moet systeem II even de leiding overnemen om tot het gewenste resultaat te komen, om systeem I te corrigeren. De Nijmeegse filosoof Marc Slors spreekt over activering van het reflectieve bewustzijn zodra problemen systeem I te boven gaan [9]. Die actie kost niet alleen veel moeite, we weten dat systeem II een korte adem heeft en snel de aandacht laat verslappen, wil de oplossing beklijven, dan zal systeem I de oplossing weer snel moeten overnemen en als automatische piloot zijn werk weer moeten doen.

Die visie vinden wij terug in het werk van André Aleman [10]. Ook zijn vertrekpunt luidt dat systeem I bijna al het werk doet en de invloed van systeem II niet overschat mag worden. Maar niet overschat worden, betekent niet niks (kunnen) doen. De kenmerken die hij aan beide systemen toedicht, vatten we kort samen in ◘ tab. 2.1.

Systeem I bestaat uit de automatische processen en is verreweg het meest efficiënt in het oplossen van problemen, het kost de minste energie, beschikt over een grote capaciteit en is in de regel het meest effectief. Goed autorijden betekent dat dat proces zo is geautomatiseerd, dat de oplossing al is gerealiseerd voordat je in de gaten hebt dat er zojuist iets onverwachts heeft plaatsgevonden. Om die graad van automatisering te realiseren is echter veel oefening en veel ervaring nodig. Pas bij een complexere verkeerstaak, zoals: opletten, ik zit niet op een voorrangsweg en daar komt met grote snelheid een auto op mij afrijden, krijgt het meerwaarde je hoofd erbij te houden. Dan wordt je systeem II tijdelijk een bewuste probleemoplosser en kun je tijdelijk iets meer informatie verwerken, maar na afloop realiseer je ook hoe vermoeiend die rit is geweest.

Alemans visie kunnen we goed toepassen op het domein van geestelijke gezondheidszorg en de oplossing van de meeste psychische uitdagingen. Veel coping gebeurt goed zonder dat we ons daar van bewust zijn, zonder dat het ons veel kruim of energie

Tabel 2.1 Automatische en bewuste processen (naar: Aleman 2017)	
automatische processen (systeem I)	bewuste processen (systeem II)
snel	langzaam
onbewust, je kunt er geen verslag van doen	bewust, je kunt er verslag van doen
intuïtief	bedachtzaam, rationeel
kost weinig inspanning	kost veel inspanning
grote capaciteit, kan veel verwerken	beperkte capaciteit
parallelle verwerking (tegelijkertijd)	sequentiële verwerking (een voor een)

kost. Die oplossingen in de automatische modus zijn bovendien meestal ook beter dan oplossingen in de bewuste modus. De automatische piloot in ons lost problemen op zonder dat wij er ons druk over hoeven te maken. Een probleem wordt pas echt een probleem zodra verdere bewustwording van het probleem noodzakelijk is en we ons realiseren dat de automatische coping niet tot de passende oplossing heeft geleid. Op dat moment is het nodig om – tijdelijk – extra bewuste acties in te zetten. Bewuste processen gaan volgens Aleman gepaard 'met meer aandacht in vergelijking tot onbewust en automatisch denken. Juist door die aandacht kunnen we routinegedrag aanpassen als dat nodig is' [10]. Bewuste processen zijn veel rationeler, maar kosten ook meer inspanning en hebben een veel beperktere capaciteit. Met bewuste processen kunnen heel wat problemen worden aangepakt en opgeheven, maar ze eisen een aanzienlijke tol in termen van energie, en beperken ook de ruimte om andere gewenste zaken te realiseren. Een mens kan nu eenmaal niet te veel dingen tegelijkertijd bewust realiseren.

Op basis van de indeling van Aleman kunnen we al enkele voorlopige elementen van zelfregie benoemen. Als we zelfregie koppelen aan bewuste actie, betekent dat dat systeem II aan de slag moet. We weten echter dat de actieradius ervan beperkt is, het kan maar af en toe tijdelijk geactiveerd worden. We weten voorts ook dat de capaciteit van systeem II beperkt is en het daarom telkens zaak is om probleemoplossingen zo eigen te maken, dat systeem I weer snel het werk overneemt. Toename aan zelfregie kan dus nooit begrepen worden als een alsmaar groeiend systeem II vanwaaruit steeds meer actie wordt ondernomen. Nee, meer zelfregie betekent in staat zijn om zelf te constateren (diagnosticeren) dat systeem I faalt en systeem II te activeren om, al dan niet met hulp, het falende stukje te corrigeren. Met de toneelmetafoor laten we zien hoe het inzetten van systeem II in zijn werk gaat.

2.2 De toneelmetafoor

Het woord (zelf)'regisseur' is afkomstig uit de wereld van toneel en theater. Het heeft de afgelopen jaren binnen de gezondheidszorg in sneltreinvaart aan populariteit gewonnen. Het theater wordt al veel langer door psychologen en antropologen gebruikt als beeldspraak om het menselijk functioneren beter te begrijpen. Bij een metafoor is sprake van een impliciete en vaak onuitgesproken vergelijking. In dit geval wordt met een referentie naar het toneel iets gezegd of gesuggereerd over het functioneren van individuen. Het is vooral de filosoof Rom Harré geweest die de dramaturgische metafoor heeft uitgewerkt [11]. Met deze metafoor kon hij aspecten van ons gedrag benadrukken die anders onopgemerkt zouden blijven. Mensen, zo stelt Harré, zijn te vergelijken met de deelnemers aan een grote toneeluitvoering. De meest zichtbare deelnemers aan de voorstelling zijn de acteurs en actrices. Op het toneel spelen zij gezamenlijk een toneelstuk. Bij de uitvoering gaat het echter niet primair om hen, maar om de rollen die zij vervullen. Dat onderscheid wordt uitgedrukt met de begrippen personage en acteur. Op het podium zien we vooral de personages met elkaar in de weer. Hoe beter het toneelstuk, des te sneller de acteur uit beeld verdwijnt om plaats te maken voor het personage dat hij verbeeldt. Die metafoor kunnen we op verschillende manieren uitbreiden. Zo is er niet één podium, maar moeten acteurs op verschillende podia verschillende rollen vervullen: op mijn werk vervul ik andere rollen dan 's avonds thuis als opvoeder van mijn kinderen of als partner van mijn echtgeno(o)t(e). Telkens betreft het andere personages die door een en dezelfde acteur tot leven worden gebracht. En zolang die rollen niet met elkaar conflicteren, is er niets aan de hand.

Acteurs spelen hun rollen op het podium. Dat doen ze voor het publiek dat als toeschouwer heeft plaatsgenomen voor het podium. Het publiek doet niet mee, het zit op afstand en laat zich al dan niet meeslepen door de uitvoering. Het publiek beoordeelt de uitvoering en laat zich erdoor onderhouden. Het publiek beoordeelt uiteindelijk wat er op het podium gebeurt. Achter het podium zijn ook nog rollen te vervullen, bijvoorbeeld de rol van producent en de rol van schrijver. De producent is opdrachtgever en de eigenaar van de voorstelling. Hij kiest het stuk, maakt de financiële en logistieke afspraken, selecteert de acteurs en draagt er zorg voor dat alle randvoorwaarden goed worden geregeld. De auteur of schrijver heeft het script bedacht en zo opgeschreven, dat het kan worden uitgevoerd. De belangrijkste rol achter het podium is ongetwijfeld die van regisseur. De regisseur draagt er zorg voor dat het toneelstuk goed op de planken wordt gezet. Hij zet de acteurs in positie en helpt hen met de interpretatie van het toneelstuk en het uitwerken van de personages. Zo nodig ondersteunt hij hen bij het instuderen van hun rollen en brengt hij accenten aan, zodat het toneelstuk voldoet aan zijn creatieve eisen. De regisseur is zogezegd de creatieve verbindingsofficier die toneelstuk en acteurs bij elkaar brengt en via het optreden van de acteurs de personages tot leven wekt en het toneelstuk levensecht maakt. In ◘fig. 2.1 vatten we de belangrijkste elementen van de metafoor samen: *op het podium* zijn personages met elkaar in de weer, zij verbeelden samen het verhaal. Die personages worden gespeeld door de acteurs. Hoe beter zij spelen, des te meer zij uit beeld verdwijnen. *Voor het podium* zit het publiek, dat getuige is van de uitvoering en zich laat meevoeren door de personages, zonder zelf deel te nemen aan de voorstelling. *Achter het podium* werken regisseur, producent en auteur. Ze zorgen voor de randvoorwaarden waardoor de voorstelling kan plaatsvinden. In de volgende paragrafen zullen we twee kernelementen van de metafoor nader onder de loep nemen, te weten de acteur en zijn personages en vervolgens de regiefunctie (regisseur). Deze elementen helpen ons bij het definiëren en begrijpen van zelfregie.

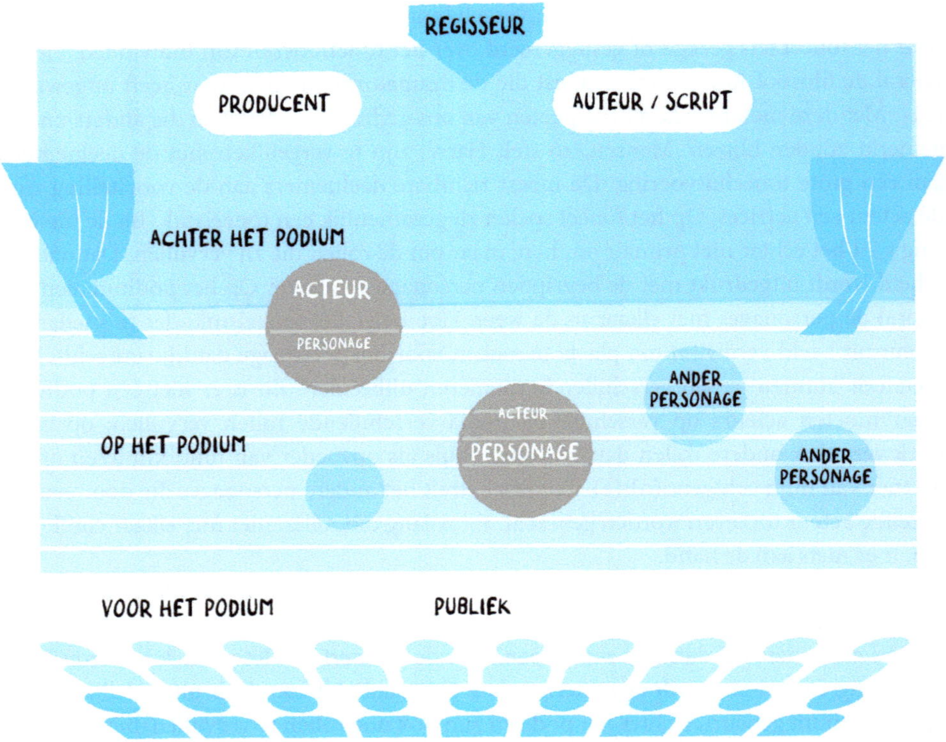

Figuur 2.1 Voor, achter en op het podium

2.2.1 Acteur en personage

Intuïtief vinden we de acteur van groter belang dan zijn personage. Het is de acteur die het werk doet en het personage is het resultaat van zijn inspanning. De acteur is blijvend, het personage is voorbijgaand en vluchtig. De acteur is de persoon zelf, daar gaat het allemaal om. Met de podiummetafoor draaien we dat beeld om: het personage heeft de hoofdrol, de acteur zou je kunnen zien als een soort van noodzakelijke voorwaarde om de personages in positie te zetten. Wij zijn personages en zo worden wij door anderen gekend. En omgekeerd: van de anderen zien we ook vooral de personages. En bij psychische problemen heeft niet alleen de acteur maar vooral ook het personage een probleem. De acteur voelt en beseft dat er iets aan de hand is. Hij kan helpen het probleem op te lossen, maar veel meer dan dat kan hij niet doen. Alleen in de positie van zijn personage kunnen problemen worden opgeruimd. Rom Harré sluit met die omkering aan bij het symbolisch interactionisme van George Herbert Mead. Centraal daarbij staat de (sociale) context waarbinnen het individu functioneert. Het personage is het '*me*', en de acteur is dan de '*I*'. Samen vormen het *me* en het *I* het *zelf*.

Wij zijn allen personages. Overdag op het werk zijn wij de personages die samen met anderen het werk leveren. En 's avonds thuis zijn wij met onze partner en kinderen in de weer op het podium van het gezinsleven, en daarna mogelijk op het podium van de partner en relatie. Met een beetje geluk gaan we helemaal op in onze rollen, het gaat bijna automatisch (systeem I) en voor we het in de gaten hebben, is het alweer avond en is de dag voorbij. Hoe beter we opgaan in onze rollen, des te meer we in het hier en nu kunnen blijven en de zaken die zich daar voordoen met elkaar kunnen regelen en oplossen. Dat je automatisch je personage bent en samen met andere personages op onze podia *voorstellingen des levens* vormgeeft, wordt in de literatuur aangeduid met het begrip '*the flow*', onder andere uitgewerkt door Csikszentmihalyi [12]. Artiesten kunnen soms zo opgaan in hun creatieve proces, dat ze zich niet of nauwelijks bewust zijn van hun eigen schepping en acties. En van de tennisster Roger Federer wordt gezegd dat zijn meesterschap er vooral uit bestaat dat hij in de flow van tennisspeler kan blijven zonder zich van de wijs te laten brengen door de acteur in hem die zich zorgen maakt over de fouten in het spel of de verloren games of sets. In je *flow* blijven, betekent je personage het werk laten doen, zonder geïnterrumpeerd te worden door de acteur die ook de andere personages moet bedienen.

De acteur komt in de podiummetafoor, ook als het gaat over de oplossing van problemen, op de tweede plaats. Bij een goede uitvoering neemt het personage het werk voor zijn rekening en volgt de acteur de gebeurtenissen door zich af en toe bewust te worden van de rol die hij speelt. Zolang het goed gaat, en dat gaat het meestal, is hij eigenlijk niet nodig. Hij krijgt pas een taak zodra zijn personage de automatische piloot uitschakelt omdat het niet lekker loopt. De acteur moet dan vliegensvlug een alternatief scenario bedenken (met systeem II) om het personage weer aan de gang te krijgen. Een auto die met gierende remmen voor je moet stoppen, activeert de acteur in jou: oeps ik dacht dat ik op een voorrangsweg zat, niet dus, opletten! En zodra het gevaar geweken is, neemt het personage het weer over. Daarnaast vervult de acteur een belangrijke functie bij het instuderen van nieuwe rollen: hij zorgt dat de omstandigheden zo zijn ingericht, dat een leerproces op gang wordt gebracht en het personage zich zijn nieuwe rol eigen maakt. De acteur kan sturen en controleren, maar niet te veel tegelijkertijd. Hij moet vooral meester zijn in het delegeren en uitbesteden. Alles wat hij zelf doet, kost veel meer energie en heeft een grotere kans om mis te gaan. Neem het voorbeeld van het afvallen: het dringt tot mij door dat ik te dik word. Ik kan dan mijn voedselinname onder controle brengen en aan het lijnen gaan. Dat gaat net zo lang goed als dat ik dat proces doelgericht inplan en volg. Maar ongetwijfeld komt er een moment dat ik even met mijn aandacht elders was en mijn personage ineens weer te grote hoeveelheden voedsel naar binnen werkt. Misschien voel ik mij schuldig en ga ik nog strenger en strakker zaken onder controle brengen. De kans is echter levensgroot dat ik op een dag helemaal terugval en ik aan het einde van de rit toch weer zwaarder ben geworden. Succesvol lijnen betekent eigenlijk dat de acteur een plan uitstippelt (systeem II) om een nieuwe gewoonte in te slijpen, wat moeite kost, die het personage na verloop van tijd automatisch dus zonder moeite gaat uitvoeren (systeem I). Op die manier zorgt het personage met zijn automatische piloot ervoor dat ik niet langer aankom, maar juist afval.

Is het personage op dreef, dan is de acteur volgend en ondergeschikt. Gaat het mis, dan wordt de acteur hardhandig losgetrokken van zijn personage. De acteur wordt dan groter, het personage kleiner. Een van de strategieën van de acteur is zijn personage even op afstand zetten. Die afstand kan pijnlijk zijn en kost veel moeite, maar is vaak een

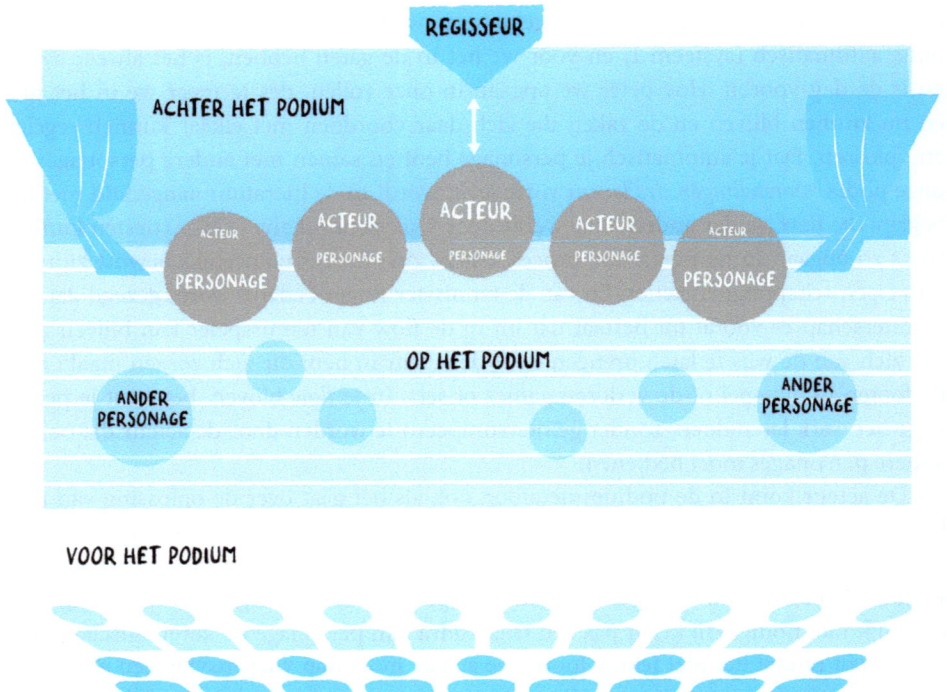

▫ **Figuur 2.2** Acteur en personage bij dreigende problemen

belangrijke zet in de richting van de oplossing van het probleem. Lukt het niet het probleem op te lossen terwijl het personage doorspeelt, dan zal de acteur nog meer afstand moeten nemen. Dat kan betekenen dat hij weg van het podium wil. Een van de manieren van afstand nemen is dat de acteur vlucht in het publiek, van een afstand kritisch naar het eigen personage kijkt en diens handel en wandel van kritische kanttekeningen voorziet. Net doen alsof je het niet zelf bent. Die vorm van afstand nemen kan tijdelijk verlichting geven, maar maakt de problemen op termijn alleen maar groter. De acteur kan echter ook afstand nemen richting de achterkant van het podium, en de hulp inroepen van de regisseur. Die kan hem helpen het probleem te tackelen. In ▫fig. 2.2 hebben we die mogelijke bewegingen van acteur/personage in kaart gebracht.

2.2.2 Regie en zelfregie

Het woord 'regie' is afkomstig uit het Frans en betekent letterlijk beheer. De regisseur is degene die het beheer voert, bijvoorbeeld over een gebouw of een dienst, er zelf niet noodzakelijk gebruik van maakt en ook niet automatisch de eigenaar is. De beheerder van een gebouw voert coördinerende en managementtaken uit: hij draagt er zorg voor dat zaken goed lopen, dat de administratie op orde is, het onderhoud wordt verricht,

2.2 · De toneelmetafoor

nieuwe bewoners worden geworven en ontvangen, de leefregels worden nageleefd et cetera. De regisseur veronderstelt onderscheidbare rollen: eigenaar, bewoner en beheerder. De regisseur staat tussen de eigenaar en de bewoners, hij verbindt beide partijen, beheert het pand maar woont er niet.

De regisseur in de podiummetafoor is de leidende persoon bij de enscenering, opvoering of opname en bij de spelleiding. En ook in deze betekenis vervult de regisseur de rol van tussenpersoon tussen enerzijds auteur en producent en anderzijds de uitvoerenden of acteurs. Hij ziet erop toe dat de in het werk aanwezige bedoelingen op consequente wijze worden geïnterpreteerd en helder in het spel naar voren komen. De regisseur heeft echter geen rol in de voorstelling zelf. Zodra hij op het podium verschijnt, wordt de voorstelling even stopgezet. De plaats van de regisseur is achter de schermen, en daar kom je hem in veel soorten en maten tegen. Nu eens is hij vooral de beheerder die 'slechts' in opdracht handelt met acteurs die hij zelf niet heeft geselecteerd, dan weer is hij het die het toneelstuk zelf heeft geschreven of heeft gekozen, een producent aanzoekt en de acteurs werft. Maar altijd staat de regisseur op afstand en is er sprake van ongelijkheid: de regisseur coacht en ondersteunt de acteurs bij het vormgeven van de personages tijdens de voorstelling. Dat kan hij doen door voorbeelden te geven, door uit te leggen wat er verwacht wordt, of door aspecten te spiegelen die de acteur ervan afhouden zijn personage neer te zetten. Ook teamaspecten kunnen benadrukt worden, zoals zorgen voor optimale onderlinge afstemming of juist leren meer zelfstandig te werken. Regisseurs hebben bovendien vaak een eigen unieke stijl, hun eigen opvattingen over de productie en ook hun eigen manier van communiceren met de acteurs. Sommigen werken vooral intuïtief, anderen meer systematisch. Sommigen sluiten vooral aan bij de mogelijkheden van hun acteurs, anderen verwachten van hun acteurs dat ze zich geheel aanpassen aan de gestelde eisen. Dat geeft grote verschillen in dynamiek, zowel op als achter het toneel, en bijpassend natuurlijk grote verschillen in kwaliteit van uitvoering.

Achter die verschillen schuilt echter een grote overeenkomst: de regisseur heeft een tijdelijke opdracht; hij verleent steun bij de oplossing van een concreet probleem, met een duidelijke start (opdracht) en meestal ook een goed afgebakend einde (doel is gerealiseerd). Ten tweede is er sprake van een specifieke rolverdeling waarbij de acteur op het podium het personage uitbeeldt die de hoofdrol vervult, terwijl de regisseur op de achtergrond het proces ondersteunt en begeleidt. En ten derde is het onderliggende principe altijd gelijk: de acteur stapt van het podium en moet daarbij afstand nemen en kijken naar zijn eigen personage. Van achter het podium bekijken regisseur en acteur samen wat er niet goed gaat. De regisseur helpt de acteur de situatie te analyseren en zet hem op het spoor van de kink in de kabel. Dat kan meer of minder expliciet gebeuren en meer of minder systematisch plaatsvinden, maar door de afstand ontstaat weer zicht op de bomen en het bos. Vervolgens ontstaat er ruimte voor een alternatief. De regisseur kan iets voorstellen en de acteur op een idee brengen, of misschien wel heel direct het alternatief voorspelen. Zodra helder is wat voor de acteur en zijn personage de meest wenselijke oplossing is, wordt het nieuwe gedrag ingestudeerd. Het nieuwe gedrag wordt zo vaak geoefend, dat het weer geautomatiseerd kan worden en het personage het kan opnemen in het standaardrepertoire. In ◘fig. 2.3 is het regieprincipe weergeven.

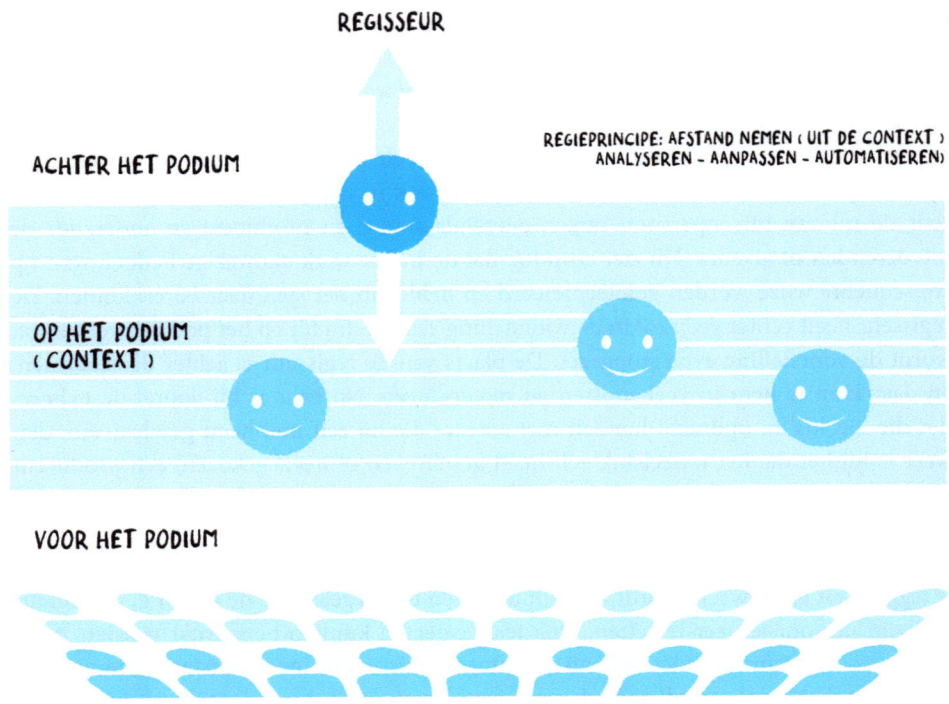

◘ Figuur 2.3 Het regieprincipe

In sommige producties vertolkt de regisseur ook een van de (hoofd)rollen en voert hij regie over zichzelf. Hoe dat precies werkt, weten we niet. Wel weten we dat het heel goed mogelijk is en vaak tot prima resultaten leidt. Het vervullen door één persoon van die twee rollen tegelijkertijd – achter en op het podium – is allesbehalve eenvoudig. Filmsterren kiezen pas na jarenlange ervaring voor die dubbele rol. Dat suggereert dat hiervoor toch een specifieke vaardigheid noodzakelijk is, die zich laat ontwikkelen door veel oefening. Kern van die vaardigheid is dat de acteur niet alleen heel goed zijn eigen rol en personages kent en die gestalte weet te geven, maar daar tegelijkertijd ook naar kan kijken en erop weet te reflecteren, teneinde er zo nodig veranderingen in aan te brengen. Speelt hij samen met anderen, dan moet hij ook oog hebben voor hun personages en hun aanwijzingen kunnen geven over hoe zij hun rol kunnen verbeteren en hoe zij samen met hem moeten acteren om er een meesterstuk van te maken. De dubbelrol van regisseur en acteur vraagt in ieder geval vermogen tot afstand nemen: het personage in mij moet zich laten bekijken en zich laten aansturen door de acteur en de regisseur in mij. Vervolgens moet het personage het de regisseur mogelijk maken om op cruciale momenten even pas op de plaats te maken, zodat hij ruimte krijgt om met afstand te kijken naar het toneel. Op andere momenten moet hij zich juist wel laten meevoeren door de dynamiek van wat er op het podium plaatsvindt. Zelfregie vraagt dus in ieder geval kunnen schakelen tussen rollen, alsook het vermogen van afstand nemen.

De toneelmetafoor gebruiken we hier binnen de context van de generalistische gezondheidszorg. Bij de rol van regisseur denken we in eerste instantie aan hulpverleners. Zij staan achter het podium en staan de acteur bij met raad en daad. De rol van acteur wordt vervuld door de patiënt. De patiënt heeft een probleem bij het vormgeven van zijn personages. Met hun gang naar de therapeut stappen zij van het podium af, waarbij de therapeut hen vervolgens helpt te kijken naar hun personage, te analyseren waar het knelpunt zit, ander gedrag te kiezen en dat vervolgens te oefenen, zodat het personage de voorstelling weer kan vervolgen. In de volgende paragraaf zullen we deze specifieke context van gezondheid en gezondheidszorg verder uitwerken. In deze context zullen we het begrip zelfregie verder invullen. Want als acteur/personage tegelijkertijd regisseur kan zijn, waarom zou de patiënt-acteur dan niet tegelijkertijd zijn eigen behandelaar-regisseur kunnen zijn? Ook dat lijkt heel goed mogelijk. We weten weliswaar nog niet precies welke vaardigheden daarvoor nodig zijn en hoe die dubbelrol vorm en inhoud kan krijgen, maar veel patiënten zijn prima in staat de regisseur te zijn van hun eigen herstelproces. En waarschijnlijk geldt ook hier: oefening baart kunst. Het is daarbij de taak van de hulpverlener de acteur te helpen zicht te krijgen op zijn eigen rol als personage, ernaar te leren kijken en erop te reflecteren, en om zicht te krijgen op de do's en don'ts die horen bij een goede uitvoering.

2.3 Het gezondheidspodium

De toneelmetafoor toegepast in de gezondheidszorg betreft in eerste instantie de verdeling van rollen: de therapeut valt samen met de rol van regisseur en de patiënt is dan de acteur/het personage. Zelfregie verwijst dan naar een specifieke rolverdeling waarbij de patiënt zijn eigen therapeut wordt. Deze metafoor kunnen we vervolgens verder uitwerken door hem te koppelen aan het begrip gezondheid. Gebrek aan gezondheid hebben we eerder beschreven als een vorm van stagnatie. Stagnatie, niet verder kunnen, kan ook beschouwd worden als een gebrek aan regie, en het opheffen van stagnatie als het weer op gang brengen van de regie. Bovendien, en dat maakt de metafoor extra bruikbaar, biedt de metafoor een eigen generalistisch kader om het ontstaan van gezondheidsproblemen samen met de patiënt nader inzichtelijk te maken en te interpreteren.

2.3.1 Stagnatie

Er zijn talloze theorieën en nog veel meer opvattingen over de aard en oorsprong van psychische problemen. In het medisch model worden psychische problemen al snel geduid als symptomen van disfunctionele biologische en psychologische processen, waarbij afhankelijk van de specifieke theoretische stroming nu eens gefocust wordt op trauma's, dan weer op disfunctionele schema's of bijvoorbeeld op genetische aanleg en een verstoorde fysiologische balans. De regiemetafoor voegt aan die benadering niet veel toe. Binnen de generalistische aanpak begint de analyse van gezondheid bij de beleving van de patiënt. Uitgangspunt is de stagnatie die wordt ervaren. Ineens hapert de automatische piloot van het personage. Er overkomt de persoon iets wat ook de acteur ontregelt, wat hij niet begrijpt (cognitieve controle) en evenmin weet te veranderen (handelingscontrole). De stagnatie wordt nog groter zodra de acteur met bewuste controle tracht in te grijpen, maar de verstoring niet onder controle krijgt. Een onrustige spanning die niet zomaar op commando verdwijnt, of een merkwaardige en dominerende cognitie, een naar gevoel et cetera. De verstoring van het alledaagse moet opvallen (de automatische piloot wordt uitgezet) en niet goed te verklaren zijn (de acteur krijgt er geen vat op). Eerder deed zich dat probleem niet voor en anderen lijken er in deze situatie helemaal geen last van te hebben. Ten slotte impliceert de stagnatie ook dat algemenere oplossingsstrategieën hun uitwerking missen. Acteurs hebben een algemeen arsenaal aan strategieën die hen kunnen helpen stagnatie op te heffen, bijvoorbeeld extra vroeg naar bed gaan, een dag rust nemen, of proberen ergens anders aan te denken. Nu blijkt echter geen van die strategieën te werken. En zelfs het vertrouwen dat het probleem uiteindelijk toch wel zal worden opgelost, verdwijnt als sneeuw voor de zon. De acteur wordt er radeloos van, weet niet wat te doen om het probleem aan te pakken. Hij heeft zogezegd zijn greep op de situatie verloren, en dat maakt hem wanhopig. Psychologen spreken in dit verband van een toestand van demoralisatie.

Patiënten melden zich bij een hulpverlener omdat de acteur in hen geen grip meer kan krijgen op het dagelijks functioneren en het personage even lijkt te zijn uitgeteld. De patiënt voelt zich somber en weet niet waarom. Hij merkt het op omdat deze toestand afwijkt van zijn normale stemming of van zijn ervaring uit het verleden dat het na een paar dagen wel weer overgaat. Dit keer falen zijn pogingen om aan iets leuks te denken, of om de somberheid te negeren. Ook ziet hij geen concrete aanleidingen in zijn omgeving die de somberheid kunnen verklaren. Eigenlijk gaat het misschien allemaal heel goed en zou hij vrolijk moeten zijn. Maar niets van dat alles. Die stagnatie en vervolgens demoralisatie verklaren de lijdensdruk: de patiënt die niet weet waar die somberheid vandaan komt in combinatie met het gevoel dat hij onmachtig is om een oplossing voor dit nare probleem te vinden. Wist de patiënt dat de somberheid over een uur voorbij zou zijn, of dat hij zelf heel goed in staat zou zijn het probleem op te lossen, dan was de lijdensdruk bij datzelfde sombere gevoel veel geringer.

Wat maakt dat gebrek aan regie? Het lukt de acteur niet zijn personage goed neer te zetten en te realiseren, laat staan (volledig) in zijn personage op te gaan. Op de een of andere manier komt hij hardhandig in situaties terecht die stress en onrust oproepen. Hem overkomt iets waar hij geen antwoord op weet, en dat uit zich in specifieke gevoelens en emoties van machteloosheid. Door de optredende stagnatie vallen acteur en personage volledig uit elkaar. Daarvoor was de patiënt gewoon een persoon, zonder zich bewust te zijn van het onderscheid tussen acteur en personage. Stagnatie voel je altijd als eerste vanbinnen, dat je niet meer met jezelf samenvalt. Maar dat zegt vervolgens nog niet dat de reden van die machteloosheid ook intrapsychisch is. Het aardige van de podiummetafoor is dat het perspectief direct breder is dan de intrapsychische verklaring en aansluit bij de probleemdefinitie binnen het generalistische perspectief, waarbij klachten betekenis krijgen door ze te plaatsen binnen de hier-en-nu-context van de patiënt.

Er gebeuren zaken op het podium waar het personage geen raad mee weet. Die zaken zijn gerelateerd aan gebeurtenissen en de onderliggende plot; altijd is er tevens interactie tussen personages. En nog een stap verder: stagnatie op het toneel is altijd ook gekoppeld aan het script, de specifieke verdeling van rollen, de enscenering van de personages en het decor. En dan zijn er nog de ongeschreven regels op het toneel (lees: cultuur). Gegeven die specifieke opdracht, met die specifieke medespelers in die specifieke context loopt de acteur vast met zijn personage. Hij zou graag *Hamlet* spelen, maar heeft nu een rol in *Who is afraid of Virginia Wolf*. Zijn personage zou hard en meedogenloos moeten zijn, maar de andere personages zetten hem telkens op het verkeerde been. De regisseur kan de acteur helpen bij het vinden van een passende oplossing. Regie terugnemen betekent dat de acteur een uitweg vindt uit de stagnatie in die specifieke context. En daar zullen de andere personages in moeten meegaan, en *last but not least* zal ook de regisseur achter de schermen, met het script in de hand en de richtlijnen van de producent in zijn achterhoofd, moeten instemmen. De marges waarin de acteur zijn oplossing moet vinden, zijn vaak klein en met wat geluk kan de regisseur die marges net wat verbreden.

2.3.2 Gezondheid

Gezondheid is, volgens Huber, het vermogen om te gaan met fysieke, psychologische en sociale uitdagingen [13]. Gezondheid staat voor adequate adaptatie (homeostase). Ongezondheid staat voor een gebrek aan adaptatie. Adaptatie kan fysiek zijn, bijvoorbeeld antistoffen aanmaken, of kan psychosociaal zijn. In dat laatste geval spreken we meestal van coping. Coping is dan de verzameling van 'cognitieve en gedragsmatige inspanningen om interne en/of externe eisen en de conflicten daartussen te overwinnen, te verminderen of te tolereren' [14]. Anders geformuleerd: coping is een set van cognities en handelingen die het individu inzet om herstel van evenwicht (adaptatie) te bewerkstelligen. Een groot deel van die coping vindt plaats zonder dat we ons daarvan bewust zijn en is gericht op (her)interpretatie van de situatie (primaire beoordeling), zij is zogezegd het werk van het personage. Een ander deel richt zich meer op het omgaan met de situatie zoals die is waargenomen en geïnterpreteerd. We spreken dan van secundaire coping. Ook secundaire coping geschiedt grotendeels automatisch, maar veel meer dan de primaire evaluatie kan deze beïnvloed worden en wordt daarmee ook een taak van de acteur. Individuen zetten vooral automatische en soms ook bewuste strategieën in om uitdagingen te verwerken en homeostase te herstellen. Huber spreekt in dit verband van *the ability to adapt and to self manage*. Adaptatie staat daarbij vooral voor de automatische coping, terwijl zelfregie eerder gericht is op het bewust en doelgericht realiseren van (aanpassingen in de) coping. Vertaald naar het personage en de acteur: het personage staat voor de (automatische) coping, terwijl de acteur gebruikmaakt van zowel automatische als bewuste coping en dankzij zelfregie kan sturen op aanleren, gebruik en automatisering van (nieuwe) coping.

Uitdagingen die we niet verwerkt krijgen, kunnen tot problemen uitgroeien. Van een probleem is sprake zodra we ons pijnlijk bewust worden van het onderscheid tussen acteur en personage. Hoe langer de problemen blijven bestaan, des te groter de afstand tussen personage en acteur en des te pijnlijker de acteur zich bewust wordt van zijn machteloosheid en het falen van de coping. Hij weet dat hij aan zet is met het (opnieuw) activeren van specifieke copingstrategieën. Blijven zijn inspanningen echter zonder resultaten, dan ontstaan stagnatie en demoralisatie. Een van de vervolgacties kan dan zijn dat de acteur externe hulp inschakelt: hij huurt bijvoorbeeld een regisseur in. Bij een patiënt met psychische klachten is het niet anders: eerst is er een probleem, in de regel kan de patiënt (combinatie acteur en personage) dat heel goed zelf oplossen, maar lukt dat niet, dan ontstaat stagnatie. De eerste stap naar de oplossing betekent afstand scheppen tussen acteur en personage. Meestal gebeurt dat op het podium. Is deze pas op de plaats echter onvoldoende, dan kan hij aankloppen bij professionele zorg. Daar werken regisseurs – meestal therapeut genoemd – die helpen de stagnatie op te heffen. Van achter het podium dwingen zij de acteur de afstand tot zijn personage te vergroten. De hulpverlener staat in de coulissen en helpt de acteur een stapje terug te zetten, het podium even te verlaten zodat hij met meer afstand naar zijn eigen optreden kan kijken. De therapeut trekt de patiënt uit zijn context, helpt hem de context te analyseren en helpt hem de stagnatie te begrijpen. Vervolgens helpt de therapeut de patiënt zoeken naar alternatieve strategieën om de stagnatie op te lossen. Zodra de oplossing is gevonden, geeft hij de patiënt/acteur een duwtje in de rug richting het toneel, alwaar de voorstelling verder gaat.

Het uitgangspunt bij het regiemodel is dat ieder individu een natuurtalent is op het toneel (context). Meestal wordt een personage zonder blikken of blozen neergezet en gaat de acteur op in zijn personage. Maar zo nu en dan ontstaan er problemen tijdens de uitvoering, zoals een *misfit* in de communicatie met andere personages, of onvermogen het eigen personage goed neer te zetten. Heel vaak wordt het probleem bijna stilzwijgend (dus automatisch) opgelost. Lukt dat niet, dan ontstaat onrust en stress. Stagnatie is dan de situatie waarin de acteur moet ervaren dat de gangbare copingstrategieën onvoldoende effect sorteren. Op dat moment kan hij bij de regisseur aankloppen met de vraag hem te coachen en te instrueren, zodat hij weer ongestoord zijn personage ten tonele kan voeren en weer terug in de *flow* kan komen.

Stagnatie voorkomen en ermee leren omgaan zijn een goede maat voor psychische gezondheid. 'Omgaan met' staat daarbij voor het proces van je leren verhouden tot uitdagingen en afstand ervan nemen om vervolgens te zoeken naar alternatieve coping, waardoor de problemen weer afnemen of zelfs verdwijnen. Op basis van de inzichten van Kahneman en Aleman kunnen we 'omgaan met' zien als een geïntensiveerde interactie tussen automatische en bewuste processen: eerst met bewuste processen afstand scheppen tot en zicht krijgen op de automatische processen, vervolgens de niet-passende coping vervangen door passende coping en ten slotte de passende coping weer automatiseren.

Samenvattend: met de toneelmetafoor hebben we min of meer impliciet al voorgesorteerd op een specifieke wijze van kijken naar mensen met psychische problemen en de hulp die ze daarbij krijgen van hulpverleners. Het omgaan met psychische problemen impliceert dat mensen onderscheid maken tussen hun personages en hun acteur. De personages verwijzen daarbij naar de vanzelfsprekende gang van zaken, de zogenoemde automatische processen, de acteur naar het bewust afstand moeten nemen van die automatische processen. Psychische problemen verwijzen naar ontregeling van de coping en worden zichtbaar in het uitblijven van homeostase. Stagnatie staat voor de ervaring van machteloosheid en regieverlies bij het oplossen van die problemen. Een regisseur of therapeut inhuren staat voor het proces dat leidt tot weer vat krijgen op en weer omgaan met de sociale, biologische en psychische uitdagingen van het leven.

2.4 Regie en zelfregie, hoe werkt dat?

Het klinkt zo eenvoudig: de therapeut is als een regisseur die achter het podium staat en de patiënt helpt problemen met de personages op te lossen. En al even eenvoudig klinkt het dat je die rol van regisseur ook zelf kunt oppakken: je bent je eigen regisseur en je maakt gebruik van algemene regievaardigheden om je problemen op te lossen. Waarom niet veronderstellen dat je je eigen stagnatie zelf kunt opheffen door weer regie te nemen. Maar hoe doe je dat en welke specifieke vaardigheden heb je daarvoor nodig? Ook daar kan een in essentie eenvoudig antwoord op worden geformuleerd: door zelf de taken van een therapeut ter hand te nemen. De regiemetafoor wordt daarmee een model voor generalistisch hulpverlenen. Hierna werken we dat nader uit.

Eerst maken we onderscheid tussen het podium als plaats van handeling en achter het podium als plaats van regie. Op het podium vindt het automatische gedrag plaats, achter de schermen de bewuste handeling. Vervolgens maken we onderscheid tussen ongewenst en gewenst gedrag: ongewenst gedrag staat voor stagnatie, gewenst gedrag voor gedrag dat geen vragen oproept en waarbij het individu zich wel voelt. Deze indeling is schematisch weergegeven in (◻fig. 2.4).

In het geval van stagnatie begint het model linksonder: de personages van de patiënt lopen vast (er is een probleem) en er is geen vanzelfsprekend antwoord. Het systeem probeert van alles, maar het lukt niet om tot een oplossing te komen (fase 1). De stap weg van het podium (naar achteren/boven) voor overleg met de regisseur leidt ertoe dat de patiënt afstand neemt tot zijn stagnatie en toegeeft dat hulp nodig is bij het oplossen van die stagnatie. Fase 2 is de fase van bewust ongewenst. Met hulp van de regisseur worden alternatieven verkend en ontdekt de patiënt door doelbewust anders te handelen dat alternatief gedrag voorhanden is waarbij de stagnatie verdwijnt. Dit is fase 3 (rechtsboven) van bewust gewenst. De laatste fase (rechtsonder fase 4) is de weg terug naar het podium. Dit gebeurt door de bewust gekozen oplossing mee te nemen op het podium en over te dragen aan systeem I (automatische processen). Opnieuw wordt het gedrag onbewust, maar dit keer is het resultaat gewenst (de stagnatie is opgeheven). De vier blokken staan voor de vier fasen in het hulpverleningsproces.

Om van de ene fase in de andere terecht te komen moeten bepaalde taken worden uitgevoerd en moeten er vooral bepaalde inhoudelijke stappen worden gezet. In de literatuur worden vier typen taken en vaardigheden beschreven die bij professioneel hulpverlenerschap aan de orde zijn: diagnostiek, indicatiestelling, interventie en evaluatie. We spreken in dit verband van de vier stappen van hulpverlening.

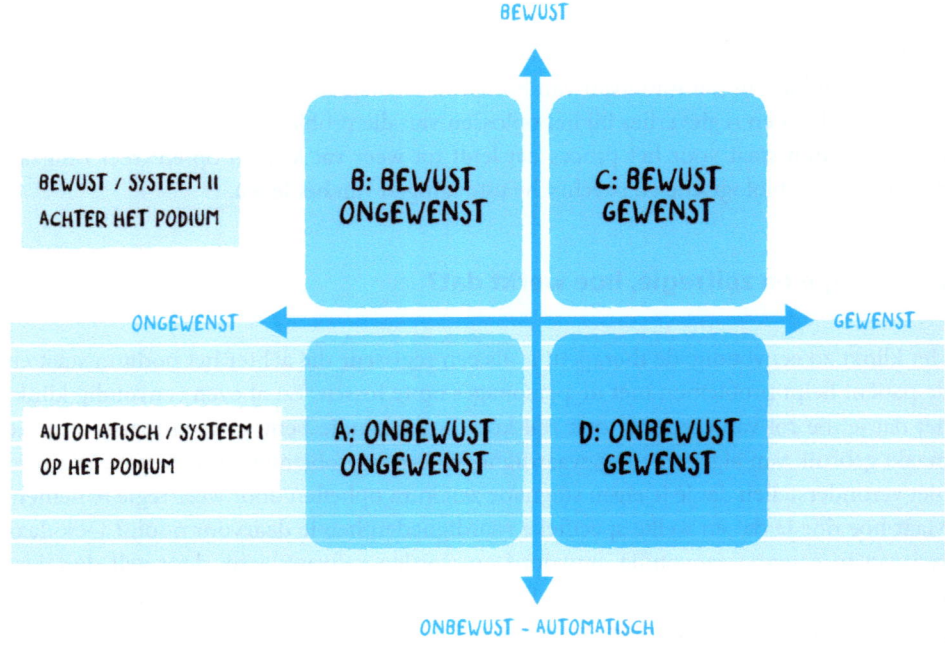

◘ Figuur 2.4 Het regiemodel (fasen)

2.4.1 Van diagnose naar probleemeigenaarschap

Stap a is afstand nemen van je personage door achter het podium te gaan staan, kijken hoe het je personage telkens niet lukt om de klus te klaren, de vraag te stellen waarom je coping in deze context niet werkt. Met deze stap krijgt de stagnatie betekenis en wordt daarmee tot gedefinieerd probleem. In termen van professioneel handelen spreken we van de stap van diagnosestelling.

De diagnostische fase richt zich op de beantwoording van de vraag wat er aan de hand is en moet leiden tot een definitie van het probleem (toestandsbeeld met daaraan gekoppeld een hypothese over ontstaan en in stand houdende factoren die daarbij spelen). De diagnostiek geeft inzicht in wat er nodig is om het probleem op te lossen of te verminderen. In de traditionele geneeskunde richt diagnostiek zich op het vaststellen van het toestandsbeeld, de etiologie, het beloop en de prognose. In de generalistische aanpak wordt van meet af de gemeenschappelijke route van patiënt en therapeut benadrukt. Doel van de diagnostische fase is niet alleen dat de hulpverlener een passende diagnose stelt, maar ook dat er een gezamenlijk proces op gang komt, waarbij van de patiënt gevraagd wordt het eigen perspectief op het probleem te verbreden of zelfs los te laten, zodat een nieuw perspectief kan ontstaan en er een gemeenschappelijke probleemdefinitie tot stand kan komen (◘fig. 2.5).

De diagnostische taak moet leiden tot een gemeenschappelijke probleemdefinitie waaruit blijkt dat de patiënt duidelijk zicht heeft op wat er misging op het toneel. De definitie biedt zelfs al zicht op wat er anders kan en wat uitzicht biedt op de oplossing.

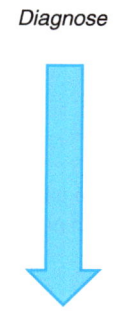

Diagnose

Taak: hypothese vormen
- informatie verzamelen, overleggen en overtuigen, kennis delen
- hypothese vormen over wat er aan de hand is en in welke richting de oplossing gezocht moet worden

Doel: probleemeigenaarschap bij patiënt
- een gedeelde hypothese
- sense of urgency en motivatie
- geloof en vertrouwen in de oplossing: remoralisatie

Probleemeigenaarschap

Figuur 2.5 Van diagnose naar probleemeigenaarschap

Het resultaat is veel meer dan een min of meer objectieve analyse en beschrijving van wat er aan de hand is, het is bovenal de realisatie van een specifieke en actieve houding ten opzichte van het probleem (*sense of urgency*), waarbij de patiënt de handschoen weer oppakt. Hij ervaart dat hij aan de slag moet (wordt probleemeigenaar), is daartoe gemotiveerd en krijgt weer vertrouwen in zijn eigen mogelijkheden het probleem op te lossen (remoralisatie).

Om probleemeigenaar te worden moet de patiënt leren afstand tot het probleem te creëren, zodat er ruimte kan ontstaan voor het reflectieve bewustzijn. De patiënt leert opnieuw kijken naar het probleem, zonder er direct door meegesleurd te worden. Door afstand te maken ziet de patiënt door de bomen het bos weer, kan hij het probleem weer beter op waarde schatten, wordt het weer mogelijk om voorbij het probleem te kijken, zodat zijn perspectief zich verbreedt. Dankzij dat verbrede perspectief ontstaat er ook weer ruimte voor nieuwe of bestaande kennis, denk aan kennis van eerdere oplossingen van het probleem. Ook biedt perspectiefverbreding ruimte voor informatie die het denken in termen van oplossingen kan versterken. Om met Prochaska [15] te spreken, dankzij probleemeigenaarschap is de patiënt *ready to change*. In ►H. 3 zullen wij deze eerste stap uitwerken.

2.4.2 Van indicatie naar oplossingseigenaarschap

Nadat de gemeenschappelijke hypothese is opgesteld en de patiënt zich opnieuw eigenaar gemaakt heeft van het probleem, is het tijd een plan op te stellen voor behandeling. In hulpverleningstermen gaat het over de stap van indicatiestelling (stap b). In de indicatie komt de informatie over de diagnose samen met de informatie over beschikbare interventies. Concreet zal op basis van de hypothese een behandeldoel moeten worden geformuleerd, liefst zo concreet mogelijk. Gegeven dat doel zal vervolgens informatie beschikbaar moeten komen over de verschillende behandelopties en wat die precies aan inspanningen en activiteiten vragen van patiënt en therapeut en ook informatie over

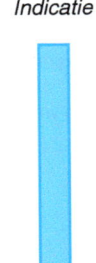

Figuur 2.6 Van indicatie naar oplossingseigenaarschap

bewezen effecten, kosten en risico's op mogelijke bijeffecten. Op basis van die informatie moet vervolgens worden beslist uit welke interventies de behandeling gaat bestaan. Dit wordt samengevat in het behandelplan.

Om te komen tot zelfregie zoeken hulpverlener en patiënt naar de beste oplossingsstrategie. Uitgangspunt daarbij is dat de hulpverlener vooral gebruikmaakt van de sterke kanten van de patiënt, dat wil zeggen: de copingstrategieën die de patiënt goed beheerst en die nu ingezet kunnen worden bij de realisatie van de oplossing. Aldus wordt de oplossing concreter voor de patiënt en ontstaat er een duidelijker commitment over de weg waarlangs de oplossing gerealiseerd gaat worden. De fase van indicatiestelling is succesvoller naarmate de patiënt zich meer eigenaar van de oplossing maakt, dat wil zeggen: meer oplossingseigenaar wordt. De demoralisatie heeft definitief plaatsgemaakt voor vertrouwen in de toekomst en een concreet stappenplan van acties om die toekomst dichtbij te brengen (◘ fig. 2.6).

Vanuit de regiemetafoor gezien bestaat *de algemene strategie* bij indicatiestelling in het bedenken van een plan hoe op het toneel om te gaan met de ontstane stagnatie. Wat wordt het eindresultaat: een andere interpretatie van het toneelstuk, een andere rolverdeling, of dezelfde rol maar dan anders gespeeld? Acteur en regisseur moeten samen een keuze maken. Dat gebeurt op grond van de interpretatie van het script, de andere personages, de talenten van de acteur et cetera. De metafoor benadrukt vooral de dynamiek van dit proces: er is niet eens en voor altijd gegeven wat nodig en mogelijk is, maar gaandeweg het proces worden beide vragen telkens opnieuw gesteld, zodat uiteindelijk helder wordt welke oplossing de grootste kans van slagen heeft en daarmee het meest acceptabel is. In ▶ H. 4 wordt deze tweede stap concreet uitgewerkt.

Interventie

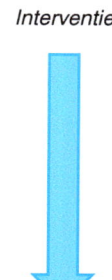

Taak: het realiseren van het behandelplan
- toepassen en volhouden interventies
- kennis genereren interactie patiënt * interventie
- coachen patiënt (aanmoedigen, bijsturen)

Doel: uitvoeringseigenaarschap bij patiënt
- vergroting zelfregie patiënt
- vergroting competenties
- afname klachten

Uitvoeringseigenaarschap

Figuur 2.7 Van interventie naar uitvoeringseigenaarschap

2.4.3 Van interventie naar uitvoeringseigenaarschap

Is eenmaal het behandelplan vastgesteld (stap b) dan kan stap c worden gezet. Dit is de uitvoer van de behandeling in de strikte zin van het woord. Dat wil zeggen: interventies aanbieden en toepassen die gericht zijn op oplossing van het probleem en waarbij het gewenste gedrag steeds dichterbij komt en uiteindelijk wordt gerealiseerd (fig. 2.7).

Interventies zijn hulpmiddelen om actief zelf de stagnatie op te heffen. Een interventie draagt bij aan vergroting van de competentie en veerkracht van de patiënt, helpt hem opnieuw geloof in zichzelf te ontwikkelen, *self efficacy* en zelfcontrole te vergroten, en maakt hem daarmee eigenaar van de uitvoering van zijn behandeling. Ook kan de patiënt door een interventie nog directer een verband leggen tussen zijn klachten en specifieke elementen van zijn gedrag; hij krijgt zicht op de externe invloeden op zijn gedrag, maar veel vaker zal hij ontdekken hoe hij zelf zijn gedrag bepaalt en daarmee vergroot hij de interne *locus of control*. Tegelijkertijd zal hij constateren hoe het probleemgedrag in frequentie afneemt en de klachten minder worden. *Uitvoeringseigenaar* staat voor het gericht inzetten van zelfcontrole en *self efficacy*, gekoppeld aan het commitment de behandeling succesvol af te ronden. In ▶H. 5 worden de verschillende interventiestappen verder beschreven en uitgewerkt.

2.4.4 Van voortgangscontrole naar proceseigenaarschap

Stap d is gekoppeld aan voortgang en afsluiting: nagaan of het gerealiseerde doel is gerealiseerd. De uitvoer van deze taak vraagt om afstand nemen van het veranderingsproces zelf. Patiënt en hulpverlener treden uit hun rollen en gaan na of de behandeling binnen de afgesproken randvoorwaarden en conform het behandelplan is verlopen. Zo ja, dan kan de behandeling of de betreffende fase in de behandeling worden afgerond. Zo neen,

Toetsing

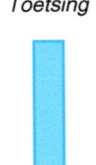

Taak: evalueren voortgang behandeling en succesvol afsluiten
- monitoren van voortgang
- meten van resultaat
- overleggen over bijstellen doelen, interventies, randvoorwaarden
- motiveren bij achterblijven resultaten
- evalueren van therapeutisch proces

Doel: proceseigenaarschap
- succesvolle afronding behandeling
- kennis vergaren over faciliterende en inhiberende factoren behandeling
- kennis verkrijgen van terugvalrisico's

Proceseigenaarschap

Figuur 2.8 Van voortgangscontrole naar proceseigenaarschap

dan is als eerste de vraag aan de orde waarom de voortgang niet conform verwachting resultaat heeft opgeleverd. Was er sprake van een te groot optimisme over het tempo van verandering maar kan het resultaat alsnog worden gerealiseerd, of moeten de doelstellingen worden bijgesteld, en moet de planning worden aangepast? Is er sprake van stagnatie van de behandeling, dan moeten patiënt en hulpverlener terug naar de diagnostiek en een hypothese opstellen over de oorzaak van de stagnatie (fig. 2.8).

Met het benoemen van evaluatie wordt de therapeutische cirkel compleet en krijgt het werken aan (zelf)regie een cyclisch karakter. Blijkt uit de evaluatie dat de doelstellingen zijn gerealiseerd, dan kan de behandeling worden afgesloten. De evaluatie kan echter ook zichtbaar maken dat de doelen niet zijn behaald. Dan kan worden besloten bepaalde stappen nogmaals te zetten. Opnieuw moet de diagnostische fase worden doorlopen, ditmaal met de vraag waarom het resultaat onvoldoende is. Misschien is het probleem toch taaier of anders dan gedacht en moet de gemeenschappelijke probleemdefinitie worden bijgesteld. Misschien heeft de patiënt zich toch onvoldoende eigenaar gemaakt van het probleem. Vervolgens moeten opnieuw keuzes worden gemaakt: zijn de resultaten toch voldoende, of moet er een nieuw strijdplan worden opgesteld en een andere set aan interventies worden ingezet. Het cyclische karakter van de trits eigenaarschappen is weergegeven in fig. 2.9.

De controletaak moet vooral gericht worden op vergroting van eigenaarschap van de patiënt. De controle geeft namelijk niet alleen aan of de therapeut met zijn therapie op de goede weg is, maar ondersteunt vooral de patiënt en geeft hem antwoord op de vraag of de ingeslagen weg hem helpt met het herwinnen van zijn evenwicht. De controle van de voortgang helpt de patiënt vorm te geven aan een continu evaluatieproces en maakt hem zelf uiteindelijk tot proceseigenaar van de therapie. Hoe beter de therapie hem afgaat, des te meer is hij in staat zelf de regie te nemen en zijn herstel in eigen hand te nemen.

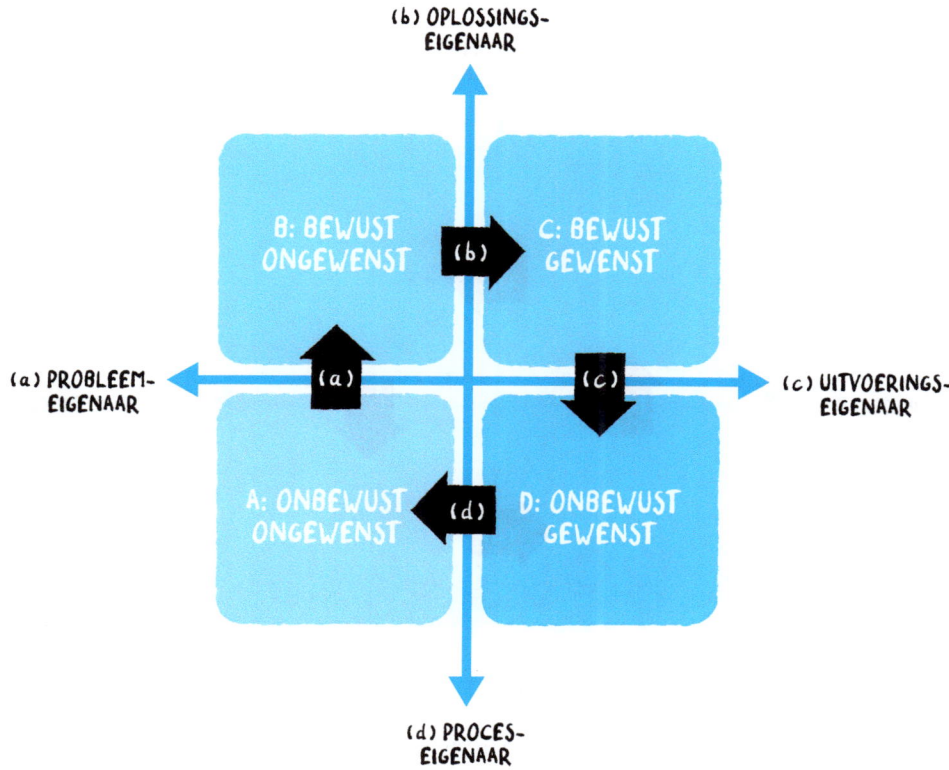

■ **Figuur 2.9** Regiemodel: de vier stappen

Ook de eindevaluatie is dus van grote waarde voor de patiënt. Therapeut en patiënt gaan samen na hoe de behandeling is verlopen, waarbij de therapeut toelichting geeft op de gezette stappen en de veranderende rol die de patiënt daarbij heeft gespeeld. De eindevaluatie krijgt op deze manier de functie van *relapse prevention*, dat wil zeggen: een specifieke therapeutische wending: de patiënt kijkt terug en realiseert zich wat er is gebeurd en wat zijn rol in de toekomst moet zijn om te voorkomen dat de stagnatie opnieuw de overhand neemt en zijn eigenaarschap uitholt. De terugvalpreventie is met andere woorden direct gericht op bevordering van de zelfregie: aanvankelijk was er stagnatie, maar door gerichte actie kon de patiënt probleemeigenaar worden, zijn eigen oplossingsplan formuleren en vervolgens de handelingen ten uitvoer brengen die leidden tot opheffen van de stagnatie en versterken van de zelfregie. Daarbij is er ook alle ruimte om risico's boven water te krijgen: welke factoren en omstandigheden hebben de patiënt vooral geholpen en welke juist helemaal niet? Ook dat is belangrijk voor de toekomst: de patiënt weet nu nog beter wat hij wel en wat hij niet moet doen bij dreigende stagnatie. Voor een volledige beschrijving verwijzen wij naar ▶H. 6.

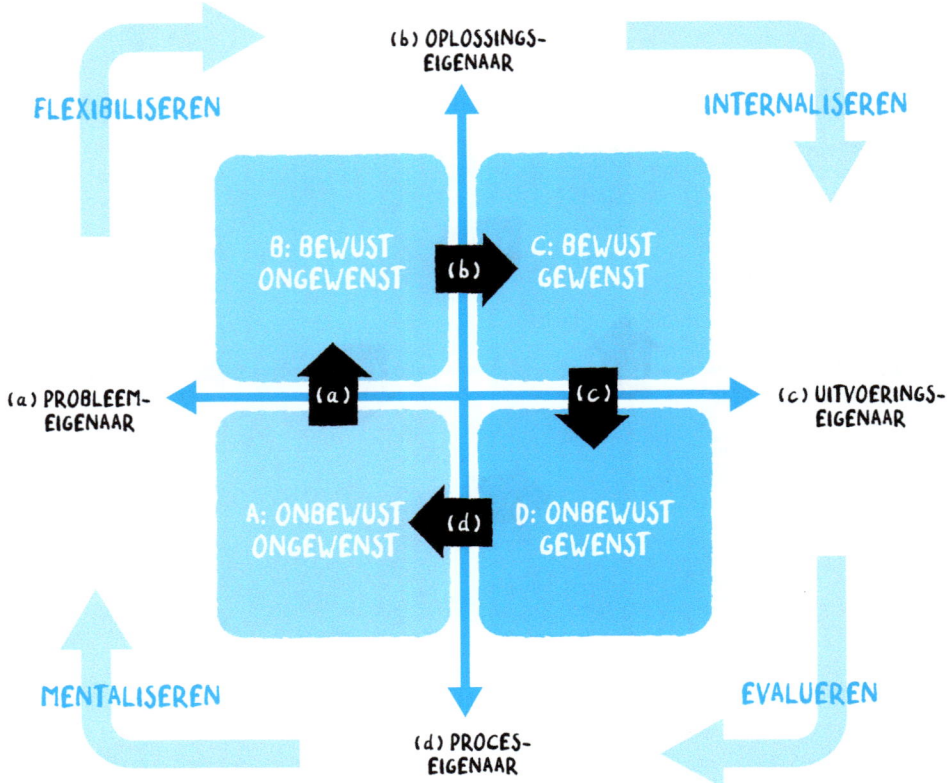

☐ **Figuur 2.10** Het regiemodel: fasen, stappen en vaardigheden

2.4.5 Vier vaardigheden

Om van de ene in de andere fase te komen moet de patiënt (ondersteund door zijn hulpverlener) iedere keer een stap zetten: hij moet probleemeigenaar worden, vervolgens oplossingseigenaar, uitvoeringseigenaar en ten slotte proceseigenaar. Daarvoor moet hij zich bepaalde vaardigheden eigen maken.

In ☐fig. 2.6 hebben we dat met extra pijlen aangegeven. In ▶H. 5 en 6 worden deze vaardigheden verder uitgewerkt en verdiept. Ten eerste gaat het over afstand nemen. Wij verbinden daaraan de term mentaliseren. Ten tweede gaat het over experimenteren met alternatieven, we noemen dat flexibiliseren, ten derde gaat het over instuderen van nieuw gedrag, door ons internaliseren genoemd, en ten slotte is er de voortgangscontrole, hier verder evalueren genoemd (☐fig. 2.10).

2.5 Samenvatting en conclusies

Zelfregie hebben we in dit hoofdstuk omschreven als een vaardigheid van het individu om bij (dreigende) stagnatie stappen weg te zetten van het podium (bewustwording), zoeken naar passende actie, vervolgens te oefenen totdat het nieuwe gedrag is geautomatiseerd en ten slotte na te gaan of zijn acties succesvol zijn geweest. Individuen met veel zelfregie kenmerken zich door een groot probleemeigenaarschap en de bereidheid actie te ondernemen en ze hebben de vaardigheden om zelf meer ruimte te maken voor de actor in hen. Patiënten met grotere zelfregie komen tot andere probleemdefinities, waardoor de problemen minder moeilijk en pijnlijk zijn. Kenmerkend voor zelfregie is vervolgens de erkenning dat er werk aan de winkel is, dat een probleem niet overgaat door het te negeren of door het publiek in te vluchten. Zelfregie betekent dat ik het heft weer zelf in handen neem, aanstuur op andere coping, zodat de adaptatie weer haar natuurlijke gang kan gaan. Het betekent ook dat ik net zo lang doorga totdat ik zeker weet dat het probleem is opgelost en mijn personage weer in de *flow* geraakt en de automatische processen het weer kunnen overnemen. Soms betekent het ook dat de regisseur moet kiezen voor een andere mise-en-scène, dat wil zeggen: voor een andere plot en misschien wel een andere afloop; sommige dingen zal zijn personage nooit leren uitvoeren, en het is maar beter daar rekening mee te houden. Ten slotte geldt dat de zelfregisseur – net als een regisseur – weer in de coulissen moet verdwijnen, zodat de uitvoering weer verder kan en de personages weer volop de actie overnemen. De goed functionerende zelfregisseur is dus niet alleen vaardig in het al dan niet met hulptroepen weer op gang brengen van het proces van reflectie, probleemdefinitie, aanpassing en evaluatie, maar ook in het weer naar de achtergrond verdwijnen. Goede zelfregie kenmerkt zich door afgebakende tijdsduur met een begin- en eindpunt. Zodra de oplossing is gerealiseerd, is de stagnatie opgeheven en de zelfregie overbodig geworden. In de volgende hoofdstukken zullen we de vier regietaken verder uitwerken. Eerst laten we zien hoe de hulpverlener in de generalistische ggz deze inzet en welke resultaten hij daarmee beoogt, vervolgens stellen we in ▶ H. 6 de vraag hoe de patiënt die taken zelf kan leren uitvoeren.

 Zelfregie is een specifieke set aan vaardigheden die ik inzet bij (dreigende) stagnatie die leidt tot verandering in de coping. Dat betekent niet alle activiteiten laten verrichten door de actor in ons. De regisseur kan delen van zijn taak overdragen aan bijvoorbeeld een dramaturg. Hetzelfde geldt voor zelfregie: ook de zelfregisseur kan hulptroepen inzetten om afstand te maken, de demoralisatie te doorbreken, tot een ander perspectief te komen of tot de meest passende aanpassing in de coping te komen. Dat kunnen andere personages zijn uit mijn sociale kring, het kunnen vrijwilligers of lotgenoten zijn, of zelfs coaches en betaalde regisseurs. De kunst van de zelfregisseur is om zelf eigenaar te blijven van het plan en deze medespelers zo op te stellen en op de juiste plek te zetten, dat de wedstrijd kan worden gewonnen. Telkens gaat het erover dat hij in die situaties tot taak heeft ervoor zorg te dragen dat hulptroepen op de juiste momenten de juiste dingen doen, zodat eerst hij en later weer de actor verder kan in het neerzetten van het personage.

Literatuur

1. Rogers C. On becoming a person: a therapists' view of psychotherapy. London: Constable; 1967.
2. Swaab D. Wij zijn ons brein: van Baarmoeder tot Altzheimer. Amsterdam/Antwerpen: Uitgeverij Contact; 2010.
3. Lamme V. De vrije wil bestaat niet: over wie er echt de baas is in het brein. Amsterdam: Bert Bakker; 2010.
4. Mieras M. Ben ik dat? Wat hersenonderzoek vertelt over onszelf. Amsterdam: Nieuw Amsterdam; 2007.
5. Nelissen M. De brein machine: de biologische wortels van emoties en gevoelens; een darwinistische kijk. Tielt: Lannoo; 2008.
6. Kahneman D. Thinking fast and slow. London: Farrar, Straus & Giroux Inc; 2011.
7. Dijksterhuis A. Het slimme Onbewuste. Amsterdam: Bert Bakker; 2007.
8. Appelo M. Het gelaagde brein: reflectie en discipline bij het werken aan verandering. Amsterdam: Boom; 2017.
9. Slors M. Dat had je gedacht. Brein, bewustzijn en vrije wil in filosofisch perspectief. Amsterdam: Boom; 2012.
10. Aleman A. Je brein de baas: over de rol van bewust denken. Amsterdam/Antwerpen: Atlas Contact; 2017.
11. Harré R. Social being: a theory for social psychology. Oxford: Basil Blackwell; 1979.
12. Csikszentmihalyi M. Finding flow. New York: Basic Books; 1997.
13. Huber M, Knottnerus JA, Van der Horst H, Jadad AR, Kromhout D, Leonard B, et al. How should we define health? BMJ. 2011;343:d4163.
14. Lazarus RS, Folkman F. Stress, appraisal and coping. New York: Springer; 1984.
15. Prochaska JO, DiClemente CC, Norcross JC. In search of how people change: application to addictive behaviour. Am Psychol. 1992;47:1102–15.

Van diagnose naar probleemeigenaarschap

3.1 De basishouding: direct en dichtbij – 49

3.2 De KLOP-aanpak – 51
3.2.1 Klachten – 52
3.2.2 Lijf – 54
3.2.3 Omstandigheden – 56
3.2.4 Persoonlijke stijl – 58

3.3 De kracht van de beperking – 60

3.4 De gemeenschappelijke probleemdefinitie – 66
3.4.1 Gemeenschappelijk – 68
3.4.2 Aannemelijk – 69
3.4.3 Bruikbaar – 69

3.5 Van probleemdefinitie naar probleemeigenaarschap – 70
3.5.1 Fasen in probleemeigenaarschap – 71

3.6 Selectie: van pluis naar niet-pluis – 73

3.7 Samenvatting en conclusies – 74

Literatuur – 75

© Bohn Stafleu van Loghum is een imprint van Springer Media B.V., onderdeel van Springer Nature 2019
G. Hutschemaekers, M. Nekkers en B. Tiemens, *Handboek generalistische ggz*,
https://doi.org/10.1007/978-90-368-2364-7_3

In dit hoofdstuk beschrijven we de werkwijze van de generalist bij de diagnostiek aan de voordeur van de (geestelijke) gezondheidszorg. Uitgangspunt daarbij vormt de hulpvraag van de patiënt: wat brengt hem juist op dit moment hier en waaruit bestaat de stagnatie waarvoor hij hulp vraagt? Naast de kennismaking en het scheppen van goede randvoorwaarden voor het op gang brengen van de hulpverlening bestaat de eerste stap van de hulpverlener uit ondersteunen van de patiënt in zijn streven opnieuw grip op de klacht te krijgen. Daartoe maakt de hulpverlener gebruik van de zogenoemde KLOP-aanpak, waarin hij samen met de patiënt de klacht contextualiseert. Doel daarbij is te komen tot een gemeenschappelijke probleemdefinitie waarin de stagnatie heeft plaatsgemaakt voor een oplosbaar probleem, waarmee de patiënt ook daadwerkelijk aan de slag kan en wil gaan.

3.1 De basishouding: direct en dichtbij

Generalistische hulpverleners zijn professionals in hart en nieren. Daarin zijn ze niet te onderscheiden van de meeste andere hulpverleners in de zorg. Ook de generalistische professionals hebben hun professionele kwalificaties, hebben hun specifieke voorkeuren en expertisen en zijn getraind in het omgaan met patiënten met specifieke klachten, vragen en verwachtingen. Tegenwoordig is die professionaliteit in de zorg gekoppeld aan begrippen als methodisch werken en systematisch gebruikmaken van beschikbare *evidence*. En daarin zijn de overeenkomsten tussen generalistische en specialistische hulpverleners groot. Beide groepen werken volgens de geldende professionele standaarden zoals die in richtlijnen voor gepaste zorg zijn vastgelegd en beide werken in de huidige klinische praktijk met ROM en patiëntenfeedback. Generalisten en specialisten zijn bij uitstek geschoold in communicatiepatronen waarin de ene partij vragend en de andere gevend is. De professional heeft deskundigheid en expertise in het aanbieden van wat de patiënt nodig heeft voor zijn eigen herstel.

Juist in de omgang met patiënten die van hen afhankelijk zijn, hebben de generalistische hulpverleners een bijzonder en eigen profiel. Dat profiel hangt samen met hun plaats aan de voordeur van de zorg, met het kortdurende karakter van hun hulpverlening alsook met een werkwijze die gericht is op versterking van het zelfhelend vermogen van de patiënt. Generalisten stralen een positieve grondhouding uit; zij zijn bezig de patiënt te overtuigen van zijn eigen expertise. Het vertrekpunt is dat de patiënt een natuurtalent is in het oplossen van eigen problemen en dat de stagnatie waar de patiënt nu tegenaan loopt, gezien vanuit een ander perspectief, daar misschien wel het beste voorbeeld van is. Generalistische hulpverleners gaan uit van een groot basisvertrouwen in de eigen vaardigheden van de patiënt. De basishouding van generalistisch hulpverleners impliceert dat zij uitstralen slechts even nodig te zijn voor een kritisch en objectief oog en een duwtje in de goede richting, maar dat de patiënt de rest eigenlijk helemaal alleen kan. Die uitstraling naar de patiënt is de ene kant van de medaille.

Want er moet wel degelijk ook sprake zijn van een andere kant en de generalistische hulpverleners moeten daarop vanaf het eerste contact veel nadruk leggen. Dit tweede aspect is de kant van compassie en begrip. Bij uitstek zijn generalistische hulpverleners geïnteresseerd in het verhaal van de patiënt. Dat blijkt uit de beperkte aandacht die zij besteden aan het opstellen van een uitputtend overzicht van klachten en symptomen, en uit de uitgebreide tijd die zij nemen om actief te luisteren naar het verhaal van de patiënt. De hulpverleners weten dat de stagnatie alleen te begrijpen valt – en op te lossen – binnen de specifieke context waarin hun patiënten zich bevinden en waarin ervaringen en gebeurtenissen hun betekenis krijgen. De generalistische hulpverleners willen dichtbij de patiënt zijn en hebben zogezegd veel oog voor de existentieel-fenomenologische dimensie, blijkend uit betrokkenheid en empathie. Daarvoor kruipen zij zo ongeveer in de huid van hun patiënt en gaan met hem in zijn eigen taal en binnen zijn eigen begrippenkader aan de slag. Generalisten zijn meesters in het serieus nemen van betekenis: niet om deze tot objectieve waarheid te verheffen, wel als kader waarbinnen de oplossing als vanzelf een plaatsvindt.

Het derde onderdeel van de generalistische grondhouding kan worden getypeerd met de woorden 'direct', 'directief' en 'pragmatisch'. Naar de problemen van de patiënt luisteren, is één, het kaderen en zoeken naar de oplossing zijn zeker even belangrijk. Generalistische hulpverleners zijn misschien wel een beetje selectief in hun empathie: zij zullen niet versterken van wat er mis gaat en niet nodeloos doorvragen naar de klachten. In plaats daarvan zijn zij actief op zoek naar openingen in het verhaal van de patiënt. Via die openingen proberen zij een kader te creëren waarin de ervaringen en gebeurtenissen van de patiënt een net andere betekenis krijgen, waardoor er door de bomen heen weer zicht op het bos ontstaat. Een van de elementen daarbij is een vergezicht creëren. Dat ontstaat door met de patiënt wat afstand te nemen tot de feitelijke hier-en-nu-situatie en als het ware ook over de muren van de hier-en-nu context heen te kijken. Generalistische hulpverleners zijn meester in het empathisch sturen van het gesprek en het bepalen van de richting. Enige pragmatiek is daarbij zeer behulpzaam, want dat maakt het mogelijk bochten af te snijden en snel ruimte te maken voor het laten ontstaan van een ander perspectief. Zij maken daarbij gebruik van de beperkte tijd die zij met de patiënt ter beschikking hebben. Zij weten dat veel kennis en informatie soms de vijand van de goede informatie kunnen zijn. Om niet te verdwalen in het oerwoud waarin ook de patiënt is verdwenen, creëren zij wegen waarvan de patiënt het bestaan nog niet vermoed had. Dat maakt hen ook pragmatisch en doelgericht, soms zelfs directief.

Generalisten schenken vertrouwen, communiceren empathie en zijn tegelijkertijd directief en pragmatisch. Dat alles komt samen in hun normaliserende grondattitude. Daar waar de specialist de diepte ingaat en benadrukt hoe problematisch en complex het allemaal is, richten generalisten zich vooral op het normaliseren van wat er gebeurt. De specialist benadrukt de problematische aspecten van het gedrag, de klachten of symptomen van de patiënt. De generalist benadrukt veel meer hoe begrijpelijk en logisch dat gedrag en die klachten zijn, gegeven de context waarin de patiënt zich beweegt: ieder ander had het in die situatie ook heel moeilijk gehad. Het is heel goed te begrijpen waarom de patiënt zo heftig reageert in deze situatie. Sterker nog, eigenlijk is daar helemaal niet zoveel mee mis. Het probleem zit hem niet in de logica van de reactie van de patiënt, als wel in de pijn die de patiënt zich daarmee op de hals haalt, of de onmogelijkheid dat gedrag erg lang vol te houden. En daarom is het nu zaak dat de patiënt even wat meer achteroverleunt. En daarom ook is het heel goed dat hij juist nu op dit moment hulp zoekt, want nu kan hij samen met de hulpverlener kijken naar wat er precies in deze lastige situatie gebeurt en zich de vraag stellen of de reacties op langere termijn wel de meest effectieve zijn. Normaliseren staat tegenover medicaliseren, waarbij de oorzaak gezocht wordt in disfunctioneren van de persoon zelf. Normaliseren staat voor zoeken naar de oorzaak van de klachten in de hier-en-nu context, in de interactie tussen lijf, omstandigheden en persoonlijke stijl. Die attitude wordt al direct zichtbaar bij de eerste professionele taak van de generalist: samen met de patiënt zoeken naar wat er aan de hand is en hoe dat verklaard kan worden. Generalistische diagnostiek staat voor het proces van samen met de patiënt werken aan het tot stand brengen van de gemeenschappelijke probleemdefinitie.

3.2 De KLOP-aanpak

Volgens Abbott wordt professionele arbeid ten eerste gekenmerkt door een eigen diagnostiek [1]. De generalistische hulpverlener vormt geen uitzondering op die regel. Ook zijn eerste taak bestaat uit het in kaart brengen van wat er aan de hand is. Die activiteit omhelst veel meer dan zo objectief en neutraal mogelijk de problemen van de patiënt inventariseren en ze vervolgens van een diagnostisch label te voorzien. De generalistische diagnostiek is een gezamenlijke activiteit van patiënt en hulpverlener waarmee ze samen tot een gemeenschappelijke probleemdefinitie komen. In dit hoofdstuk introduceren wij de KLOP-werkwijze, een aangepaste versie van het KOP-model van Paul Rijnders [2–4].

De letters KLOP staan voor: Klachten, Lijf, Omstandigheden en Persoonlijke stijl. De KLOP-aanpak ondersteunt patiënt en hulpverlener bij het maken van een contextuele analyse van de problemen. Dit gebeurt door de klachten te interpreteren als een resultante van de interactie tussen *lijf* (lichamelijke en constitutionele factoren), *omstandigheden* (actuele gebeurtenissen maar ook meer structurele situationele componenten zoals levensfase) en *persoonlijke stijl* (gewoonten, karaktertrekken, copingstrategieën). Door lijf, omstandigheden en persoonlijke stijl samen te brengen ontstaat een beeld van de context waarin de klachten zijn ontstaan, betekenis hebben gekregen en weer verloren, en waarin zij nu opnieuw betekenis moeten krijgen. Een klacht in de context definiëren we hier als een *probleem*. De klachten beschouwen wij binnen de KLOP-werkwijze als het meest directe signaal van de ontstane stagnatie. Let wel: klachten zijn wel de noodzakelijke voorwaarde, maar geen voldoende voorwaarde voor stagnatie. Anders geformuleerd: mensen rapporteren vaak allerlei klachten zonder dat er sprake is van stagnatie. Heel vaak hoor je mensen tijdens de intake ook zeggen dat de klachten allesbehalve nieuw zijn, dat ze daar al veel langer last van hebben. Wat nieuw is, is de stagnatie, dat wil zeggen: de ervaring van machteloosheid, de ervaring dat klachten, gebeurtenissen et cetera een eigen leven zijn gaan leiden en dat daardoor de controle maar ook de hoop op verbetering is verdwenen en verandering niet meer mogelijk lijkt. Bij het formuleren van de gemeenschappelijke probleemdefinitie komen patiënt en hulpverlener tot een nieuwe probleemanalyse waarin opnieuw uitzicht op betekenis ontstaat en de stagnatie kan worden opgeheven. Een succesvolle gemeenschappelijke probleemdefinitie leidt tot opheffing van stagnatie, maar niet noodzakelijkerwijze tot opheffing van de klachten.

Voordat je de taxatie met de KLOP-aanpak begint, is het zeer verstandig kort de tijd te besteden aan de verwachtingen die de patiënt heeft van het eerste gesprek en het vervolg. Bij een huisarts zijn deze verwachtingen vaak wel duidelijk. Dit is echter veel minder het geval in bijvoorbeeld de generalistische basis-ggz. Het neerzetten van de setting waarin de patiënt zich bevindt en dat het per definitie gaat om kortdurende hulverlening geeft een duidelijk decor (uiteraard is dit voor de patiënt met chronische problematiek een iets ander verhaal). Een korte schets van de beschikbare tijd in het eerste gesprek en welke taak patiënt en hulpverlener hebben in die korte tijd, maakt dat de patiënt reële verwachtingen heeft en zich hier naar kan voegen. Vooraf expliciet toestemming vragen of je het verhaal van de patiënt mag structureren, maakt het makkelijker om ernaar terug te verwijzen tijdens het gesprek. Sommige hulpverleners kiezen ervoor vooraf te schetsen hoe het taxatiemodel eruitziet, wat gebruikt gaat worden om het verhaal van de patiënt in kaart te brengen. In dit stadium van het contact kan er zelfs voor gekozen worden om al iets te vertellen over de doelstelling van een generalistische behandeling. Alles om de verwachtingen van de patiënt zo goed mogelijk te managen en hem zo snel als mogelijk in de positie te krijgen die zo hard nodig is om het samen voor elkaar te gaan krijgen.

3.2.1 Klachten

Het intakegesprek begint vaak met de vraag naar de reden voor de komst: 'Wat kan ik voor u betekenen?' Nog iets meer voorsorterend op een generalistische wijze van taxeren is de vraag: 'Wat brengt u hier *op dit moment?*' In de praktijk vertelt een belangrijk deel van de patiënten hierop welke klachten er spelen: 'Ik zit er echt helemaal doorheen. Het liefst zou ik mijn bed niet meer uitkomen. Niks is nog leuk.' Voor veel klachtgericht opgeleide behandelaars is de verleiding groot hier op dat moment uitgebreid op in te gaan. De boodschap die hiervan uitgaat is dat klachten blijkbaar een heel belangrijk onderwerp zijn en voor je het weet, is een belangrijk deel van de tijd van de intake daaraan opgegaan, terwijl er zoveel meer moet en belangrijk is. Het is dan ook aan te raden de genoemde klacht voor kennisgeving aan te nemen. Eventueel kan de klacht met een enkele vraag nog wat worden verhelderd: 'Goh, ik begrijp dat u behoorlijk somber bent, dat u echt in de put zit?' Hierna kan dan meteen de stap gezet worden naar het contextualiseren, het verhaal, door verder te vragen naar de omstandigheden. Hierover later meer. Als eenmaal de O, de L en de P zijn besproken, is het aan het eind van de intake zaak de symptomen kort nog even langs te lopen. Voldoen de symptomen aan een DSM-classificatie als dat relevant is, zijn er geen kritieke of risicovolle symptomen die niet over het hoofd moeten worden gezien, missen we niet nog een klachtgebied?

Contra-indicaties in het eerste gesprek komen relatief weinig voor. Centraal staat immers de vraag wat er *wel* kan binnen de mogelijkheden van de generalistische ggz. Toch kan het voorkomen dat de hulpverlener bij wie de patiënt zich meldt niet kan bieden wat nodig is. Centraal staat dan de vraag wie wel met deze patiënt op pad kan om een antwoord te vinden op zijn vraag. Soms kan dat een andere hulpverlener uit de generalistische ggz zijn met net andere expertise, soms zal dat een collega zijn in een andere setting. We komen later uitvoerig terug op de belangrijkste verwijscriteria.

Angstklachten komen het meest voor in de bevolking en de huisartsenpraktijk, en nemen daar allerlei vormen aan. Soms gaat het over fobische klachten met een duidelijk object: (open of juist gesloten) ruimten, sociale situaties of specifieke objecten, dan weer zijn het de algemenere angsten, paniekaanvallen, traumatische angst of dwang. En een niet onaanzienlijke groep gaat gebukt onder gevoelens van onrust en stress. In de generalistische basis-ggz komen depressieve klachten het meest voor, inclusief gevoelens van zelfverwijt, falen, suïcidale gedachten, hopeloosheid en uitzichtloosheid. Ook andere emotionele en affectklachten komen veel voor, denk aan affectlabiliteit en woede-uitbarstingen, heftige gevoelens van jaloezie. Nogal eens spelen deze klachten in specifieke sociale relaties. Veel voorkomend zijn ook lichamelijke klachten, soms gerelateerd aan een lichamelijke aandoening, veel vaker zonder direct aanwijsbare reden. Dan volgen klachten rond eetproblemen en middelengebruik. Ook is er een groep patiënten die zich presenteert met ontwikkelingsklachten. Dat zijn klachten die geassocieerd worden met ontwikkelingsstoornissen zoals ADHD en autisme, denk aan concentratieproblemen, impulsiviteit, dagdromen, onvermogen goede contacten te onderhouden et cetera.

Ter illustratie van de stappen in de KLOP-aanpak gebruiken we de casus van Tom. In dit hoofdstuk zal hij een aantal keren in beeld komen. Tom is 46 jaar en meldt zich met depressieve klachten.

Tom

In het eerste gesprek zie ik een angstige, boze en vooral heel sombere Tom. Hij vertelt dat hij soms dagen achter elkaar helemaal aan de grond zit.
H(ulpverlener): Heftig allemaal.
P(atiënt): Dat kun je wel zeggen. Ik slaap zo ontzettend slecht. Ik word op zulke dagen dan al moe en gespannen wakker. Ik heb dan nergens zin in.
H: Ik begrijp dat je op zo'n moment echt in de put zit. Hoe gaat het dan vervolgens verder?
P: Nou ik lig maar wat op de bank, kijk tv en eerlijk gezegd begin ik dan overdag al het liefst met bier drinken om de dag door te komen. 's Avonds kom ik er dan achter dat ik niet eens heb gegeten.
H: Dat klinkt alsof je je inderdaad heel rot voelt dan. Hoe is het je gelukt om de stap te maken dat je nu hier zit?
P: Nou, dit moet echt stoppen. Ik krijg er anders nog last mee op mijn werk en dat wil ik echt niet.
H: Goed dat je gekomen bent. Zullen we eens kijken of we wat beter kunnen begrijpen wat er speelt?

Naast de groep van patiënten die zich meldt met deze vooral actuele en acute klachten, is er een heel andere groep bij wie de klachten een chronisch beloop hebben. Het betreft dan veelal patiënten die reeds een langdurige geschiedenis van zorg hebben en bij wie eerdere behandelingen er niet toe hebben geleid dat de klachten zijn verdwenen. Nu eens spreken we van patiënten met een chronisch psychiatrische aandoening, in het generalistische perspectief spreken we van 'veerkrachtpatiënten', verwijzend naar de kracht die deze patiënten nodig hebben om met hun stoornis een betekenisvol leven te kunnen leiden.

3.2.2 Lijf

Zodra de hulpverlener een globaal idee heeft over de klachten en eerste vermoeden over de aard en omvang van de problemen, verlegt hij geleidelijk het onderwerp van gesprek. Dat kan hij bijvoorbeeld doen door te vragen naar het beloop: 'Sinds wanneer hebt u al last van deze klachten?' Of: 'Vertel eens, wanneer had u voor het laatst minder last van die klachten?' Daarmee begint het proces van contextualiseren. De eerste stap van contextualiseren wordt in de generalistische ggz gezet bij de huisarts, vaak met de vraag in welke mate de klachten een lichamelijke oorzaak hebben, dan wel gekoppeld zijn aan een chronisch psychiatrische aandoening. De betekenis van Lijf is in deze context dus breder dan alleen het lichaam en betreft ook de innerlijke factoren die samenhangen met de klachten. Het lijf is een deel van de eigen identiteit. Het lijf heeft een objectieve en zichtbare kant, maar het heeft ook een innerlijke, en onzichtbare kant. Het lijf is het instrument waarmee wij voelen en beleven, het is vervolgens ook de plaats waar een deel van de mogelijke oorzaak van de klachten kan worden gevonden. Het lijf als verklaringsbron van onze klachten. Nu eens is het de patiënt zelf die erover begint en de vraag naar mogelijke lichamelijke oorzaken stelt, dan weer is het de hulpverlener die er nader op ingaat en de vraag moet beantwoorden of en in welke mate nader onderzoek naar mogelijke oorzaken in het lijf prioriteit moet krijgen.

Bij het verkennen van het lijf gebruiken wij zeven categorieën (◘ tab. 3.1).

Bij het lijf verkent men ten eerste het lichaam: is er sprake van een lichamelijke aandoening of kwetsbaarheid (acuut of chronisch) die mogelijk verband houdt met de klachten? Vaak is het vermoeden van een dergelijke kwaal voldoende reden om eerst daarmee aan de slag te gaan en de diagnostiek en het nader onderzoek daarop te richten (exclusie voor vervolgstap generalistische ggz). Is er meer bekend over de kwaal en is besloten door te gaan met psychische hulpverlening, dan zal die kwaal vaak het vertrekpunt zijn voor de behandeling.

De tweede groep vragen rondom het lijf betreft de globale screening van mogelijke verstandelijke en intellectuele beperkingen, hier onder de noemer van mentale beperkingen bijeengebracht. Deze beperkingen kunnen het functioneren en dus ook de behandeling systematisch beïnvloeden. Het duidelijkste voorbeeld is de verstandelijke beperking of een specifieke ontwikkelingsstoornis, zoals ADHD. Vermoeden van een dergelijke beperking heeft al direct een belangrijke verklarende functie van wat de patiënt overkomt, en heeft ook directe gevolgen voor wat komen gaat. Nu eens moet nader onderzoek worden voorgesteld, dan weer moet gebruikgemaakt worden van specifieke interventies of wordt gekozen voor een behandeling gericht op het leren omgaan met die beperking.

Een vergelijkbare vraag doet zich voor bij de aanwezigheid van een psychische beperking waaronder in dit verband vooral chronisch psychiatrische aandoeningen worden verstaan. Binnen de generalistische ggz heeft de vaststelling van een dergelijke chronische kwaal direct gevolgen voor de probleemdefinitie en de oplossingsstrategie. Is de

■ **Tabel 3.1**   Lijf

lichamelijke aandoening	– (vermoeden van) acute lichamelijke aandoeningen – chronische lichamelijke aandoeningen – lichamelijke beperking: handicap doofheid en blindheid, constitutionele zwakheid, conditie
lichamelijke conditie	gewicht, atletisch, fit, etc.
mentale handicap	– mentale beperkingen waaronder verstandelijke handicap, dyslexie of mentale variaties (hoogbegaafdheid, hoog sensitief) – ontwikkelingsstoornissen waaronder autisme, Asperger, PDD-NOS, maar ook ADD en ADHD
psychische handicap	chronische psychiatrische aandoeningen, waaronder schizofrenie, chronische depressie en angst
middelenafhankelijkheid	medicatie- of middelenafhankelijkheid
somatopsychische klachten	psychische klachten gerelateerd aan lichamelijke aandoening
psychosomatische klachten	lichamelijke klachten met mogelijk psychische component

aandoening actueel, dan volgt vaak al direct verwijzing naar een gespecialiseerde setting. Is de aandoening voldoende stabiel, dan zal binnen de generalistische benadering het omgaan met die stoornis gethematiseerd worden. Bij uitstek wordt dit vormgegeven door verpleegkundig specialisten (vs-ggz). Ook de poh-ggz vervult voor deze groep van patiënten een belangrijke functie, met name als adviseur en coach, ondersteuner en begeleider, maar zeker ook als belangrijke vinger-aan-de-pols en contactpersoon van en naar de gezondheidszorg. Ten slotte is er het thema van medicatie- en middelenafhankelijkheid. Medicatie kan heel vaak een verklaring zijn voor wat de patiënt nu overkomt. Hetzelfde geldt voor gebruik van genotsmiddelen, zeker als er sprake is van afhankelijkheid. Middelengebruik kan ook centraal staan in de K, als iets dat verklaring behoeft. Onder de L worden middelen benoemd voor zover ze bijdragen aan de klachten. Hulpverleners vergeten nogal eens – ten onrechte – het belang van middelen bij het begrijpen van wat er nu aan de hand is. En dat heeft dan weer grote gevolgen voor het uitstippelen van de behandeling. In de gemeenschappelijke probleemdefinitie moet met andere woorden altijd overwogen worden of medicatie- en middelengebruik expliciet aan de orde moeten worden gesteld in de diagnostiek en vervolgens in de behandeling.

Voorgaande aspecten van het lijf worden door de hulpverlener overwogen bij de vraag naar een verklaring van de klachten. Heel vaak is het belang van deze factoren beperkt en is het voldoende dat ze aan de voordeur door de huisarts gescreend en gewogen worden. Dat afwegen kan leiden tot hierop ingrijpen, verder laten rusten of ze juist opvatten als belangrijk contra-indicatiecriterium voor generalistische ggz.

> **Tom – vervolg**
>
> H: Ik zie dat u nog niet zo lang geleden bent onderzocht. Dat bevestigt mijn indruk dat we dus niet meteen aan een lichamelijke oorzaak voor uw gevoel van malaise moeten denken. Kunt u me daarin volgen?
> P: Ja, dat kan ik wel volgen.
> H: Zou het de alcohol kunnen zijn waardoor u slecht eet en slecht slaapt. Zou dat de oorzaak kunnen zijn?
> P: Daar heb ik nooit zo bij stilgestaan. Er zijn weken dat ik niet drink. En eigenlijk slaap ik wel goed in, maar ben ik na een paar uur weer klaarwakker.
> H: Klinkt alsof de alcohol zijn werk doet. Alcohol zorgt er bij veel mensen voor dat ze onrustiger slapen.
> P: Klopt want normaal gesproken slaap ik eigenlijk best wel goed, zelfs zonder hulp van slaapmedicatie.
> H: Hoeveel glazen alcohol drinkt u per week?
> P: Hangt erg af van mijn stemming, maar de laatste maanden gemiddeld twee kratjes per maand.
> H: Maar u drinkt dan in fasen?
> P: Ja, zoals afgelopen weekend acht flesjes per dag.
> H: Zouden dat dan ook dagen kunnen zijn geweest waarop u slechter doorsliep?
> P: Dat denk ik niet, maar het zou misschien toch wel kunnen; ik zal er eens op letten.

3.2.3 Omstandigheden

In de generalistische benadering gaat het voortdurend over het koppelen van klachten aan omstandigheden. Bij de medische interpretatie van problemen wordt geprobeerd te abstraheren van omstandigheden waardoor klachten in hun onderling verband zichtbaar worden en daarmee uiting worden van een substraat ergens in het organisme. In de generalistische benadering doen we exact het tegenovergestelde: we gaan op zoek naar bijzondere gebeurtenissen in het leven van de patiënt die in tijd gekoppeld kunnen worden aan het ontstaan en voortduren van de klachten. Hoe succesvoller deze zoektocht, des te beter kan de patiënt begrijpen wat er aan de hand is, en des te duidelijker weet de patiënt wat hem te doen staat om de klachten onder controle te krijgen. Gebeurtenissen met een kop en een staart, dat wil zeggen: goed onderscheidbaar in ruimte en tijd, lenen zich het beste tot contextualiseren. We spreken in dat verband van voorgrondomstandigheden. Geleidelijke veranderingen kunnen ook uitermate relevant zijn, maar het kost vaak wat meer moeite ze op het spoor te komen (◻tab. 3.2).

Met het opsporen van omstandigheden die mogelijk samenhangen met het ontstaan en voortduren van de klachten ontstaat als het ware vanzelf een context: er ontstaat een beeld van wat voorafging en een beeld van de mogelijke gevolgen. Ondertussen ontstaat

Tabel 3.2 Omstandigheden

actuele hier-en-nu-gebeurtenissen: voorgrondomstandigheden

recente ingrijpende gebeurtenissen

werk

wonen

vrienden en bekenden

familie en gezin

vrije tijd

vroegere gebeurtenissen/omstandigheden: achtergrondomstandigheden

levensfase

bijzondere levensgebeurtenissen

opleiding, sociale achtergrond, familie

levensomstandigheden

door de ervaring van veranderingen een beeld van hoe het eerder was. Het gaat er dus nadrukkelijk niet om een volledig beeld te construeren, maar het gaat erom die omstandigheden te vinden die van direct belang zijn om de klachten te begrijpen. Dat kan zelfs ogenschijnlijk iets kleins zijn.

In het geval van patiënt Tom springen heel specifieke en recente gebeurtenissen direct in het oog. Daarmee wordt de vraag naar omstandigheden al bijna direct identiek aan het contextualiseren van de klacht. Dat lukt echter lang niet altijd zo snel. Veel vaker lijkt het tegendeel aan de orde: patiënten lijken de concrete context waarin hun klachten zijn ontstaan uit hun geheugen te hebben weggepoetst. Op de vraag naar wat er is gebeurd, antwoorden ze: 'Niets'. Ook met concrete vragen lijkt er geen concrete context op te doemen. Het lijkt wel of de patiënt alles in zijn omgeving bagatelliseert en niet relevant vindt voor zijn klachten. Natuurlijk kan het zijn dat de omstandigheden niet of minder belangrijk zijn bij het ontstaan van de klachten, maar het kan ook zijn dat er een directe samenhang is tussen de opvatting van de patiënt dat de omstandigheden onbelangrijk en niet ter zake doen en zijn demoralisatie en verlies van het eigen kompas. Pas met heel lang doorvragen en misschien zelfs met teruggaan naar de situatie dat alles nog gewoon was, ontstaat er een geleidelijk beeld van wat er zoal is veranderd. En dan kan het voorkomen dat de grootste verandering niet plotseling is opgetreden, maar als een sluipmoordenaar is binnengedrongen en pas nu, na veel aandringen uit de kast komt.

> **Tom – vervolg**
>
> H: Hoor ik het goed dat u een extra zwaar weekend achter de rug hebt. Wat maakte uw weekend zo zwaar?
> P: Klopt. Zo erg als afgelopen weekend heb ik het nog niet meegemaakt.
> H: Is er dan iets bijzonders gebeurd afgelopen week?
> P: Ja; ik had van mijn baas twee kaartjes voor een tennistoernooi gekregen. Ik had mijn dochter gevraagd mee te gaan, en dat wilde ze graag. Maar afgelopen vrijdag hoorde ik dat ze niet mee mocht van mijn ex.
> H: Kaartjes voor een tennistoernooi?
> P: Ja; mijn baas weet dat ik erg van tennissen houd. En hij was zo tevreden over mij, dat ik die van hem cadeau heb gekregen.
> H: Dat klinkt goed.
> P: Klopt, maar ik ben ook bezig met re-integratie en dat gaat eigenlijk best wel goed.
> H: Leuk dat u dan uw dochter uitnodigt om mee te gaan. Houdt zij ook van tennis?
> P: Ja; ze is dol op tennis.
> H: U vertelt in korte tijd heel veel goede zaken: re-integratie van werk, tevreden baas, kaartjes, dochter die het leuk vindt om mee te gaan.
> P: (snikt) Daar kan ik me nu niet echt op richten. Het was een vreselijk weekend. Ik ben zo depressief.
> H: Het klinkt alsof het feit dat u zich regelmatig zo rot voelt, niet uit de lucht komt vallen maar veel te maken heeft met wat er speelt in uw leven.
> P: (diepe zucht)
> H: Verheug je je op een fantastisch weekend met je dochter en dan dit …

3.2.4 Persoonlijke stijl

De derde contextuele factor betreft de persoonlijke stijl van de patiënt: het zijn de gewoonten inclusief de eigen en bijzondere wijzen waarop de patiënt reageert op hetgeen hem overkomt (⊡tab. 3.3). Rijnders merkt op dat het in kaart brengen van de persoonlijke stijl in de praktijk van alledag niet altijd even eenvoudig is. Veel mensen zijn namelijk niet gewoon om hun eigen functioneren met een zekere distantie te beschrijven [4]. Hier onderscheiden wij vier niveaus van persoonlijke stijl: min of meer bewuste standaardreactiepatronen, persoonlijkheidskenmerken, en ten slotte de veelal automatische copingmechanismen, inclusief modi en schema's.

De indeling in vier niveaus van persoonlijke stijl heeft iets willekeurigs en is zeker niet uitputtend. De niveaus zijn in eerste instantie vooral gekoppeld aan de beleving van de patiënt. De bewuste standaardpatronen zijn verreweg het meest toegankelijk voor de patiënt zelf. Ze worden zichtbaar zodra de patiënt zich ervan bewust wordt, bijvoorbeeld door zich te vergelijken met een ander in een vergelijkbare situatie. De patiënt ziet

Tabel 3.3 Persoonlijke stijl

gewoonten – (eenvoudig bewust te maken)	– heel hoge eisen stellen – alles alleen moeten doen – altijd maar doorgaan – meer voor anderen zorgen dan voor jezelf
copingstrategieën	– actief aanpakken – sociale steun zoeken – vermijden – verzachten (bijv. door alcohol) – somber reageren – snel heftig reageren – geruststellende gedachten en wensdenken – flexibiliteit
patronen	– hechtingsstijlen – automatismen – schema's – afweermechanismen
persoonlijkheidskenmerken	– neuroticisme – extraversie – openheid – altruïsme – consciëntieusheid

bijvoorbeeld zichzelf in vergelijking met zijn partner heel opgewonden en gestrest reageren. Deze observatie, die nog weinig zegt over de exacte mate van stressvol reageren, laat zich vervolgens heel goed gebruiken bij de contextualisering van het probleem. Daarvoor is immers minder belangrijk hoeveel er exact wordt gestrest of in welke mate het de patiënt helpt bij het contextualiseren van die problemen.

Op het tweede niveau van persoonlijke stijl plaatsen we de copingstrategieën. Coping definiëren wij als de combinatie van de cognitieve en emotionele reacties op stress of een probleem, en het gedrag dat daaruit voortvloeit. Uitgangspunt daarbij is dat individuen grote verschillen in copingstrategieën laten zien, en dat de toepassing ervan weliswaar varieert met omstandigheden, maar ook veel constanten laat zien en dus samenhangt met de persoonlijkheid. In de literatuur wordt een groot aantal strategieën en mechanismen van coping beschreven. In tab. 3.3 hebben we er enkele genoemd, zoals actief aanpakken, sociale steun zoeken, vermijden en palliatief reageren (verzachten door zich op andere dingen te richten).

Het derde niveau van persoonlijkheid betreft die elementen die duurzaam zijn en beïnvloedbaar met cognitieve interventies.

Het vierde en minst beïnvloedbare niveau van persoonlijke stijl sluit aan bij gangbare theorieën over structurele kenmerken van een individu. Denk aan persoonlijkheids- of karaktertrekken. Welke theorie de hulpverlener in dit verband aanhangt, is minder belangrijk dan de mate waarin het betreffende kenmerk aansluit bij de belevingswereld van de patiënt en voor hem acceptabel is.

Niveau 3 en 4 van de persoonlijke stijl gebruiken we binnen de generalistische zorg vooral vaak als bijkomende factor, maar niet als belangrijkste of uitsluitende verklaring voor de klachten. Daarin onderscheiden we ons van de specialistische zorg. De reden ligt voor de hand: hoe belangrijker deze factoren in de probleemdefinitie, des te lastiger het voor de patiënt wordt in korte tijd substantiële veranderingen op gang te brengen. Niveau 3 en 4 werden immers gedefinieerd als moeilijk te veranderen. Als deze niveaus al gebruikt worden, dan is het ter ondersteuning van andere mogelijke factoren – deze extra informatie is nodig om te begrijpen wat er gebeurt – en om de richting van de oplossing te markeren.

> **Tom – vervolg**
>
> H: Die ex heeft u nog flink te pakken via uw dochter.
> P: Ja, ja (instemmend), ik kan haar maar niet loslaten.
> H: Zo trouw zelfs dat u er zelf last van hebt?
> P: Klopt helemaal. Ik ben zo trouw als een hond en laat me vervolgens ook nog slaan als een hond.
> P: Ja, tenminste als ik er zelf niet aan kapot ga.
> H: Uw kracht blijkt in dit geval ook een beetje uw valkuil.

3.3 De kracht van de beperking

De KLOP-aanpak kan beschouwd worden als een zoekstrategie die enerzijds is gericht op het in kaart brengen van de problemen van de patiënt en die anderzijds bijdraagt aan het (opnieuw) contextualiseren van de klachten van de patiënt. Patiënt en hulpverlener inventariseren samen hoe de klachten eruitzien, waar ze zijn begonnen, in welke situaties ze zich voordoen en welke elementen uit de persoonlijke stijl van de patiënt daarbij een rol spelen. Tegelijkertijd komen ook de sterke kanten aan bod: de steunende en beschermende elementen uit de omgeving en de eigen kracht van de patiënt. Dat zoekproces vertoont interessante parallellen met het lichamelijk onderzoek door de huisarts met behulp van auscultatie: aandachtig en gericht luisteren naar de geluiden van het lichaam, mede door gericht kloppen (palpatie en percussie). De arts voelt en luistert en kijkt ook naar de reacties van de patiënt, bijvoorbeeld pijnreacties, kortademigheid, sneller kloppend hart et cetera. In figuurlijke zin is onze KLOP-strategie ook een vorm van diagnostisch luisteren, voelen en kloppen, waarbij de reactie van de patiënt leidend is voor de vervolgstappen.

Ausculteren (luisteren, betasten en kloppen) wordt in medische handboeken vaak aangeduid met het begrip 'toeluisteren'. Er zit richting in, het KLOP-pen moet leiden tot een gemeenschappelijke probleemdefinitie. Die gerichtheid is bepalend voor het proces en het succes ervan. Heel vaak volstaat het dat slechts een klein deel van de KLOP wordt ingevuld. In het volgende voorbeeld van een patiënt die slecht slaapt, valt op dat de huisarts vooral heel veel niet wil weten. Je zou kunnen zeggen dat een uitgebreidere KLOP bij deze patiënt maar afleidt en het risico van afleiding en verzanden in details alleen maar groter maakt. Volledigheid bij het invullen van de KLOP is daarbij absoluut niet wenselijk, laat staan noodzakelijk. Heel vaak is de veelheid (volledigheid) de vijand van het goede.

> **Monique**
>
> De huisarts krijgt Monique op bezoek, die aangeeft dat ze diep in de put zit. De huisarts weet van het overlijden van haar partner vier weken geleden. Hij vraagt nauwgezet uit hoe de afgelopen weken zijn verlopen. En direct komen de tranen en vertelt Monique dat ze na het overlijden van haar partner niet één nacht goed heeft geslapen. De huisarts legt vervolgens uit hoe een verstoring van de slaap-waakbalans tot uitputting kan leiden en vervolgens een heel negatieve invloed kan hebben op de stemming. Hij stelt na wat vragen over haar slaaphygiëne voor de balans te herstellen door tijdelijk wat slaapmedicatie te nemen.

Uitgangspunt bij het formuleren van een goede werkhypothese is nooit volledigheid. De kracht schuilt juist in de beperking. Dit principe wordt met een Engelse term ook wel *parsimony* genoemd. Het parsimonyprincipe houdt in dat een eenvoudige hypothese ter verklaring en oplossing van een verschijnsel de voorrang heeft boven een complexere hypothese. Hoe minder je hoeft te veronderstellen om het gedrag te verklaren, des te sterker, aantrekkelijker en vooral bruikbaarder is die hypothese. Stel een patiënt meldt zich met somberheid. De eenvoudigste hypothese zou zijn dat er iets gebeurd is waardoor die somberheid is ontstaan. Ook redelijk eenvoudig is de hypothese, zeker als de somberheid zich vaker herhaalt, dat de somberheid gekoppeld is aan een specifiek reactiepatroon van de patiënt. Al complexer is de hypothese dat de somberheidsklachten elkaar in stand houden (door de somberheid blijft de patiënt binnen, verliest hij sociale contacten, onderneemt hij minder actie, slaapt hij slechter et cetera). Nog weer complexer is de hypothese dat de somberheid het gevolg is van een stoornis. Maar die hypothese is op haar beurt weer eenvoudiger dan de hypothese dat de patiënt een trauma in zijn jeugd heeft opgelopen of erfelijk belast is met depressogene genen.

Parsimony is gekoppeld aan normaliseren. Normaliseren betekent immers dat de klachten geïnterpreteerd worden als een begrijpelijke en dus logische reactie op lastige omstandigheden. Kijk je beter naar die ogenschijnlijk vreemde klacht, dan zie je bijna direct dat die klacht samenhangt met wat er gebeurt in het leven van de patiënt en hoe de patiënt daarmee heeft geleerd om te gaan. Er is eigenlijk niets vreemds aan die klacht, integendeel. Normaliseren van de klacht is de 'zuinigste' hypothese kiezen over wat er aan de hand is.

Er is een tweede reden voor parsimony: het maximaliseert de kans dat de patiënt weer overzicht krijgt en zelf aan de slag kan. Parsimony gaat niet alleen over de eenvoudigste hypothese, maar ook over de minst invasieve hypothese: voorrang krijgt de interpretatie waarbij de oplossing de patiënt het meest in zijn waarde zet. Marjoke, een managementassistente, weet heel goed dat haar hoge streefniveau weleens medeverantwoordelijk kan zijn voor haar burn-out. De hulpverlener doet daar ogenschijnlijk niets mee. In zijn voorstel voor de probleemdefinitie richt hij zich nagenoeg uitsluitend op de omstandigheden. Nu al over de persoonlijke stijl beginnen zou, dat lijkt zijn hypothese, haar enkel nog meer over haarzelf doen twijfelen. Met het relativeren daarvan hoopt hij het zelfvertrouwen van de patiënt weer een duwtje te geven, en de demoralisatie te verminderen.

Marjoke

Marjoke meldt zich met flinke burn-outklachten. Ze kan niets meer aan, slaapt niet meer, er komt niets meer uit haar handen, ze is boos, verdrietig, eet niet meer. Directe aanleiding voor de huidige klachten is een flinke woordenwisseling met haar baas, die haar verweet dat er iets misging en zich afvroeg of ze nog wel geschikt was voor haar werk. In reactie daarop heeft ze zich ziek gemeld en is ze gekrenkt naar huis gegaan. Sindsdien is ze ziek thuis. Tijdens de intake vertelt ze dat het de weken ervoor extreem druk was op het werk en dat haar collega op dat moment vakantie had. Daar voegt ze direct aan toe dat ze erg perfectionistisch is en de lat erg hoog legt. En ze had inderdaad een stomme fout gemaakt. De baas heeft misschien wel een beetje gelijk als hij zich afvraagt of Marjoke wel geschikt is voor dit werk.
T: Sinds wanneer doet u dit werk?
P: Inmiddels twaalf jaar. Nooit ziek geweest en altijd goede beoordelingen.
T: Nou dat vind ik wel een ernstig bewijs van niet geschikt zijn!
P: (lachend) U hebt misschien wel gelijk. U moest eens weten wat ik allemaal voor die baas heb gedaan.
T: Misschien was uw boosheid op uw baas wel terecht. En zijn uw overige klachten vooral het gevolg van te grote drukte op het werk, mede veroorzaakt door de afwezigheid van uw collega.
T: Misschien moet u eerst maar eens een paar dagen rust nemen en weer een beetje ontspannen.

Parsimony is niet alleen wenselijk, het kan ook noodzakelijk zijn, bijvoorbeeld indien elementen van de KLOP (nog) niet verdraagbaar zijn voor de patiënt. Een patiënt kan zo geobsedeerd zijn door één element van de KLOP, dat er eigenlijk geen ruimte is voor verbreding van het perspectief. Het voorbeeld van Erdal laat zien dat de hulpverlener niet veel anders overblijft dan het kleine beetje ruimte dat de patiënt hem geeft te gebruiken om te komen tot een gemeenschappelijke probleemdefinitie.

En natuurlijk weet de hulpverlener in zijn achterhoofd dat er mogelijk meer speelt dan brute pech. Maar *geen* probleemdefinitie is altijd nog erger dan een eenzijdige probleemdefinitie, zeker als de patiënt bereid is aan de slag te gaan met de behandeladviezen.

Erdal

Erdal meldt zich bij de hulpverlener vol boosheid en verdriet. Hij is enkele jaren geleden gevlucht uit Bosnië, heeft lang moeten wachten voordat hij een formele status kreeg en is vervolgens hard aan de slag gegaan om zich in te voegen in Nederland. Hij heeft de taal goed geleerd, heeft een opleiding tot bouwvakker gevolgd en stage gelopen bij een aannemer. En juist toen hij een vaste aanstelling kon krijgen, ging de aannemer failliet. Door de economische crisis kreeg hij vervolgens nergens meer een voet aan de grond. In de periode die daarop volgde, kwam hij van de regen in de drup: hij kreeg problemen met zijn echtgenote, die vervolgens ervandoor ging, de betaling van zijn woning werd een probleem et cetera. Om een lang verhaal kort te maken: inmiddels zit hij in de schuldsanering en heeft de sociaal werker hem naar de huisarts gestuurd. Hij is zo wanhopig en depressief, dat hij iedere vraag naar andere factoren dan de beschreven omstandigheden (O) resoluut afwijst. Wel ziet hij in dat zijn somberheid niet overgaat zolang hij 's nachts slecht slaapt en overdag voortdurend bijslaapt.

Ook bij crisis past de hulpverlener beperking en toespitsing van de gemeenschappelijke probleemdefinitie tot één of twee elementen van de KLOP toe waarmee de patiënt uit de voeten kan. Het voorbeeld van Kimberly spreekt boekdelen: Kimberly is zo angstig en onrustig, dat de hulpverlener maar één ding kon en wilde doen: haar geruststellen op haar eigen interpretatie van de oorzaak van haar klachten. Daarmee zou dan misschien net genoeg ruimte ontstaan om Kimberly overeind te houden, zodat de stress langzaam kon zakken. Was dat niet gelukt, dan had Kimberly verwezen moeten worden naar de specialistische ggz en was de kans op medicatie erg groot geweest, inclusief het verbod om nog verder borstvoeding te geven.

Kimberly

Kimberly is 26 en zojuist (4 weken geleden) bevallen van een wolk van een dochter. Sindsdien gaat het niet goed met haar. Ineens is ze zich gaan realiseren dat ze sinds kort in een huis woont dat volledig is ingericht door de ex van haar partner. Ze is zich daardoor heel erg onveilig gaan voelen in dat huis. Daar komt bij dat ze zich nu pas realiseert dat het huis aan een drukke straat ligt en dat haar zoontje van vijf uit haar eerdere relatie, dat helemaal niet gewend is en vaak plotseling de straat op rent. In al de stress is er slechts één moment waarop ze zich veilig voelt: tijdens de borstvoeding voor haar dochtertje.
Wat was er gebeurd? Een jaar geleden kwam ze haar huidige partner tegen. Dat was liefde op het eerste gezicht. Daarna raakte ze niet geheel gewild zwanger. Pratende buren alarmeerden de sociale dienst en die ontdekten twee tandenborstels bij de wasbak en concludeerde dat haar nieuwe vriend bij haar was ingetrokken. Zij stelden haar voor de keuze: einde uitkering of einde relatie. Acht maanden zwanger verhuisde ze naar het huis van haar nieuwe partner.
In de spreekkamer is de angst en de spanning te snijden. Kimberly heeft zich niet opgemaakt en het is duidelijk dat het echt niet goed met haar gaat. Ze blijkt wel aanspreekbaar en laat zich tot rust brengen door het begrip van de hulpverlener. Ze vertelt over haar partner. Hoe haar slechte gevoel soms uitmondt in ruzies, maar dat hij haar desondanks wel begrijpt. Haar partner is bereid een dag later mee te komen.

> Een dag later gaat het niet slechter met Kimberly. De partner blijkt zeer betrokken en heeft veel begrip voor Kimberly's situatie. Ze spreken samen af dat Kimberly eerst de tijd neemt om haar dochter goed te verzorgen en dat ze over drie maanden besluiten wat te doen met het huis. De partner is bereid om te praten over verhuizen.

Een paar maanden later is Kimberly weer zo opgeknapt, dat ze besluit werk te maken van haar angstklachten. Samen met de hulpverlener kijkt ze opnieuw naar haar situatie en kan de KLOP opnieuw worden ingevuld. Er is nu ruimte voor andere KLOP-elementen. Zo blijkt Kimberly een verleden van trauma en angst te kennen en is ze na enkele weken zeer bereid om daarmee aan de slag te gaan.

> **Kimberly – vervolg**
>
> Kimberly is inmiddels een paar maanden verder. Ze heeft geleerd ook bij opkomende stress de rust te bewaren en niet direct te gaan dreigen. Samen met haar partner is ze op zoek naar een nieuw huis. Ze meldt zich opnieuw aan. Ze blijkt last te houden van de terugkerende gedachte dat de wereld te groot is. Zodra die gedachte bij haar opkomt, voelt ze de paniek stijgen.
> Bij het invullen van de KLOP kan ze geen koppeling maken met specifieke situaties. Hooguit gaat het zien van hoge flats soms vooraf aan het opkomen van die gedachte. Maar niet altijd. Daarom gaan we door naar de persoonlijke stijl. Ze realiseert zich ineens dat ze altijd wel iets angstigs heeft gehad in haar leven, en dat de angst meestal opkomt als zaken uit de hand lopen, bijvoorbeeld dat haar zoontje wegloopt of boos is. Ze zoekt verder en in al haar voorbeelden was er eerst boosheid die ze onderdrukte, en later ineens de paniek. Het kwartje lijkt helemaal te vallen zodra ze voorbeelden kan geven van boosheid die ze wel kon uiten. In die gevallen werd de boosheid niet gevolgd door paniek.

Vervolgens is parsimony ook toepasbaar als het rechttoe rechtaan toepassen van de KLOP niet tot een succesvolle gemeenschappelijke probleemdefinitie leidt. Een voorbeeld daarvan is de paniekaanval, waarbij ogenschijnlijk de omstandigheden er niet toe doen en waarbij de paniekaanval zelf een belangrijke uitlokkende factor wordt voor de volgende paniekaanval. De klacht gaat daarbij een eigen leven leiden, waarbij de relatie met lijf, omstandigheden en persoonlijke stijl steeds verder naar de achtergrond verdwijnt. Pas nadat de paniekaanval onder controle is gebracht, ontstaat eventueel ruimte voor het verder invullen van de KLOP. Een tweede voorbeeld betreft de depressie die leidt tot passiviteit van de patiënt en waarbij de passiviteit overdag leidt tot slapeloze nachten en dagen vervolgens van te moe zijn om nog verder iets te doen. Ook hier lijkt de klacht zijn eigen opvolgers te genereren en zichzelf daardoor in stand te houden.

Ten slotte is parsimony ook aan de orde bij patiënten die recent in behandeling zijn geweest en zich de KLOP-systematiek zo eigen hebben gemaakt, dat KLOP geen toegevoegde waarde meer oplevert. De KLOP leidt hier niet (meer) tot een nieuwe contextualisering van de klacht en draagt daardoor niet meer bij aan het opheffen van stagnatie.

Bij deze patiënten kan een extra stap van analyse helpen, te weten die van extra afstand nemen tot de KLOP-elementen. Neem Annemieke. Ze heeft erg veel last van haar heftige reacties, die ze niet ziet aankomen en ook niet kan duiden. In de KLOP kan er nog wel een relatie worden gelegd met haar partner – die is er eigenlijk altijd bij – maar lukt het niet duidelijk te krijgen wat haar heftige emotie uitlokt. Het KLOP-schema invullen levert geen nieuw inzicht op. Daarom besluit ze in samenspraak met de hulpverlener het nu anders aan te pakken en haar aanvallen van boosheid te registreren, in de hoop dat kijken naar de details leidt tot herkennen van een patroon.

> **Annemieke**
>
> Annemieke meldt zich voor een tweede keer aan. De eerste keer heeft ze een behandeling gehad voor haar traumaklachten gerelateerd aan een nare relatie met een loverboy. Die behandeling was toen erg succesvol. Inmiddels heeft ze een nieuwe partner. Ze is helemaal dol op hem, en hij op haar. Tot haar ontsteltenis ontdekt ze echter dat ze vaak buitengewoon vervelend op hem reageert. Dan scheldt ze de hele wereld bij elkaar, terwijl beiden geen idee hebben van wat er nu weer aan de hand is. Dit heeft inmiddels tot zoveel spanning geleid, dat Annemieke fors somber is en thuis is van het werk.
> De nieuwe behandeling begint met het bijeenbrengen van de KLOP-elementen. Die actie kent ze nog van de vorige keer en in no-time heeft ze de elementen benoemd. Maar het levert maar beperkte informatie op, alleen dat het schelden meestal buiten op straat begint. Ze krijgt vervolgens een registratieopdracht mee naar huis: iedere keer dat ze scheldt, moet ze een analyse maken van wat eraan voorafging.
> De volgende keer weet ze te vertellen dat het telkens een reactie lijkt op zijn gedrag. Ze lopen op straat, ze voelt onraad en dan realiseert ze zich dat zijn blik door een andere vrouw wordt getrokken. Later, als de boosheid weer is afgenomen, bespreekt ze met hem het voorval. En wat blijkt, hij is zich van geen kwaad bewust. Met enige aarzeling is ze bereid hem het voordeel van de twijfel te geven. Maar helpen, ho maar, de scheldpartijen lijken alleen maar toe te nemen.
> Op basis van dit inzicht komt ze tot de probleemdefinitie dat haar boosheid het gevolg is van haar manier van kijken naar jonge vrouwen in de omgeving van haar partner. Ze maakt ze onbewust tot concurrenten.

Tips voor als het niet KLOPT (uitblijven gestalt)

1. Te volledig: de patiënt raakt verstrikt in de veelheid aan details.
2. Te eenzijdig: de patiënt raakt verder gedemoraliseerd.
3. Te technisch: de patiënt haakt af.
4. Te weinig gestuurd: er komt geen oplossing in zicht.
5. Te moeilijke interpretatie.
6. Te herhalend: er ontstaat geen nieuw inzicht.

3.4 De gemeenschappelijke probleemdefinitie

Patiënten melden zich met klachten waar ze geen vat op hebben en die ze niet begrijpen. Meestal zijn niet de klachten de reden voor hun bezoek aan de hulpverlener maar de demoralisatie die het gevolg is van stagnatie. Met de KLOP-aanpak kan er opnieuw betekenis ontstaan, dat wil zeggen: kan de stagnatie verdwijnen. Dat gebeurt door de klacht te plaatsen in het concrete hier-en-nu van de patiënt. Dat concrete hier-en-nu krijgt in de KLOP-aanpak vorm en inhoud door te focussen op het lijf, de omstandigheden en de persoonlijke stijl. Per onderwerp wordt gekeken wat wel aan de orde is en wat op dit moment minder van belang lijkt. Focussen betekent dus oog krijgen voor detail en antwoord geven op de vraag welk onderdeel van dat element nu op dit moment precies van invloed is. Vervolgens wordt afstand tot de klacht gecreëerd door die elementen bijeen te brengen en geleidelijk de context van het probleem te vullen. Er wordt zoveel afstand gemaakt, dat de details van juist nu verdwijnen, en stapje voor stapje opnieuw het bos verschijnt. Het bos staat dan voor het geheel, het zicht krijgen op wat er gebeurt. Patiënt en hulpverlener gaan samen net zo lang door met bomen beschrijven totdat er als ware vanzelf samenhang tussen de bomen ontstaat. De puzzelstukjes vallen in elkaar en er doemt een beeld van het bos op. Het bos staat hier voor het totaalbeeld. Dit totaalbeeld kan plotseling ontstaan en lokt dan een aha-erlebnis uit: ineens wordt alles duidelijk en spreekt het bijna vanzelf waar de schoen exact wringt. Het kan ook zijn dat de samenhang heel geleidelijk zichtbaar wordt en patiënt en hulpverlener aan het einde van de diagnostische fase met elkaar vaststellen dat er wel degelijk een nieuw perspectief op het probleem is ontstaan. We illustreren dit opnieuw met het verhaal van Tom.

In het voorbeeld van Tom valt alle informatie ineens samen. Waar hij voorheen zijn klachten samenvatte met het woord 'depressie' en daarmee aangaf daar geen vat op te hebben, kan hij nu uit de voeten met de constatering dat er sprake was van een rouwreactie, die getriggerd is door zijn ex-echtgenote en versterkt wordt door zijn trouwhartigheid en afgelopen weekend weer opnieuw op de spits is gedreven door de hele nacht te piekeren en vervolgens de hele dag op de bank te blijven hangen.

Tom – vervolg

H: Wordt het plaatje u al wat duidelijker?
P: Ik zie het nog niet.
H: U rapporteerde allerlei klachten van depressieve aard.
P: Klopt.
H: Eerst dacht ik dat er misschien wel sprake was van een depressie.
P: Ik ook.
H: Maar diezelfde klachten kunnen ook een signaal zijn van rouw en van pijn om los te laten.
Als uw ex u afgelopen week niet in de weg had gezeten, had u waarschijnlijk een prachtig topweekend gehad, samen met uw dochter naar het tennissen.
P: (snik) Dat gebeurt me vaker ... Iedere keer als ik iets leuks kan doen, zorgt zij dat het niet door kan gaan.

3.4 · De gemeenschappelijke probleemdefinitie

> H: En het lukt haar nog aardig ook om u te ontregelen. Had u een prachtig weekend kunnen hebben, en weg ermee.
> P: (reageert heftig, met tranen)
> H: Eigenlijk was uw nare weekend veroorzaakt door uw ex-echtgenote.
> P: Ja, ja, dat klopt wel.
> H: Wat zou de oplossing kunnen zijn?
> P: Nou dan weet ik het wel: ik moet haar echt op afstand zetten, zodat ze dit soort nare dingen niet meer kan doen. Dan zou mijn leven er een stuk aangenamer uitzien.
> H: Interessant. Dat lijkt me echt een heel goede denkrichting.
> H: Ik vat het samen: u had een prachtig weekend gehad als uw ex-echtgenote niet voortdurend door uw leven spookte. Dat ze zo'n invloed kan hebben, heeft misschien ook wel een beetje met uw reactie te maken: u bent nog steeds volledig loyaal aan haar. En vervolgens wordt u zo overmand door verdriet, dat u 's nachts niet slaapt, vervolgens de hele dag op de bank blijft zitten met te weinig eten en veel drank. Tja dan voel je wel wat er allemaal mis is. Dat zou je best ook een rouwreactie kunnen noemen.
> P: Tja, tja, zo had ik het nog niet bekeken (zijn ogen krijgen weer licht en beginnen weer wat te stralen). Eigenlijk hoef ik maar één ding te doen: afscheid van die trut nemen! (Tom spreekt dit uit met heftige emotie en de tranen komen weer boven.)

Het contextualiseren van de klacht laat zich op veel manieren beschrijven en verschillende therapeutische kaders hebben er hun eigen terminologie voor. Denk aan begrippen als *gestalt*, het opstellen van een holistische theorie, of het formuleren van de casus. In transdiagnostische termen gebeurt hetgeen fenomenologen definiëren als het proces van de hermeneutische cirkel: aan het einde valt alles samen en is de waarneming van de context geworden tot het 'ware nemen', de waarneming van het probleem. Binnen de generalistische benadering spreken we over het opstellen van de gemeenschappelijke probleemdefinitie. Dit opstellen gebeurt door patiënt en hulpverlener samen. Zij zoeken naar antecedenten en mogelijke determinanten van de klacht binnen de gebieden van het lijf, de omstandigheden en de persoonlijke stijl. Zodra dat proces op gang komt, ontstaat een context waarbinnen de klacht past en betekenisvol wordt. Daarmee wordt de stagnatie opgeheven en wordt de klacht geobjectiveerd tot een probleem. Dat betekent echter niet dat de probleemdefinitie als vanzelfsprekend objectief is, integendeel, zij staat immers allesbehalve los van patiënt en hulpverlener en is daarom bij uitstek subjectgebonden. De gemeenschappelijke probleemdefinitie wordt enerzijds ingegeven door de expertise van de hulpverlener, anderzijds door de ervaringen van de patiënt. Met een andere hulpverlener had de patiënt dus een andere gemeenschappelijke probleemdefinitie opgesteld. Dat juist deze probleemdefinitie nu in de interactie tussen Tom en hulpverlener naar boven kwam, had ook te maken met de toevalligheid van wat er juist in het weekend voorafgaand aan het gesprek in het leven van Tom was voorgevallen. Die gebeurtenis was zo aangrijpend, dat de loyaliteit van Tom wat naar de achtergrond werd gedrukt, terwijl zijn onvermogen om uit de bank omhoog te komen en zijn leven in eigen hand te nemen tijdelijk op de voorgrond kwam te staan. De voorgestelde probleemdefinitie was dus wat eenzijdig en al helemaal niet volledig. Want waarom Tom zelf zijn leven niet in de hand kon nemen, was niet vervat in de probleemdefinitie.

Het KLOP-schema is dus vooral een hulpmiddel voor patiënt en therapeut dat bijdraagt aan de contextualisering van de klacht en dus tot het opheffen van stagnatie. Volledigheid en volstrekte objectiviteit worden zeker in de generalistische benadering niet nagestreefd. Wel afstand nemen, dat wil zeggen: de klacht tot object maken. Met de KLOP-aanpak wordt een 'verhaal' geschreven over wat er gebeurt en wordt richting gegeven aan de oplossing. Terwijl we samen het KLOP-schema invullen, creëren we eerst inzicht, daarna overzicht en ten slotte uitzicht. De gemeenschappelijke probleemdefinitie is slechts een gezamenlijk verhaal over wat er aan de hand is. In strikte zin kan daarbij geen sprake zijn van goed of fout. Wel kan de probleemdefinitie meer of minder gemeenschappelijk zijn, meer of minder aannemelijk zijn en meer of minder bruikbaar in de zorg.

3.4.1 Gemeenschappelijk

Ten eerste het punt van meer of minder gemeenschappelijk. De patiënt kan vertellen en de hulpverlener kan aan een half woord genoeg hebben. De probleemdefinitie lijkt er dan onmiddellijk uit te rollen, waarbij de patiënt zich begrepen voelt, ineens weer hoop ziet gloren en in een bijna blind vertrouwen in de hulpverlener instemt met de voorgestelde contextualisering van de klacht. We zien die werkwijze vaker aan de voordeur van de zorg in de interactie tussen de huisarts en de patiënt. Zeker bij patiënten met een groot vertrouwen in het oordeel van hun huisarts kan die werkwijze efficiënt zijn. Wel dreigt bij een dergelijke aanpak dat de contextualisering van de klacht en bijpassende verinnerlijking van de probleemdefinitie wat aan de buitenkant blijven hangen. Toch betekent dit geenszins dat snelle actie niet tot goede resultaten kan leiden. Aan de andere kant van het continuüm vinden we de aanpak van sommige gz-psychologen in de gb-ggz; zij blijven soms zo lang doorgaan met vraag en wederhoor, dat er uiteindelijk wel iets gemeenschappelijks gebeurt, maar dat het maar de vraag is of er werkelijk een gemeenschappelijke probleemdefinitie ontstaat en niet eerder de aanwezige stagnatie gemeenschappelijk wordt. Maar ook die aanpak kan soms buitengewoon efficiënt zijn, bijvoorbeeld bij sommige patiënten met een langdurige zorggeschiedenis die voortdurend geneigd zijn de verantwoordelijkheid volledig bij de hulpverlener neer te leggen. Juist als deze dan eindeloos geduld opbrengt, kan de patiënt niet wegduiken en ontstaat er uiteindelijk wel degelijk een volledig gedeelde probleemdefinitie met uitzicht op probleemeigenaarschap van de patiënt. De mate van gemeenschappelijkheid kan kortom onderdeel zijn van de strategie en afhankelijk zijn van waar hulpverlener (en patiënt) samen moeten uitkomen om hulpverlening succesvol te maken.

3.4.2 Aannemelijk

Probleemdefinities kunnen vervolgens variëren in de mate waarin zij voor patiënt en hulpverlener aannemelijk en plausibel zijn. Aannemelijk benadrukt wat meer de normatieve kant van acceptabel, en plausibel staat meer voor geloofwaardig en overtuigend. In zijn algemeenheid geldt dat probleemdefinities moeten passen in betekeniskader en cultuur van patiënt én hulpverlener. Hulpverleners zoeken met de probleemdefinitie aansluiting bij gangbare opvattingen binnen de eigen beroepsgroep over mogelijke oorzaken van klachten. Definities die daar te sterk van afwijken, bijvoorbeeld: 'Deze klacht is het gevolg van duistere krachten van buiten', zijn voor hen niet acceptabel, daar kunnen ze niet mee aankomen bij hun collega's, hoezeer de patiënt daar mogelijk mee in zou kunnen stemmen. Omgekeerd geldt dat probleemdefinities voor patiënten aannemelijker worden naarmate ze dichter aansluiten bij hun eigen ervaringswereld en de woorden die ze daarbij gebruiken. De patiënt kan zich dan beter een voorstelling maken van wat er aan de hand is. Dat vergroot de plausibiliteit van de probleemdefinitie. Evenzeer van belang is de rol die ze zelf toebedeeld krijgen in die probleemdefinitie. Hoe groter hun eigen aandeel, des te lastiger zal het voor sommige patiënten zijn die definitie te accepteren. Maar omgekeerd: hoe kleiner het eigen aandeel des te machtelozer wordt de patiënt in de definitie gemaakt en des te moeilijker zal het voor hem worden het probleem aan te pakken en te veranderen.

3.4.3 Bruikbaar

Dat brengt ons direct tot het criterium van bruikbaarheid. Een probleemdefinitie is bruikbaarder naarmate zij beter aansluit bij en gebruikmaakt van het veranderpotentieel van de patiënt. Een voorbeeld: klachten koppelen aan gebrek aan goede vrienden bij wie de patiënt kan schuilen, zal eerder aanzetten tot verandering naarmate de patiënt vrienden belangrijker vindt en bereid is er meer in te investeren. Een probleemdefinitie die de patiënt buitenspel zet, de klachten worden bijvoorbeeld gekoppeld aan een nauwelijks te beïnvloeden persoonlijkheidskenmerk of gerelateerd aan een nauwelijks inzichtelijk te maken mechanisme, is minder bruikbaar. Ook kan de probleemdefinitie zo uitgebreid en volledig zijn, dat de patiënt eerder minder dan meer zicht krijgt op de context. Ten derde kan de probleemdefinitie zoveel emotie oproepen bij de patiënt, dat hij vooral afstand moet houden van die definitie. Bruikbaarheid is echter niet alleen gekoppeld aan de patiënt, ook de behandelaar heeft ermee van doen: naarmate de probleemdefinitie hem meer inspireert en in potentie meer van zijn therapeutische arsenaal kan activeren, des te passender is de probleemdefinitie. Van belang is dat je je realiseert dat altijd het gevaar op de loer ligt dat door de gekozen terminologie in de probleemdefinitie het verwachtingspatroon naar de patiënt laag is of dat ze het in negatieve zin bijstellen. Zo kan het gebruik van het begrip *borderlinepersoonlijkheidsstructuur* tot gevolg hebben dat patiënt en hulpverlener hun verwachtingen over veranderbaarheid van de patiënt en zijn problemen naar beneden bijstellen. Gebruik van dergelijke typeringen zal dan ook niet vaak een plek hebben in de generalistische ggz.

Een gemeenschappelijke probleemdefinitie is niet goed of fout in termen van objectieve feiten of de mate van volledigheid. Eerder wordt de kwaliteit ervan bepaald door de mate waarin zij aanzet tot commitment bij patiënt en hulpverlener. Dat vraagt gezamenlijkheid in taal en onderliggende visie. Een goede probleemdefinitie vraagt een gemeenschappelijke rationale die de klacht zo contextualiseert, dat patiënt en hulpverlener bijna automatisch richting oplossing worden gezogen. Daarmee wordt hun potentieel tot verandering gemaximaliseerd.

3.5 Van probleemdefinitie naar probleemeigenaarschap

Met het formuleren van een gezamenlijke probleemdefinitie is een belangrijke doelstelling van de eerste diagnostische fase gerealiseerd. Er is inzicht, overzicht en uitzicht ontstaan en patiënt en hulpverlener zijn het samen eens over wat er aan de hand is en kijken samen in dezelfde richting voor een oplossing van het probleem. Een goede probleemdefinitie zet aan tot verandering en is daarmee niet alleen de eerste stap, maar ook het halve werk. Toch is daarmee de diagnostische fase nog niet afgerond. Nodig is namelijk dat de patiënt groeit in het bewustzijn dat uiteindelijk alleen hij de eigenaar van het probleem is, en dat anderen, onder wie de hulpverlener, hem hooguit kunnen helpen met de oplossing van dat probleem.

Het begrip probleemeigenaarschap bestaat uit twee elementen: probleem en eigenaarschap. Probleem hebben wij hiervoor al uitgebreid omschreven. Het probleem krijgt een heel andere lading met het opheffen van de stagnatie. Voordat de patiënt zich meldt bij de hulpverlener, is hij vaak al een hele tijd druk bezig met pogingen zijn klachten onder controle te krijgen. En omdat dit hem almaar niet lukt, raakt hij gedemoraliseerd en ziet hij door de bomen het bos niet meer. Samen met de hulpverlener is hij vervolgens een proces ingegaan waarbij hij zijn klachten weer in een context plaatst. Op het moment dat die context weer zichtbaar wordt, ontstaat er bij de patiënt weer ruimte voor inzicht, overzicht en uitzicht over wat er aan de hand is, dat wil zeggen: het probleem. Het probleem is daarmee de resultante van klachten in de context gezet van lijf, omstandigheden en persoonlijke stijl. De vertaling van klacht naar probleem gaat gepaard met een andere verhouding tot de klacht. Die veranderde verhouding zien we terug in het tweede deel van het begrip: eigenaarschap. De patiënt is tegenover de klacht gaan staan en maakt zich (weer opnieuw) verantwoordelijk voor het oplossen van het probleem.

Probleemeigenaarschap betekent hier in de eerste plaats dat de patiënt zich verhoudt tot het probleem en zich realiseert dat hij een probleem heeft en daarmee de eigenaar van dat probleem is. Dat is iets anders dan zichzelf als probleem zien. Het is ook iets anders dan zichzelf de centrale rol toedichten bij het ontstaan van het probleem. Het is zelfs iets anders dan erkennen een beslissende rol te spelen bij het in stand houden van dat probleem. Probleemeigenaarschap zegt niets over oorzaken en in stand houdende factoren, dus ook niets over de betrokkenheid van anderen bij het ontstaan, het in stand houden en het oplossen van het probleem. Zich verhouden tot zegt iets over de bereidheid verantwoordelijkheid te nemen. Zo van: hier sta ik en ik ga het oppakken.

3.5.1 Fasen in probleemeigenaarschap

In de literatuur is het begrip probleemeigenaarschap op verschillende manieren uitgewerkt. Veel gebruikt zijn de definities van Prochaska en Di Clemente [5]. Vanuit hun ervaringen in de verslavingszorg hebben zij een transtheoretisch model over gedragsveranderingen ontwikkeld waarbij ze vier stappen van verandering onderscheiden. Iedere stap wordt daarbij gekenmerkt door een andere verhouding tot het probleem, en dus ook een andere doelstelling om tot verandering te komen. Kim Berg koppelt het probleemeigenaarschap aan de relatie tussen patiënt en therapeut en spreekt van cliëntposities.

Precontemplatie is de fase waarin de patiënt zich nog maar nauwelijks of zelfs helemaal niet verhoudt tot het probleem en daarom ook niet van zins is actief te gaan zoeken naar oplossingen voor het probleem. Lang niet altijd is er in deze fase sprake van probleembesef bij de patiënt zelf. De gang naar de hulpverlener – waardoor hij patiënt en hulpvrager wordt – is dan ingegeven door bijvoorbeeld familieleden die wel degelijk een probleem zien. Kim Berg spreekt hier van een *bezoekers- of voorbijgangerspositie*. De patiënt komt om te gaan en de relatie met de hulpverlener zo snel als mogelijk te beëindigen en met rust gelaten te worden. Omdat er geen probleembesef is, kan er ook geen sprake zijn van therapie, laat staan van probleemeigenaarschap. Zonder probleem is de kans dat er een oplossing wordt gerealiseerd bijzonder klein. Een alcoholist die bijvoorbeeld veroordeeld is tot een correctieve cursus gericht op vermindering van of stoppen met drinken, zal zich waarschijnlijk weinig gelegen laten liggen aan hulpverleners. En misschien stopt hij noodgedwongen tijdelijk met alcoholgebruik, maar zodra hij de training weer verlaten heeft, gaat hij weer op oude voet verder.

De therapeut kan hier eigenlijk niet veel meer doen dan de klacht zo te contextualiseren, dat het voor de patiënt een beetje aantrekkelijker wordt om van positie te wisselen. In ieder geval heeft het weinig zin om als zoveelste in de rij te proberen de patiënt ervan te overtuigen dat het toch allemaal anders is. Veel effectiever is het om aan de kant van de patiënt te blijven staan. Dat kan bijvoorbeeld door mee te gaan in zijn frustraties en ergernissen en vervolgens zijn sterke kanten en goede bedoelingen te bevestigen. Eerst is het dan een kwestie van meegaan in het wereldbeeld van de patiënt. Het helpt als je als hulpverlener je steeds realiseert dat mensen altijd datgene kiezen wat het meest oplevert, al is dat soms enkel voor de korte termijn. Dit uitgangspunt kan je helpen om contact te houden en gelijkwaardig te blijven, en niet in de valkuil van het beter-weten te stappen. Vervolgens is het mogelijk om binnen dat perspectief nadelen op te sporen van de huidige gang van zaken. Ook kan het een goede strategie zijn om met de patiënt op zoek te gaan naar manieren om de verwijzers (lastige derden) van zijn nek te krijgen. Lukt dit, dan is de patiënt in ieder geval eigenaar van een probleem, te weten: hoe kan ik buiten schot blijven.

Contemplatie is de fase waarin mensen zich bewust worden van hun klachten en komen tot een eerste vorm van probleembesef. Ze realiseren zich dat er sprake is van een probleem, maar weten nog niet goed wat ze ermee aan moeten. Ze maken zich nog niet tot probleemeigenaar met commitment om actie te ondernemen. In plaats daarvan blijven zij hun probleem beschouwen en contempleren ze over dat probleem. Contemplatie kan hier begrepen worden als een proces van wikken en wegen: voor- en nadelen van mogelijke oplossingen worden naast elkaar gezet waardoor het almaar niet komt tot een keuze en een positiebepaling. Eigenlijk ontbreekt het in deze fase aan positieve vooruitzichten. De patiënt kan zich niet voorstellen wat zijn inbreng vermag en tot welke veranderingen dat zou kunnen leiden. In de terminologie van Kim Berg [6] is hier sprake van de *klager- of zoekerpositie*. De patiënt doet mee in het definiëren van het probleem, maar beschouwt zichzelf nog niet als deel van het probleem, laat staan als deel van de oplossing. Van wie het probleem dan wel is, blijft vooralsnog onduidelijk. De therapeut dient het lijden van de patiënt te erkennen en waardering uit te spreken voor het volhouden en voor het hulp zoeken, want een klager wikt en weegt en is nog niet bereid zelf aan de oplossing van het probleem te gaan werken. Suggesties van de therapeut dienen zich in deze fase te beperken tot meedenken, analyseren en observeren van de klacht. Klagers moeten volgens Hans Cladder [7] vooral aangemoedigd worden veel aandacht te besteden aan wat zij niet willen veranderen. Dat is ook wat Rob Stoffer in zijn *vijfgesprekkenmodel* therapeuten adviseert: ga vooral zitten in het dilemma van verandering [8]. Alleen door zeer nadrukkelijk de nadelen van veranderen te benoemen en te benadrukken ontstaat er bij de patiënt de ruimte om zelf de overstap te maken naar de preparatiefase.

Voorbereiding is binnen het model van Prochaska en Di Clemente de derde stap of fase op weg naar verandering [5]. De patiënt is uit de contemplatiefase gestapt, maar is nog onwennig om zich volledig probleemeigenaar te maken en aan de slag te gaan. Soms hangt die onwennigheid samen met negatieve ervaringen in het verleden (hij gelooft nog niet echt in zijn eigen mogelijkheden tot probleemaanpak), of wacht hij nog op het juiste moment om uit zijn schulp te komen. Kenmerkend voor deze derde stap is dat doelen al wat duidelijker en concreter worden, maar dat de patiënt nog niet precies weet hoe hij aan de slag moet op weg naar verandering. Het meest kenmerkende voor deze fase is de verandering van houding: niet langer op afstand, maar klaar om regie te nemen en aan de slag te gaan. In de voorbereidingsfase ontstaat het probleemeigenaarschap. De patiënt durft het toe te geven: wachten totdat de verandering als het ware vanzelf ontstaat, heeft geen zin. Het wordt tijd voor actie. En om de patiënt daarbij te helpen kan de therapeut de patiënt uitnodigen om de doelen verder te concretiseren en met elkaar na te gaan welke obstakels nog in de weg staan om tot concrete actie over te gaan. Zodra dit de inzet wordt, beginnen patiënt en hulpverlener het behandelplan op te stellen en neemt de patiënt het oplossingseigenaarschap op zich. In het volgende hoofdstuk zullen we daar uitvoering op ingaan.

Kim Berg spreekt bij deze stap van de *klant- of koper*positie. Dit is de ideale patiënt van elke therapeut, want de patiënt heeft zijn positie bepaald, wil vooruit en komt met concrete vragen bij zijn therapeut. De therapeut kan volstaan met vragen, concrete suggesties, oefeningen en misschien zelfs concrete opdrachten. De laatste fase is die van het handhaven (*maintenance*). Doel is dat de patiënt de door hem gevonden oplossing leert vasthouden, zodat het risico van terugval afneemt. De hulpverlener kan hierbij helpen door samen met de patiënt terug te kijken naar wat hij allemaal heeft geleerd en wat daarbij de onderliggende logica was. Daarmee leert de patiënt met meer afstand kijken naar zichzelf en wordt hij zich bewust van de kleine tekens die terugval aankondigen. Bovendien leert hij direct het heft terug in eigen hand te nemen zodat terugval in precontemplatiefase voortijdig wordt uitgesloten.

3.6 Selectie: van pluis naar niet-pluis

In deze eerste fase van generalistische zorg is gewerkt aan het formuleren van een gemeenschappelijke probleemdefinitie en heeft de patiënt zich eigenaar gemaakt van het probleem. Is die klus naar beider tevredenheid geklaard, dan voelt het contact 'pluis' en wordt het tijd voor de volgende fase (de indicatiestelling), tenminste als de oplossing van dat probleem binnen het competentiegebied van de hulpverlener ligt. Patiënt en hulpverlener kunnen bijvoorbeeld eensgezind vaststellen dat de problemen van financiële aard zijn. De daaraan gekoppelde hulpvraag hoort echter thuis bij de schuldhulpverlening en niet bij de ggz.

Lastiger wordt het indien het niet tot gemeenschappelijke probleemdefinitie en probleemeigenaarschap komt. Op dat moment moet de vraag worden gesteld of deze patiënt en deze hulpverlener wel een goed koppel vormen om samen aan de slag te gaan. Soms is de patiënt beter af met verwijzing naar een collega in de generalistische zorg; veel vaker echter lijkt het vermoeden gerechtvaardigd dat generalistische zorg bij deze patiënt niet zal leiden tot positief resultaat. In dat geval kan een verwijzing naar de s-ggz passend zijn. In deze paragraaf zetten we de belangrijkste selectiecriteria en contra-indicaties (niet-pluis) op een rij.

Verwijzing naar s-ggz is aan de orde bij:

- *Crisis*: Urgentie en spoed. De patiënt gedraagt zich vreemd, is gejaagd of geagiteerd, kan niet alleen worden gelaten en in zijn steunsysteem zijn onvoldoende hulpbronnen. Vaak is het moeilijk contact te maken met deze patiënten, bijvoorbeeld doordat er sprake is van een psychotische decompensatie. Soms vermoedt de hulpverlener dat de patiënt cruciale informatie voor hem achterhoudt, maar het kan ook zijn dat naarmate het gesprek vordert, de patiënt zichzelf steeds vaker tegenspreekt en daar niet op aanspreekbaar is. Het gesprek voelt niet goed, de hulpverlener ervaart 'niet-pluis' en acht directe actie noodzakelijk.
- *Zorgzwaarte*: De patiënt heeft meer nodig dan de hulpverlener en het steunsysteem van de patiënt kunnen bieden. Het kan zijn dat de patiënt niet alleen kan blijven, of dat verwacht mag worden dat zorg snel opgeschaald moet kunnen worden. Zorgzwaarte kan ook betrekking hebben op het aantal disciplines dat noodzakelijk is voor goede zorg: hoe meer disciplines betrokken moeten zijn, des te geringer de kans dat generalistische zorg passend is.
- *Complexiteit*: Hoe meer probleemgebieden tegelijkertijd aan de orde zijn, des te groter de kans dat een generalistisch aanbod niet passend is. Zeker als die complexiteit al lange tijd bestaat en er naar verwachting veel tijd nodig is om in beweging te komen. Meerdere probleemgebieden betekent echter niet per definitie dat een generalistisch aanbod niet passend is. Als snel kan worden gestart met een beperkte focus, kan dat soms zelfs een uitstekende keus zijn. Na de eerste stap zal dan echter waarschijnlijk wel een vervolgstap nodig zijn. Complexiteit kan ook betrekking hebben op de aard van het aanbod, bijvoorbeeld specifieke medicatie of specifieke psychotherapie die specifieke expertise vragen.
- *Veiligheid*: De hulpverlener voelt zich niet veilig en zeker, bijvoorbeeld doordat de patiënt suïcidaal is en niet bereid of in staat is om afspraken te maken. Onveiligheid

kan ook in de hand gewerkt worden door gedrag van de patiënt ten opzichte van de hulpverlener.
- *Plaats in de keten*: De patiënt heeft eerder voor zijn probleem generalistische zorg ontvangen en is toe aan een volgende stap.
- *Twijfel over de probleemdefinitie*: Patiënt en hulpverlener blijven met vragen zitten waar zij samen niet uitkomen. Verwijzing kan aan de orde zijn indien die vragen – relevant voor een generalistische aanpak – met nader specialistisch onderzoek wel te beantwoorden zijn.

Hoe explicieter deze criteria aan de orde zijn, des te eenduidiger de hulpverlener tot de conclusie kan komen dat verwijzing naar de s-ggz passend is. In de praktijk van alledag blijken deze criteria veel minder eenduidig en zal de ervaring van de hulpverlener (pluis versus niet-pluis) alsmede zijn eigen affiniteit met specifieke patiëntgroepen in combinatie met de voorkeuren van de patiënt de doorslag moeten geven. Het gaat dan over kwesties als: kan ik het aan, durf ik het aan, kan ik voldoende bieden, is de patiënt niet elders beter op zijn plaats? Een gesprek hierover met de patiënt kan helpen, zeker als een relatie gelegd kan worden met het uitblijven van een gemeenschappelijke probleemdefinitie en probleemeigenaarschap. Nu eens durft de patiënt de sprong tot probleemeigenaarschap niet te maken of zet hij zichzelf in een onmogelijke positie, dan weer voelt de hulpverlener zich overvraagd of juist buitenspel gezet. Het bespreken van deze twijfels en het inperken van de verwachtingen kan een geweldige stimulans zijn om alsnog een gezamenlijke sprong te wagen.

Niet altijd ligt de keuze voor een vervolgstap volledig in handen van patiënt en hulpverlener. Beiden hebben te dealen met wettelijke kaders en specifieke afspraken in de zorgketen. In de generalistische basis-ggz is een specifieke DSM-classificatie noodzakelijk om een vergoeding van de zorgverzekeraar te krijgen. Is die classificatie niet aan de orde, dan zal de patiënt in de regel moeten worden terugverwezen naar huisarts en poh-ggz. Ook kan het voorkomen dat de patiënt voldoet aan een van bovengenoemde criteria voor verwijzing naar s-ggz, bijvoorbeeld complexiteit en plaats in de keten, maar dat de wachtlijsten voor de s-ggz zo lang zijn dat de patiënt (te) lang op die zorg moet wachten. Beiden kunnen dan ervoor kiezen om toch maar te beginnen met een behandeling in de generalistische zorg. Bijna altijd betekent dat echter aanpassing (lees: beperking) van de gemeenschappelijke probleemdefinitie, zodat de patiënt zich (voor dat deel van het probleem) alsnog probleemeigenaar kan maken.

3.7 Samenvatting en conclusies

Patiënten melden zich met klachten omdat ze geen vat hebben op wat hen overkomt. Ze ervaren angsten of sombere gevoelens zonder te begrijpen waar die vandaan komen en zonder in staat te zijn die klachten te beïnvloeden. Die stagnatie, zo luidt het devies van de generalistische ggz, kan worden opgeheven door de klachten terug in hun context te plaatsen. Terug in hun context blijken de meeste klachten heel goed te begrijpen en dus te beïnvloeden. Wat de patiënt overkomt, is veel minder 'vreemd' en misschien wel een heel goed te begrijpen reactie op specifieke gebeurtenissen in het leven van de patiënt. Dat proces van betekenis scheppen, ook wel aangeduid met het begrip normaliseren, is de eerste opdracht van patiënt en hulpverlener tijdens de intakefase. De vraag naar wat er aan de hand is (de diagnose) wordt beantwoord met inzicht en overzicht, dat wil zeggen: het (opnieuw) scheppen van betekenis.

Hulpverlener en patiënt kunnen in hun zoektocht naar betekenis gebruikmaken van de KLOP-aanpak. Klachten worden gezien als resultante van de interactie tussen lijf, omstandigheden en persoonlijke stijl. De KLOP-aanpak is een hulpmiddel waarmee snel de context in beeld kan worden gebracht. Huisartsen zullen in de regel vooral aandacht besteden aan de relatie tussen de klacht en het lijf en zich daarbij de vraag stellen: in welke mate zijn de klachten te begrijpen als reactie op lichamelijke uitdagingen, poh's zijn vaak geneigd de omstandigheden te bevragen of te focussen op de klachten, terwijl de gz-psychologen vooral veel oog hebben voor de persoonlijke stijl. Dat is echter allesbehalve een wet van meden en perzen. Centraal moet staan dat patiënt en hulpverlener samen tot een probleemdefinitie komen die inzicht en overzicht verschaft en die aanknopingspunten biedt voor verandering en daarmee de patiënt helpt opnieuw actorschap op zich te nemen en de demoralisatie achter zich te laten.

De klacht begrijpen door deze terug te plaatsen in de context van de patiënt maakt beïnvloeding van die context tot het belangrijkste middel in de strijd tegen stagnatie. De hulpverlener kan daarbij suggesties geven en misschien ook wel concrete interventies voorstellen, maar de belangrijkste expert in die context is toch echt de patiënt zelf. Hij weet als geen ander hoe de hazen in zijn context lopen en dus ook welke acties bij voorbaat het kansrijkst zijn. De hulpverlener kan enkel adviseren en helpen bij volledige overeenstemming met de patiënt over wat er aan de hand is. Dat maakt de gemeenschappelijke probleemdefinitie zo belangrijk. Maar nog belangrijker is misschien wel dat de patiënt zich weet uitgedaagd de oplossing dichtbij te zoeken en daarvoor zijn expertise maximaal kan inzetten. Zeker, er werken allerlei krachten in de context die het probleem van de patiënt aanzwengelen en in stand houden, maar het is juist de patiënt die zijn eigen context kan beïnvloeden. En misschien zijn er krachten in de context die de patiënt doen geloven dat hijzelf het probleem is. Ook dat is niet juist, het gaat immers om de interactie. Wil de patiënt zijn eigen expertise maximaal kunnen benutten, dan moet hij weer het besef krijgen dat zijn inbreng er echt toe doet en dat hij eigenlijk de enige is die verandering kan aanbrengen. Daarom is het zo belangrijk dat de patiënt zich probleemeigenaar weet en daarmee de uitdaging op zich neemt zaken naar zijn hand te zetten zodat het probleem verdwijnt.

Literatuur

1. Abbott A. The system of professions: an essay on the division of expert labor. Chicago: University of Chicago Press; 1988.
2. Rijnders P, Heene E, redactie. Kortdurende interventies voor de eerste lijn. Amsterdam: Boom; 2010.
3. Rijnders P, De Jong T, Pieters-Korteweg E. Kortdurend behandelen in de GGZ. Een inleiding. Houten: BSL; 1999.
4. Rijnders P, Heene E, redactie. Handboek KOP-model: kortdurende interventies voor de basis GGZ. Amsterdam: Boom; 2015.

5. Prochaska JO, DiClemente CC, Norcross JC. In search of how people change: application to addictive behaviour. Am Psychol. 1992;47:1102–15.
6. De Jong P, Berg IK. De kracht van oplossingen: handboek Oplossingsgericht Werken. 3e dr. Amsterdam: Pearson; 2013.
7. Cladder H. Oplossingsgerichte kortdurende psychotherapie. Lisse: Swets & Zeitlinger; 1999.
8. Stoffer R. Het vijfgesprekkenmodel: een handleiding. Delft: Eburon; 2001.

Van indicatiestelling naar oplossingseigenaarschap

4.1	De basishouding: oplossingsgericht – 79	
4.2	Perspectiefwisseling – 81	
4.3	Focussen, focussen en focussen – 83	
4.3.1	Focus 1: competentie of veerkracht – 83	
4.3.2	Focus 2: factor lijf, omstandigheden, persoonlijke stijl of klacht – 85	
4.3.3	Focus 3: aangrijpingspunt – 90	
4.4	Het behandeldoel formuleren – 97	
4.4.1	Hoofddoel, aangrijpingspunt en werkdoelen – 99	
4.5	Voorbereiden op de interventie – 100	
4.5.1	Fasen – 100	
4.5.2	Stappen – 100	
4.6	Van indicatiestelling naar oplossingseigenaarschap – 102	
4.6.1	Vier vragen bij oplossingseigenaarschap – 103	
4.7	Samenvatting en conclusies – 105	
	Literatuur – 106	

© Bohn Stafleu van Loghum is een imprint van Springer Media B.V., onderdeel van Springer Nature 2019
G. Hutschemaekers, M. Nekkers en B. Tiemens, *Handboek generalistische ggz*,
https://doi.org/10.1007/978-90-368-2364-7_4

Nadat de diagnose in de vorm van een gemeenschappelijke probleemdefinitie is gesteld, komt stap 2 in het hulpverleningsproces in beeld: de fase van indicatiestelling. Het doel van deze stap is te komen tot een behandelplan waar de patiënt mee instemt en vervolgens mee aan de slag kan. Om dat doel te bereiken is het aan de hulpverlener om (gedeeltelijk) samen met de patiënt bronnen van kennis bijeen te brengen. Ten eerste de verzamelde kennis over het probleem (de gemeenschappelijke probleemdefinitie): met die kennis in de hand kan de hulpverlener een werkhypothese formuleren over wat er aan de hand is en wat er allemaal nodig is om het probleem op te heffen. De kennis over het probleem geeft aan wat nodig is. Ten tweede is er de kennisbron over oplossingen en interventies. Die kennis is afkomstig uit het domein van de professie en wetenschap. Deze bron geeft antwoord op de vraag wat mogelijk is. De hulpverlener weet wat er in theorie mogelijk is en hoe het zit met de effectiviteit en de kosten van deze interventies en welke in- en exclusiecriteria voor de verschillende interventies van toepassing zijn. Deels zit deze kennis in het hoofd van de hulpverlener, deels ook is die te vinden in literatuur en wetenschappelijke artikelen. De methode om die kennis te expliciteren, te vinden en te wegen is beschreven door onder anderen Sackett [1]. De derde bron betreft de kennis en ervaring van de patiënt zelf. Hoewel er mogelijk veel behandelwegen naar Rome leiden, is de ene toch aangenamer dan de andere. Welke route de voorkeur van de patiënt geniet, is uitermate belangrijk. Hoe beter de behandeling aansluit bij de wensen en voorkeuren van de patiënt, des te groter de kans op succes. Deze derde bron geeft antwoord op de vraag naar wat het wenselijkst is. En dan is er ten slotte een vierde bron, die van de randvoorwaarden, kansen en beperkingen. Randvoorwaarden hebben betrekking op context, waaronder financieringsmogelijkheden, beschikbaarheid van expertise, deelname door derden en de algemenere verwachtingen van de direct- en indirectbetrokkenen. Niet iedere behandeling wordt vergoed en meestal zijn er fysieke beperkingen in aanbod, wachtlijsten et cetera. Andere randvoorwaarden hebben betrekking op specifiek zorgbeleid, bijvoorbeeld op de vraag welke hulpvraag op welke plaats in de zorg welk antwoord krijgt. Aan de hulpverlener de taak om die bronnen met elkaar te verbinden en een voorstel te doen met maximale kans op succes.

In dit hoofdstuk wordt het proces van indicatiestelling uitgewerkt voor de generalistische ggz, waarbij alle bronnen in de richting wijzen van een behandeling in de generalistische ggz. We spitsen de analyse daarom toe op de stappen die therapeut en patiënt moeten zetten om tot een gezamenlijk behandelplan te komen. We onderscheiden in dat proces vier stappen, de we hieronder een voor een zullen zetten: (1) perspectiefwisseling, (2) focussen, (3) doelbepaling, (4) behandelplan opstellen. Voorafgaand zullen we eerst ingaan op de basishouding van de generalistische hulpverlener, noodzakelijk om met de patiënt deze stappen te zetten.

4.1 De basishouding: oplossingsgericht

De generalistisch hulpverlener werkt bij uitstek kortdurend en oplossingsgericht. Die werkwijze – we kunnen het niet genoeg benadrukken – staat haaks op de klassiek-medische, specialistische benadering die begint met een goede en uitgebreide analyse van de klachten en het in kaart brengen van alle mogelijke determinanten (diagnose), om vervolgens op basis van die diagnose en de stand van wetenschap te kiezen voor de best passende interventie. In ▶H. 1 hebben we de functie van beide benaderingen beschreven in de verschillende fasen van het zorgproces.

In de klassiek-medische benadering is de aanname dat er uiteindelijk slechts sprake kan zijn van één juiste diagnose. Hoe moeilijk ook, de puzzelstukjes kunnen maar op één goede manier worden gelegd. Hoe dieper en uitgebreider de kennis van het probleem en de beschikbare evidentie over interventies, des te beter de diagnose en de indicatiestelling. De oplossingsgerichte hulpverlener heeft een ander vertrekpunt. Problemen van patiënten ziet hij niet als puzzels die maar op één manier goed kunnen worden gelegd. Bijna altijd zijn er meer interpretaties van een probleem mogelijk en zelden of nooit is er slechts sprake van één juiste interpretatie. En als er meer goede interpretaties mogelijk zijn, dan geldt hetzelfde voor de oplossingen: veel wegen leiden naar Rome. De geschiktheid van een oplossing zal onder meer afhangen van de individuele behoeften van de patiënt op dit moment en in deze specifieke situatie, van zijn mogelijkheden als ook van de context waarin de patiënt zich bevindt. De oplossingsgerichte therapeut is getraind in een flexibele aanpak, waarbij hij samen met de patiënt verschillende perspectieven ten aanzien van het probleem en mogelijke oplossingen ervan onderzoekt. Divergerend denken biedt bij uitstek de ruimte om op zoek te gaan naar oplossingen die passen bij de patiënt en hem de mogelijkheden bieden om zelf verder aan de slag te gaan. De kwestie is niet primair of de interpretatie juist is, maar of de patiënt aan de slag gaat.

Oplossingsgericht werken vraagt een geheel eigen werkwijze van de hulpverlener. Aansluiten bij de belevingswereld van de patiënt, vraagt om te beginnen een volgende attitude van de hulpverlener. Kunst daarbij is de patiënt tot partner te maken in de zoektocht naar de probleemdefinitie en oplossing. Hoe gelijkwaardiger patiënt en hulpverlener met elkaar omgaan, des te groter de kans op normaliseren van het probleem en vinden van de minst invasieve gemeenschappelijke probleemdefinitie. Tegelijkertijd heeft de oplossingsgerichte hulpverlener de taak om de aandacht van de patiënt weg te halen bij de klacht en te laten opschuiven in de richting van de oplossing. Dat vraagt een directieve aanpak. De hulpverlener weet immers dat het al te lang verwijlen bij klachten de kans vergroot dat de patiënt steeds meer gevangen raakt in zijn probleem en de demoralisatie zich verder uitbreidt. Oplossingsgericht werken vraagt van de hulpverlener dat hij tegelijkertijd volgend-empathisch en sturend-directief is. Zowaar een lastige taak die ervaring en expertise vraagt, maar zeker ook durf en niet al te veel risicomijding. De hulpverlener moet de patiënt weg durven te lokken van zijn klacht, zonder zeker te weten dat alle relevante klachten de revue zijn gepasseerd – durven vertrouwen op eigen klinische intuïtie – en vervolgens zonder precies de richting te weten de patiënt uitdagen om na te denken over de oplossing. Daarbij luidt de onderliggende hypothese dat hoe meer vertrouwen de hulpverlener durft te hebben in de patiënt, des te meer hij de problemen en klachten kan normaliseren en des te groter de kans dat de patiënt zich herpakt en de demoralisatie overwint.

Bij de oplossingsgerichte basishouding past de missie: 'de patiënt sterker maken om te komen tot productievere en bevredigender levens' [2]. Dat betekent primair: 'mensen helpen de aanzienlijke hoeveelheid kracht in zichzelf, hun gezin en in hun buurt te ontdekken', aldus Saleeby [3]. Dat betekent onder meer ervan overtuigd zijn dat ondanks hun moeilijkheden patiënten altijd beschikken over sterke kanten die kunnen worden aangesproken om de kwaliteit van hun leven te verbeteren. Het mobiliseren van die sterke kanten vereist een coöperatieve, exploratieve samenwerking tussen patiënt en hulpverlener en succes altijd zal leiden tot toename van de motivatie van patiënten, zelfs in de moeilijkste omstandigheden. Het helpen sterker maken vraagt echter niet alleen overtuiging en overtuigingskracht, het vraagt ook zicht op die (potentiële) krachtbronnen en de vaardigheid de patiënt daarop aan te spreken. De hulpverlener moet bijna onvoorwaardelijk aan de kant van die krachtbronnen van de patiënt gaan staan, onder andere door de patiënt voortdurend uit te dagen ze zichtbaar te maken en er gebruik van te maken. In de regel betekent dit dat de hulpverlener steunt wat goed gaat en nog beter kan, en tegelijkertijd de pijnpunten verzacht zonder ze te negeren. Het inzicht dat zwakke en sterke punten vaak de twee kanten van dezelfde medaille zijn, kan daarbij behulpzaam zijn, want omkering van de medaille – andere interpretatie in een andere context en met een ander doel ingezet – is dan een belangrijke stap richting de oplossing.

Oplossingsgerichte hulpverlening vraagt van de hulpverlener de overtuiging dat bij iedere patiënt, en zeker bij die nu bij hem in de spreekkamer zit, oplossingen voorhanden zijn. Daarbij hoort de overtuiging dat als die oplossingen niet komen opborrelen, ze ook niet worden aangeboord. Misschien wel omdat hij als hulpverlener onvoldoende vertrouwen heeft (gecommuniceerd), of omdat hij de verkeerde vragen stelt. Lukt het wel, dan past het vervolgens ook weer bij zijn basishouding uit te stralen dat de doorbraak is gerealiseerd dankzij de sterke kanten van de patiënt. Dat is geen valse bescheidenheid, integendeel, want de hulpverlener weet vaak heel goed hoe moeilijk het kan zijn om het oog te (blijven) richten op de oplossingsrichting. Het is bovenal een erkenning van de kracht van de patiënt zelf en die heeft de patiënt in deze eerste fase heel hard nodig. Het is dus vooral niet zo dat de hulpverlener het werk alleen moet doen, maar wel moet hij de patiënt meenemen in de overtuiging dat het verdriet, de boosheid en de pijn misschien wel de ene kant van de medaille zijn. Uiteindelijk moet de patiënt zelf de medaille omdraaien en het kwartje laten vallen. Alleen zo komt er zicht op de oplossing.

De oplossingsgerichte basishouding wordt ten slotte ook gekenmerkt door de grote mate van concreetheid. Mooie vergezichten en dromen zijn prachtig, maar leiden in de spreekkamer zelden tot beweging. Daarvoor moeten doelen en opdrachten concreet worden gemaakt. Want hoe concreter, des te duidelijker wat er moet gebeuren. Een concrete huiswerkopdracht nodigt uit tot handelen, een abstracte huiswerkopdracht tot afwachten. Concreetheid helpt ook om vast te stellen wanneer een opdracht uitgevoerd is. Concrete doelen maken vervolgens ook de verwachtingen realistischer. En hoe realistischer die verwachtingen, des te kleiner het risico op teleurstelling. Concreet zijn vervolgens ook de stappen die moeten leiden tot het behandelplan en het realiseren van oplossingseigenaarschap bij de patiënt. Hierna onderscheiden wij vier stappen om te komen tot het behandelplan: de perspectiefwisseling, de focus bepalen, het behandeldoel formuleren en ten slotte het oplossingseigenaarschap realiseren.

4.2 Perspectiefwisseling

De oplossingsgerichte hulpverlener heeft bepaalde strategieën tot zijn beschikking om de patiënt te verleiden de stap van probleem naar oplossing te zetten. De belangrijkste daarvan is volgens De Shazer: 'De meest zinvolle manier om te beslissen welke deur geopend kan worden om bij een oplossing te komen, is door een beschrijving te krijgen van wat de cliënt anders zal doen en/of wat voor soort dingen er zullen gebeuren die anders zijn als het probleem is opgelost, om zodoende een verwachting te creëren van een gunstige verandering' [4].

In het vorige hoofdstuk spraken wij van de KLOP-aanpak, bij de oplossingsgerichte strategie past het aanKLOP-pen: met patiënt uitzoeken waar de deur naar de oplossing zit en de patiënt daarmee uitnodigen die deur open te doen. De patiënt meldt zich in staat van stagnatie: hij zit opgesloten en weet niet hoe uit de cocon van machteloosheid te komen. Al KLOP-pend brengt de hulpverlener klacht, lijf, omstandigheden en persoonlijke stijl in kaart en creëert hij samen met de patiënt een context waarin betekenis ontstaat. Tegelijkertijd onderzoekt de hulpverlener de openingen in de cocon, waar hij vervolgens moet aankloppen om de oplossing in beeld te krijgen. Oplossing betekent dan concreet de actiemogelijkheden van de patiënt mobiliseren om het probleem verder te beperken. KLOP-pen is dus niet alleen aanschouwen, maar ook een beetje druk zetten: aanzetten tot beweging. Of beter: de aandacht voor de klachten en problemen om te keren in aandacht voor de oplossing. Die omkering is het belangrijkste kenmerk van de perspectiefwisseling, noodzakelijk om tot behandelplan en oplossingseigenaarschap te komen.

Perspectiefwisseling kan men zich het beste voorstellen als omkering: eerst sta ik met mijn rug naar de buitenwereld gekeerd en word ik volledig in beslag genomen door mijn problemen. Ik kijk naar achteren en vraag me vertwijfeld af hoe het allemaal zo heeft kunnen gebeuren. Vervolgens draai ik mij om en zie (opnieuw) de buitenwereld, en zie de oplossing in de toekomst voor mij. De vraag die me bezighoudt: wat moet ik doen om die oplossing te realiseren om weer vertrouwen te krijgen in de toekomst? Oplossingsgerichte hulpverleners maken die toekomst vervolgens heel concreet, bijvoorbeeld door het stellen van de wondervraag:

> Mag ik u een heel gekke vraag stellen? Echt heel gek. Stel vannacht slaapt u heel goed. Midden in de nacht komt een engeltje voorbij met een toverstafje. Met dat toverstafje wordt u aangeraakt, en daarmee zijn plots al uw problemen opgelost en uw klachten over. Maar daar hebt u geen weet van. U slaapt immers heel vast. Wat is morgenvroeg het eerste dat u zult merken van deze wonderbaarlijke genezing?

Meestal prikkelt de wondervraag de fantasie van de patiënt en begint hij al zoekend een eerste antwoord te formuleren. Soms heeft hij nog wat hulp nodig, bijvoorbeeld door de vraag hoe laat hij dan wakker wordt, wat er dan in zijn hoofd omgaat et cetera. Vervolgens kunnen we de fantasie verder leiden naar de vogeltjes die fluiten, de zon die schijnt, de druppels van het douchewater et cetera. Al deze vragen leiden tot bewustwording van die andere manier van ontwaken.

De wondervraag kan naar believen worden uitgebreid met schaalvragen: Als die manier van ontwaken op een schaal 10 punten oplevert, waar bevindt u zich dan nu? Meestal is dat ergens tussen de 3 en 4. Door vervolgens de tussenliggende schaalpunten concreet te maken en te operationaliseren, kan de volgende vraag zijn: En wat hebt u nu nodig om van uw 4 naar een 5 te gaan? Vervolgens zoomt de hulpverlener in op die kleine stap en gaat hij met de patiënt na wat hij nodig heeft om die te kunnen zetten. Samen zoeken ze net zo lang totdat het de patiënt duidelijk wordt wat hij moet doen om morgenvroeg een stapje in de richting van de oplossing te zetten.

Natuurlijk zijn er tal van andere strategieën om de patiënt ertoe te verleiden zich om te draaien en zich te richten op de oplossing. Welke het beste passen, hangt af van de hulpverlener en van zijn plek in de zorg. Huisartsen beperken zich in eerste instantie vaak tot zaken die binnen hun primaire expertise en mogelijkheden liggen, kunnen daardoor directief en suggestief zijn en direct op het doel afgaan: zicht maken op de oplossing. Sommige poh's nemen veel tijd en tonen begrip en nog eens begrip. Zoveel begrip, dat de cocon smelt en de patiënt ineens licht en ruimte ziet. En gemiddeld genomen nemen psychologen in de gb-ggz misschien wel de meeste tijd voor het doorbreken van de impasse. Als echte 'doorzagers' gaan zij net zo lang door totdat onder het stof de uitgang in zicht komt. Die mogelijke verschillen in rollen en werkwijzen hangen samen met de positie van de hulpverlener in de generalistische zorg. Die verschillen nemen echter niet weg dat het beoogde resultaat van het KLOP-pen identiek is: de patiënt de deur naar de oplossing laten openen, zodat hij met zicht op de oplossing en hoop op een betere toekomst naar huis gaat en misschien al best goed weet wat hem te doen staat.

Zodra de patiënt gedraaid is, is het zaak de oplossing concreter te maken en heel direct uit te werken met de gemeenschappelijke probleemdefinitie in het achterhoofd. Dat klinkt mogelijk erg abstract, maar is het allerminst. Het gaat vooral over consequent door- en uitwerken. Neem de casus van Tom uit het vorige hoofdstuk. Zijn probleem werd uiteindelijk gedefinieerd als een probleem van almaar geen afscheid kunnen nemen, waardoor zijn ex-vrouw kon blijven ontregelen. De oplossing laat zich vervolgens omschrijven als meer afstand nemen van de ex, zodat de kans kleiner wordt dat er situaties ontstaan die de patiënt kunnen ontregelen. Hiervoor in de plaats komen dan mogelijkheden om meer betekenisvolle relaties aan te gaan.

4.3 Focussen, focussen en focussen

In de beperking toont zich de meester. Dat geldt zeker voor het opstellen van het behandelplan in de generalistische ggz. Het *parsimonyprincipe* geldt niet alleen voor de diagnostische fase, ook bij het opstellen van het behandelplan luidt het uitgangspunt dat het vele de grootste vijand is van het goede. Hoe gerichter en concreter het behandelplan, des te groter de kans dat het zelfhelend vermogen van de patiënt de regie weer overneemt en des te geringer de kans dat patiënt en hulpverlener afhankelijk van elkaar worden. Dat uitgangspunt is echter allesbehalve eenvoudig te realiseren. Er is altijd veel te doen en zowel hulpverleners als patiënten moeten iedere keer weer opnieuw de valkuil van meer zorg zien te mijden. Het toverwoord hier luidt: focussen, focussen en nog eens focussen. Ter ondersteuning van die noodzakelijke terughoudendheid maken we gebruik van een stappenplan van indicatiestelling waarin het focussen (beperken) in drie deelstappen wordt uitgevoerd.

4.3.1 Focus 1: competentie of veerkracht

Het proces van focussen begint bij de vraag op welke plaats in de zorg de patiënt zich bevindt. Betreft de hulpvraag een nieuw probleem waarvoor de patiënt niet eerder zorg heeft ontvangen, dan kiezen hulpverlener en patiënt voor een aanpak gericht op het vergroten van de competenties die noodzakelijk zijn voor de oplossing van stagnatie. Deze eerste stap past bij uitstek in de generalistische ggz. Is die stap al gezet en heeft dat niet geleid tot substantiële verbetering, dan ligt verwijzing naar de s-ggz voor de hand. Daar zal worden ingezet op genezing (curatie = afname van klachten). Is ook die stap al gezet en heeft een uitgebreide behandeling plaatsgevonden voor de betreffende klachten en is het hoogst haalbare effect bereikt, dan ligt keuze voor *rehabilitatie* voor de hand, vooral

FOCUS 1: COMPETENTIE - VEERKRACHT

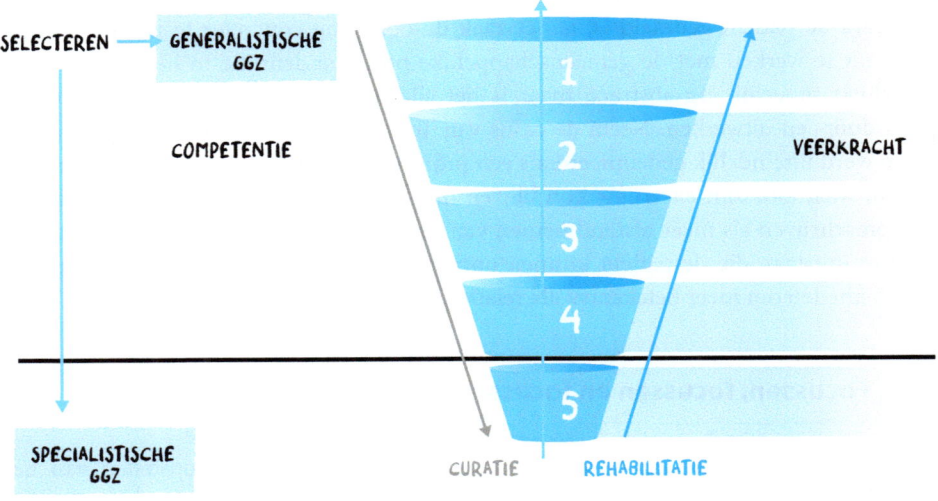

Figuur 4.1 De indicatietrechter: focus 1

voor patiënten die nog binnen de specialistische ggz in behandeling zijn en nog veel zorg nodig hebben (bijvoorbeeld omdat hun toestandsbeeld niet stabiel is). Is er wel sprake van stabiliteit, dan kan worden gekozen voor het versterken van veerkracht, het leren omgaan met de stoornis die inmiddels een chronisch beloop heeft gekregen. Versterking van veerkracht heeft bij uitstek een generalistisch karakter en kan heel goed in de generalistische ggz worden uitgevoerd. Verpleegkundig specialisten spelen hierbij een centrale rol (fig. 4.1).

Binnen de generalistische ggz kan dus gefocust worden op competentie dan wel op veerkracht. Competentievergroting is erop gericht dat de patiënt zich vaardigheden aanleert die het hem mogelijk maken om het gestelde doel te realiseren. Competentie betreft dus een uitbreiding of verdieping van het copingarsenaal, zodat de stagnatie wordt opgeheven en de klachten verminderen of verdwijnen. Binnen de gb-ggz is competentie gekoppeld aan de producten kort, middel en intensief, Eleo en Umami. Veerkrachtversterking is passend indien op voorhand duidelijk is dat de klachten niet zullen verdwijnen, omdat ze een chronisch karakter hebben.[1] Doel van de behandeling wordt dan de patiënt ondersteunen bij het anders omgaan met de problemen zodat ze minder

---

1   Het betreft twee groepen patiënten: patiënten met chronische klachten afkomstig uit de huisartsenpraktijk die met enige regelmaat zorg nodig hebben om op kracht te blijven (onderhoud) en patiënten met chronische klachten uit de s-ggz, bij wie de klachten een chronisch beloop hebben, maar die moeite hebben om de draad weer op te pakken (nazorg).

invaliderend worden en de patiënt ondanks het voort blijven bestaan van die problemen in staat is een betekenisvol leven te leiden. De behandeling is dan vooral gericht op acceptatie en leren omgaan met de beperkingen die het gevolg zijn van het probleem. De focus op veerkracht is binnen de gb-ggz gekoppeld aan het product chronisch.

4.3.2 Focus 2: factor lijf, omstandigheden, persoonlijke stijl of klacht

Is eenmaal duidelijk of de hulpvraag van de patiënt onder competentie dan wel veerkracht valt, dan gebruiken we de KLOP-systematiek om samen met de patiënt te bepalen op welke terrein het geformuleerde doel geplaatst moet worden. Betreft het een doel gekoppeld aan het lijf, aan de omstandigheden, aan de persoonlijke stijl of aan de klachten. Omdat het doel zich meestal laat vertalen naar verschillende domeinen, maken we ook hier gebruik van het *parsimonyprincipe*: voorkeur verdient die focus die het beste aansluit bij de gezonde kanten van de patiënt (dus de meest normaliserende focus) en die leidt tot de minst invasieve interventies. Als vuistregel mogen we er daarbij van uitgaan dat een focus op het lijf binnen de generalistische ggz minder intensief is dan een focus op omstandigheden, en die is weer minder invasief dan een focus op persoonlijke stijl en klacht. In ◘fig. 4.2 is deze tweede focus toegevoegd aan het schema van de indicatietrechter.

Focus 2 sluit aan bij een globale verdeling van taken in de generalistische ggz tussen huisarts, poh-ggz en de gb-ggz. Huisartsen zullen naar verhouding vaker focussen op lijf en omstandigheden, de poh-ggz op omstandigheden en persoonlijke stijl, terwijl de gz-psycholoog in de gb-ggz zich vaker richt op persoonlijke stijl en klachten. Dat heeft deels met affiniteit te maken, deels ook met hun plaats binnen de zorg.

Deze tweede stap in het focussen wordt zowel binnen de focus competentie als binnen de focus veerkracht gezet, maar zien er daarbinnen wel net iets anders uit.

Focus 2a: competentie
Competentie lijf
Klachten en problemen hangen vaak samen met aspecten van het lijf. Oververmoeidheid kan een belangrijke rol spelen bij het in stand houden van de klachten, evenals gespannen spieren, slapeloosheid of ander lichamelijk ongemak. Beter leren luisteren naar de signalen van het lijf of zorgen dat de algehele conditie toeneemt, kan al een belangrijke stap zijn op weg in de behandeling.

» Ik kwam helemaal overstuur bij de huisarts en had niet in de gaten dat ik al dagen nauwelijks sliep. Daarop stelde de huisarts voor eerst maar eens te zorgen dat mijn lijf tot rust kwam. Toen dat lukte waren mijn klachten een stuk minder.

Competentie omstandigheden
Omstandigheden kunnen direct samenhangen met de klachten. Er kan iets heftigs en plotselings zijn voorgevallen, zoals sterfte of ontslag, maar ook iets sluipends, zoals ziekte van een partner of terugkerende spanningen op het werk. Lijkt er sprake van

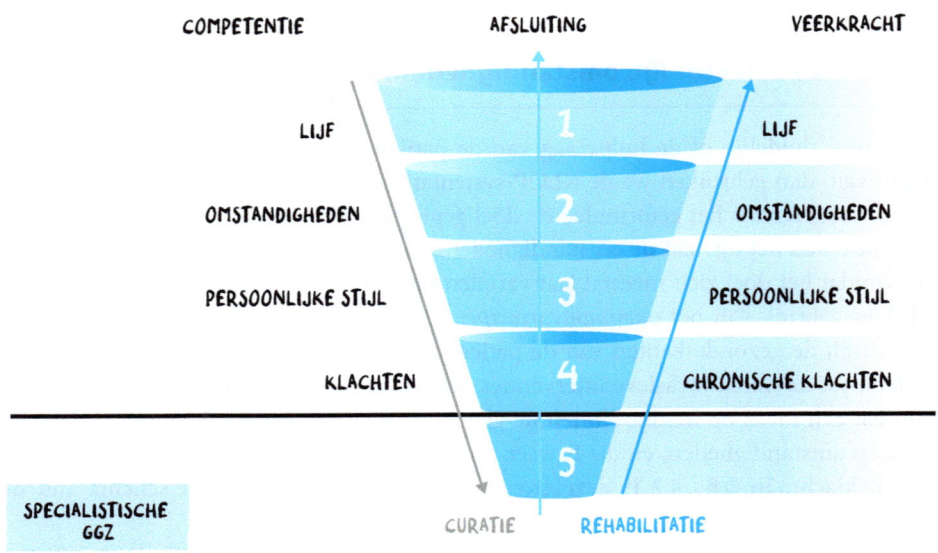

Figuur 4.2 Focus 2: lijf, omstandigheden, persoonlijke stijl en klacht

een direct verband, dan is het zinvol te focussen op die specifieke omstandigheid en de manier waarop de patiënt daarmee omgaat. Ook kan de patiënt vaardigheden ontwikkelen om minder last te hebben van de klachten die de omstandigheden oproepen. De kans dat de focus op het omgaan met een omstandigheid succesvol is, groeit naarmate er meer klachtenvrije domeinen zijn waarin de patiënt meer met zijn personages kan samenvallen.

» Toen ik beter begreep dat mijn angsten en paniekgevoelens getriggerd werden door de dementie van mijn man, en ik beter met zijn gedrag leerde omgaan, is de rust thuis weergekeerd. Ik zie het weer zitten en ben mijn leven weer aan het oppakken.

Competentie persoonlijke stijl

Vaak blijven de problemen niet beperkt tot één bijzondere situatie, maar spelen ze in meer of ook eerdere situaties. Dan kun je de hulpverlening richten op de persoonlijke stijl en het omgaan met al die situaties. Meestal blijkt dan dat de gehanteerde copingstrategie functioneel is geweest in het omgaan met een specifiek type probleem in een specifiek domein, maar juist disfunctioneel en dus niet helpend bij het omgaan met andere situaties in andere domeinen. Of dat de strategie eerder werkte maar nu even niet. Bij deze groep patiënten is de conflictvrije ruimte kleiner en de kwaliteit van leven dus meestal lager dan bij patiënten bij wie op het lijf of op de omstandigheden kan worden gefocust. Focus op de persoonlijke stijl is zinvol als er specifieke reactiepatronen spelen en de patiënt die reactiepatronen niet zo goed flexibel kan inzetten. De hulpverlener streeft de behandeldoelen in deze focus na door patiënten met andere copingstrategieën te laten experimenteren om hen zo te helpen de eigen coping te flexibiliseren en zo hun repertoire uit te breiden.

> Ik was altijd gefrustreerd en kreeg daar op den duur enorme hyperventilatieaanvallen van. Daardoor durfde ik de deur niet meer uit. Ik weet nu dat dit kwam doordat ik de lat voor mijzelf veel te hoog legde. Ik heb geleerd dat goed genoeg eigenlijk perfect is. Ik voel me nu veel beter en doe weer alles.

Competentie klacht

Focussen op de klacht is aan de orde als de klachten het leven van de patiënt volledig beheersen. We zien dan dat zoveel situaties met de klachten verweven zijn, dat er nauwelijks nog sprake lijkt van samenhang tussen klacht en omstandigheden. Ook zien we vaker dat de patiënt voortdurend bezig is om zo min mogelijk last te hebben van die klachten. Vaak werkt dit averechts: in plaats van minder last van een klacht te hebben en een grotere leefwereld te creëren, neemt de last juist toe en wordt de leefwereld van de patiënt nog kleiner.

Vergeleken met de hiervoor besproken patiënten, is bij deze groep patiënten de kwaliteit van leven laag. Er blijkt zo weinig ruimte te zijn buiten de klachten, dat focus op de klachten de meest aangewezen oplossing is, bijvoorbeeld door vermijding te doorbreken of verstoringen in het dag-nachtritme te herstellen. Deze focus sluit aan bij vigerende cognitief gedragstherapeutische behandelprotocollen voor veelvoorkomende klachtengroepen en DSM-stoornissen.

> Nadat ik die overval meemaakte, had ik elke nacht nachtmerries. En de hele dag door zag ik voor me wat er gebeurd was. Als er maar iets op tv kwam dat mij eraan deed denken, was ik alweer van slag.

Focus 2b: veerkracht

Een vergelijkbare manier van focussen kunnen we aanbrengen bij patiënten bij wie gekozen is voor een veerkrachtbenadering. De focus op veerkracht sluit aan op het begrip herstel. Herstel betekent dan de draad weer zo volledig mogelijk oppakken, gegeven de beperkingen van de aandoening. Herstel betreft zowel patiënten met een chronisch lichamelijke als een chronisch psychische aandoening. In beide gevallen gaat het nadrukkelijk om te leren leven met de chronische beperking. Ook daaraan voegen we nu een tweede focus toe, wederom gebaseerd op de KLOP-systematiek: focus op een van de vier KLOP-factoren: lijf, omstandigheden, persoonlijke stijl of klacht. Daarmee brengen we een koppeling met fasen van herstel tot stand zoals onder anderen door Spaniol en anderen is onderscheiden.

- Overweldigd worden door de aandoening. In deze fase staan ontreddering en verwarring op de voorgrond.
- Worstelen met de aandoening. De fase waarin patiënten nog steeds bang zijn om overweldigd te worden door de aandoening, maar zich toch ook afvragen hoe zij met de aandoening kunnen leven.

- Leven met de aandoening. Patiënten realiseren zich steeds sterker dat zij kunnen leren leven met de aandoening.
- Leven voorbij de aandoening. Is deze fase bereikt, dan raakt de aandoening meer en meer op de achtergrond en worden oude rollen hersteld en nieuwe ontdekt.

Patiënten in fase 1 behoeven zorg binnen de specialistische ggz. Voor de patiënten in de andere fasen kan de generalistische ggz ook hulp bieden, tenminste als de patiënt voldoende stabiel is en geen 7 × 24-uurszorg behoeft. Bij deze patiënten is de chronische problematiek een gegeven en daar begint de generalistische ggz. De zorg is niet gericht op vergroting van competenties waardoor de klachten afnemen of verdwijnen, maar de zorg is vooral gericht op leren omgaan met de chronische aandoening, waardoor er ruimte ontstaat voor verbetering van de kwaliteit van leven. Dat gebeurt door te focussen op versterking van de veerkracht van de patiënt.

Zodra de keuze is gemaakt voor veerkracht begint opnieuw een proces van focussen. Dat kan zijn op de klacht, de persoonlijke stijl, de omstandigheden of het lijf. Focussen op de klacht is aan de orde bij patiënten bij wie de klachten nog sterk op de voorgrond staan (herstelfase 2). Focussen op de persoonlijke stijl is aan de orde bij een patiënt die ruimte heeft om te werken aan een positiever beeld van de wereld en van zichzelf (fase 3 herstel). Focussen op de omstandigheden vraagt van de patiënt ruimte om omstandigheden weer naar zijn hand te zetten (fase 4 herstel). Focus op het lijf betreft patiënten die geleerd hebben hun stoornis een plek te geven in hun leven, zonder zich daardoor al te zeer te laten beperken. Voor hen is volhouden belangrijk en zich niet meer laten ontregelen door hun stoornis. Focus op het lijf betreft het monitoren en zo nodig bijsturen van de lichamelijke conditie.

Let wel, de stappen binnen veerkracht zijn precies omgekeerd aan die bij competentie (zie ◻fig. 4.2). Daar escaleer je en zet je een volgende stap als het probleem niet minder wordt, hier begin je indien nodig met de zwaarste interventie, eigenlijk al binnen de s-ggz en zet je telkens een kleine stap in de richting van zelfstandig functioneren binnen de samenleving. En daar waar de focus binnen competentie steeds meer invasief en ingrijpend wordt, zien wij bij veerkracht het tegenovergestelde: de zorg wordt steeds extensiever met minder verstoring voor het dagelijkse leven van de patiënt. De focus op de factor lijf is zelfs niet eens meer gebonden aan een tijdslimiet: het volgen van het lijf (monitoring bijvoorbeeld van bloedspiegels of aanpassingen in de leefstijl) zou in theorie eindeloos kunnen zijn.

Veerkracht klacht

Voor veerkrachtpatiënten met een focus op de factor klacht geldt dat hun leven nog steeds fors getekend wordt door hun klachten. Vaak moeten ze alle zeilen bijzetten om niet aan de klachten ten onder te gaan. De behandeling in de s-ggz heeft hun klachten niet of niet genoeg kunnen verminderen. In dergelijke gevallen ligt de focus op het leren omgaan met de klachten: hoe kan ik ze als patiënt een plek geven in mijn leven? Patiënten leren copingstrategieën die hen meer controle over de klachten geven. Zij leren bijvoorbeeld de klachten beter te verdragen, of krijgen oog voor de factoren die (vaak) voorafgaan aan het optreden van de klacht, zodat ze in het vervolg de klacht kunnen vermijden of beter kunnen opvangen. Het doel is dat patiënten controle leren uitoefenen op (het verloop van) de klachten, zodat zij zich niet langer speelbal van hun klachten voelen. Ze hebben zelf weer de regie over hoe ze met die klachten omgaan.

> Ondanks dat ik regelmatig, soms maanden, in een dip zit, heb ik me anders leren verhouden tot de sombere gedachten en gevoelens, waardoor het leven desondanks minder ontregeld wordt.

Veerkracht persoonlijke stijl

Focus op de factor persoonlijke stijl is passend bij patiënten die als gevolg van hun psychische problemen met een negatief zelfbeeld kampen of weinig controle of regie over hun leven ervaren. Het verschil met patiënten waarbij de focus ligt op de klachten is dat deze patiënten niet meer zo bang zijn overspoeld te worden door hun klachten. Focussen op de persoonlijke stijl betekent voor deze groep patiënten dat ze een positiever zelfbeeld krijgen, dat ze explicieter zelf keuzes leren maken en dat ze die keuzes ook gaan uitvoeren. Patiënten leren bijvoorbeeld de patronen te onderkennen die ervoor zorgen dat ze voortdurend impliciet kiezen voor een negatieve interpretatie, waardoor ze zichzelf in feite steeds weer op achterstand zetten. Ook leren ze andere interpretaties en andere copingstrategieën te hanteren, door bijvoorbeeld beschikbare strategieën flexibeler te leren inzetten.

> Door mijn behandeling weet ik nu dat ik eigenlijk best goed voor mezelf kan zorgen en opkomen. Ik deed dat vroeger altijd al, maar door mijn langdurige psychische problemen was dat alleen wat op de achtergrond geraakt. Nu ik dat weer doe, ben ik positiever over mijzelf.

Veerkracht omgeving

Bij deze patiënten ligt de focus op het herstel van een betekenisvolle leefwereld met inbegrip van blijvende klachten en kwetsbaarheid. Focus op de omstandigheden betekent met patiënten nagaan in welke omstandigheden ze goed en minder goed gedijen. Vervolgens draait het om de vraag in welke mate patiënten kunnen kiezen voor specifieke omstandigheden en in welke mate zij daar zelf aan bijdragen. Bij deze focus onderzoeken patiënten samen met de hulpverlener hoe zij die omstandigheden weer naar hun hand kunnen zetten, rollen kunnen herstellen, nieuwe rollen kunnen aannemen en hoe ze een zinvolle of zinvollere bijdrage aan hun leefwereld kunnen leveren.

> Ik heb met de hulp die ik kreeg gedurfd een vrijwilligersbaan te zoeken, en ik heb er een gevonden. Nu help ik anderen met hun psychiatrische problematiek. De pech in mijn leven is mijn geluk.

Veerkracht lijf

Veel patiënten met een chronisch psychiatrische aandoening functioneren prima en worden daarbij vaak ondersteund door medicatie. Die medicatie vraagt regelmatige controle, bijvoorbeeld door bloedspiegels te monitoren. Met enige regelmaat bezoeken ze daarvoor een generalistische hulpverlener, die met hen de stand van zaken opmaakt, eventuele bijzonderheden bespreekt en zo nodig leefstijladviezen geeft. De patiënt is hier regievoerder en 'gebruikt' de hulpverlener als zijn verlengde arm; hij bepaalt vorm en inhoud van het gesprek en de rol van de hulpverlener.

> Twee keer per jaar zie ik mijn hulpverlener, die dan mijn bloedwaarden controleert. Meestal laat ik enkele dagen eerder mijn bloed prikken en gebruik ik de tussenliggende dagen om me de vraag te stellen hoe het echt met mij gaat en of er onderwerpen zijn waarover ik het graag met mijn hulpverlener wil hebben. Hij weet eigenlijk heel veel van mij. Dat vind ik fijn. Want hij kan precies die vragen stellen waardoor ik weer verder kan bij kwesties waarmee ik anders blijf rondlopen.

4.3.3 Focus 3: aangrijpingspunt

Nadat patiënt en hulpverlener het behandelplan hebben toegespitst op competentie of veerkracht en vervolgens daarbij de focus hebben gelegd bij een van de factoren L, O, P of K komt de derde focusstap in beeld: het benoemen van het aangrijpingspunt. Het aangrijpingspunt is datgene waar volgens patiënt en hulpverlener de verandering zal moeten plaatsvinden en waarop de behandeling geënt gaat worden. Dit is tevens de casus aan de hand waarvan geleerd kan worden hoe meer zelfregie is te realiseren. Bij een aantal aangrijpingspunten hoort een specifieke therapeutische interventie of methodiek; daar geldt dat met de keuze van het aangrijpingspunt ook wordt vastgelegd hoe men samen aan de slag gaat. Bij andere aangrijpingspunten zijn er diverse methodieken mogelijk en zal de keuze voor een specifieke aanpak gemaakt worden aan de hand van het behandeldoel (stap 3). Bij de beschrijving van de aangrijpingspunten volgen we de logica van de eerdere twee focusstappen. Eerst competentie, dan focus en vervolgens lijf, omstandigheden, persoonlijke stijl en klacht.

Focus 3a: competentie
Competentie lijf
De keuze voor aangrijpen bij het lijf betekent dat via het lijf veranderingen op gang worden gebracht. Het lijf wordt daarmee tot een 'uitdaging' waarmee de patiënt moet dealen. Over het algemeen is keuze voor de factor lijf gericht op het versterken en of op orde houden van lichamelijke en mentale draagkracht. De patiënt vergroot zijn competenties en/of zijn veerkracht. We maken onderscheid tussen vijf aangrijpingspunten: algemene conditie, acute aandoening, chronische aandoening, somatopsychische klachten en ten slotte psychosomatische klachten (◯tab. 4.1).

Bij algemene conditie gaat het in eerste plaats over draag- en spankracht. Een sterk lichaam voert uit, een zwak lichaam beveelt. Hoe zit het met de algemene conditie? Zijn er punten van zorg en kan de spankracht worden vergroot door uitbreiding van lichamelijke activiteiten en door minder te drinken of te roken? Daarbij gaat het niet alleen over lichamelijke maar ook over mentale conditie: is de boog altijd gespannen, of zijn er ook

Tabel 4.1	Aangrijpingspunt competentie lijf
omgaan met …	algemene conditie
	acute lichamelijke aandoeningen
	chronisch lichamelijke aandoeningen
	somatopsychische klachten
	psychosomatische klachten

voldoende momenten van rust en ontspanning? De conditie kan vaak worden verbeterd door meer aandacht te krijgen voor de eigen energie en mogelijkheden daar verbetering in aan te brengen.

Keuze voor *conditie* als focuspunt is meestal tamelijk algemeen; verbeteren van lichamelijke conditie en keuze voor een gezondere levensstijl is voor heel veel uitdagingen een passende maar weinig concrete en directe reactie. Het focuspunt kan echter ook veel specifieker worden bepaald. Bij een patiënt die helemaal overprikkeld is en niet kan slapen, kan het aangrijpingspunt zijn slapeloosheid zijn. Met specifieke oefeningen gericht op slaaphygiëne of tijdelijke slaapmedicatie kan de slapeloosheid worden aangepakt.

Een tweede aangrijpingspunt is een acute lichamelijke aandoening. De patiënt krijgt te horen dat hij een ernstige ziekte onder de leden heeft en moet daarmee in het reine komen en mogelijk zijn leven op kortere en langere termijn aanpassen. Er is in dit geval sprake van een strikt lichamelijke uitdaging. Een voorbeeld is een acute crisis waardoor de patiënt in een schoktoestand terechtkomt, of de mededeling van een ernstig levensbedreigende ziekte. De huisarts is vaak de eerste die met dat focuspunt van doen heeft. Hij moet de patiënt helpen de nieuwe situatie een plaats te geven en er zo adequaat mogelijk op te reageren. Duurt het wat langer, dan roept hij desgewenst de hulp van de poh-ggz in. Daarnaast is een focus op de acute lichamelijke aandoening ook een kerncompetentie van de ziekenhuispsycholoog.

Een derde aangrijpingspunt betreft de chronische lichamelijke aandoening. De patiënt moet leren omgaan met structurele lichamelijke aandoeningen, waaronder bijvoorbeeld COPD of diabetes mellitus. Dat vraagt structurele aanpassingen in het dagelijks leven, waaronder mogelijk een andere leefstijl, meer aandacht voor sport en conditietraining et cetera. Voor een aantal chronische aandoeningen bestaan zelfmanagementprogramma's, voor andere is de beschikbare evidentie beperkter en moet worden aangesloten bij meer generieke programma's.

Somatopsychologische klachten betreffen lichamelijke klachten gekoppeld aan specifieke ziekten met sterke psychologische componenten. De patiënt moet bijvoorbeeld leren leven met hartfalen en raakt daardoor emotioneel van streek, met als gevolg dat de kans op hartfalen toeneemt. Lichamelijke klachten zijn hier de basis, met gevolgen voor de psychische klachten, die op hun beurt weer gevolgen kunnen hebben voor de lichamelijke klachten. De patiënt moet in zo'n situatie leren vroegtijdige signalen van dreigend hartfalen te onderkennen en dan niet te reageren met paniek maar juist met meer rust.

Bij psychosomatische klachten ligt de relatie tussen lichamelijke en mentale processen juist andersom: de lichamelijke klachten worden op zijn minst sterk vergroot door de psychische component. Hartkloppingen of een darmkoliek als gevolg van oplopende psychische stress. De lichamelijke reacties volgen op psychologische processen.

Competentie omstandigheden
Concrete gebeurtenissen en omstandigheden lenen zich vaak heel goed als aangrijpingspunt voor behandeling. Dat geldt zeker binnen competentie, want juist anders omgaan met omstandigheden of zelfs aanpassen van omstandigheden biedt heel concrete aanknopingspunten om de behandeling vorm en inhoud te geven. Omstandigheden kunnen direct zelf aangepakt worden en zijn bij uitstek geschikt om de reactie van de patiënt te begrijpen en daardoor te normaliseren. Hoe duidelijker de omstandigheden te koppelen zijn aan de klacht, des te concreter en preciezer het aangrijpingspunt kan worden benoemd en in context kan worden geplaatst. Een voorbeeld: in contact met een vriend/kennis raakt de patiënt telkens ontregeld. Dat contact verbreken brengt al direct soelaas. In deze situatie kan de 'uitdaging' worden weggehaald. Veel vaker gaat het echter over het anders leren reageren of omgaan met omstandigheden. Telkens als deze vriend/kennis iets naars zegt, leert de patiënt daar anders op te reageren. Hoe duurzamer en vaker omstandigheden terugkeren, des te meer ligt de focus op het anders leren omgaan met die omstandigheid.

Binnen de focus van omstandigheden (competentie) onderscheiden we vier grote aangrijpingspunten: 1 relatie en gezin, 2 levensfase, 3 studie, werk en samenleving en ten slotte 4 cultuur en maatschappij (◘tab. 4.2).

Relatie en gezin is de eerste en misschien ook wel meest voorkomende context waarbinnen problemen ontstaan. Patiënten raken voortdurend verwikkeld in ruzies die ze niet willen, of ze voelen zich onvoldoende gehoord en zelfs eenzaam binnen hun relatie. Heel vaak zijn dat almaar terugkerende problemen en lukt het de patiënt niet dat patroon te doorbreken. Op zo'n moment is er alle reden om te beginnen bij dit concrete relatieprobleem. En al komt dat probleem ook op andere plaatsen voor, in zijn algemeenheid geldt dat leren omgaan met dat probleem in de ene context, de kans aanzienlijk vergroot dat ook op andere plaatsen het probleem wordt aangepakt en opgelost. Kiezen patiënt en hulpverlener voor het aangrijpingspunt de relatie, dan ligt het voor de hand de partner en/of de overige gezinsgenoten met wie de problemen zich voordoen, te betrekken in de behandeling.

Levensfase is weliswaar wat abstracter maar kan vaak toch heel erg concreet worden uitgewerkt. Denk bijvoorbeeld aan jonge studenten die voor het eerst op kamers zijn gegaan. Zij moeten hun leven ineens zelfstandig gaan inrichten en worden daarbij geconfronteerd met allerlei lastige uitdagingen. Vaak zie je dat dit aangrijpingspunt wordt samengepakt met een ander aangrijpingspunt, bijvoorbeeld studie, werk of maatschappij. Daar is helemaal niets mis mee, zolang maar concreet wordt gemaakt welke uitdagingen in welke volgorde op de agenda worden gezet.

Tabel 4.2	Aangrijpingspunt competentie omstandigheden
omgaan met …	relatie en gezin
	levensfase
	studie, werk en samenleving
	cultuur

Studie, werk en maatschappij gaat vooral over participatie in je rol en positie in het publieke domein. Van dit aangrijpingspunt kunnen talloze voorbeelden worden gegeven: problemen met mijn baas op het werk, dreigende studiemislukking waardoor mijn plaats en rol in de samenleving ter discussie komen te staan.

De vierde categorie binnen omstandigheden vatten we samen onder de noemer cultuur en maatschappij. Het gaat daarbij over burgerschap, positie en engagement. Dat lijken tamelijk algemene noties, maar juist bij sommige groepen patiënten is de uitdaging rondom cultuur en maatschappij heel tastbaar in termen van integratie in familie en wijk, de verhouding tot officiële instanties en daarbij aansluitend de mate van je thuis of alleen voelen en niet zelden het ontbreken van een maatschappelijke rol.

Competentie persoonlijke stijl

Het aangrijpingspunt bij persoonlijke stijl gaat over zowel tijdelijke als meer structurele copingsstrategieën in het omgaan met uitdagingen. Het gaat bijna altijd over hoe de patiënt omgaat met en reageert op uitdagingen, soms echter ook gaat het over de persoonlijke stijl als een structurele uitdaging die de patiënt zou willen aanpassen. Aan welke aangrijpingspunten met betrekking tot persoonlijke stijl denken we dan in de generalistische ggz?

Aan de hand van het balansmodel (zie ▶H. 5) kan met de patiënt de eigen stijl worden geïnventariseerd; is de patiënt actief aanpakkend of juist eerder vermijdend (tab. 4.3).

Vervolgens gaat het vooral over de extremere scores; die wijzen de weg naar het aangrijpingspunt. Hoe extremer de score, des te groter de kans dat hier ook een verklaring te vinden is voor de stagnatie en juist hier de interventies kunnen beginnen. Regelmatig komt het voor dat in de scores een patroon ontstaat: de patiënt is zorgzaam voor anderen, kropt op en gaat conflicten uit de weg en reageert vaak wat secundair. Waarschijnlijk zal deze patiënt zich herkennen in de typering dat hij niet zo assertief is. Het aangrijpingspunt is dan het patroon in de antwoorden. We kunnen daarbij onderscheid maken in zes patronen, te weten: assertiviteit, emotieregulatie, impulscontrole, variatie, proactiviteit en zelfbeeld (tab. 4.4).

Tabel 4.3 Schaalvragen persoonlijke stijl

actief aanpakken	————————————	vermijden
op eigen kunnen vertrouwen	————————————	op anderen vertrouwen
voor anderen zorgen	————————————	voor jezelf zorgen
alles alleen moeten kunnen	————————————	steun kunnen zoeken
pessimist	————————————	optimist
zeker zijn	————————————	onzeker zijn
vertrouwen in anderen	————————————	wantrouwen
beheerst	————————————	impulsief
flexibel	————————————	vasthoudend
primair	————————————	secundair

Tabel 4.4 Aangrijpingspunten competentie persoonlijke stijl

antwoorden wijzen op …	assertiviteit
	emotieregulatie
	impulscontrole
	variatie
	procactiviteit
	zelfbeeld

Is assertiviteit het aangrijpingspunt, dan betreft het binnen de generalistische ggz bijna altijd gebrek aan assertiviteit. De patiënt laat zich te veel de kaas van het brood eten, blijft altijd en overal even aardig en gaat daarmee dan al snel over de eigen grenzen heen. Emotieregulatie verwijst naar een persoonlijke stijl die gekenmerkt wordt door heftige emoties die de patiënt niet in de hand heeft. De patiënt wil leren tot tien te tellen alvorens te reageren en niet telkens helemaal uit balans te raken bij een volgende (al te emotionele) gebeurtenis. Aangrijpingspunt bij de impulscontrole is aan de orde bij een patiënt die snel uit de bocht vliegt, dan te heftig en impulsief reageert met boosheid, ruzie en agressie. Ook kan impulscontrole het aangrijpingspunt zijn voor patiënten bij wie iedere associatie met drank, voeding of ander genotsmiddel direct leidt tot de consumptie ervan. Variatie is een vaak gekozen aangrijpingspunt bij patiënten die een sterke voorkeur hebben voor een specifiek copingpatroon, en waarbij aanpassing van dat patroon in specifieke situaties tot beter resultaat kan leiden. Proactiviteit verwijst naar actief uitdagingen verwerken en daarbij agency ervaren (de vaardigheid zichzelf als oorzaak van eigen handelen te ervaren). Dit aangrijpingspunt past vooral bij patiënten die eerder een afwachtend copingpatroon hebben en daardoor soms in de problemen geraken. Het zelfbeeld ten slotte als aangrijpingspunt verwijst naar een set van copingvaardigheden gericht op een positief zelfbeeld, zelfvertrouwen, self efficacy en agency. Dit aangrijpingspunt sluit vooral aan op hulpvragen van patiënten die te weinig positief zelfgevoel ervaren en daardoor misschien ook wat afwachtend reageren op nieuwe uitdagingen.

Competentie klacht

Generalistische hulpverleners zijn idealiter niet zo geneigd direct al te veel aandacht aan de klachten van hun patiënten te besteden. Daarmee richten zij de aandacht immers op wat er misgaat en veel liever richten zij de focus op de oplossing en de toekomst. Toch kunnen er heel goede redenen zijn om het aangrijpingspunt voor behandeling bij specifieke klachten te leggen. Zoals eerder in dit hoofdstuk beschreven, gebeurt dat bij patiënten bij wie de klachten hun hele leven beheersen. Je zou ook kunnen zeggen: het aangrijpingspunt kan daardoor alleen maar bij de specifieke klachten liggen.

Er is een tweede reden die sommige behandelaars aangrijpen om het aangrijpingspunt bij specifieke klachten te leggen: juist voor het behandelen zijn vaak uitstekende evidence-based richtlijnen en behandelprotocollen beschikbaar waarbij op korte termijn juist heel veel resultaat mogelijk is. De beschikbare evidence is een extra motiverende kracht voor patiënt en hulpverlener om snel aan de slag te gaan. Dit kan, mits weloverwogen, een goede keus zijn. Wetend dat je focussen op de klacht het minst normaliserend is en klachtgerichte interventies potentieel risico met zich meebrengen van het overnemen van regie.

Een derde reden waarom sommige hulpverleners regelmatig kiezen om bij specifieke klachten te beginnen zijn de expertise en de vooropleiding van de hulpverlener. In het dominante opleidingsmodel, zowel in de geneeskunde als in de psychologie, staan interventies gericht op klachtenreductie op de voorgrond. Hulpverleners weten bij klachtenreductie wat hen te doen staat, de resultaten van behandeling worden snel zichtbaar, en meestal zijn patiënten na afloop van de behandeling erg tevreden. Veel hulpverleners voelen zich in hun comfortzone bij een behandeling gericht op klachtenreductie. Daar is in beginsel niets mee mis, zeker als het de hulpverlener lukt de behandeling zo in te richten, dat ook de doelstelling van bevordering van zelfregie ermee kan worden gerealiseerd.

Bij een focus op competentie en klacht zijn vooral die groepen van klachten een aangrijpingspunt, die als syndroom zijn beschreven in het DSM-classificatiesysteem en waarvoor een effectieve behandeling beschikbaar is binnen de beschikbare tijd binnen de generalistische ggz (tab. 4.5). Te denken valt aan de verschillende angststoornissen, enkelvoudige PTSS, depressieve klachten behorende bij een depressieve stoornis, obsessieve en compulsieve klachten voor zover ze passen bij een niet complexe OCS, middelengebruik, somatoforme en eetstoornissen en seksuele stoornissen. Ook kunnen klachten in de impulscontrole en emotieregulatie het aangrijpingspunt zijn voor een behandeling, mits er voldoende reden is te veronderstellen dat deze klachten snel zijn aan te pakken.

Tabel 4.5 Aangrijpingspunt competentie klacht

omgaan met ...	
	angst
	trauma (PTSS)
	obsessie en compulsie
	stemming
	middelen (verslaving)
	somatoform
	voeding
	seksualiteit
	impulscontrole en emotieregulatie

Focus 3b: veerkracht

Bij veerkracht gebruiken we vaak dezelfde aangrijpingspunten. Daarnaast onderscheiden we enkele aangrijpingspunten die specifieker zijn en uitsluitend voor veerkracht gelden. Hieronder zullen we die kort de revue laten passeren.

Veerkracht lijf

Staat het lijf centraal in het kader van vergroting van veerkracht, dan gaat het altijd over leren omgaan met duurzame en structurele lijfelijke uitdagingen. De patiënt moet leren omgaan met een structurele en soms ook progressieve lichamelijke aandoening, waarbij er niet zelden sprake is van ernstige comorbiditeit. Het gaat niet om het direct aanpakken van de uitdaging, wel om de coping daarmee. De uitdaging kan lichamelijk zijn (een ernstige chronische of zelfs progressieve ziekte, structurele uitval van lichamelijke functies et cetera). De uitdaging kan verstandelijk zijn, bijvoorbeeld erkenning van beperking of achteruitgang van verstandelijke vermogens (de patiënt moet leren leven met de mentale achteruitgang die gepaard gaat met bijvoorbeeld de ziekte van Parkinson). En de uitdaging kan psychisch zijn, bijvoorbeeld een stabiele, chronisch psychiatrische aandoening die monitoring behoeft, bijvoorbeeld een bipolaire stoornis in remissie, waarbij halfjaarlijks lithiumspiegels moeten worden bepaald.

Veerkracht omstandigheden

Omstandigheden als aangrijpingspunt bij veerkracht gaat vaak over 'verloren' omstandigheden. De patiënt heeft, gerelateerd aan zijn aandoening, zijn oude posities en rollen moeten opgeven, en misschien zelfs zijn directe sociale omgeving verloren. Als veerkracht aangrijpingspunt is, gaat het vooral over het opnieuw vorm en inhoud geven aan die posities en rollen. Opdracht voor de patiënt is zogezegd omstandigheden weer opnieuw leren creëren en naar zijn hand leren zetten. Dat kan gaan van microniveau – relatie en gezin, en levensfase – naar mesoniveau, waaronder studie, werk en samenleving naar macroaspecten behorend bij cultuur en maatschappij. Vaak gaat het bij veerkracht om omstandigheden over een aantal of misschien wel alle rollen en posities tegelijkertijd en heeft de keuze voor een specifiek aangrijpingspunt vooral de functie van weten waaraan patiënt en hulpverlener willen beginnen en vaak ook waaraan ze de uiteindelijke doelstelling hebben gekoppeld.

Veerkracht persoonlijke stijl

Ligt de focus op veerkracht dan is het aangrijpingspunt bij persoonlijke stijl meestal gekoppeld aan het zelf. Het chronische beloop van de stoornis heeft vaak een geweldige impact en diepgaand effect op het zelfbeeld en zelfgevoel van de patiënt. Ruimte om daarmee aan de slag te gaan ontstaat zodra de klachten min of meer onder controle te houden zijn (de patiënt weet wat te doen om de meest invasieve gevolgen van de klachten te beperken) en het bewustzijn groeit dat de immateriële gevolgen groot zijn. De patiënt moet opnieuw vertrouwen in zichzelf en zijn actorschap opbouwen, zelfgevoel krijgen. Dat leidt er dan vervolgens ook toe dat hij minder last zal krijgen van hiervoor genoemde persoonlijke stijlelementen als (gebrek aan) assertiviteit of proactiviteit.

Veerkracht klacht

Het aangrijpingspunt bij focus op klachten bij veerkracht is eveneens direct gekoppeld aan de DSM-classificatie. In de generalistische ggz gaat het daarbij meestal over chronische angst, dwang en trauma, therapieresistente depressie, ontwikkelingsstoornissen waaronder ADHD en autisme, chronische verslaving, seksuele stoornissen, eetstoornissen, maar ook stoornissen in cognitie en waarneming (psychose). Daarnaast gaat het nogal eens over patiënten die reeds eerder langdurig in behandeling zijn geweest voor een persoonlijkheidsstoornis. Telkens geldt dat de patiënt behandeld is conform de richtlijnen, maar dat de klachten hem nog steeds parten spelen, zozeer zelfs dat hij er met regelmaat door ontregeld raakt. Veerkracht klacht richt zich op het anders leren omgaan met specifieke klachten behorende bij de stoornis en met de ontregeling die daarbij optreedt.

4.4 Het behandeldoel formuleren

Met het focussen wordt duidelijk waarop de behandeling gericht gaat worden, waar de verandering zal moeten plaatsvinden. Samen met de patiënt vaststellen wat er dan precies op dat specifieke aangrijpingspunt moet veranderen, staat centraal in deze paragraaf. Door het behandeldoel te formuleren wordt dat duidelijk. Klachtenreductie lijkt daarbij de bijna vanzelfsprekende eerste en belangrijkste kandidaat voor het doel van de behandeling te zijn. Welnu, in de generalistische ggz is dat maar in beperkte mate het geval! Daarvoor hebben we drie redenen. In de eerste plaats zet het de klok weer terug doordat het de blik richt op het probleem in plaats van op de oplossing. In de tweede plaats geeft het onvoldoende richting en prioritering aan de behandeling. Het geeft immers niet weer wat er moet veranderen, waaraan gewerkt gaat worden. In de derde plaats is het negatief geformuleerd – ergens minder van – wat minder effectief is dan positief geformuleerde behandeldoelen. Bovendien wordt het generalistische perspectief vooral gekenmerkt door een positieve formulering van wat mag groeien en wat mag toenemen. Een goed geformuleerd behandeldoel concretiseert de oplossing en geeft aan wat er precies veranderd en verbeterd is bij succesvolle afronding van de behandeling.

Een toetsbaar behandeldoel vormt de kern van het behandelplan en is de schakel tussen het probleem en de interventie. Het is daarom opmerkelijk, aldus Tiemens, Kaasenbrood en De Niet [5] dat er zo weinig geschreven is over en onderzoek gedaan is naar wat nu goede behandeldoelen zijn. Onder goede behandeldoelen verstaan wij hier doelen die de effectiviteit van een behandeling verhogen en ertoe bijdragen dat de patiënt zich eigenaar maakt van de oplossingsstrategie die in het behandelplan wordt vastgesteld. Wat dat eerste betreft, biedt de wetenschappelijke literatuur wel enige richtlijnen.

Voor goede behandeldoelen geldt dat ze [5]:
- zo moeilijk mogelijk zijn, maar haalbaar binnen de mogelijkheden van de patiënt;
- specifiek zijn en liefst geformuleerd in gedragsmatige en concrete termen;
- geformuleerd zijn als leerdoelen;
- persoonlijk relevant zijn;
- proces- en actiegeoriënteerd zijn (gericht op vaardigheden);
- positief geformuleerd zijn;
- de nadruk leggen op het hier en nu in plaats van op een uiteindelijke staat die ver buiten de reikwijdte van de behandeling ligt.

Een behandeldoel moet zo moeilijk mogelijk, maar wel haalbaar zijn. Haalbaarheid van een doel is belangrijk. Een onhaalbaar doel leidt tot frustraties. Een doel moet echter ook niet te eenvoudig zijn, omdat het de patiënt dan onvoldoende uitdaging biedt.

Een behandeldoel moet zo specifiek mogelijk zijn geformuleerd. Dat maakt het beste duidelijk wat er aan het einde van de behandeling precies veranderd moet zijn. Het zo specifiek mogelijk formuleren geeft een extra controle of er daadwerkelijk overeenstemming is. Vage behandeldoelen kunnen niet alleen onuitgesproken verschillen in stand houden, maar ook tot teleurstelling leiden (men had zich iets anders voorgesteld bij het resultaat van de behandeling). Het kan helpen om de doelen in de ik-vorm te formuleren. Dan beseffen patiënten beter dat het over henzelf gaat en kunnen ze beter beoordelen of het doel klopt en of ze begrijpen wat ze gaan doen in de behandeling.

De behandeldoelen formuleren als leerdoelen verhoogt de effectiviteit van de behandeldoelen. Bijvoorbeeld: ik wil leren bij een ruzie met mijn echtgenoot niet direct te gaan schreeuwen. Tegenover leerdoelen staan prestatiedoelen. Leerdoelen zijn gericht op het proces, terwijl prestatiedoelen betrekking hebben op de uiteindelijke uitkomst. Het blijkt effectiever te zijn om je op het leerproces te richten dan op de uitkomst.

Dat behandeldoelen persoonlijk relevant moeten zijn, lijkt een open deur, maar is het niet. Ongemerkt kunnen toch ideeën, normen en waarden van de behandelaar in de doelen sluipen. Hoe beter de doelen passen bij wat patiënten anders willen in hun leven en afgestemd zijn op hun normen en waarden en hun manier van leven, des te meer worden de doelen van de patiënten en kunnen zij zich ermee identificeren en ervoor gaan.

Behandeldoelen zijn het helderst en het werkzaamst als ze proces- of actiegeoriënteerd zijn. Hierdoor kunnen doelen nog specifieker worden gemaakt. Bijvoorbeeld door een doel te formuleren in termen van vaardigheden leren en dus niet in termen van klachten verminderen.

Formuleer een behandeldoel altijd positief, als iets waaraan met plezier kan worden gewerkt. Dat geeft hoop en verhoogt de motivatie. Het is aantrekkelijker aan iets positiefs te werken dan aan iets negatiefs.

Tot slot is het van belang om het tijdsbestek van het behandeldoel niet te ruim te nemen. Kortetermijndoelen zijn effectiever en passen ook veel beter bij de generalistische werkwijze. Als de patiënt wel zelf een langetermijndoel voor ogen heeft, kan dit het beste in tussentijdse doelen, werkdoelen, worden opgedeeld. Het behalen van tussentijdse doelen versterkt de motivatie om door te gaan. Daarnaast kan eventueel duidelijk worden dat een deel van de tussentijdse doelen buiten het tijdsbestek van de behandeling vallen. Door dit helder te formuleren voorkom je dat er valse verwachtingen worden gewekt. Bovendien helpt dit bij de prioritering van de doelen: wat moeten we in ieder geval nu in de behandeling aanpakken? Hieronder gaan we verder in op hoofddoelen en werkdoelen.

4.4.1 Hoofddoel, aangrijpingspunt en werkdoelen

Zoals in de eerdere hoofdstukken is beschreven, is het hoofddoel van de generalistische ggz zelfregie. Uiteraard is dit als doel veel te algemeen en kun je er geen behandeling mee aansturen. Bovendien hebben patiënten die bij de generalistische ggz terechtkomen niet de zelfregie verloren op alle vlakken in het leven. Een patiënt is in de regel vastgelopen op een bepaald punt (stagnatie) en wat dat vastlopen precies behelst, wordt helder met het KLOP-model en de gezamenlijk geformuleerde probleemdefinitie. Met het kiezen van een focus (competentie of veerkracht, LOPK) en het bepalen van het aangrijpingspunt wordt steeds duidelijker waaraan gewerkt gaat worden om de zelfregie weer te verstevigen. Vervolgens worden hiervoor werkdoelen opgesteld, waarmee wordt geprioriteerd en concreet gemaakt waaraan wordt gewerkt.

Tom en zijn hulpverlener komen tot de gezamenlijke probleemdefinitie van almaar geen afscheid kunnen nemen van zijn ex-vrouw, waardoor zij zijn leven kon blijven ontregelen. De oplossing laat zich vervolgens omschrijven als een leven waarin betekenisvolle relaties met anderen belangrijk zijn en waarin de patiënt niet langer geremd en ontregeld wordt door zijn vroegere echtgenote. In termen van zelfregie is dat nog iets algemener: zelf zorg dragen voor betekenisvolle contacten die niet ontregeld worden door derden die hem niet vooruithelpen bij het realiseren van een betekenisvol leven. Hiervoor is het concrete aangrijpingspunt dat Tom moet leren zich eerder te realiseren dat hij zich weer afhankelijk maakt van zijn vroegere echtgenote en dat de oplossing niet is om overspannen en getergd thuis op de bank te gaan liggen, maar juist activiteiten te ondernemen om zijn netwerk en steun te vergroten.

Er is dus overeengekomen dat de behandeling past in de competentie omgeving, met als aangrijpingspunt: relatie. Om ruimte en afstand tussen hem en zijn ex-vrouw te maken zijn als werkdoelen geformuleerd dat Tom eerst zal beginnen met het uitbreiden van zijn netwerk en zijn pijn leren delen met lotgenoten. Het behandeldoel kan vervolgens verder geconcretiseerd worden in stappen (middelen om tot doel te komen) om nieuwe kennissen en vrienden te maken, bijvoorbeeld door zich aan te sluiten bij een sportvereniging. Het helpt om de stappen hiervoor nog preciezer en in nog kleinere stappen te formuleren. Dus in plaats van: de komende maand ga ik op zoek naar een sportvereniging, formuleer je: volgende week zoek ik op de website van de gemeente welke sportverenigingen er zijn en kies er één of twee uit om er te gaan kijken; de week erna ga ik bij deze verenigingen op bezoek, volg een proeftraining of heb een gesprek met een trainer. Hieruit blijkt dat hoe preciezer doelen worden geformuleerd, hoe meer ze op een interventie gaan lijken (zie volgende paragraaf). Als Tom deze kleine stappen zet, behaalt hij successen, wat zijn zelfvertrouwen en motivatie versterkt. Als het even niet lukt, helpt de behandelaar hem door hem te helpen voor ogen te houden waarom hij deze stappen ook al weer aan het zetten is: Oh ja, hij wil niet weer in zo'n situatie komen dat hij zich volledig lamgeslagen door een weekend sleept.

4.5 Voorbereiden op de interventie

Bijna is het behandelplan nu klaar. Patiënt en hulpverlener hebben het perspectief gedraaid van probleem naar oplossing, ze hebben vervolgens een focus aangebracht en hebben ten slotte een doel geformuleerd. Ze weten wat ze willen bereiken, de vraag is nog: hoe? Om die vraag te beantwoorden maken we gebruik van het regiemodel (fasen), waarbij het aangrijpingspunt wordt geplaatst in fase 1 (onbewust ongewild), vervolgens wordt uitgelegd dat via fase 2 en 3 het eindpunt is dat de patiënt als vanzelf gedrag vertoont dat minder beladen en stressvol is.

4.5.1 Fasen

Terug naar de regiemetafoor: er is automatisch en er is bewust gedrag (systeem I en systeem II). Vervolgens hangt samen met de stagnatie of het gedrag gewenst is of juist niet. Dat geeft vier blokken die we hier aangeven met de naam van de vier fasen (fig. 4.3).

4.5.2 Stappen

Tussen de fasen moeten vervolgens stappen worden gezet: a, b en c. In ▶H. 2 zijn die reeds beschreven, hier herhalen we de belangrijkste elementen per stap.
— *Stap a* betreft het opsporen van de automatische processen die het probleem in stand houden of zelfs versterken. Het ongewenste gedrag moet bewust worden gemaakt. Tom wordt helemaal overspoeld door allerlei emoties ten opzichte van zijn ex-vrouw.

4.5 · Voorbereiden op de interventie

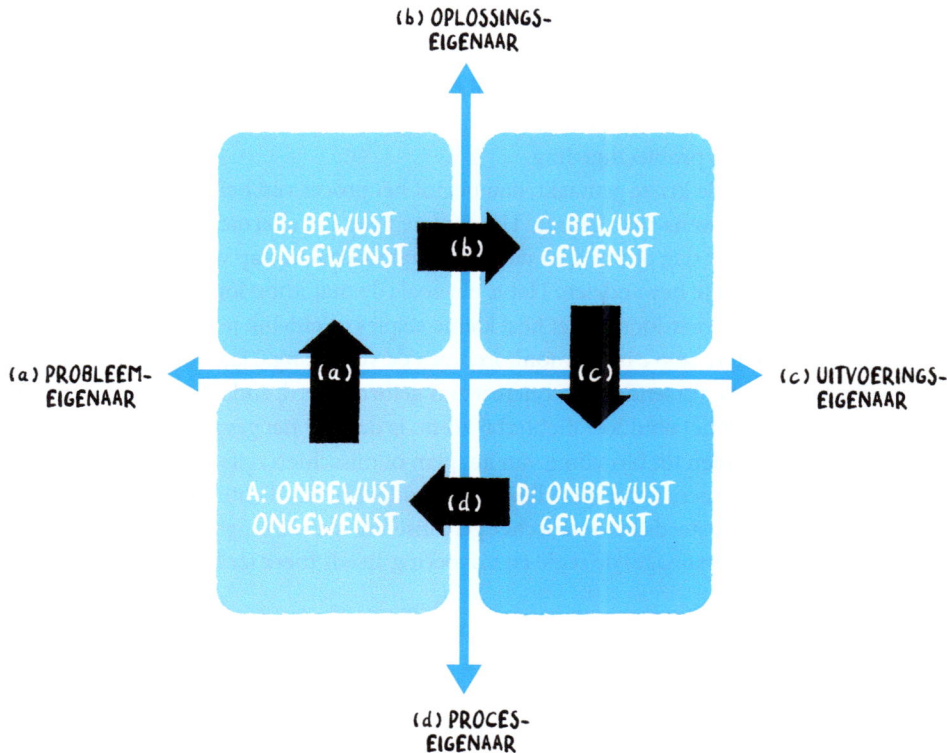

□ **Figuur 4.3** Het regiemodel: fasen en stappen

Wanneer dat precies gebeurt en in welke volgorde een en ander zich voltrekt, is nog onduidelijk. Hij kan zich daar bewust van worden door observatie en vervolgens registratie, het kan ook door experimentjes die het probleemgedrag uitlokken et cetera. Doel van stap a moet zijn: een zo exact mogelijke beschrijving (= bewustwording) van het ongewenste gedrag. Daarbij gaat het over de precieze omstandigheden waarin het probleem optreedt, eerste signalen, volgtijdelijkheid et cetera. De richting in deze stap is gegeven met de probleem- en oplossingsdefinitie en het accent dat daarbinnen gelegd is op het lijf, de situatie, de persoonlijke stijl of de klacht. De behandeling begint dus in het spoor van de probleemdefinitie en moet leiden tot het bewust verdragen van het ongewenste gedrag. De kans is groot dat het ongewenste gedrag door bewustwording al van karakter verandert en de patiënt ervaart dat gedrag niet helemaal aan zijn bewuste controle ontsnapt. Ook ontstaat mogelijk zicht op de mogelijkheden om moeilijke situaties te voorkomen, bijvoorbeeld door voorzorgsmaatregelen te nemen of door vroegtijdig de beginnende situaties stop te zetten.

— *Stap b* begint met een inventarisatie van alternatief gedrag. Daarbij gaat het over de vraag welk gedrag wenselijk zou zijn in de specifieke situaties zoals die in stap a is beschreven. Tom gaat aan de slag met de inventarisatie van gedragingen die hem positieve energie opleveren en die hem afleiden van zijn boosheid, maar ook tal van andere opties zijn mogelijk. Denk aan emoties toelaten en ze leren bespelen, emoties vroegtijdig onderbreken, een tijdslimiet stellen aan probleemgedrag, of misschien wel een verandering aanbrengen in de evaluatie van dat gedrag, bijvoorbeeld: leer trots te zijn op die emotie. In deze stap zal de patiënt moeten experimenteren met dat alternatieve gedrag en tot een keuze moeten komen van meest wenselijke optie(s), als alternatief voor het probleemgedrag.

- *Stap c.* Is eenmaal de keuze gemaakt, dan begint het proces van oefenen en instuderen van het nieuwe en wenselijke gedrag. Het aanleren van het alternatieve gedrag gaat meestal niet zonder slag of stoot, en daarom is het raadzaam stap voor stap de weg van geleidelijkheid te bewandelen. Het is net zoals de marathon lopen, dat vraagt heel veel training, waardoor je met heel kleine stapjes geleidelijk je conditie verbetert. Onderdeel van deze stap c is het monitoren van de voortgang. Daarvoor is het dan weer belangrijk dat tussendoelen concreet zijn geformuleerd, zodat het monitoren ook duidelijk maakt of het einddoel dichterbij komt. Is dat niet het geval, dan kan tussentijdse evaluatie leiden tot bijstelling van het plan of misschien zelfs tot aanpassing van het einddoel. Bij succes komt niet alleen het einddoel steeds dichterbij, maar wordt het nieuwe gedrag ook steeds automatischer gerealiseerd, dat wil zeggen dat de automatische piloot (ons personage) de regie en uitvoering steeds meer ter hand neemt.

Zodra fase 4 is bereikt (onbewust gewenst), is de patiënt eigenlijk niet langer patiënt en voert hij het nieuwe gedrag uit alsof er nooit iets aan de hand was geweest. De behandeling wordt echter pas afgesloten nadat patiënt en hulpverlener de stappen nog eens de revue hebben laten passeren en het onderliggende verandermechanisme voor patiënt helder is. Dit is het beginsel van evaluatie: helder maken hoe de patiënt de volgende keer de regie eerder kan overnemen van het personage en dan weet wat hem te doen staat om zich niet opnieuw te stoten aan dezelfde steen. Toename van zelfregie verwijst tenslotte niet voor niets naar de vaardigheid om bij dreigende stagnatie de regie over te nemen en het probleem op te lossen voordat de demoralisatie toeslaat en er opnieuw een externe regisseur nodig is (hulpverlener). Deze laatste stap zullen wij uitvoerig beschrijven in ▶ H. 6.

4.6 Van indicatiestelling naar oplossingseigenaarschap

Indicatiestelling wordt vaak gezien als proces waarbij de hulpverlener de patiënt moet zien warm te krijgen voor de behandeling die gaat volgen. Dat gaat eigenlijk altijd over veel meer dan een formeel akkoord. De patiënt moet instemmen, en dus betrokken worden in de overwegingen. Wettelijk is dat vastgelegd. Nog een stap verder is dat de patiënt ook instemt met zijn hart. Daarvoor kan de hulpverlener gebruikmaken van interventies als *motivational interviewing* [6] of *shared decision making* [7]. Dat helpt de patiënt om zich te motiveren en te committeren. Bij een goede werkrelatie is de kans groot dat de patiënt zoveel vertrouwen in de hulpverlener heeft, dat hij deze, zelfs als hij wat komen gaat nog niet geheel kan overzien, het voordeel van de twijfel geeft. Bij oplossingseigenaarschap gaan we nog een stapje verder: bij twijfel moet het oplossingsplan nog concreter worden gemaakt en moet de patiënt uiteindelijk zover gaan, dat hij zichzelf, meer nog dan de hulpverlener, durft te vertrouwen. Een niet geringe uitdaging.

De overgang van indicatiestelling naar oplossingseigenaarschap kan beschouwd worden als een eerste pas op de plaats. Tot nu zijn de diagnose- en indicatiefasen gericht geweest op het creëren van overzicht door inzicht en uitzicht. Hulpverlener en patiënt hebben het probleem genormaliseerd en terug in de context geplaatst, zodat er weer betekenis kon ontstaan en de patiënt weer eigenaar van het probleem kon worden. Vervolgens is met behulp van een oplossingsgerichte strategie het probleem omgekeerd, waardoor de patiënt oog kreeg voor de oplossing. Met het focussen werd het werken aan die oplossing concreter, en de doelbeschrijving maakte die oplossing voor de patiënt bereikbaar. Ten slotte is met het regiemodel duidelijk geworden langs welke weg de verandering kan worden gerealiseerd. De patiënt lijkt nu helemaal klaar om vol aan de bak te gaan en herstel lijkt voor het oprapen te liggen. Daarmee is overigens niet gezegd dat het een eenvoudige klus wordt.

Oplossingseigenaarschap ontstaat doordat de patiënt brood ziet in de oplossingsmogelijkheden en daardoor hoop krijgt. Tegelijkertijd is het nodig dat hij oog krijgt voor de moeilijkheden en risico's. Dat zorgt voor een realistische kijk op de zaken, waarbij vroegtijdig wordt nagedacht over wat in de praktijk haalbaar is en de patiënt er echt van overtuigd raakt dat er werk aan de winkel is. Erkenning van de eigen ambivalentie is een belangrijke stap om tot oplossing van het probleem te komen, mits die ambivalentie niet over het hoofd wordt gezien en wordt toegelaten als onderdeel van het beslissingsproces. Het proces van expliciteren van ambivalentie en vervolgens op basis daarvan keuzes maken noemt Martin Appelo socratisch motiveren.

Hier koppelen wij deze opdracht aan het bespreekbaar maken en vervolgens bespreken van vier vragen: (1) Waarom zou je dit willen? (2) Wat is er veranderd waardoor je dit nu wel denkt klaar te spelen en eerder niet? (3) Wat zijn jouw beren op de weg? En *last but not least*: (4) Wie zou je kunnen inschakelen om je te helpen bij het realiseren van de oplossing? Naarmate de patiënt meer oplossingseigenaar is, worden deze vragen belangrijker. Tegelijkertijd geldt dat met het beantwoorden van deze vragen de patiënt groeit in zijn oplossingseigenaarschap.

4.6.1 Vier vragen bij oplossingseigenaarschap

1. *Waarom zou je verandering willen?* Die vraag klinkt als een open deur, maar is het allerminst. Met het benoemen van wat de oplossing toevoegt aan je leven, richt je je nogmaals expliciet op de toekomst – de kern van oplossingsgericht werken – maar zeg je tegelijkertijd ook iets over wat er niet beter op wordt, of wat misschien zelfs lastiger wordt, en waarom je desondanks toch uitdrukkelijk voor de verandering kiest. De vraag naar de nadelen van verandering heeft vaak ook betrekking op mensen uit de omgeving. Groei aan assertiviteit zou wel eens negatieve gevolgen kunnen hebben voor de werkgever, die dan moet leren accepteren dat hij voor sommige problemen een andere oplossing moet realiseren. En de wetenschap dat de werkgever niet blij zal zijn, slaat vervolgens ook weer terug op de patiënt zelf. Waarschijnlijk krijgt hij nu meer te maken met een geïrriteerde baas die minder complimenteus zal zijn. Achter iedere verandering schuilt een dilemma.

2. *Wat is er veranderd waardoor je de oplossing nu wel gaat realiseren?* Deze vraag sluit direct aan bij de vorige: er zijn niet alleen voordelen aan de oplossing verbonden. De nadelen zouden er weleens voor kunnen zorgen dat de patiënt onderweg afhaakt. Misschien heeft het zicht op de oplossing de patiënt wel weer op een roze wolk gezet, waardoor hij over de problemen heen kijkt, in plaats van het risico onder ogen te zien dat je er straks flink tegenaan loopt. Doorvragen over de verandering doet bovendien ook de motivatie tot verandering toenemen en vergroot daarmee de kans op succes.
3. *Wat zijn jouw beren op de weg?* Met die vraag worden risico's benoemd. De patiënt wordt uitgenodigd om na te denken over de zaken die hij moeilijk vindt en over zijn zwakke kanten. Hij zou bijvoorbeeld kunnen vertellen dat hij bang is onderweg de motivatie kwijt te raken. De hulpverlener kan dan vervolgens weer vragen naar mogelijkheden om dat probleem reeds nu op te lossen, of hij kan met patiënt nagaan hoe op dat moment het gesprek over motivatie gevoerd kan worden. De beren op de weg vragen niet alleen reflectie, zij bieden ook de mogelijkheden op voorhand na te denken over oplossingen.
4. *Wie zou je kunnen inschakelen om je te helpen bij het realiseren van de oplossing?* De vraag naar sociale steun kan op verschillende manieren het oplossingseigenaarschap versterken. De regie over anderen bij het proces betrekken, ligt bij de patiënt zelf. Anderen vragen maakt het commitment voor het realiseren van de oplossing eigenlijk alleen maar groter. Sociale steun kan vervolgens ook betekenen dat bepaalde (deel)taken kunnen worden neergelegd bij mensen in het sociale steunsysteem, waardoor de draaglast van de patiënt afneemt en er dus meer ruimte komt voor verandering. Daarnaast kunnen ook derden worden ingeschakeld die vooral de nadelen van verandering zullen opmerken. Hen committeren aan de gekozen oplossingsrichting committeert hen mogelijk ook aan het resultaat, waardoor de nadelen van verandering minder groot worden. Lukt het om al deze vragen te bespreken, dan kan de hulpverlener de patiënt tenslotte ook aanmoedigen expliciter te worden over de wijze waarop hij de hulpverlener wil inzetten bij het realiseren van zijn behandeldoelen. Hoe expliciter beiden over de rolverdeling kunnen zijn, des te krachtiger de patiënt de rol van regisseur kan nemen. Naarmate de patiënt groeit in zelfregie, zal hij zelf meer professionele expertise inbrengen, waardoor de toegevoegde waarde van de hulpverlener afneemt of van karakter verandert (van regisseur wordt hij tot meedenker en aanbieder van interventies).

Hierboven hebben we oplossingseigenaarschap gedefinieerd als de uitkomst van een proces van oplossingsgericht denken, focussen, doelen formuleren, commitment aan en inzicht in te zetten stappen (interventies) en ten slotte het commitment voor de voorgestelde oplossing, gekoppeld aan realisme over valkuilen en mogelijkheden. Oplossingseigenaarschap is dus veel meer dan het cognitieve inzicht te weten wat er moet gebeuren. De patiënt moet vooral weten wat hij nodig heeft om de oplossing (dit keer wel) te realiseren.

4.7 Samenvatting en conclusies

In dit hoofdstuk hebben we het proces van indicatiestelling naar oplossingseigenaarschap beschreven. We onderscheiden daarbij vijf stappen die er uiteindelijk in resulteren dat de patiënt niet alleen weet wat hij wil bereiken en wat hem daarin te doen staat, maar ook dat hij zich terdege realiseert dat veranderingen eenvoudiger gezegd dan gedaan zijn. De laatste stap neemt in belang toe naarmate de veranderingen lastiger en tijdrovender worden. Hulpverleners zijn daarom niet altijd even gretig in het expliciteren van die laatste stap. Is er slechts een kleine stap nodig om het probleem op te lossen, dan is die stap misschien wel sneller gezet door niet al te nadrukkelijk te wijzen op wat er mis kan gaan. Ook kan overwogen worden niet al te zeer uit te weiden over de te zetten stappen omdat daarmee het nieuw verworven optimisme en de hoop van de patiënt onder druk komen te staan. Zeker bij het snelle, oplossingsgerichte werken door huisarts en poh-ggz kan dit een belangrijke overweging zijn. En dan hebben we vervolgens ook nog te maken met stijlverschillen tussen hulpverleners: de één geeft de voorkeur aan volledige duidelijkheid en transparantie in iedere fase van de zorg, de ander maakt vooral gebruik van het momentum, zodat de patiënt al halverwege is voordat hij zich helemaal realiseert wat er gebeurt. In dat laatste geval wordt de informatie in zekere zin meer gedoseerd aangeboden en in functie gesteld van wat op dat moment in de behandeling nodig is. Iedere aanpak heeft zijn voordelen en zijn nadelen.

Oplossingseigenaarschap betekent dat de patiënt heel goed beseft wat hij wil bereiken, hoe hij dat wil bereiken en wat dat concreet in zijn geval voor hem en zijn omgeving gaat betekenen. Oplossingseigenaarschap betekent vervolgens ook dat de patiënt zich realiseert waarom hij eerder is vastgelopen, gedemoraliseerd is geraakt, en misschien ook wel waarom hij zich iedere keer opnieuw aan die steen stoot. Oplossingseigenaarschap betekent ten slotte ook dat de patiënt zich realiseert hoe het mechanisme van verandering eruitziet en hoe hij dat de volgende keer, bij een volgend dreigend probleem, kan toepassen om uit de fuik van demoralisatie en machteloosheid te blijven. Oplossingseigenaarschap betekent echter niet voortaan alleen nog maar eenakters spelen, wel om de plot zo te ensceneren, dat samen met de andere personages de uitvoering tot een goed einde komt.

De cirkel is rond: we begonnen met de vraag naar de redenen van het bezoek aan de hulpverlener. Door een beschrijving van het probleem en de klachten kregen we oog voor de achterliggende stagnatie. Met het invullen van de KLOP ontstond inzicht: we stegen boven de bomen uit om meer zicht te krijgen op het bos. Boven op de berg maakte het inzicht plaats voor overzicht, en vervolgens konden we met omkering van probleem naar oplossing het overzicht omzetten naar uitzicht op een toekomst waarin het probleem niet langer domineert. Via een proces van focussen en formuleren van behandeldoelen daalden we de berg weer geleidelijk aan de andere kant af. En zo kwamen we weer geleidelijk beneden de boomgrens en kregen we weer oog voor de paden door het bos en de risico's van de beren op de weg. En nu zijn we weer beneden. Alles lijkt weer hetzelfde. Of toch niet? We weten de richting en hebben afspraken gemaakt over de te bewandelen weg. We weten wat ons te doen staat en hulptroepen zijn gecharterd om eventuele beren op de weg af te leiden of te verjagen.

Literatuur

1. Sackett DL, Strauss SE, Richardson WS, Rosenberg W, Haynes RB. Evidence-based medicine: How to practice and teach EBM. Edinburgh/New York: Churchill Livingstone; 2000.
2. De Jong P, Berg IK. De kracht van oplossingen. Handboek oplossingsgericht werken. 3^e druk. Amsterdam: Pearson; 2013.
3. Saleeby D, editor. The stregth perspective in social work practice. 5th ed. Boston: Pearson Education; 2009.
4. De Shazer S. Keys to solution in brief therapy. New York: Norton; 1985.
5. Tiemens BT, Kaasenbrood AJA, De Niet GJ. Evidence based werken in de GGZ. Methodisch werken als oplossing. Houten: Bohn Stafleu van Loghum; 2010.
6. Miller WR, Rollnick S. Motiverende gespreksvoering. Een methode om mensen voor te bereiden op verandering. Gorinchem: Ekklesia; 2005.
7. Maurer JMG, Westerman GMA. Praktijkboek gedeelde besluitvorming in de GGZ. De kracht van verhalen, beeld en dialoog. Houten: Bohn Stafleu van Loghum; 2018.

Van interventie naar uitvoeringseigenaarschap

5.1   De basishouding: doelgericht en pragmatisch – 110

5.2   Vier regievaardigheden – 112

5.3   Mentaliseren – 114
5.3.1   Mentaliseren: lijf – 115
5.3.2   Mentaliseren: omstandigheden – 117
5.3.3   Mentaliseren: persoonlijke stijl – 120
5.3.4   Mentaliseren: klachten – 123

5.4   Flexibiliseren – 127
5.4.1   Flexibiliseren: lijf – 128
5.4.2   Flexibiliseren: omstandigheden – 130
5.4.3   Flexibiliseren: persoonlijke stijl – 131
5.4.4   Flexibiliseren: klachten – 134

5.5   Internaliseren – 139
5.5.1   Internaliseren: lijf – 140
5.5.2   Internaliseren: omstandigheden – 143
5.5.3   Internaliseren: persoonlijke stijl – 144
5.5.4   Internaliseren: klachten – 146

5.6   Veerkracht – 148
5.6.1   Veerkracht: lijf – 150
5.6.2   Veerkracht: klachten – 152
5.6.3   Veerkracht: persoonlijke stijl – 155
5.6.4   Veerkracht: omstandigheden – 157

5.7   Sluiproutes, rondritten en hoofdwegen – 158
5.7.1   Sluiproutes – 159
5.7.2   Rondritten – 160
5.7.3   Hoofdwegen – 162

© Bohn Stafleu van Loghum is een imprint van Springer Media B.V., onderdeel van Springer Nature 2019
G. Hutschemaekers, M. Nekkers en B. Tiemens, *Handboek generalistische ggz*,
https://doi.org/10.1007/978-90-368-2364-7_5

5.8 Van interventie naar uitvoeringseigenaarschap – 163

5.9 Samenvatting en conclusies – 165

Literatuur – 166

5 · Van interventie naar uitvoeringseigenaarschap

Het behandelplan is opgesteld, de focus is bepaald en de doelen zijn geformuleerd. In het ideale geval heeft de patiënt zich ook oplossingseigenaar gemaakt. Er is al veel veranderd en een goed begin is het halve werk, de klus is vaak al bijna geklaard. Wat nu volgt, is echter niet minder belangrijk: het concrete handwerk om de gewenste situatie ook daadwerkelijk te bereiken en te handhaven. Het gaat daarbij om het uitvoeren van de interventies die bij het opstellen van het behandelplan zijn afgesproken en die moeten leiden tot het realiseren van het behandeldoel.

Uitgangspunt daarbij is het zelfregiemodel, zoals we dat in ▶H. 2 hebben gepresenteerd: daarin wordt de uitvoering opgesplitst in drie stappen (zie ▶ par. 5.2). Daarna gaan we in detail in op iedere stap binnen de focus op competentie (▶ par. 5.3, 5.4, en 5.5). Dat herhalen we kort binnen de focus veerkracht (▶ par. 5.6). Daarna volgt een overzicht van varianten op die drie stappen. We geven ze namen die gebaseerd zijn op het wegverkeer: sluiproutes, rondritten en verbrede wegen. We houden de beschrijving van (stappen binnen) interventies globaal en beperken ons tot enkele veelgebruikte technieken afkomstig uit de oplossingsgerichte therapie, de CGT en de ACT-traditie. Let wel, het gaat daarbij primair om voorbeelden ter illustratie van de stappen in (zelf)regie. We sluiten dit hoofdstuk af met een paragraaf over het realiseren van uitvoeringseigenaarschap door de patiënt (▶par. 5.8). Onderdeel daarvan is dat de patiënt zich de professionele attitude heeft eigen gemaakt die noodzakelijk is voor het realiseren van de uitvoering. We zullen die basishouding als eerste bespreken.

5.1 De basishouding: doelgericht en pragmatisch

Eenmaal voorbij de hobbel van de diagnostische en de indicatiefase komen we aan in de behandelfase. Kenmerkend voor deze nieuwe fase in het proces van hulpverlening is de andere dynamiek. Het samen zoeken naar wat er aan de hand kan zijn en hoe daar vervolgens een passende oplossing bij kan worden gevonden, heeft vaak iets spannends. Hulpverlener en patiënt kennen elkaar nog niet zo goed, ze weten nog niet helemaal wat ze aan elkaar hebben en het is en blijft spannend of het kwartje uiteindelijk valt. In de fase die nu volgt, verschuift de dynamiek van bewegen naar stug doorgaan, dat wil zeggen: vasthouden aan de afgesproken doelen en zorgen dat die ook daadwerkelijk gerealiseerd worden. Daar waar de hulpverlener eerder (mee)zoekend was en de patiënt alle ruimte gaf om nieuwe zaken of inzichten in te brengen, wordt het nu zaak om koers te houden en zich niet al te veel te laten afleiden door dagelijkse gebeurtenissen en beslommeringen die niet direct gerelateerd zijn aan de doelstelling van de interventies. Hulpverlener en patiënt moeten samen gefocust blijven. En dat kan een hele kunst zijn, zeker als er veel beweging en dynamiek zit in het leven van de patiënt of de veranderingen moeizaam en taai blijken met ogenschijnlijk weinig vooruitgang.

Doelgericht werken aan het realiseren van de oplossing vraagt specifieke expertise en vooral ook een heel eigen attitude. Die attitude kunnen we hier het beste omschrijven als: met zachte, stevige hand. Van de therapeut wordt veel gevraagd: inlevingsvermogen, empathie, vermogen om te schakelen en te luisteren, maar tegelijkertijd ook zo te sturen dat de patiënt weer bijna automatisch terugkomt bij de les (uitvoeren van de interventies). Dat vraagt creativiteit, want bijna altijd gaat het over een relatie leggen tussen het onderwerp dat de patiënt inbrengt en stug voortploeteren met de interventies. Belangrijk daarbij is de wetenschap dat het voor de patiënt lang niet altijd aangenaam is om aan de doelstelling te blijven werken; het kan saai worden, of vervelend, of teleurstellend, of angstig en iedere keer heeft de patiënt er op korte termijn belang bij om het ongemak bij de uitvoering op afstand te zetten en het met de therapeut te hebben over zaken die en heel moeilijk zijn en vaak ook veel urgenter, zeker in de ogen van de patiënt, en waarschijnlijk ook best belangrijk in de ogen van de hulpverlener zelf. Doelgericht werken betekent dus niet alleen de patiënt telkens terugbrengen bij de les, maar jezelf ook voortdurend beetpakken en je terugbrengen bij de afgesproken koers. Dat kan heel hard werken zijn, en vraagt ook het nodige van intervisie en patiëntbesprekingen. Doelgericht doorwerken aan het realiseren van de behandeldoelen is een van de lastigste taken van de hulpverlener. Zeker om dat te doen op een manier waarbij het voor beiden aangenaam blijft en de behandeling daadwerkelijk binnen de afgesproken termijn tot een goed einde wordt gebracht.

Dat brengt ons bij de tweede basishouding in deze fase: pragmatisch. In zijn aanpak kiest de generalistische hulpverlener voor nuttige en praktijkgerichte interventies. Hij maakt gebruik van interventies die in de praktijk goed zijn toe te passen, die voor de patiënt helder en toegankelijk zijn en die daardoor maximale kans van slagen hebben. Theoretische discussies over wel en wee van specifieke interventies horen niet thuis in de generalistische ggz en al helemaal niet tijdens de interventiefase. Hulpverleners moeten er vooral voor zorgen dat ze snel en efficiënt de patiënt helpen bij het realiseren van de vastgestelde doelstellingen.

Pragmatisch betekent niet nodeloos vasthouden aan heilige huisjes of specifieke theoretische noties. De generalistische hulpverlener maakt gebruik van allerlei soorten interventies, afkomstig uit verschillende psychotherapeutische paradigma's. Nu eens bekent hij zich adept van de ACT-traditie, dan weer werkt hij oplossingsgericht of toont hij zich een warm aanhanger van de geprotocolleerde cognitieve gedragstherapie. Hij is niet bang voor interventies uit de systeemtheorieën en directieve therapie, en zelfs interventies gebaseerd op het gedachtegoed van de schematherapie durft hij toe te passen als dat het gemeenschappelijke doel dichterbij brengt en de patiënt helpt de behandeling vol te houden en succesvol af te ronden. Binnen zekere grenzen gaat hij zelfs mee in bijzondere interpretaties door de patiënt van wat er in zijn leven gebeurt. Hij sluit aan bij de taal en het referentiekader van de patiënt, in die mate dat het het doel dichterbij brengt. De hulpverlener kan vaak meegaan in de taal van de patiënt, bijvoorbeeld als deze mindfulness en yoga aan elkaar verbindt. Er ontstaat pas een probleem als de therapeut daarbij over zijn eigen grenzen heen moet stappen, of dat de interpretatie de patiënt niet dichter bij het doel brengt maar er juist verder vandaan. Pragmatisch moet dus opgevat worden in de zin van het doel van de behandeling dichterbij brengend.

En bij dat doel zit ook de andere kant van zijn pragmatisme: hij laat de afgesproken interventies los zodra hij daarvoor in de plaats een betere interventie kan inzetten. De pragmatische hulpverlener is niet alleen vasthoudend in de zin dat hij het standpunt huldigt van niet te snel loslaten, hij is tegelijkertijd altijd bereid tot aanpassing van zijn gedrag, zeker als dat ten goede komt van de effectiviteit van de behandeling. Hij beziet alles en behoudt het goede. Samen met de patiënt is hij voortdurend op zoek naar alternatieve oefeningen, alternatieve inzichten en alternatieve methoden die nog beter kunnen werken. Ondertussen laat hij de oorspronkelijke interventies niet te snel los, als hij een betere heeft aangetroffen. Dat wil zeggen dat als een interventie beter aanslaat bij de patiënt en hetzelfde doel realiseert, hij kiest voor de meest acceptabele interventie. Pragmatisme dus in de zin van: als het niet uit de lengte kan, halen we het uit de breedte.

Pragmatisch is de hulpverlener uiteindelijk ook als het gaat om het vasthouden aan de behandeldoelstellingen. Vasthouden zo lang als mogelijk, maar uiteindelijk als het niet anders kan, loslaten en bijstellen. Tussentijdse en doorlopende evaluaties kunnen laten zien dat er onvoldoende schot in de behandeling zit, dat de oorspronkelijke behandeldoelstellingen zo niet behaald worden. De hulpverlener kaart dat aan, kijkt met de patiënt wat er aan de hand is en stelt bij. Samen met de patiënt kiest hij desgewenst voor een andere strategie en andere aanpak. Samen met de patiënt kan hij ook besluiten de oorspronkelijke behandeldoelstellingen los te laten en bij te stellen. En ultiem is hij, indien nodig, zo pragmatisch dat hij toegeeft dat de behandeling niet lukt en dat een fundamentelere koerswijziging nodig is, bijvoorbeeld de patiënt doorverwijzen naar een andere generalistische of specialistische collega. Dat kan binnen de generalistische benadering al redelijk snel zijn, bijvoorbeeld na drie gesprekken, want dan is meestal al duidelijk of de ingeslagen weg succesvol is. Werkt iets niet, dan zoekt de therapeut samen met de patiënt naar een andere oplossing. Werkt ook dat niet, dan overwegen zij samen of verwijzing naar een collega of de s-ggz passend is. Alles zet de hulpverlener in om de patiënt te ondersteunen op zijn weg naar meer zelfregie.

5.2 Vier regievaardigheden

Het regiemodel is in eerdere hoofdstukken al enkele keren genoemd en toegelicht. Er zijn vier fasen (onbewust ongewenst, bewust ongewenst, bewust gewenst, onbewust gewenst) en vier stappen: probleemeigenaarschap, oplossingseigenaarschap, uitvoeringseigenaarschap en proceseigenaarschap. In dit hoofdstuk richten we ons op het uitvoeringseigenaarschap. Daarbij onderscheiden we vier typen van interventies, die we koppelen aan de al genoemde regievaardigheden: mentaliseren, flexibiliseren, internaliseren en evalueren. In de volgende paragrafen staat telkens één vaardigheid centraal. De vierde vaardigheid (evalueren) beschrijven we in ▶H. 6. In ◻fig. 5.1 zijn de vier fasen, de vier stappen en de vier regievaardigheden, als onderdeel van uitvoeringseigenaarschap in beeld gebracht.

We gaan terug naar het voorbeeld van Annemieke uit ▶H. 3. Bij aanmelding heeft Annemieke last van emotielabiliteit en vooral buien van grote boosheid, die haar telkens overvallen en die vervolgens veel tijd vragen om de schade die daar telkens het gevolg van is (vooral in de relatie met partner en kind) te herstellen. Na het focussen en het formuleren van het behandeldoel gaan we werken aan meer en andere reactiepatronen dan uitvallen van woede. In fase 1 is het ongewenste gedrag de driftbuien (ongewenst) die haar telkens uit het niets lijken te overvallen (onbewust).

- *Vaardigheid 1 (mentaliseren)* is erop gericht te achterhalen waar Annemiekes driftbuien door getriggerd worden. Annemieke gaat haar driftbuien registreren in een dagboekje en ook gaat ze in kaart brengen wanneer ze eigenlijk wel een driftbui verwacht maar die vervolgens uitblijft. Ze zal zich daarbij in eerste instantie beperken tot driftbuien bij haar partner. Daarbij ligt vanaf het eerste moment de focus op wat er voorafgaat aan de driftbui. Hangt de bui al uren in de lucht, komt hij ineens als een donderslag bij heldere hemel et cetera. Via registratie komt Annemieke erachter dat de driftbuien vooral tijdens ontspannen momenten van samen wandelen voorkomen. Later ontdekt ze dat de driftbui een directe reactie lijkt op de blik van haar partner op jonge vrouwen die voorbijkomen. Ze realiseert zich dat haar boosheid het gevolg lijkt van haar twijfel of zij wel goed genoeg voor hem is, en misschien ook wel een beetje omdat ze zelf kijkt naar mooie jongens die voorbijkomen. Het onbewuste gedrag is nu bewust geworden.
- *Vaardigheid 2 (flexibiliseren)* gaat over het veranderen van Annemiekes gedrag. Samen met haar therapeut kiest ze ervoor niet uit te zoeken waar haar diepe gevoel van insufficiëntie vandaan komt, maar haar aandacht te richten op het eerste moment dat een driftbui opkomt. Eerst volgt echter overleg met de partner. Die bevestigt luid en duidelijk dat het absoluut niet zijn intentie is haar jaloers te maken en dat hij zijn best wil doen deze confrontaties te vermijden. Ze gaat op zoek naar een eerste

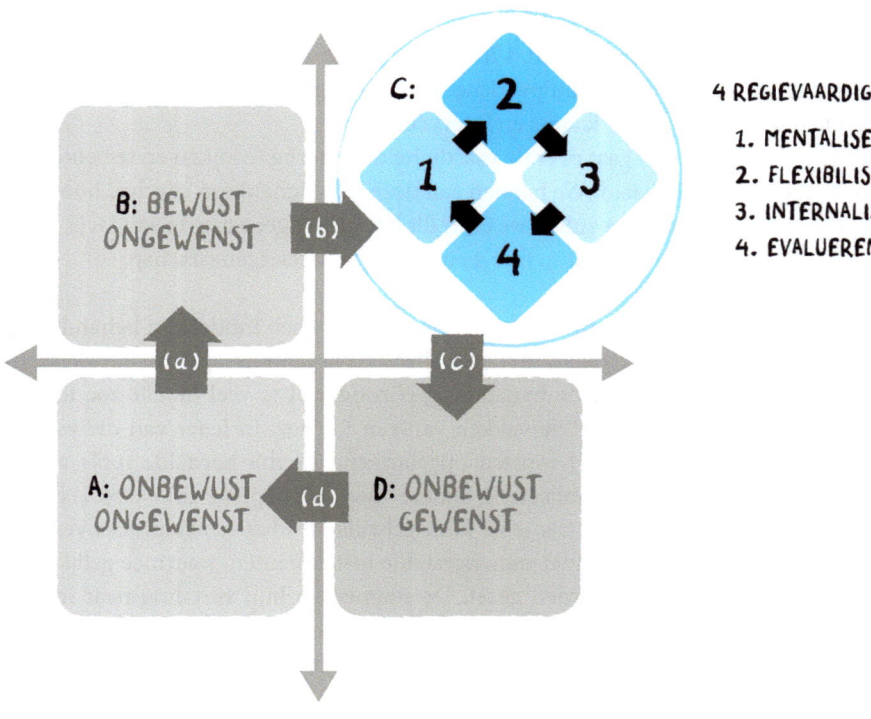

Figuur 5.1 Regiemodel: vier fasen, vier stappen en vier vaardigheden

signaal, het omkeren van haar maag, zoals ze dat noemt. Ze oefent dat gevoel sneller te herkennen, en aan de hand van de metafoor van de pan (een pan met water op het vuur moet je niet plotseling van het vuur halen als het kookt, want de kans op knoeien en verbranden is dan levensgroot, beter is het eerst het vuur uitzetten of de pan te verplaatsen). Ze leert enige invloed te krijgen op dat moment en kan vervolgens een heel klein beetje ruimte voelen om ander gedrag te vertonen. Eerst oefent ze in het omdraaien en weglopen, vervolgens in het betrekken van haar partner in haar opkomende drift en ten slotte kiest ze voor een gedragsvariant waarbij ze haar partner aanstoot en hem toefluister: 'Ik ben de mooiste van heel het land.' Het is Annemieke gelukt haar reactiepatroon open te breken en er nieuw gedrag voor in de plaats te stellen.

– *Vaardigheid 3 (internaliseren)* heeft tot doel dat Annemieke straks niet meer hoeft na te denken hoe te reageren, maar bijna automatisch het pad kiest van partner aanstoten en hem toefluisteren (totdat zal blijken dat ook dat niet meer nodig is). Daarbij schakelt Annemieke haar partner in. Ze spreken af dat hij op de meest onverwachte momenten naar andere vrouwen kijkt en daar net zo lang mee doorgaat dat ze het uiteindelijk helemaal vergeet dat ze op zijn gedrag moet reageren. Dat blijkt overigens nog een flinke klus, waarbij ze af en toe flink gedemoraliseerd meldt dat ze denkt dat het haar nooit gaat lukken. Soms is ze ook bang dat de woede-uitbarstingen gekoppeld raken aan andere voorvallen. Met vallen en opstaan, en vooral door volharden

en alsmaar oefenen, kan ze uiteindelijk met positief resultaat afsluiten, waarbij het doel dubbel en dwars is gerealiseerd. Vier fasen en de vier stappen vormen het model (het denkschema) waarbinnen hulpverlener en patiënt gebruik kunnen maken van verschillende therapeutische kaders en interventies.
- *Vaardigheid 4* (*evalueren*) gaat over de vaardigheid om terug te kijken en te beoordelen of het resultaat is behaald. We hebben aan deze vaardigheid een speciaal hoofdstuk gewijd (▶H. 6). Daarom zullen we er in dit hoofdstuk geen aparte aandacht aan besteden. Deze vaardigheid past in fase 4 en leidt tot proceseigenaarschap.

Het regiemodel is een soort van metamodel of transtheoretisch model van behandeling. Zo'n transtheoretische aanpak maakt het mogelijk om psychotherapeutische interventies uit verschillende therapeutische benaderingen zonder al te veel moeite toe te passen. De stappen vormen zogezegd de vakken van een *toolbox*. In ieder van die vakken kan een aantal interventies (*tools*) worden opgeborgen, waarbij bepaalde tools vooral behulpzaam zijn voor stap 1 (mentaliseren), andere voor de stappen 2 en 3. Ook is er een vak met handige versnellers die – als je ze kunt gebruiken – het herstelproces versnellen. Ten slotte zijn er ook vakken met samengestelde instrumenten, waarmee gelijktijdig verschillende stappen kunnen worden gezet. De stappen en hun vertaling naar instrumenten in de bijbehorende vakken van de toolbox hebben binnen het generalistische zorgaanbod de functie van een denkkader (heuristiek zo men wil). Dit denkkader biedt richtlijnen aan patiënt en hulpverleners voor de verschillende stappen tijdens de interventiefase en helpt zo bij het realiseren van de versterking van de zelfregie (regiemodel). Het model is toepasbaar bij iedere focus, zowel bij competentie als bij veerkracht, bij lijf, omstandigheden, persoonlijke stijl en klacht en zeker ook bij ieder aangrijpingspunt. In de volgende paragrafen werken we de drie stappen verder uit en benoemen daar telkens enkele interventies die kunnen worden ingezet om het doel te bereiken. In schema geven we alvast weer welk type interventie op welke plaats wordt besproken en toegelicht. De koppeling van interventies aan aangrijpingspunt heeft niet meer dan een indicatief karakter. Het zijn uiteindelijk altijd hulpverlener en patiënt die samen bepalen welke interventie het beste past.

5.3 Mentaliseren

Patiënten melden zich vanwege stagnatie. Er overkomt hen iets dat ze niet begrijpen en waar ze geen vat op hebben. Tijdens de diagnostische fase is op hoofdlijnen al begrip ontstaan voor het probleem door het in de KLOP-systematiek te passen. Nu wordt dat proces van (re)constructie toegespitst op het aangrijpingspunt. Doel van deze stap is het in kaart brengen van de specifieke omstandigheden waarin het probleemgedrag plaatsvindt, wat daaraan voorafgaat en wat volgt. Ook gaat het er hier om dat de patiënt naar het probleem durft te kijken en dat kan verdragen.

Het gemeenschappelijk formuleren van de probleemdefinitie – klachten zijn de resultante van specifieke lijfelijke ervaringen (L), omstandigheden (O) en persoonlijke stijl (P) – is vaak een eerste stap geweest op weg naar mentaliseren. Een eerste stap in

Tabel 5.1 Interventies gericht op mentaliseren

aangrijpingspunt	mentaliseren
lijf	ontspanning en sport
omstandigheden	herkaderen
persoonlijke stijl	– reactiepatronen – acceptatie
klacht	– registratie – opzoeken en duiden

de richting van uitzoeken en bewust maken welke automatische responsen (systeem I) gekoppeld zijn aan specifieke momenten of situaties. Nu wordt daarop voortgebouwd en wordt het inzicht verdiept. Daarbij past telkens weer een proces van afstand nemen, observeren, analyseren en hypothesen formuleren.

Welke (deel)taken maken deel uit van deze eerste behandelstap? Eerst zal de patiënt geïnformeerd worden over wat van hem verwacht wordt in de fase van mentaliseren. Bijna altijd gebeurt dat aan de hand van psycho-educatie. Patiënt en hulpverlener gaan samen terug naar het aangrijpingspunt, waarbij de hulpverlener uitlegt wat de patiënt bij dat aangrijpingspunt kan verwachten en waarop hij moet letten. Vervolgens zal de patiënt uitgenodigd worden tot daadwerkelijk observeren en analyseren: wat gebeurt er precies? Nu eens gaat dat observeren bijna vanzelf, dan weer blijkt dat een zeer lastige en emotioneel beladen opdracht, die de patiënt enkel krijgt uitgevoerd als de therapeut daarbij een flink handje helpt. Voor veel patiënten is het bij aanvang nog knap lastig voldoende rust te vinden om even stil te staan. Daarnaast moet de patiënt leren niet helemaal van streek te raken door te kijken. Daarvoor moet de patiënt dus enerzijds dichtbij durven komen en tegelijkertijd ook afstand leren houden tot dat waar hij zo'n last van heeft. Uiteindelijk leidt mentaliseren tot de formulering van werkhypothesen over wat er precies aan de hand is en waarom het zo lastig is om anders te reageren. Mentaliseren in de generalistische aanpak gaat dus uitdrukkelijk over begrijpen van wat er gebeurt en gaat dus niet over zoeken naar de diepere oorzaken van het ontstaan van problemen (tab. 5.1).

5.3.1 Mentaliseren: lijf

In de KLOP-systematiek is lijf een van de mogelijke verklaringscomponenten voor de klachten. Soms geeft het lijf signalen waarmee hulpverlener en patiënt direct aan de slag kunnen, soms is koppeling tussen klacht en lijf wat minder direct voelbaar en moet de verbinding eerst tot stand gebracht worden. De interventies zijn in eerste instantie erop gericht de koppeling tussen klacht en lijf begrijpelijk te maken (normaliseren) en vervolgens op rust en zo mogelijk ontspanning te creëren. De patiënt moet ruimte hebben om afstand te nemen, maar ook om toe te laten. Zodra er weer voldoende ontspanning (buffer) is, kan gewerkt worden aan durven voelen van wat er precies aan de hand is en vervolgens aan het creëren van overzicht.

Bijna alle ontspanningstechnieken kunnen worden ingezet om het doel van afstand nemen en toelaten dichterbij te halen. Denk aan muziek luisteren, een ontspannende film kijken, ademhalingsoefeningen of specifieke ontspanningsoefeningen uit de wereld van yoga, meditatie en wellness. Welke oefening de voorkeur krijgt, zal direct afhangen van de mate waarin de patiënt rust en voldoende motivatie kan opbrengen voor het uitvoeren van de betreffende oefening. Het algemene devies luidt daarbij zo direct mogelijk aan te sluiten bij de belevings- en ervaringswereld van de patiënt.

Bij stress- en angstklachten ten gevolge van lichamelijk disfunctioneren of (vermoeden van) ernstige ziekten zullen ontspanningsoefeningen in eerste instantie onvoldoende helpen. Dat met de patiënt bespreken ter geruststelling, kan helpen. Met overwicht en overtuigingskracht kan de hulpverlener de patiënt over de drempel heen helpen. Soms moet zelfs gebruik worden gemaakt van suggestieve technieken, zoals hypnose, om de patiënt te helpen zijn aandacht op de situatie in het hier-en-nu te richten. Uiteindelijk is het doel dat de patiënt weer bij zichzelf in het hier-en-nu durft te komen.

Zijn de klachten zo heftig of zo chronisch, dat ze ook niet met suggestieve oefeningen zijn te verminderen, dan kan *medicatie* worden overwogen. Het is hier niet de plaats om daar uitvoerig op in te gaan. We volstaan met de opmerking dat medicatie een prima generalistische interventie kan zijn. Medicijnen kunnen de patiënt helpen om afstand te nemen tot de stress, juist omdat het lijf tot rust komt. Als stap van mentaliseren zijn onder de psychofarmaca de sedativa misschien wel het meest voor de hand liggend, zeker als ze incidenteel worden voorgeschreven. Wordt de stress nog heftiger en dreigt decompensatie, dan kunnen zelfs (atypische) antipsychotica worden overwogen. Blijft de patiënt ook dan instabiel, dan ligt verwijzing naar de s-ggz voor de hand.

Zijn de stress- en angstklachten enigszins tot bedaren gebracht, dan is het zaak met de patiënt de tweede stap van mentaliseren te zetten: durven toelaten en voelen. Dat wil zeggen: niet langer vermijden, bagatelliseren of verwoed zoeken naar controle. Acceptatie zal groeien zodra de signalen van het lijf kunnen worden toegelaten en gevoeld, door erbij te blijven. Leren verdragen van de pijn is noodzakelijk om met afstand te kunnen kijken en de vraag te stellen hoe ermee om te gaan. Is de pijn chronisch, is er risico op verslechtering, of mogen we verwachten dat de pijn op termijn weer minder wordt. Mentaliseren leidt ertoe dat de patiënt leert kijken, observeren, verdragen en afstand houden. Alleen zo kan hij de vraag stellen en beantwoorden hoe verder te gaan.

Bij somatopsychische en ook bij psychosomatische klachten zal het mentaliseren leiden tot grotere bewustwording van de nauwe relatie tussen lichaam en psyche. Bij sommige somatische (lees: neurologische) aandoeningen, zoals ziekte van Parkinson of MS, blijken psychische klachten sterk verweven met de ziekte zelf. Bij andere ziekten is de relatie indirecter en hebben psychische klachten een signaalfunctie dat aanpassing aan de nieuwe situatie nog volop gaande is. Ook hier geldt weer: normalisering van de reactie helpt de patiënt bij het durven toestaan van die klachten en vervolgens bij het afstand maken tot de ziekte zelf. Mentaliseren moet ertoe leiden dat de patiënt leert ervaren hoe het mentaliseren zelf, lichamelijke (positieve) reacties kan oproepen en kan helpen bij het leren omgaan met de aandoening.

Hetzelfde geldt voor het omgaan met psychosomatische klachten, waarbij de patient in eerste instantie aan zijn lijf merkt dat de spanning oploopt. Mentaliseren kan hier helpen een directere relatie tussen lichamelijke spanning en de klachten te leren leggen. Een voorbeeld is de patiënt die migraine krijgt zodra de stress oploopt. Mentaliseren moet er dan toe leiden dat de patiënt lichamelijke spanning (K) leert zien als signaal van oplopende stress die vervolgens de kans op migraine (P) verhoogt. Ook minder heftige voorbeelden kunnen worden gegeven, zoals fysiek gevoelde vermoeidheid bij oplopende frustratie. In een dergelijk voorbeeld is een bijkomend voordeel, naast dat patiënt hierop kan leren ingrijpen, dat de lichamelijke klacht (L), vermoeidheid, hiermee wordt herlabeld. Was het eerst iets wat weg moest, met de nieuwe functie wordt het iets wat de patiënt helpt vroegtijdig te signaleren dat de spanning (K) oploopt doordat hij op een specifieke manier reageert (P) op bepaalde omstandigheden (O). Zijn lichaam verschaft hem zeg maar een eigen stress-dashboardlampje. De volgende stap is dan leren herkennen van de signalen van stress nog voordat de migraine zich aankondigt. Bij de opdracht stresssignalen te leren herkennen kan de hulpverlener de patiënt vragen een registratiedagboekje bij te houden. De patiënt begint met registeren van beginnende hoofdpijn en wat daaraan voorafging. Vaak ontdekt hij zelf zo al eerdere signalen, bijvoorbeeld in de omstandigheden of in zijn manier van reageren. Vervolgens luidt de opdracht aan hulpverlener en patiënt een keten van signalen te construeren, die vervolgens te leren herkennen, bewust te maken en te verdragen. Nog weer een stap verder kan de patiënt de uitzonderingen registreren: in welke situaties leidt de stress niet tot hoofdpijn. Lukt zo'n registratie, dan krijgt de patiënt al bijna automatisch een mogelijke oplossing op zijn bordje gepresenteerd.

5.3.2 Mentaliseren: omstandigheden

Ligt het aangrijpingspunt binnen de focus omstandigheden, dan is de eerste stap van mentaliseren gekoppeld aan bewustwording via het aanbieden van een alternatief perspectief op de betreffende omstandigheden en de reactie van de patiënt daarop. Interventies worden ingezet om de patiënt even anders te laten kijken naar de omstandigheden. Juist omdat omstandigheden vaak afgebakend zijn – bijvoorbeeld problemen op het werk – kan de patiënt al direct gebruikmaken van zijn mentaliserend vermogen op andere terreinen. Daardoor is het vaak al voldoende om de patiënt een ander interpretatieschema aan te reiken.

Interpretatieschema's helpen bij het introduceren van een ander perspectief op het probleem. Schema's kunnen helpen bij het verhelderen van probleemsituaties en algemene reactiepatronen zichtbaar te maken [1]. Voorbeelden zijn de cirkel van invloed, het G-schema en het componentenschema. We spreken in dit verband van interpretatieschema's: ze helpen patiënt en therapeut om met een andere bril naar het aangrijpingspunt te kijken. Ze zetten de patiënt op een ander been, waardoor als het ware vanzelf een nieuw perspectief ontstaat. We geven enkele voorbeelden.

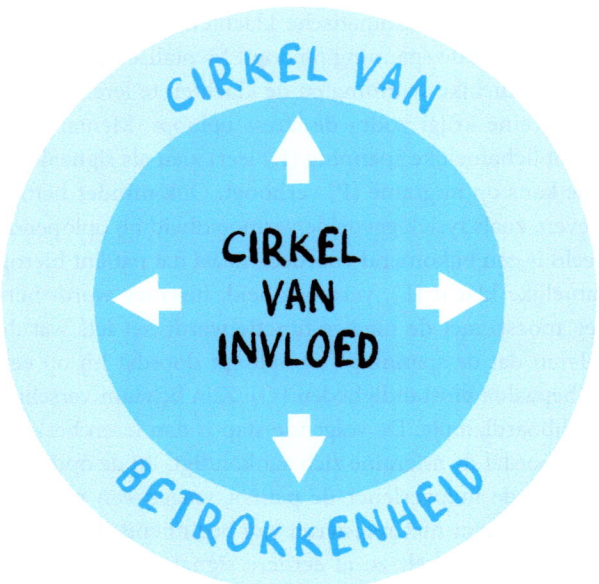

Figuur 5.2 De cirkel van invloed van Stephen Corvey (vrij naar ▶ www.behandelhulp.nl)

Een veel gebruikt schema is de *cirkel van invloed*. Dit schema, door Stephen Corvey ontwikkeld, wordt uitvoerig beschreven door Errez Bar op de site ▶ www.behandelhulp.nl. We volgen hier deze beschrijving. Er zijn allerlei zaken waarover we ons druk maken, dat is de cirkel van betrokkenheid (◘ fig. 5.2). Aan sommige zaken daarbinnen kun je iets doen, maar zeker niet aan alle zaken. Binnen de cirkel van betrokkenheid geeft de cirkel van invloed het gebied aan waarin je iets kunt veranderen. Wanneer je cirkel van betrokkenheid veel groter is dan je cirkel van invloed en je niet in de gaten hebt dat je op veel zaken nauwelijks invloed hebt (dus wanneer jij je druk maakt over veel zaken waaraan je niets kunt veranderen), voel jij je op den duur boos, gefrustreerd of zelfs ziek. Naarmate je daar meer op focust, krimpt de cirkel van invloed, omdat veel energie gestoken wordt in zinloos getob. Er zijn twee manieren om ervoor te zorgen dat de cirkel van invloed de cirkel van betrokkenheid meer gaat overlappen. De eerste manier is door je bewust te worden van het onderscheid tussen beide cirkels en je bewust te worden van waar je last van hebt (in welke cirkel doet het probleem zich voor). Bij de tweede manier richt je je vooral op zaken binnen de cirkel van invloed. De patiënt leert zijn energie te besteden aan zaken die binnen zijn cirkel van invloed liggen in plaats van vergeefs te pogen de wereld te veranderen. Dat geeft de meeste positieve energie en vergroot de cirkel van invloed.

Het *G-schema* komt uit de cognitieve gedragstherapie en heeft als doel zichtbaar te maken dat niet een gebeurtenis zelf een bepaald gevoel oproept, maar onze houding ten opzichte van de gebeurtenis (◘ fig. 5.3). De patiënt wordt aangemoedigd onderscheid te maken tussen de gebeurtenis, de gedachte die deze oproept, de gevolgen voor het gevoel en ten slotte het effect in termen van nieuw gedrag.

GEBEURTENIS ➔ GEDACHTE ➔ GEVOEL ➔ GEDRAG ➔ GEVOLGEN

Figuur 5.3 G-schema (cf. ▶www.Behandelhulp.nl)

Het G-schema helpt inzichtelijk maken van hoe specifieke gevoelens ontstaan en hoe deze op hun beurt weer van invloed zijn op gedrag en nieuwe gebeurtenissen in de hand werken.

Ook kan het G-schema helpen automatische reactiepatronen zichtbaar te maken: het helpt helder te krijgen waarom de patiënt reageert zoals hij reageert op die specifieke gebeurtenis en biedt ook al direct aanknopingspunten om op zoek te gaan naar de ruimte voor alternatieve reacties. Nu eens is bewustwording van de automatische gedachte al voldoende om het patroon te doorbreken, dan weer is het automatisme zo sterk, dat het besef van wat er gaande is, pas doorbreekt als gevoelens bovenkomen.

Met het *cultureel interview* kan het gesprek met patiënten directer gericht worden op culturele factoren. Het is een gestructureerde vragenlijst waarmee de invloed van de sociale en culturele context op klachten, klachtbeleving en relatie met zorgverleners in kaart kan worden gebracht. Het culturele interview helpt de hulpverlener zich te verplaatsen in de leefwereld van de patiënt en kan bijdragen aan een beter begrip van de (impliciete) opvattingen van de patiënt in relatie tot de klacht, het lijf, de omstandigheden en de persoonlijke stijl. Dat geeft een eigen culturele invulling aan de gezamenlijke probleemdefinitie en hulpvraag van de patiënt. We zijn geneigd te denken dat cultuur vooral een rol speelt bij patiënten met een migratieachtergrond en uiteraard is dat vaak zo. Het is echter veel vaker van belang dan we misschien denken. Ook bij autochtone patiënten kan het missen van een door cultuur ingegeven overtuiging bepalend zijn voor de behandelrelatie en hoe de behandeling wel of niet een succes zal worden. Uiteraard zijn dan niet alle vragen uit het interview relevant. Sowieso past het binnen een generalistische setting om niet standaard een volledig interview af te nemen maar om gebruik te maken van die onderdelen die van belang zijn. Er zijn vier aandachtsvelden binnen het culturele interview:

- *Culturele identiteit*. Waar staat de patiënt binnen de maatschappij, welke positie bekleedt hij en met welke sociale groepen heeft hij te maken?
- *Culturele verklaring van de klacht*. Hierin wordt de patiënt gevraagd welke betekenis hij aan zijn klacht geeft. Een belangrijk aandachtspunt daarbij vormt de rol van het lijf.
- *Culturele factoren in de psychosociale omgeving en het functioneren*. Hierbij gaat het vooral om de gevolgen van bijvoorbeeld migratie en hoe de patiënt de cultuurveranderingen beleeft.
- *Culturele elementen in de relatie tussen patiënt en hulpverlener*. Hierbij gaat het om verschillen tussen beiden wat betreft leeftijd, geloof, sekse en etniciteit.

Bij elk van de aandachtsvelden kan de culturele verankering met klacht, lijf, omstandigheden en persoonlijke stijl scherper worden gemaakt, hetgeen er uiteindelijk toe leidt dat de focus meer en meer komt te liggen op de culturele factor als een belangrijke verklaringsfactor, die als zodanig kan worden beïnvloed. Aldus wordt bewustwording van de culturele factor een vorm van mentaliseren en afstand nemen tot de vanzelfsprekendheid van de eigen culturele achtergrond.

5.3.3 Mentaliseren: persoonlijke stijl

Ligt de focus bij de persoonlijke stijl, dan is de interventie er in eerste instantie op gericht om de patiënt anders naar zijn eigen reacties te leren kijken. Soms gaat het hierbij om gedragingen die vroeger zijn aangeleerd en later in het leven zijn versterkt. Op het moment dat de patiënt zich ervan bewust wordt dat hij daar tegenaan loopt, kan het gedrag aangepast worden. Zo gebeurt het met enige regelmaat dat een patiënt terugkomt in het tweede gesprek en aangeeft het na de intake echt anders te zijn gaan doen. Dat hij wegging met het idee: als het zo is dat ik me voel zoals als ik me voel omdat ik nooit eens nee zeg, dan moet dat veranderen.

Maar vaak is er meer nodig. Meestal gaat het dan om onderliggende, dominante cognitieve schema's. Schema's zijn netwerken van informatie of kennis over de persoon zelf, de wereld en de interactie tussen persoon en omgeving. Schema's zijn hypothetisch van aard, ze zijn niet te zien, maar klinken door in de reactiepatronen van de patiënt. Op bepaalde gebeurtenissen blijkt de patiënt telkens identiek te reageren. Hier beschrijven we drie typen schema's. Doel daarbij is dat de patiënt ontdekt dat de problemen waar hij tegenaan loopt, samenhangen met terugkerende patronen in zijn reactie op specifieke situaties. Bewustwording daarvan creëert de ruimte om voor andere reacties te kiezen, waardoor de problemen als sneeuw voor de zon kunnen verdwijnen. Ook hier geldt weer dat veel wegen naar Rome kunnen leiden. We beperken ons hier tot drie typen van interventies: patroonherkenning en acceptatietechnieken.

Reactiepatronen herkennen

Herkennen van reactiepatronen richt zich op het bewust worden van patronen van reageren. Als de behandelaar verwacht dat het reactiepatroon min of meer aan de oppervlakte ligt en goed toegankelijk is voor het bewustzijn, kunnen interpretatieschema's worden gebruikt waarin vooral de elementen van de persoonlijke stijl centraal staan.

Het balansschema wordt veelvuldig gebruikt door Paul Rijnders in zijn Zeeuws model om dimensies in het functioneren van patiënten in kaart te brengen. Op basis van de gemeenschappelijke probleemdefinitie worden dimensies in de persoonlijke stijl onderscheiden. Voorbeelden zijn assertiviteit, zelfvertrouwen, introvert-extrovert et cetera. Per dimensie kunnen uitersten worden omschreven en kan bekeken worden in welke mate de patiënt afwijkt of overeenkomt met posities van mensen uit de omgeving. Vervolgens kan ook worden nagegaan in welke mate die eigen positie bijdraagt aan het ontstaan en/of in stand houden van het probleem en wat er ondernomen zou kunnen worden om hierin

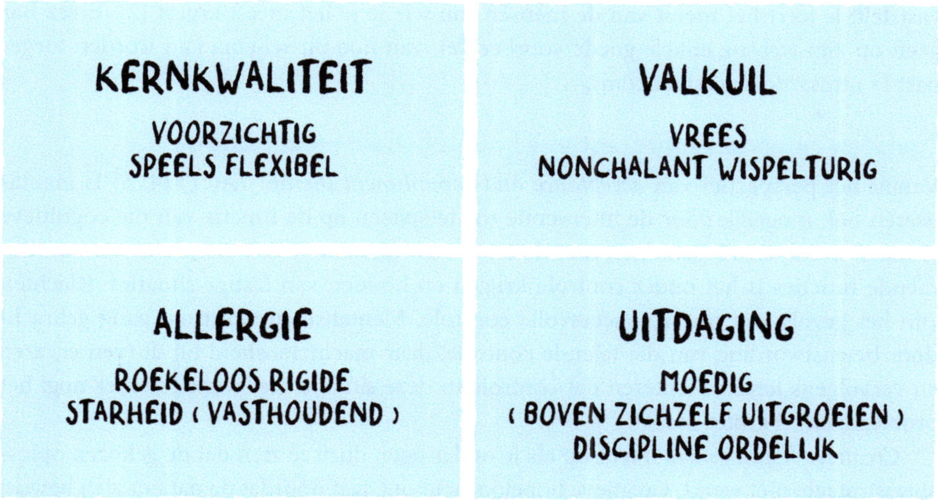

KERNKWALITEIT VOORZICHTIG SPEELS FLEXIBEL	VALKUIL VREES NONCHALANT WISPELTURIG
ALLERGIE ROEKELOOS RIGIDE STARHEID (VASTHOUDEND)	UITDAGING MOEDIG (BOVEN ZICHZELF UITGROEIEN) DISCIPLINE ORDELIJK

Figuur 5.4 Kernkwadranten van Daniel Ofman

verandering, verbetering of groei te krijgen [1]. Het is vervolgens aan de patiënt om zijn prioriteiten aan te geven en keuzes te maken op welke dimensies hij als eerste aan de slag wil. Met het balansschema wordt de patiënt zich niet alleen bewust van zijn eigen handelen, maar kan hij ook oog krijgen voor alternatief gedrag en dat verder exploreren.

De *roos van Leary* kan worden gezien als een bijzondere vorm van het balansschema. Hier spreken we van het *schema voor interpersoonlijke stijl* dat gebruikt kan worden bij het verder exploreren van de relatiepatronen tussen de patiënt en zijn omgeving [2]. De roos helpt bij de interpretatie van basishoudingen en maakt de verschillende posities ten opzichte van andere mensen inzichtelijk. Samen-gedrag roept samen-gedrag op en tegen-gedrag roept tegen-gedrag op (symmetrisch). Boven-gedrag roept onder-gedrag op (complementaire werking) en omgekeerd. Met dit schema kan feedback worden gegeven op het gedrag van de patiënt en inzichtelijk worden gemaakt waarom anderen op de patiënt juist op deze specifieke manier reageren.

Daniel Ofman introduceerde het *kernkwadrantenschema* als hulpmiddel om inzicht te krijgen in eigen kwaliteiten en competenties [3]. Een kernkwadrant bestaat uit de volgende onderdelen: kernkwaliteit, valkuil, allergie en uitdaging (fig. 5.4). Iedereen heeft veel kernkwaliteiten. Als je daarin doorschiet, kun je er 'te' voor zetten. Dan zit je in de eigen valkuil. Als een ander doorschiet in een bepaalde kwaliteit, kan dat irritatie oproepen. De reactie daarop wordt een allergie genoemd. Zo'n allergie heeft te maken met een eigen (kern)kwaliteit. Een bescheiden persoon kan zich mateloos storen aan mensen die zichzelf continu op de borst kloppen. Volgens Ofman is de opgeroepen allergie een belangrijk vertrek- en ontwikkelpunt om iets nieuws te leren: dit is de uitdaging. Ergert iemand zich regelmatig aan de slordigheid van een ander? Kijk dan welke kwaliteit achter die slordigheid zit. Grote kans dat dit juist een uitdaging vormt voor iemand die zelf te veel blijft steken in details, waardoor het werk niet of te laat klaar is. Of zoals Mok vaststelt: je leert het meest van de mensen aan wie je je het meest ergert [2]. Errez Bar geeft op zijn website enkele goede voorbeelden van hoe dit schema kan worden toegepast (▶ https://docs.wixstatic.com).

Toelaten en verdragen: creatieve hopeloosheid en acceptatie

Vanuit het perspectief van *acceptance and commitment therapy (ACT)* [4, 5] is mentaliseren ook mogelijk door de interventie toe te spitsen op de functie van die cognitieve schema's (vaak samengenomen met de term ons 'verstand'). Een van de meest voorkomende functies is het onder controle krijgen en houden van lastige situaties. Klachten zijn het gevolg van niet zo succesvolle controle. Mentaliseren wordt op gang gebracht door bewustwording van die falende controle, daar machteloosheid bij durven ervaren en vervolgens leren accepteren dat controle in deze situatie niet werkt, sterker nog: het probleem enkel groter maakt.

Creatieve hopeloosheid treedt op als je onder ogen durft te zien dat de gekozen oplossingsstrategie niet werkt. Creatieve hopeloosheid ontstaat doordat de patiënt zich bewust wordt van de manier waarop hij met gedachten, emoties, lichamelijke gewaarwordingen, het gedrag van anderen of moeilijke omstandigheden omgaat. Deze manier van omgaan leidt niet tot de oplossing van het probleem of tot ontspanning. Dat onder ogen durven zien leidt tot ervaringen van machteloosheid en hulpeloosheid, en is een belangrijk en functioneel gevoel. De hulpverlener kan de patiënt daarbij helpen door dat proces niet af te remmen en dus niet gerust te stellen. Creatieve hopeloosheid leidt ertoe dat de patiënt ontdekt dat hij met zijn controleacties, negatieve ervaringen van pijn, betekenisloosheid en stagnatie tracht te vermijden en dat dit niet afdoende werkt [5].

Metaforen kunnen de patiënt helpen in het proces naar creatieve hopeloosheid. Op internet circuleren veel filmpjes van metaforen (zie bijvoorbeeld ▶ http://how2act.nl/) met onder andere de metafoor van drijfzand of moeras: hoe harder je spartelt, hoe dieper je verdwijnt in het moeras. Of van de graver, die slechts de beschikking heeft over een schop en bij ieder probleem begint te graven. Hoe groter het probleem, des te dieper de kuil waarin hij verdwijnt, des te lastiger het wordt uit de kuil te ontsnappen. Ook kan men gebruikmaken van concrete beelden en voorwerpen, bijvoorbeeld de Chinese vingerval. Zet je vingers vast en begin te trekken, je komt dan steeds vaster te zitten. Ook gebruikt ACT registratieoefeningen: Schrijf je favoriete vermijdings- of controlestrategieën op (dat zijn dwingende manieren om te sturen: vechten of vluchten). Een andere oefening is: Hoe streng ben jij? (Oefening met het formuleren van regels en meten hoe streng deze worden gehanteerd.) Daarbij kan de patiënt gebruikmaken van een regelboekje waarin hij al zijn regels opschrijft en vervolgens notities maakt van zijn foute gedachten (gedachten die niet voldoen aan die regels), zijn fout gedrag (regels die hij telkens overtreedt). Doel is iedere keer hetzelfde: laat de patiënt zijn hulpeloosheid ervaren. Niets geruststellen of helpen te dragen, maar juist dieper in de put raken en lijden. Dit alles om het eigen vechten te leren doorzien, dat wil zeggen: bereid te zijn naar jezelf te kijken en daar niet langer van weg te lopen.

Durft de patiënt zijn gevecht onder ogen te zien en te ervaren dat controle en vermijden niet (meer) werken, dan kan een kanteling optreden waarbij de patiënt zich openstelt voor het verdragen en leren aanvaarden van zijn gedachten en gevoelens. Acceptatie begint met het verstandelijke inzicht dat er geen oplossing is en verdiept zich met toelaten en actief uitnodigen van alle gedachten, emoties, lichamelijke sensaties en omstandigheden waarop geen invloed mogelijk is. Vervolgens kan de hulpverlener de patiënt helpen dit te leren 'begrijpen' en hem leren zijn onvermogen te omarmen, met alle angst, pijn, en narigheid die daarbij hoort. Ook hier helpen metaforen en oefeningen. Voorbeelden daarvan zijn metaforen als een kast vol gevoelens (controle zorgt ervoor dat we constant bezig zijn met vermijden), het interne alarm (angstgevoelens worden groter door steeds maar het alarm te willen uitschakelen), de oefening hoe pijn tot lijden wordt (lijden is het verzet tegen pijn).

Een belangrijke stap naar acceptatie is de bereidheid oefeningen uit te voeren die hetgeen vermeden wordt, zichtbaar maken. Het doel is toelaten en actief uitnodigen van pijnlijke en oncontroleerbare ervaringen. Metaforen die dit illustreren zijn 'touwtrekken' en 'de zwerver' (ongewenste gevoelens bewust uitnodigen). Oefeningen zijn 'irritaties opzoeken' (verdragen van aversieve stimuli) en oefenen met het ervaren van fysieke angstgevoelens – ademnood door gebruik van een rietje), stilstaan bij de pijn (focus op pijnplekken, pijn toestaan, objectiveren, normaliseren, compassie tonen, bewustzijn vergroten).

Ten slotte is er de stap van bereidheid naar accepteren. Acceptatie is niet een passief ondergaan, maar eerder een actief ver(der)dragen. Het is de uitkomst van een actief proces van nare emoties toelaten en die liefdevol omhelzen. Ook voor deze stap zijn talrijke metaforen en oefeningen beschikbaar, waaronder de oefening 'stilstaan bij de pijn', waarbij de patiënt langs alle delen van het lichaam gaat en de sensaties observeert die hij tegenkomt. Of de oefening 'het blikkenmonster', waarbij eerst op de negatieve emoties wordt gefocust en daar vervolgens naar gekeken wordt (hoe ben je met die emoties bezig, wat roepen ze bij je op et ctera). Met deze oefening worden complexe ervaringen opgedeeld in kleinere brokken die veel beter te verteren zijn.

5.3.4 Mentaliseren: klachten

De vierde en laatste groep van mentaliserende interventies die we hier noemen, heeft tot doel naar de klacht zelf te kijken en hem te analyseren. Ook hier zijn er allerlei mogelijkheden. We beperken ons tot enkele cognitief gedragstherapeutische (CGT) technieken en tot manieren om in te zoomen op achterliggende oorzaken van de klachten, bijvoorbeeld met psychologische tests.

Het doel van mentaliseren zou in CGT-termen gelijk kunnen worden gesteld aan het opstellen van een functie- en betekenisanalyse [6, 7]. De functieanalyse gaat over de functie van de klacht. Klachten, zo is de veronderstelling, zijn vaak een uitingsvorm van ontsnappingsgedrag, vermijdingsgedrag of toenaderingsgedrag. Ontsnapping gaat over het weggaan uit een situatie of het onderdrukken van een gevoel dat er al is. Vermijding staat voor het uit de weg gaan van een situatie (situationele vermijding) of een nare emotie (experiëntiële vermijding). Toenadering staat voor het opzoeken van stimuli die op korte termijn voordelen bieden, maar op langere termijn mogelijk negatieve gevolgen hebben. Met een functionele analyse worden de leergeschiedenis van de klacht en de in stand houdende factoren (o.a. de discriminatieve stimulus, de respons, de stimulusre-inforcer) in kaart gebracht. De betekenisanalyse geeft vervolgens antwoord op de vraag waarom de patiënt deze specifieke emotionele reacties heeft. Het is een analyse van de koppeling van emotionele reacties aan uitlokkende prikkels, alsmede van de wijze waarop die koppeling tot stand is gekomen.

Registratie van klachten helpt vooral bij de functieanalyse. De achterliggende rationale is eenvoudig: door telkens als de klacht optreedt te noteren hoe die klacht eruitziet, wat eraan voorafging en wat erop volgt, ontstaat een helder beeld van de frequentie en intensiteit van de klachten, alsmede een duidelijk beeld van de situatie waarin de klacht optreedt. Stel een patiënt gaat gebukt onder paniekaanvallen. Door te registreren wordt allereerst duidelijk hoe vaak de paniekaanvallen optreden, vervolgens of ze altijd dezelfde kenmerken hebben (hartkloppingen, zweten, trillen, gevoel te stikken et cetera). Door de antecedenten in kaart te brengen wordt duidelijk of de aanvallen helemaal onverwacht komen, zich juist lang van tevoren aankondigen en in welke mate bepaalde gebeurtenissen of ervaringen er iedere keer aan voorafgaan. Let wel, bij antecedenten gaat het niet enkel en alleen om externe omstandigheden, maar ook om lichamelijke ervaringen of specifieke cognities. Bij de consequenten gaat het over de gevolgen van de paniekaanval: Welke gedragingen en ervaringen zijn het gevolg van de paniekaanval? In termen van klassieke en operante conditionering is de vraag: Welke geconditioneerde stimulus gaat vooraf aan de paniekaanval (CR)? Of de vraag: Welke beloningen of vermijdingsopties spelen mee? Registratie van klachten verschaft daarmee niet alleen inzicht in frequentie en intensiteit, maar ook in de context van het optreden van de klacht. Hoe volLediger de registratie, des te meer zicht ontstaat er op context en keten, en des te duidelijker wordt het waarschijnlijk waar de keten het beste kan worden verbroken.

Registratie van cognities en emoties sluit vooral aan bij de betekenisanalyse. Uitgangspunt hier is het in kaart brengen van de gedachten (cognities) en emoties die gekoppeld zijn aan de klacht, of misschien wel een belangrijk onderdeel vormen van die klacht. Die cognities komen niet vanzelf bovendrijven als ernaar wordt gevraagd. Vaak gaat het dan om automatische schema's en onderliggende basisassumpties. Automatische gedachten komen min of meer vanzelf op en de patiënt is zich er nauwelijks van bewust. Basisassumpties liggen eraan ten grondslag en zijn te verdelen in basale assumpties over het zelf, anderen en de wereld. Basisassumpties kunnen worden gezien als persoonlijke leefregels, en zijn gekoppeld aan de persoonlijke leefstijl van mensen. Gebruik van een gedachteboekje is zo'n registratieoefening. Door telkens te noteren wat er gebeurt en welke gedachten erbij horen, worden ze zichtbaar en toegankelijk. Vervolgens neemt de hulpverlener het voortouw in het analyseren ervan en het blootleggen van patronen: Toen u dit dacht, ging u zich zo voelen, en reageerde u zus en zo. Bij regelmatige herhaling ontstaat bewustwording van de automatische gedachten en onderliggende basisassumpties en ontstaat er zicht op de cognities die gekoppeld zijn aan de klacht. Vervolgens zal al snel duidelijk worden dat die gedachten en assumpties robuust zijn, eenzelfde patroon hebben en eenzelfde interne logica volgen. Soms zijn cognities specifiek en contextafhankelijk. Veel vaker komt het voor dat ze over contexten heen generaliseren, dat wil zeggen dat ze niet gevoelig zijn voor verschillen in de context. In de cognitieve gedragstherapie gebruikt men graag de term *denkfout*. Hier gebruiken we

Tabel 5.2 Lijst van veel voorkomende generalisaties [6]

zwart-witdenken	het is zwart of wit; er bestaat niet iets ertussenin met een veranderbaarheid in de loop der tijd
rampdenken	bij optreden van voorval a wordt automatisch verondersteld dat ook b en c zullen optreden, bijvoorbeeld: deze lekke band is vreselijk, nu loopt de hele vakantie in de soep
generaliseren	gebruik van absolute waarheden als: nooit, altijd et cetera
selectief waarnemen	er is aandacht voor één detail, de rest wordt vergeten
negatief denken	neutrale of zelfs positieve gebeurtenissen worden negatief uitgelegd
emotioneel redeneren	emoties worden als waarheid aangenomen en bepalen de interpretatie van een gebeurtenis
gedachtelezen	gedachten van anderen worden ingevuld: iemand gaapt, dus vindt hij mijn verhaal saai
het gebruik van 'moeten'	wensen en verlangens worden tot dictaten gemaakt
neiging tot zelfveroordeling	een gebeurtenis wordt gekoppeld aan een motie van afkeuring ten aanzien van de persoon zelf

vooral de termen generalisatie en denkgewoonten (tab. 5.2). Generalisatie gebruiken we om de patiënt duidelijk te maken dat veel gedachten en interpretaties in de ene context misschien wel juist zijn en daar van grote waarde voor aanpassing aan die context blijken, maar dat het probleem er nu juist in zit dat die automatische gedachten en basisassumpties als gevolg van denkgewoonten vaak losgezongen raken van die contexten, en zo veralgemeniseerd worden, dat ze in andere contexten helemaal niet helpen.

Doel van het gedachtedagboekje is bewustwording van patronen in automatische gedachten en onderliggende basisassumpties. Patroonherkenning is de eerste stap bij mentaliseren, oog krijgen voor eventuele generalisaties volgt daarna. Is die stap gezet, dan ontdekt de patiënt als het ware vanzelf hoe die patronen samenhangen met de persoonlijke inkleuring van zijn waarneming.

Een van de nadelen van registratie zoals hier beschreven is de focus op wat er misgaat in het leven van de patiënt. Vaak is de klacht de aanleiding van het bezoek aan de hulpverlener en met registreren wordt de kat als het ware op het spek gebonden. Iedere keer opnieuw is er de confrontatie met de eigen machteloosheid met het risico van demoralisatie. Daar kan de hulpverlener voor kiezen, bijvoorbeeld om snel een perspectiefwisseling te realiseren. De patiënt denkt dat hij voortdurend gebukt gaat onder een paniekaanval, de hulpverlener vermoedt dat het eerder een kwestie van uitzondering is. Of, bij depressie, de patiënt denkt dat hij van concrete inspanningen moe wordt, de hulpverlener verwacht dat de patiënt juist energie krijgt van fysieke activiteiten. Een alternatieve benadering is te kiezen voor een veel positievere insteek voor registratie. Vooral binnen de oplossingsgerichte aanpak wordt daar een lans voor gebroken. Fredrike Bannink beargumenteert bijvoorbeeld dat patronen volgens haar niet alleen zichtbaar worden door systematisch te verkennen wat niet goed gaat, maar ook door systematisch te verkennen wat wel goed gaat [8]. Een interventie die daarbij past, is de registratieoefening van uitzonderingen: registreer wanneer het probleem niet optreedt, dus: In welke situaties heeft de patiënt geen last van zijn klacht? Een voorbeeld: Gegeven de registratie van paniekaanvallen kunnen patiënt en hulpverlener tot het inzicht komen dat deze vooral optreden als de patiënt in een grote groep verkeert. De vraag die dan vervolgens kan worden gesteld, luidt: In welke grote groepen treedt geen paniek op? Doel van uitzonderingen registreren is te achterhalen wat de patiënt op dat moment doet ter voorkoming of als alternatief voor de klacht. Ook kan deze methodiek worden verbreed tot registratie van gedragingen die leiden tot opheffen van de klacht. Wat heeft de patiënt gedacht of hoe handelt hij om het probleem op te lossen? Registratieoefeningen hoeven dus niet noodzakelijk te focussen op het negatieve. Dat maakt mede dat ze binnen de generalistische ggz een uitstekende interventie zijn om de patiënt ook buiten het directe contact met de hulpverlener bezig te laten zijn met wat er aan de hand is en aldus tot nieuwe inzichten te komen.

De klacht opzoeken

Bij een focus op de K, is de klacht vaak zo alom aanwezig, dat de patiënt voortdurend in de weer is de klacht te ontwijken. Hij besteedt veel tijd en energie om zo veel als mogelijk om de klacht heen te gaan. De paniekaanval vreest hij dermate, dat al zijn acties erop gericht zijn de situaties te vermijden waarin de paniekaanval mogelijk plaatsvindt. Daarvoor mijdt hij bijvoorbeeld open ruimten of contacten met derden, waardoor de ruimte waarin zijn leven plaatsvindt steeds beperkter wordt. In zo'n situatie kan de generalist gebruikmaken van zogenoemde toenaderingsinterventies, waarin de patiënt wordt aangemoedigd de klacht op te zoeken. We bespreken hierna twee interventies: de paradoxale intentie en exposure.

Paradoxale intentie is ontwikkeld door Jerome Frank en behelst het voorschrijven van het probleemgedrag: piekeraars krijgen de opdracht voor een piekeruurtje; angstige agorafobische patiënten de opdracht om zich vooral niet te verzetten tegen flauwvallen op straat [9] en de obsessieve patiënt moet juist rommel en wanorde in de kamer maken. Door een paradoxale intentie wordt de vicieuze cirkel doorbroken: in plaats van vechten wordt de klacht nu geaccepteerd. Omdat de verwachtingsangst vermindert, verminderen ook de lichamelijke aspecten en daardoor vermindert weer de angst. Ook kan de patiënt de opdracht krijgen het gewenste gedrag zo lang mogelijk uit te stellen: zo lang mogelijk wakker blijven, bij impotentie frequent en langdurig vrijen zonder coïtus. Als men ophoudt iets met alle kracht na te streven, komt het vaak spontaan. Paradoxale intentie kan het beste met enige luchtigheid aangeboden worden. Lachen mag best. Sterker nog, het helpt de patiënt om distantie te nemen van het probleemgedrag.

Ook interventies gericht op het *zoeken naar en interpreteren van onderliggende patronen* kunnen helpen bij mentaliseren van de klacht. Dit is een oude en beproefde werkwijze van hulpverleners, denk maar aan de psychoanalytische duiding of onthulling van onderliggende dynamieken, die naar voren komen bij uitvoerig onderzoek en testdiagnostiek. De uitkomst van de test wordt gebruikt om de patiënt te confronteren met de ernst van zijn klachten of de vermeende oorzaken ervan (bijvoorbeeld onderliggende patronen). De oervorm van deze interventie is de psychologische test waarbij de hulpverlener aan de hand van de scores uitlegt hoe de vork in de steel zou kunnen zitten.

Psychologische tests kunnen met name van waarde zijn in het geval de klachten zo verweven zijn met de persoonlijkheid van de patiënt, dat mentaliseren niet van de grond komt. Nogal eens is er dan sprake van een persoonlijkheidsstoornis, vandaar dat we deze vorm van mentaliseren onder de K plaatsen. Bij de P mentaliseren we op persoonlijke stijlen: gewoonten, eigenaardigheden van personen. Als stijlen dermate ernstig en ontwrichtend zijn geworden dat er sprake is van een stoornis, past het deze te plaatsen bij de andere stoornissen en dus zoals gezegd onder de K. Denk aan de patiënt die voortdurend zo heftig reageert op zijn omgeving, dat hij overmand door zijn emoties niet kan inzien dat zijn emoties niet alleen het gevolg zijn van die specifiekere situaties. Denk in dit verband aan het vertrekpunt van de schematherapie met de focus daarbinnen op schema's en onderliggende modi. Young onderscheidt functionele en disfunctionele modi, die soms lastig te herkennen zijn door de patiënt [10]. Dat geldt in nog veel sterkere mate voor de zogenoemde kind- en oudermodi en de disfunctionele copingmodi. Kindmodi verwijzen naar de emotionele toestanden die vooral te maken hebben met vroegere situaties en nauwelijks met de huidige situatie waarin de patiënt verkeert. Daarbij geldt dat de patiënt dat aanvankelijk helemaal niet kan zien en iedere keer de situatie verantwoordelijk maakt voor zijn ervaringen en gevoelens. Oudermodi verwijzen naar het perspectief van de ouders; in de disfunctionele oudermodus kijkt de patiënt als het ware door de bril van een straffende of veeleisende ouder naar zichzelf. De disfunctionele modi kunnen gezien worden als overlevingsstrategieën die de patiënt zich heeft aangeleerd om te kunnen omgaan met overweldigende situaties [11]. Bewustwording van deze modi kan helpen bij het maken van ruimte voor de gezondevolwassenmodus. Dit is een adaptieve modus met een verzorgende en begrenzende taak ten opzichte van de andere modi. Onthulling van de verschillende niet-functionele modi met behulp van een modusvragenlijst, helpt de patiënt zicht te krijgen op disfunctionele modi, die misschien vroeger in de kindertijd wel passend waren maar nu niet meer en daarom plaats moeten maken voor de gezonde adaptieve modus.

Samenvattend: De eerste stap van mentaliseren is gezet zodra de patiënt met voldoende afstand kan kijken naar het aangrijpingspunt voor de behandeling. De patiënt durft nu te kijken en te ondergaan, hij verdraagt de spanning en kan die laten gebeuren. Mogelijk ook heeft hij ontdekt hoe in het aangrijpingspunt stappen of fasen zijn te onderscheiden en in welke fase hij nog wel invloed kan uitoefenen en wanneer niet meer. Bijna altijd leidt de nieuwe wijze van omgaan met het aangrijpingspunt tot veranderingen. De klacht wordt bijvoorbeeld minder bedreigend of minder pijnlijk en de stagnatie wordt minder 'taai', dat wil zeggen: er ontstaat ruimte voor veranderingen en introduceren van veranderingen. Is dit laatste aan de hand, dan zijn we al bijna automatisch overgestapt naar de volgende stap: flexibiliseren.

5.4 Flexibiliseren

Is eenmaal het proces van mentaliseren goed op gang gekomen, dan kan de patiënt de volgende stap zetten: flexibiliseren (tab. 5.3). Flexibiliseren verwijst naar het bedenken, ontwikkelen en experimenteren met alternatieve gedragingen. Doel van flexibiliseren is

Tabel 5.3	Interventies gericht op flexibliseren
aangrijpingspunt	flexibliseren
lijf	– activering – mindfulness – medicatie
omstandigheden	oplossen
persoonlijke stijl	– problem solving – diffusie van zelf als context
klacht	– gedragsexperimenten – uitdagen en versterken

dat de patiënt zich oriënteert op ander gedrag, dat mogelijk minder spanning en problemen in de betreffende situatie veroorzaakt en daar vervolgens keuzes in maakt. Flexibliseren is mogelijk zodra over alternatief gedrag gedacht kan worden en vraagt creativiteit en fantasie om alternatieven te bedenken (wat zou ik in deze situatie anders kunnen doen?). Het vraagt ook kennis (wat is handig en wat maakt grote kans van slagen?) en moed om met dat nieuwe gedrag aan de slag te gaan, de sprong te wagen en zich niet direct bij de eerste beste poging te laten demoraliseren. En ten slotte een eerste succeservaring: de patiënt moet ervaren dat ander gedrag iets oplevert. Toepassing van alternatieven leidt tot het besef dat het anders kan en dat het andere ook veel passender kan zijn in de betreffende situatie.

5.4.1 Flexibliseren: lijf

Focus op de L (lijf) leidt bijna per definitie tot ander gedrag in relatie tot het lijf. Per aangrijpingspunt kan dat wel verschillend zijn. Hierna lopen we de verschillende aangrijpingspunten langs. Telkens begint flexibliseren met beantwoording van vragen over de mate waarin de patiënt met doelgerichte actie veranderingen kan aanbrengen: Wat is bekend over het beloop van de aandoening? Welke invloed kan de patiënt hebben op dat beloop?

Activering

Bij de algemene lichamelijke conditie als aangrijpingspunt gaat het bijna altijd om gedrag dat leidt tot verbetering van de conditie, zoals wandelen, fietsen, sport en spel. Dit zijn activiteiten die juist vaak worden vermeden, waardoor de problematiek eerder toe- dan afneemt. De patiënt ontdekt dat als hij 's ochtends in bed blijft liggen vanwege moeheid, de schuldgevoelens enkel toenemen. In plaats daarvan kan de patiënt met zichzelf afspreken 's morgens direct naar buiten te gaan, een flinke wandeling te maken en daarna pas te beginnen met andere dagactiviteiten. Blijven liggen wordt dan vervangen door bewegen. Waarschijnlijk zal de patiënt zich al snel realiseren dat deze activiteit misschien wel fysiek vermoeiend is, maar tegelijkertijd veel meer ruimte geeft in het hoofd. (Sport)activiteiten in het kader van flexibiliseren zetten we dus vooral in op momenten dat daarmee ruimte ontstaat om zich anders te gaan gedragen, waarmee het aangrijpingspunt weer kan veranderen.

Lichaamsgerichte activiteiten hebben naast het gezondheidbevorderende aspect vaak ook een sterk stimulerende en daarmee zelfmotiverende kracht. De patiënt ervaart opnieuw dat hij iets kan. Hij kan zichzelf opnieuw zien als actor van doelgerichte actie. Sportactiviteiten hebben bovendien ook een zekere disciplinerende werking, zeker als de patiënt deze op vaste momenten op een dag inzet. Er ontstaat zo een ander dagritme, waarbinnen niet langer alles automatisch bij het oude blijft, maar de patiënt ruimte creëert voor een andere invulling van activiteiten. De patiënt kan weer trots op zichzelf zijn en tot het besef komen dat hij tot veel meer in staat is dan hij nog voor mogelijk hield. Soms kan het ook helpen de patiënt uit te nodigen een lijst te maken van activiteiten waarvan hij – zeker in het verleden – energie kreeg. Zo'n lijst opstellen leidt bijna altijd tot het besef dat het ook anders kan. Samen met de patiënt vervolgens stappen zetten om de een of andere activiteit weer geleidelijk op te pakken, kan ook weer bijdragen aan het besef dat er ruimte tot verandering is.

Bij somatopsychologische en de psychosomatische klachten vormen de mogelijkheden van de patiënt het vertrekpunt. Met het flexibiliseren wordt daar direct op aangesloten: is duidelijk wanneer die klachten optreden en welke ruimte de patiënt daarin heeft tot verandering, dan kan vervolgens naar alternatief gedrag worden gezocht om de gedragsketen te beïnvloeden. Bij veel somatopsychologische aandoeningen is de ruimte tot minder last en pijn door de arts vaak al wel onderzocht. Bij psychosomatische klachten bestaat flexibiliseren uit het zoeken naar alternatieven voor de spanning nadat oplopende spanning is gesignaleerd.

Mindfulness

Een bijzondere vorm van lichaamsgerichte activiteiten betreft *mindfulness*. De Amerikaan dr. Jon Kabat-Zinn heeft als eerste het begrip mindfulness uit zijn boeddhistische context gehaald en een acht weken durende training ontwikkeld, de *mindfulness-based stress reduction training* (MBSR, op mindfulness gebaseerde stressreductie) [12]. Mindfulness is een training in het richten van de hier-en-nu-aandacht op het eigen lichaam, de ademhaling, de zintuigen, de gedachten en de emoties, en wel zonder te oordelen. Mindfulness is niet gericht op veranderen maar juist op compassievol toelaten van al die ervaringen en belevingen in het hier-en-nu. Het is geen methode om nooit meer stress of angst te kennen, maar richt zich juist op het aandachtig ervaren van zulke gevoelens, waardoor de patiënt anders leert omgaan met zowel aangename als onaangename gebeurtenissen. Op internet is veel uitleg te vinden, evenals een groot aantal oefeningen. In de Nederlandse context is de VGZ-app mindfulness te gebruiken (zie: ▶ www.vgz.nl).

Medicatie

Ook medicatie kan worden overwogen als passend in de fase van flexibiliseren. Vaak gaat het daarbij om medicatie die gericht is op (creëren van ruimte voor) gedragsverandering, denk aan antidepressiva (o.a. paroxetine, citalopram, venlafaxine, fluoxetine, sertraline, mirtzapine, imipramine, nortryptiline, clomipramine). Ook kan gedacht worden aan medicatie die zich richt op de symptomen van ontwikkelingsstoornissen zoals AD(H)D (methylfenidaat).

5.4.2 Flexibiliseren: omstandigheden

Vaak kan de hulpverlener al heel snel overschakelen van mentaliseren (inzicht in het probleem) naar flexibiliseren, dat wil zeggen: uitzicht creëren op mogelijke oplossingen. Interventies ontwikkeld binnen de oplossingsgerichte therapie zijn daar bij uitstek geschikt voor. Flexibiliseren bij een focus op omstandigheden betekent dan in eerste instantie het realiseren van perspectiefwisseling, waardoor alternatieven in het aangrijpingspunt als vanzelf zichtbaar worden. Het best passende alternatief voor een probleem is immers de oplossing.

Uitzonderingen zijn volgens Peter de Jong en Insoo Kim Berg [13] eerdere of andere ervaringen in het leven van de patiënt, waarbij enerzijds verwacht mag worden dat zich daar het probleem voordoet, maar dat dit op de een of andere wijze niet gebeurt [14]. Uitzonderingen zijn er in soorten en maten. Soms gaat het erover dat het probleem zich in beperkte mate voordeed en daardoor beheersbaar bleef. Het kan ook zijn dat er iets heel anders gebeurde. Het probleemgedrag lijkt zich in het voorbeeld van Annemieke vooral voor te doen in situaties waarin ze samen met haar partner op straat loopt en hij zijn ogen niet kan afhouden van andere vrouwen. Op de vraag of dit altijd gebeurt, antwoordt Annemieke volmondig ja, maar bij doorvragen blijkt ze toch minder zeker van haar zaak. Zo ontdekt ze dat ze veel minder last heeft gehad van het gedrag van haar vriend toen ze laatst samen in een park gearmd en gezellig keuvelend zag dat haar partner zijn oog richtte op een passerende wandelaarster. Heel anders dan in de drukke winkelstraat waar ze boodschappen aan het doen zijn. Annemieke realiseert zich dat haar heftige emotie uitblijft op dagen dat ze zelf minder gestrest is. Ook blijkt ze veel beter tegen het gedrag van haar partner te kunnen in situaties waarin hij zich laat betrappen op gluren, bijvoorbeeld door haar licht beschaamd aan te kijken.

Wanneer uitzonderingen eenmaal in beeld zijn en voldoende concreet zijn geworden – doorvragen naar de details! – verschuift het gesprek bijna automatisch naar de vraag hoe je ervoor kunt zorgen dat de uitzonderingen toenemen: Wat moet je doen om een uitzondering uit te lokken? Bijna toevallige uitzonderingen worden dan opzettelijk gemaakt en worden aldus tot alternatieven voor het probleemgedrag. Met het exploreren van uitzonderingen wordt de patiënt zich bewust van zijn huidige en eerdere successen in relatie tot zijn doelen.

Schaalvragen nodigen patiënten uit om hun observaties, impressies en voorspellingen op een schaal van 0 tot en met 10 te zetten. 0 betekent geen kans (meest slecht) en 10 alle kans (ideaal). Daarmee kan de patiënt uitdrukking geven aan complexe, intuïtieve observaties over eerdere ervaringen en schattingen van toekomstige mogelijkheden. Schaalvragen maken het mogelijk een specifiek moment, bijvoorbeeld nu, te contrasteren met een ander moment en daarmee veranderingen concreter te maken. Als antwoord op de wondervraag geeft de patiënt een concrete beschrijving van een leven zonder probleem. Dat kan hij scoren met een 10. Vervolgens kan de hulpverlener vragen: Waar staat u nu? Daar geeft de patiënt bijvoorbeeld een 3 voor. De volgende stap bestaat vervolgens uit het beschrijven van tussenstappen: Wanneer is er sprake van een 4 en wat moet daarvoor gebeuren?

Schaalvragen kennen allerlei toepassingen. Ze kunnen gebruikt worden om bijna alle percepties van de patiënt in kaart te brengen. Ze vertalen (operationaliseren) het hier-en-nu probleem concreet in een cijfer, evenals de idealere toekomst of het succesvolle gedrag van een ander. Verschil tussen werkelijkheid en ideaal wordt al evenzeer concreet gemaakt en vertaald in concrete stappen, die ook nog meetbaar gemaakt worden. Het expliciteren van de tussenstappen is bij uitstek een kwestie van flexibiliseren: stapje voor stapje benoemen wat anders kan en vervolgens nadenken over hoe dat anders kan worden gerealiseerd. Let wel: schaalvragen en de vertaling ervan in concrete schalen moeten vooral niet als een lineaire, eenduidige en gouden standaard worden opgevat waar niet meer van afgeweken kan worden. In dat laatste geval dreigt het risico van nieuwe stagnatie met als gevolg demoralisatie (de overgang van de ene naar de andere stap lukt niet). Gebruik schaalvragen dus vooral als leidraad om het perspectief voortdurend te richten op de oplossingsrichting en als dat niet lukt op zoek te gaan naar het onderliggende schema of de nare ervaring die de oplossing in de weg staat.

5.4.3 Flexibiliseren: persoonlijke stijl

Ook bij een focus op de persoonlijke stijl kunnen tal van interventies worden ingezet voor het vergroten van het arsenaal aan alternatieven, waaronder ook bij uitstek de hiervoor beschreven oplossingsgerichte interventies. Hier beperken we ons tot de *problem solving therapy* (PST), en een aantal ACT-interventies.

Problem solving therapy (PST)

Problem solving therapy (PST), in Nederland onder andere onderzocht en uitgewerkt door Eveline van Weel-Baumgarten, steunt enerzijds sterk op de cognitief gedragstherapeutische traditie, maar heeft tegelijkertijd grote verspreiding gekregen onder huisartsen in de eerste lijn. Het is een kortdurende, praktische behandeling bij psychische klachten [15]. In Nederland spreken we meestal van probleemoplossende behandeling. Het doel is om de copingvaardigheden van de patiënt te vergroten, zodat hij meer controle krijgt over zijn probleem en ondersteuning kan vinden bij het oplossen ervan. In het herdefiniëren van het probleem ontstaat zicht op oplossingen. Vervolgens wordt gefocust op het maken van een keuze dat wil zeggen: expliciet formuleren wat de patiënt aan de problemen wil veranderen en hoe hij dat gaat realiseren. Lang niet altijd is het doel het oplossen van de problemen, veel vaker gaat het om leren omgaan met die problemen (andere coping). De achterliggende idee van de PST is dat de patiënt de vicieuze cirkel leert doorbreken en opnieuw een *sense of mastery* krijgt. In zijn oorspronkelijke opzet bestaat PST uit zeven stappen, waaronder probleemanalyse en doelen stellen:

1. *Probleemanalyse*.
2. *Doelformulering* (gebruik de KLOP-probleemdefinitie en formuleer het doel zo concreet en meetbaar mogelijk). Maak inzichtelijk waarom het probleem niet wordt opgelost met de bestaande coping en maak onderscheid tussen korte- en langetermijndoelen.

Hier richten we ons verder op de stappen 3, 4, 5 en 6:

3. *Oplossingen bedenken*. De patiënt wordt uitgenodigd zo veel mogelijk oplossingen te bedenken en actief te brainstormen. Om brainstormen te faciliteren kan met patiënt worden afgesproken pas achteraf alles kritisch te bekijken. De hulpverlener kan daarbij gebruikmaken van verschillende brainstormtechnieken, zoals beginwoorden vastzetten en een groot aantal keren de zin laten afmaken (Ik ga …). Het succes van de aanpak schuilt in het ruimte creëren voor out of the box-denken, loskomen van standaardoplossingen. Eventueel kan iedere mogelijke oplossing op een kaartje worden geschreven.
4. *Voor- en nadelen bedenken*. Van iedere oplossing worden de voor- en nadelen in kaart gebracht. Denk daarbij aan tijdsinvestering, complexiteit, kosten, betrokkenheid van anderen et cetera. De hulpverlener denkt actief mee, stelt vragen en draagt ertoe bij dat de patiënt geen grote voor- en nadelen over het hoofd ziet. Gebruik kaartjes om de voor- en nadelen op te schrijven.
5. *Oplossingen(en) kiezen*. Op basis van de voor- en nadelen worden een of meer oplossingen bedacht. Dit is een proces van wikken en wegen, waarbij de patiënt geconfronteerd wordt met het dilemma van verandering. Bij de kaartjesmethode kan de patiënt aan iedere oplossing een score toekennen (daarmee wordt hij aangemoedigd zijn eigen prioriteiten en waarden te expliciteren). Vervolgens kan de patiënt de kaartjes op volgorde leggen.
6. *Actieplan maken en uitvoeren*. Is een keuze voor een of meer oplossingen gemaakt, dan kan per oplossing een actieplan worden opgesteld en worden vastgelegd wanneer en in welke situatie de actie wordt uitgevoerd. Onderdeel van het actieplan is afspreken wat en wanneer de patiënt concreet gaat doen. In deze fase wordt de patiënt aangemoedigd te experimenteren met de verschillende oplossingsrichtingen en indien nodig te variëren met concrete stappen.
7. *Evaluatie*. Oplossingen die zijn uitgeprobeerd worden geëvalueerd. Wat werkt het beste en waarbij voelt de patiënt zich het meest op zijn gemak? (Zie hiervoor ▶ H. 6.)

Acceptance and commitment therapy (ACT)

Binnen de acceptance and commitment therapy (ACT) luidt het uitgangspunt dat veel van ons lijden het gevolg is van de verwoede en telkens falende pogingen om controle te houden en pijn te vermijden; juist daarom lijden wij. De oplossing die Hayes ons voorstelt, is niet om de pijn uit te bannen en daar al onze energie in te steken, maar juist om de pijn de pijn te laten, die niet langer te vermijden en te leren er anders mee om te gaan [4]. Creatieve machteloosheid en acceptatie vormen de eerste stap, defusie de tweede, dat wil zeggen: splitsing tussen onze emoties, cognities en ons zelf [5].

Defusie is het tegendeel van fusie (bijeenbrengen en samengaan). Fusie ontstaat door koppeling van ervaringen aan gedachten en emoties. Daardoor kunnen gedachten vervolgens zelfstandig diezelfde emoties opwekken. Vervolgens kan de leerketen verdergaan (afgeleid leren), waardoor gedachten bij gebeurtenissen emoties gaan oproepen die daarvoor op geen enkele manier aan de gebeurtenis verbonden waren.

Defusie is gericht op loskoppeling. Doel is gedachten, emoties en ons 'zelf' een andere lading te geven, waardoor de ervaring ervan minder ernstig en zwaar wordt. Als een andere context wordt gecreëerd, wordt de eenzijdige negatieve lading weggehaald. Daardoor ontstaan andere verbindingen waardoor de ogenschijnlijk gelijke ervaring een andere betekenis krijgt. Defusie kan worden gerealiseerd met technieken die woorden, gedachten en gevoelens loskoppelen van de emotie die eraan verbonden is geraakt. De patiënt wordt belaagd door heftige negatieve emoties (o jee ik stik) die resulteren in sombere gevoelens. De therapeut legt vervolgens uit dat de standaardreactie is om deze gevoelens te bestrijden of negeren, waardoor de koppeling nog steviger wordt. In plaats daarvan nodigt de therapeut de patiënt uit om het gevoel zelf te beschrijven: waar voelt u die angst precies, wat voelt u daar et cetera. Aldus leert de patiënt op een nieuwe manier kijken naar dat gevoel en de daaraan gepaardgaande gedachten, die daarmee niet automatisch weggaan, maar wel een ander karakter krijgen, omdat de patiënt er anders mee omgaat. In het afstand maken tot die gedachten en gevoelens kan de hulpverlener een onderscheid maken tussen de persoon zelf en zijn verstand. Het verstand kan een naam krijgen en op afstand gezet worden door externaliserende vragen:

- Hoe noemt u de gedachten en gevoelens (uw verstand) die u lastigvallen?
- Wanneer ziet uw verstand zijn kans schoon u te overvallen?
- Hoe krijgt uw verstand het voor elkaar dat u zo de pest aan uzelf krijgt?
- Onder welke omstandigheden heeft uw verstand het meeste/minste kans u te overvallen of te verrassen?
- Hoe zet u uw verstand op afstand?
- Wat voor hulp hebt u in het gevecht tegen uw verstand?
- Wat gebeurt er als u uw verstand gewoon laat voor wat het is?
- Hoe kunt u uw verstand om de tuin leiden?

Ook met metaforen kan veel worden verhelderd. Zie bijvoorbeeld op YouTube de filmpjes van de onwelkome feestganger (zoek op: the unwelcome party guest - an acceptance & commitment therapy (ACT) metaphor) en de buspassagiers die van alles en nog wat willen en het de chauffeur maar knap lastig maken (zoek op: passengers on a bus- an acceptance & commitment therapy (ACT) metaphor). Telkens luidt de boodschap dat er onderscheid is tussen degene in ons die aan het roer zit en dat deel van ons verstand dat dit proces verstoort en ontregelt. Kunst is die strijd toe te laten, niet door de verstoorders te negeren of ze buiten te laten, maar juist door ze binnen te laten, ze te erkennen en voorbij te laten komen, ze te valideren zonder, en dat is belangrijk, erin mee te gaan en hun de macht over het stuur te geven. Daarbij is het behulpzaam om *mindfulness*-technieken in te zetten, want juist die kunnen helpen in het hier-en-nu te blijven.

Zelf als context. Een groot gedeelte van onze identiteit bestaat uit gedachten en emoties. ACT spreekt van het descriptieve zelf. Het is dat deel van het zelf waarmee we onszelf beschrijven. Door fusie worden die beschrijvingen vaak gekoppeld aan gevoelens en emoties. Opnieuw gaat het over fusies tussen gedachten en emoties. Defusie betekent vervolgens afstand maken tussen ons en dat descriptieve zelf. Ook dat gaat met stappen: eerst groeiend besef, dan leren onderscheid maken tussen *ik ben ...* via *ik ervaar mezelf als ...* tot *mijn verstand beschrijft mij als ...* Taal is geen absolute waarheid meer, waardoor achter de emotie 'taal' wordt herkend: bepaalde woorden (opvattingen over het zelf) lokken specifieke emoties uit, die mij mijzelf op een specifieke manier laten ervaren. In plaats van het descriptieve zelf ontstaat zo ineens de notie van het zelf als plaats waar die cognities worden gedacht en beleefd. Dat noemt Hayes: 'zelf als context'.

Defusie biedt vervolgens de ruimte voor een andere identiteit, bijvoorbeeld het ontwikkelen van een zachtaardige relatie met je zelf, dat wil zeggen: zelfcompassie. Zelfcompassie vraagt afstand tot al die regels en normen waarvan ons verstand zegt dat we eraan moeten voldoen. Gaat de patiënt gebukt onder een hoog plichtsbesef waardoor de zorg voor anderen altijd voorgaat, dan zal zelfcompassie betekenen: het leren verdragen en accepteren dat die hoge norm niet altijd wordt gerealiseerd.

Metaforen en oefeningen zijn wederom in te zetten om compassie op gang te krijgen. Men kan oefenen door de regels te inventariseren die allemaal voor het zelf gelden. De patiënt ontdekt dan dat de werkelijkheid weerbarstiger is dan de regels en bewustwording daarvan kan ertoe leiden dat de regels worden bijgesteld. Dat laatste is alleen mogelijk als de patiënt defusie kan toepassen op die eigen regels. Dat resulteert dan in een ervaring van zelf als context, dat wil zeggen: als plaats waar allerlei gedachten en gevoelens over het zelf passeren, maar die niet het zelf blijken te zijn. De patiënt heeft zogezegd allerlei passagiers in zijn bus, die vooral erg hard roepen en van alles voor zichzelf willen hebben geregeld. Maar niet de passagiers bepalen maar de chauffeur bepaalt uiteindelijk waar de bus heengaat. Zelfcompassie verwijst in deze metafoor naar het verdragen van al die schreeuwende passagiers, ze laten vertellen waar ze heen willen, maar uiteindelijk toch zelf beslissen waar de reis naartoe gaat.

Ook de metafoor van de hemel en het weer illustreert dat goed. Het observerende zelf is als de hemel. Gedachten en gevoelens zijn als het weer. Zit de patiënt midden in de storm, dan wordt hij meegesleurd door de zuigende kracht hiervan. Maar het weer verandert continu en uiteindelijk wordt het wel weer rustig. Tegelijkertijd: hoe slecht het ook wordt, het kan de hemel op geen enkele manier schade berokkenen. Hoe erg het weer ook is, de hemel heeft er altijd ruimte voor. Naarmate de patiënt meer afstand kan nemen, des te rustiger het wordt en des te beter de patiënt kan bepalen hoe hij op het weer zal reageren.

5.4.4 Flexibiliseren: klachten

Bij de focus op klachten wordt flexibilisering vaak op gang gebracht door interventies die eerder al aan bod zijn gekomen, zoals toepassing van G-schema's of de defusietechnieken uit de ACT. In deze paragraaf voegen wij daar interventies aan toe die gericht zijn op directe actie, zoals exposure, het aangaan van experimenten, de socratische dialoog, en het leren afstand nemen van schema's en modi.

Exposure

Exposure-technieken worden vaak gebruikt om de patiënt aan te moedigen het probleemgedrag onder ogen te zien, het ten volle toe te laten in het bewustzijn met als gevolg dat dit gedrag snel zijn bedreigend karakter verliest. Exposure werkt met name bij patiënten die het erg lastig vinden pijnlijke ervaring toe te laten, vaak omdat ze de consequenties van dat toelaten vrezen. Exposure staat voor de interventie die de therapeut inzet om de patiënt alsnog naar zijn probleem te laten kijken. Na een goede uitleg zet de therapeut de patiënt aan om op zoek te gaan naar de pijnlijke ervaring; dat kan zijn door introceptieve-, imaginaire- en in vivo exposure. Bij introceptieve exposure stelt de patiënt zich bloot aan de lichamelijke sensaties die horen bij stress en angst. Vermijding van angst maakt vaak dat de patiënt al bang is voor de eerste lichamelijke signalen ervan. Introceptieve exposure vindt plaats door patiënt kortdurende lichamelijke inspanningen te laten uitvoeren die ertoe leiden dat het sympathisch zenuwstelsel wordt geactiveerd. Imaginaire exposure vindt plaats indien de patiënt zichzelf voorstelt in een situatie te belanden die de angst opwekt. De hulpverlener kan daarbij helpen met suggestieve en geleide technieken waardoor het voorgestelde nog echter lijkt. In vivo exposure ten slotte verwijst naar feitelijke confrontatie: patiënt en hulpverlener zoeken samen situaties op die voor de patiënt angstaanjagend zijn. Patiënt durft niet in grote winkels met veel mensen te komen, tijdens de in vivo exposure bezoekt de patiënt een grote winkel en krijgt daarbij verschillende opdrachten die het allemaal nog angstaanjagender maken. Exposure is met name effectief indien de confrontatie vaak wordt herhaald en de patiënt leert dat de zo gevreesde gevolgen van de opkomende angst niet uitkomen. Patiënt is bang flauw te vallen en leert ervaren dat hij helemaal niet flauwvalt. Bij exposure zien we dat er niet alleen sprake is van het leren toelaten van de angstaanjagende stimuli, maar ook dat er feitelijk tegelijkertijd al alternatief gedrag wordt geoefend.

Gedachterapport

Het *gedachterapport* is hiervoor impliciet geïntroduceerd als algemene registratiemethode. We hebben toen de eerste drie stappen beschreven: de gebeurtenis, het gevoel en de gedachte. Die registratie kan echter ook als interventie gericht op verandering worden ingezet, waarmee de gevoelens en gedachten kunnen worden bijgesteld. Startpunt nu zijn de resultaten van het mentaliseren, de belangrijkste negatieve automatische gedachten. Er worden bewijzen verzameld ten gunste van de automatische gedachte en bewijzen ertegen. Bewijzen ten gunste sluiten aan bij de actuele gedachtegang van de patiënt, en maken zijn affect sterker en extremer. Van daaruit kan later een optimale affectieve verschuiving worden bewerkstelligd. Bij het vragen naar deze tegenbewijzen maakt de hulpverlener onderscheid tussen aanwijzingen en ervaringen. Bij aanwijzingen gaat het over situationele gedachten (welke aanwijzingen zag je toen op dat moment?). Ervaringen verwijzen naar meer algemene gedachten of opvattingen (dus niet contextspecifiek). Door de patiënt steeds opnieuw uit te nodigen om 'bewijsmateriaal' aan te dragen, komt er een reeks argumenten op tafel. De hulpverlener vermijdt discussie daarover. Belangrijk is dat er een database van argumenten ontstaat. Vervolgens wordt de procedure herhaald met bewijzen die in strijd zijn met deze automatische gedachte. De hulpverlener zal hierbij veel actiever moeten helpen, per definitie zal de patiënt dit veel lastiger vinden. Ten slotte worden de argumenten voor en tegen gewogen en wordt de patiënt uitgenodigd een alternatieve, realistische en evenwichtige gedachte te formuleren.

(Gedrags)experimenten

(Gedrags)experimenten zijn er in soorten en maten. Het doel van het experiment is, net als bij wetenschappelijk onderzoek, gegevens te verzamelen over de empirische steun voor een specifieke opvatting. Er worden voorspellingen gedaan en deze worden vergeleken met de uitkomsten van het experiment. Voordat men aan het opstellen van een gedragsexperiment begint, is het zaak om eerst samen met de patiënt uit te zoeken wat de inzet wordt van het experiment. Betreft het de houdbaarheid van een specifieke gedachte, of het anders omgaan met een specifieke emotie, of gaat het over het uittesten van iets nieuws, bijvoorbeeld een andere manier van reageren op een veel voorkomende situatie. Aan de hand van de inzet wordt vervolgens een hypothese geformuleerd. Liefst een concrete nulhypothese (wat gebeurt er bij continuering van het bestaande) en een alternatieve hypothese (wat verwacht ik dat er gebeurt bij het gedragsexperiment). Vervolgens is het van belang om de uitvoering van het experiment uitvoerig vooraf te bespreken en samen na te gaan wat de criteria zijn waarop getoetst wordt. Daarna voert de patiënt het experiment uit, en nadien gaan therapeut en patiënt na wat er uit het experiment kwam en of daarmee daadwerkelijk de gevraagde informatie boven water is gekomen.

Het uitvoeren van experimenten is een spannende aangelegenheid die bijna altijd angst en onzekerheid oproept. Uitgangspunt is immers dat afgeweken wordt van de standaardactie en een alternatief gedrag wordt toegepast. Heel vaak gaan experimenten over gedrag in situaties die voorheen vermeden werden. Echter, door vermeden situaties op te zoeken of in moeilijke situaties dingen te doen die spanning opleveren kan men beter bekijken of de oude reactie wel zo functioneel was en kan de houdbaarheid van de automatische gedachte ter discussie komen te staan. Een experiment kan nooit mislukken. Als de nulhypothese wordt bevestigd, is dat een uitkomst waar goed bij stilgestaan kan worden: wat hebben we precies aangetoond en hoe erg is dat, en hoe sterk mag je generaliseren?

Experimenten zien we in tal van therapeutische stromingen, waarbij ze variëren van licht en exploratief naar intensief en toetsend. Licht explorerend past bij situaties die de patiënt niet als heel erg lastig beschouwt, maar waarbij hij niet goed alternatieven ziet voor ander gedrag. Het kan zijn dat zijn gedragsrepertoire onvoldoende breed is en dat nieuw gedrag moet worden aangeleerd. Het kan ook heel goed zijn dat de patiënt het alternatief gedrag wel beheerst, maar zich nog niet heeft gerealiseerd dat het ook in de betreffende situatie passend kan zijn. Experimentjes kunnen hem helpen wel tot dat besef te komen en ermee aan de slag te gaan. Zo kan beschaamd blozen een heel andere wending krijgen als de patiënt in de probleemsituatie durft te zeggen: 'Nu ga ik blozen', of: 'Je maakt mij aan het blozen.' Door dat te durven zeggen maakt de patiënt zich eigenaar van zijn blozen, maakt hij onderscheid tussen zichzelf en zijn blozen (defusie) en krijgt dat blozen een andere connotatie en misschien ook wel een andere functie.

De *socratische dialoog* wordt veel gebruikt als interventie in het kader van het systematisch bevragen en uitdagen van cognities en schema's. Bij het mentaliseren is al een aantal automatische patronen boven water gekomen. Nu kunnen de betreffende automatische gedachten worden uitgedaagd, getoetst worden op hun juistheid en vervolgens worden gecorrigeerd door cognities die de toets van de realiteit kunnen doorstaan. Dat kan bijvoorbeeld met behulp van *de socratische dialoog,* een van de basisprocedures van de cognitieve psychologie [16], die is ontleend aan de filosofische methode van Socrates. Kern van de methode is om door vragen te stellen de ander zelf tot inzicht en tot andere gedachten te laten komen. Door het systematisch stellen van vragen wordt de patiënt zich niet alleen bewust van automatische gedachten, maar kunnen ook meer rationale (lees: functionele en constructieve) gedachten worden geformuleerd. Uitdagen van de automatische gedachten gebeurt onder andere door bewijsmateriaal dat tegen of voor de betreffende gedachte pleit te inventariseren en onderzoeken. Hoe meer bewijzen tegen, des te minder geloofwaardig de betreffende gedachte. Zoeken naar bewijs voor een alternatieve gedachte maakt de aannemelijkheid en de aantrekkelijkheid daarvan groter. De patiënt gaat inzien dat er een andere aangenamere interpretatie mogelijk is. Een tweede uitdaagtechniek is vragen naar alternatieve interpretaties. Het doel is de patiënt te laten inzien dat er meer mogelijkheden denkbaar zijn dan alleen de eigen en vanzelfsprekende opvatting. Daarbij kan goed gebruik worden gemaakt van de tweekolommentechniek, waarbij aan de linkerkant de interpretaties van de patiënt staan en aan de rechterkant de alternatieve verklaringen. Informatie inwinnen over de juistheid van bepaalde gedachten en ideeën is een derde techniek. Dat gebeurt bijvoorbeeld door bij derden navraag te doen of door informatie op te zoeken op het internet. Tot slot worden vragen in de zin van 'stel dat …' veel gebruikt. Naast vaststellen hoe erg de gevreesde situatie daadwerkelijk is, gaat het vooral over zichtbaar maken van de mogelijkheden om de gevreesde situatie te voorkomen of aan te passen.

De socratische dialoog moet leiden tot nieuwe gedachten, die enerzijds goed aansluiten bij de betreffende situatie en anderzijds een reëlere interpretatie zijn van de situatie en waarin de patiënt veel meer ruimte voor alternatieven krijgt. Kortweg, we spreken hier van meer functionele gedachten. Functionele gedachten verklaren dezelfde gebeurtenis als de disfunctionele gedachten, zij zijn logisch consistent en empirisch houdbaar, ze zijn genuanceerd en meerdimensionaal. Ze verklaren de gebeurtenis minstens even goed, zo niet beter en, *last but not least*, doorgaans resulteren ze in een prettiger gevoel en geven ze meer bewegingsruimte. Ze zijn zo gezegd minder stug en meer dynamisch.

Meerdimensionaal evalueren

Meerdimensionaal evalueren wordt vooral toegepast bij patiënten die de neiging hebben zichzelf of hun prestaties voortdurend (negatief) te beoordelen op basis van slechts één dimensie. Men spreek van zwart-wit- of alles-of-nietsdenken. Blijkt daar een selectieve waarneming aan ten grondslag te liggen, dan zet de hulpverlener in op verbreding van dat perspectief, met als doel te komen tot een realistischer oordeel. Korrelboom en Ten Broeke beschrijven een methode in zes stappen [7], die onder meer bestaat uit: vaststellen van de inhoud van de dimensie, deze scoren, onderliggende patronen opsporen en scoren, en het betrekken van het oordeel van een deskundige naaste in het oordeel over de betreffende situatie of prestatie. Doel daarbij is niet alleen de inhoud van de opvattingen van de patiënt te veranderen, maar ook zijn cognitieve stijl.

In schematherapie gaat men een stap verder door ook disfunctionele schemamodi uit te dagen [10]. Schemamodi zijn de gevoelstoestanden en copingreacties van moment tot moment. Vaak worden schemamodi opgeroepen door levenssituaties waar mensen overgevoelig voor zijn. Uitdagen van schemamodi kan op twee manieren. De eerste is het uitdagen en transformeren van de disfunctionele modi. De tweede – en die past het beste binnen het generalistisch perspectief – is het versterken van de modus van de gezonde volwassene, zodat de patiënt beter leert omgaan met de eigen schema's en modi [17]. Voorbeelden bij deze tweede strategie zijn:

- *Herontdekken leuke dingen doen.* Plezierige ervaringen en emoties zijn een buffer tegen het ontstaan van destructieve emotionele reactiepatronen. Maak een lijst met leuke dingen en voer die uit.
- *De kompaszin.* Dit is een zin die de patiënt formuleert en die kan dienen als tegengif tegen de negatieve overtuigingen die passen bij de disfunctionele modi. Een kompaszin is heel positief geformuleerd, met voldoende kenmerken van de gezonde volwassene. De zin weerspiegelt de wijsheid van de patiënt en geeft steun aan de krachtige kant van de patiënt. Voorbeelden: Ik hoef niet weg, ik blijf staan. Of: Ik maak het veilig door in contact te blijven.
- *Geheugenkaart gezonde volwassene.* De flashcard of geheugenkaart is een cognitieve strategie die kan worden ingezet om duidelijk te maken hoe de patiënt kan blijven kiezen voor gezondheid. De vraag is dan: Waarom is het zo moeilijk om dit gevoel van de gezonde volwassene vast te houden? De patiënt wordt uitgenodigd vanuit de positie van gezondheid te kijken naar de verleidingen, ondermijningen en het eventueel optreden van andere modi die verstorend werken voor de gezonde volwassene.
- *Imaginatieoefening gezonde volwassene.* Dit is een imaginatieoefening die erop is gericht emoties als acceptatie, kracht, moed, dankbaarheid, mildheid en empathie uit te vergroten en te stimuleren als onderdeel van de gezonde leefstijl. Doel is focus te blijven houden op gezondheid, kracht en innerlijke wijsheid. Regelmatig oefenen helpt de patiënt terug te grijpen op zijn eigen krachtbronnen in tijden van stress en oplopende spanningen. De imaginatieoefening kan worden ingezet als rescripting, als flashforward of als strategie om meer in contact te komen met oorspronkelijke wensen en behoeften.
- *Witboek en/of ik-boek.* Dit is een dagboek waarin positieve ervaringen worden verzameld met als doel te leren positief en concreet te denken in plaats van negatief en vaag. Het bijhouden ervan kan verschillende functies hebben: feiten verzamelen en opschrijven die als bewijs kunnen gelden tegen kerncognities van een schema; nieuw gedrag optekenen; momenten vastleggen waarin de patiënt zijn gezonde kant ervaart. (We spreken dan over een ik-boek over de eigen identiteit, de mooie dingen in het leven, maar ook de verdrietige kanten.)

- *Stoelentechniek met de gezonde volwassene.* De lege stoel representeert het schemadenken, waarbij oorspronkelijk op de lege stoel een disfunctionele modus wordt geplaatst en de gezonde volwassene daarmee de dialoog aangaat. Door middel van een rollenspel wordt de communicatie in scène gezet. Ter versterking van de gezonde volwassene kan ook de patiënt worden uitgenodigd plaats te nemen op de stoel van de gezonde volwassene, met als doel dat de patiënt met begrip en mildheid naar de modusswitches leert kijken en leert in te grijpen wanneer dat nodig is.

Samenvattend: We hebben hier interventies beschreven die de patiënt kunnen helpen het gedragsrepertoire te vergroten en tot ander en meer wenselijk gedrag te komen. Doel is iedere keer om de patiënt te laten ervaren dat alternatief gedrag de ruimte verder vergroot en hem sterker in de rol van actor zet. Door dat nieuwe gedrag wordt de patiënt minder geleefd en bepaald door de situatie waarin hij is terechtgekomen. In plaats daarvan leert hij ruimte te benutten, te kiezen voor en actief op zoek te gaan naar alternatieve reacties.

5.5 Internaliseren

Internaliseren is de stap van het duurzaam maken van het nieuwe gedrag (◘ tab. 5.4). Soms gaat dat bijna vanzelf. De patiënt is bij de stap van flexibiliseren direct op het gewenste alternatief terechtgekomen en vervolgens blijkt dat alternatief zo aantrekkelijk en belonend, dat er niet langer hoeft te worden nagedacht en geoefend, maar dat het nieuwe gedrag zichzelf versterkt en de patiënt zich binnen de kortste keren al bijna niet meer kan voorstellen dat er ooit een probleem was. In het nieuwe gedrag herpakt de patiënt zich, voelt zich weer eigenaar van zijn gedrag en voert het zo vaak uit, dat het gedrag zich automatiseert en daarmee weer onderdeel wordt van het in ▶ H. 2 beschreven systeem I (Kahneman). Het nieuwe gedrag wordt dan volledig geautomatiseerd en de patiënt hoeft er niet meer aan te denken als de situatie zich voordoet. In zo'n situatie is fase 3 van internaliseren zo gerealiseerd en afgerond.

Maar helaas gaat internaliseren lang niet altijd vanzelf. In de praktijk van alledag blijkt internaliseren lastig en hangt het af van allerlei interne en externe factoren die het oude gedrag in stand houden (hoeveel moeite kost het om van dat gedrag af te wijken?), de ruimte die beschikbaar is om nieuw gedrag te oefenen en zich eigen te maken, alsook met de mate waarin het nieuwe gedrag lastig is aan te leren of toe te passen. Hoe taaier de oorspronkelijke reactie in de probleemsituatie, hoe moeilijker het nieuwe gedrag, des te meer energie er gestopt zal moeten worden in het aanleren van het nieuwe gedrag. Het proces van internaliseren zal dan over de (tijd)grens van de behandeling heengaan en de patiënt zal er nog wel even mee aan de slag moeten blijven (◘ tab. 5.4).

Tabel 5.4 Interventies gericht op internaliseren	
aangrijpingspunt	internaliseren
lijf	– zelfmanagement – medicatie
omstandigheden	vasthouden
persoonlijke stijl	– variatie als gewoonte – waarden en toegewijd handelen
klacht	– automatiseren – zelfcontrole

5.5.1 Internaliseren: lijf

Nadat de patiënt aan de slag is gegaan met alternatief gedrag en daarin uiteindelijk zijn keuze heeft gemaakt, vormt het internaliseren van die verandering gericht op het lijf vaak een hele uitdaging. De patiënt heeft zich gerealiseerd dat er werk aan de winkel is. Hij heeft zich gerealiseerd dat zijn klachten gekoppeld zijn aan voortdurend op de bank hangen en heeft de eerste stappen gezet op weg naar meer sporten, minder drinken, anders leven. Vervolgens ervaart hij misschien wel bepaalde pluspunten van deze gedragsverandering (betere conditie, minder overgewicht, sportiever uiterlijk et cetera), maar hoe gaat het hem lukken die verandering te bestendigen en te internaliseren? Het internaliseren van nieuw gedrag rondom het lijf is vooral zo lastig omdat de kortetermijnbeloning eerder het oude niet wenselijke gedrag versterkt dan het nieuwe wenselijke gedrag. De patiënt begint met goede moed, maar na verloop van tijd gaat het toch weer mis en vervalt hij in oude gewoonten. Het in ▶H. 2 gemaakte onderscheid tussen systeem I en systeem II helpt dit risico op terugval te verklaren: zolang systeem II alle aandacht schenkt aan de verandering, gaat het goed, maar op een onbewaakt moment neemt systeem I het toch weer over en vervalt de patiënt in oud gedrag. Martin Appelo spreekt in dit verband over ons reptielenbrein dat vooral uit is op kortetermijnsucces [18]. Controle door systeem II valt niet vol te houden. Dat is de reden dat de patiënt eigenlijk bij voorbaat verontschuldigd is dat hij niet volhoudt. Het is ook de reden dat internalisering van zo'n groot belang is.

Zelfmanagement

Binnen de algemene geneeskunde is afgelopen jaren veel ervaring opgedaan met het opstellen van programma's waarbij de patiënt, ondersteund door de hulpverlener, een keuze maakt voor de doelen die hij wil realiseren en bijpassende interventies [19]. Die aanpak is meestal stoornisspecifiek en wordt meestal als zelfmanagementprogramma aangeduid. Vaak gaat het daarbij over een combinatie van medicatie, leefstijl en frequentie van lichamelijk onderzoek. De patiënt bepaalt wat er gaat gebeuren en welke hulp hij daarbij nodig heeft van anderen, bijvoorbeeld familie maar ook professionals [20]. Zelfmanagement is effectiever naarmate meer invloed op duur en omvang van specifieke onderdelen van de stoornis mogelijk is. Bekende voorbeelden van zelfmanagementprogramma's zijn die van diabetes type II en COPD.

Internalisering staat voor het verplaatsen van de regie van systeem II naar systeem I. Zodra systeem I het gedragsrepertoire heeft overgenomen, is het nieuwe gedrag geautomatiseerd en is de kans groot dat de verandering beklijft. Een veelheid aan behavioural change-modellen geeft aanknopingspunten voor duurzame verandering. Daarbij is het belangrijk dat de patiënt voldoende kennis heeft over eventuele gevolgen van niets doen en dat de patiënt zelf volledig achter de keuze voor een specifieke oplossing staat. Het beste is natuurlijk dat de patiënt zelf de beslissing heeft genomen. Alleen als de patiënt helemaal oplossingseigenaar is, is er gerede kans dat verandering optreedt en duurzaam wordt. Gebruik daarbij standaardtechnieken als *motivational interviewing* en *shared decision making* (▶H. 4). Daarnaast kunnen de volgende vragen helpen om de oplossing passend voor de patiënt te maken:

1. Is de verandering gekoppeld aan duurzame waarden van de patiënt? Meer sporten kan bijvoorbeeld gerealiseerd worden door dagelijks met de fiets naar het werk te gaan, waarmee ook het milieu wordt gediend.
2. Zijn de gedragsveranderingen in voldoende mate onderdeel geworden van het standaardgedragspatroon van de patiënt? Het nieuwe gedrag moet zogezegd zijn opgenomen in een keten van gedrag.
3. Zijn de gedragsveranderingen voldoende verankerd in de context? Wil de patiënt bijvoorbeeld tijdelijk of juist blijvend zijn eetpatroon veranderen? In dat laatste geval is het de vraag of hij voldoende veranderingen in de eetcontext heeft aangebracht. Bijvoorbeeld: heeft de patiënt de context zo aangepast, dat hij niet langer op de bank voor de tv de maaltijd nuttigt, dat er in plaats van alcohol standaard water op tafel staat, er geen chips meer in huis liggen et cetera.
4. Is het de patiënt gelukt nieuw gedrag aan te leren dat oud gedrag op hetzelfde moment uitsluit?
5. Maakt de patiënt gebruik van natuurlijke hulpmiddelen (beloners)? Nieuw gedrag heeft een grotere kans te beklijven als het ook op kortere termijn winst oplevert. Door te fietsen naar het werk voelt de patiënt zich fitter dan voorheen, toen hij iedere dag in de auto stapte.
6. Kan de patiënt voldoende steun verwachten uit zijn sociale omgeving? Hoe groter de steun voor de verandering, des te groter de kans op bestendiging. Verandering in eetpatroon lukt beter als de rest van de familie meedoet en aanmoedigt.
7. Heeft de patiënt voldoende hulpmiddelen ter beschikking om zichzelf terug op de rails te zetten bij falen? Bij gedragsverandering dreigen met enige regelmaat nieuwe verwikkelingen die de kans op stagnatie aanwakkeren. Gaat het de patiënt lukken daar niet van uit het lood te raken of te demoraliseren? Het helpt al om te weten dat een tijdelijke dip heel vaak voorkomt, maar nog beter is het dat de patiënt vooraf de strategie heeft uitgestippeld om met teleurstellingen om te gaan.

Medicatie

Medicatie vinden we ook in de stap van internalisering en blijvende gedragsaanpassingen. Twee onderwerpen willen we daarbij kort uitwerken: het gebruik van medicatie bij lichamelijke aandoeningen en het gebruik van psychofarmaca.

Medicatie bij lichamelijke aandoeningen is niet direct een hoofdtaak in de generalistische ggz, wel hulp bij automatiseren van medicatiegebruik en vooral aandacht voor eventuele psychische bijwerkingen ervan. Bij complex medicatiegebruik kan de hulpverlener hulp bieden bij het inpassen van medicatie in het dagelijks leven van de patiënt. Daarbij kan hij gebruikmaken van een groot aantal motivatie- en leerstrategieën. Elders in dit boek zijn daarvan al de nodige voorbeelden gegeven. Bijwerkingen van medicatie worden minder vaak expliciet besproken, maar zijn daarmee niet afwezig. Algemeen bekend is dat angst, verwardheid, sufheid en geheugenstoornissen bij gebruik van sommige medicijnen kunnen voorkomen. Dat geldt misschien wel het sterkst voor medicijngebruik bij neurologische aandoeningen, waaronder middelen tegen hoofdpijn en migraine, anti-epileptica en antiparkinsonmedicatie. Veel genoemde bijwerkingen zijn neerslachtigheid, slaperigheid en soms zelfs delirante klachten.

Een groot aantal patiënten krijgt gedurende jaren psychofarmaca voorgeschreven. Eerder hebben we medicatiegebruik beschreven gekoppeld aan mentaliseren en flexibiliseren. Hier gaan we in op medicatie als onderdeel van internaliseren. We maken hier onderscheid tussen voortgezette, onderhouds- en beëindiging behandeling [21]. Bij de voortgezette behandeling gaat het om consolidering van het effect, bij onderhoudsbehandeling over vermindering van het risico op terugval door medicatie en beëindiging behandeling over de afbouw van medicatie en bewaken van eventuele terugval. Bij de voortgezette behandeling betreft het vooral antidepressiva, stemmingsstabilisatoren, antipsychotica en middelen bij de behandeling van verslavingsziekten. Soms ook worden in deze fase nog benzodiazepineagonisten aangeboden. Bij onderhoudsbehandeling gaat het soms nog over antidepressiva, maar vooral over stemmingsstabilisatoren en antipsychotica en over methylfenidaten bij AD(H)D.

Er is iets lastigs met medicatie in deze fase van internaliseren in de generalistische praktijk. Daar waar antipsychotica en stemmingsstabilisatoren in het geding zijn, constateren we dat deze maar zelden door de huisarts worden voorgeschreven. Veel vaker is hier een psychiater of een verpleegkundig specialist voor verantwoordelijk. Dat ligt anders bij de antidepressiva, de methylfenidaten en de benzodiazepines. Deze middelen worden weliswaar met enige regelmaat langdurig voorgeschreven, maar niet altijd is er sprake van een passende en vooral positieve indicatie. Vaak is sprake van het tegendeel en deinzen patiënt en hulpverlener terug voor afbouw. Dat probleem is het grootst bij de benzodiazepines (zowel slaapmedicatie als kalmeringsmiddelen), direct gevolgd door de antidepressiva. De laatste jaren voegen ook de atypische antipsychotica, zoals quetiapine, zich bij dit lijstje. Het hoeft geen betoog dat langdurig voorschrijven van deze medicatie niet altijd passend is en dat de kans op bijwerkingen bij langdurig gebruik toeneemt.

De laatste jaren komt er steeds meer aandacht voor de laatste stap, afbouw en beëindiging van psychofarmaca. Dat heeft diverse redenen, onder andere het groeiend besef van de bijwerkingen van medicatie en de grote moeite die veel patiënten hebben met afbouw. Van benzodiazepines is al lang bekend dat ze een verslavende werking hebben en dat bij afbouw rekening moet worden gehouden met ontwenningsverschijnselen. Dat zijn fysieke en psychische klachten als gevolg van abrupt stoppen of een te snelle dosisverlaging. Deze klachten kunnen (deels) worden voorkomen door niet in één keer abrupt te stoppen, maar door de dagelijkse dosis in kleine stapjes te verlagen en daarvoor voldoende tijd te nemen. Ook bij de afbouw van antidepressiva, die niet verslavend heten te zijn, wordt steeds duidelijker dat patiënten grote moeite kunnen hebben met afbouw. In dat kader is het project *Tapering* ontwikkeld. Tapering komt van het Engelse *to taper* dat geleidelijk doen afnemen betekent. Een taperingstrip is 'medicatie op rol' voor een periode van 28 dagen waarmee de dagelijkse dosis van een medicijn in 28 dagen geleidelijk een stuk wordt verlaagd. Door gebruik te maken van een of meer taperingstrips wordt de dagelijkse dosis van een medicijn geleidelijk verlaagd of helemaal naar nul afgebouwd. Taperingstrips bieden patiënten bovendien de mogelijkheid om zelf te kiezen hoe langzaam ze de dosis willen verlagen. Het is vooral via de *Stichting Cinderella* (www.cinderella-tx.org) dat deze strips beschikbaar komen en ervaringen van patiënten uitgebreider worden gedocumenteerd.

Hulp bij afbouw van medicatie blijkt steeds vaker een taak van de generalist. Patiënten vinden het, ondanks langdurige afwezigheid van klachten, vaak lastig om de stap te zetten. Motivational interviewing kan helpen doelen voor afbouw helder te krijgen en de patiënt te helpen de stap naar afbouw te zetten. Daarnaast is goede voorlichting over eventuele bijwerkingen en wat eraan te doen, van groot belang. Samen met de patiënt een afbouwschema opstellen en samen concrete plannen maken over wat te doen als klachten de kop dreigen op te steken, kan ook behulpzaam zijn, evenals patiënt attenderen op het gebruik van taperingstrips. Is de angst voor afbouw erg groot en heeft de patiënt slechte herinneringen aan eerdere (poging tot) afbouw, dan kan overwogen worden hem te ondersteunen met EMDR of mindfulnesstraining.

5.5.2 Internaliseren: omstandigheden

Vasthouden

Bij focus op de omstandigheden komt het internaliseren vaak eenvoudiger tot stand. Is eenmaal de stap naar flexibiliseren gezet, dan ervaart de patiënt al snel de korte- en langetermijnvoordelen van veranderen. Heeft de patiënt eenmaal durven inzien dat hij met zijn oude gedrag zichzelf in een machteloze positie heeft geplaatst en daardoor eigenlijk mede de aanleiding heeft gevormd voor de stagnatie, dan is de stap naar duurzame verandering al bijna helemaal gezet. Dat geldt voor problemen op het werk en met de cultuur, maar ook met familiale perikelen. Juist bij deze aangrijpingspunten is de kans groot dat verandering in zijn gedrag hem veel meer de controle geeft en hij veel meer invloed kan uitoefenen op de situatie. Het risico is eerder dat de patiënt soms even vergeet hoe het ook al weer werkte, terugvalt in oud gedrag en daarmee weer terug in de negatieve spiraal belandt. Om het risico te beperken kan met *signaleringsinterventies* worden gewerkt. Internaliseren wordt versterkt door zorg te dragen voor tijdige signalering van dreigende stagnatie, en gedragsrepertoire te ontwikkelen om die dreiging weer om te zetten in kansen om de reeds gerealiseerde verandering weer terug te pakken.

Verlies- en winstrekening

Een andere internaliseringsinterventie is het opmaken van de zogenoemde *verlies- en winstrekening*. Patiënt en therapeut maken samen de balans op, ze zetten op een rij wat voor de patiënt aanleiding was voor zijn bezoek aan de hulpverlener, welke factoren van invloed waren op de stagnatie, waarom het zo moeilijk was die situatie te veranderen, hoe hem dat toch lukte en welke factoren er nu toe bijdragen het nieuwe gedrag te bestendigen en wie er allemaal baat c.q. last hebben van de nieuw gevonden oplossing. De verlies- en winstrekening helpt de patiënt de puntjes op de i te zetten en impliciet helder te krijgen hoe om te gaan met het aangrijpingspunt op het moment dat tegenslag dreigt. Zijn bijvoorbeeld derden betrokken bij de oplossing en hebben ook zij baat bij de gedragsverandering die is opgetreden, dan kan het helpen om hen bij het verduurzamen van de nieuwe oplossing te betrekken. In opdracht van en samen met de patiënt zouden zij een signaleringssysteem kunnen ontwikkelen waardoor de patiënt tijdig gewaarschuwd wordt weg te blijven uit de gevaarzone en opnieuw de andere weg in te slaan.

Het kan ook helpen om samen met de patiënt een plan op te stellen voor het geval er toch onverhoeds nieuwe stagnatie dreigt. Hoe krijgt de patiënt zelf het mentaliseren gestart, waardoor hij afstand kan nemen tot het knelpunt en weer durft na te denken over bijstelling van zijn gedrag. Wat hem vervolgens aanwijzingen verschaft over hoe zorg te dragen voor flexibiliseren (zoeken naar beter passende gedragsalternatieven), waarna hij bij succes weer in de modus van internaliseren schiet. Soms helpt het om in dat plan daarvoor specifieke oefeningen op te nemen. Een voorbeeld daarvan is om bewust weer de oude situatie op te zoeken en in die situatie het proces van mentaliseren, flexibiliseren en internaliseren uit te proberen en zo nodig aan te passen.

5.5.3 Internaliseren: persoonlijke stijl

De patiënt heeft 'ontdekt' dat persoonlijke stijl wel degelijk medebepalend is en dat in anders reageren ook een stuk vrijheid zit. Door anders te kijken en situaties anders te interpreteren ontstaat er ruimte voor alternatief gedrag en dat alternatief maakt de problemen anders en vervolgens ook kleiner. In deze derde stap zetten we de stap van het internaliseren van het nieuwe gedrag.

Variatie als gewoonte

De eerste mogelijkheid betreft het internaliseren van een ander reactiepatroon, bijvoorbeeld de weinig assertieve patiënt krijgt meer oog voor de eigen grenzen en leert assertiever te reageren op mensen die over die grenzen heengaan. Internaliseren bestaat dan uit verschillende stappen. Er moet een soort alarmeringssysteem worden opgezet, waarbij bepaalde signalen bijna automatisch leiden tot grotere alertheid. Vervolgens moet de reactie – vanzelfsprekend ingaan op wat die andere vraagt – worden vervangen door ander gedrag, te weten grenzen aangeven. Waarschijnlijk zal dat nieuwe gedrag in eerste instantie nog best lastig zijn en aanleiding geven tot de nodige stress. Ook moet er volop aandacht zijn voor de mogelijk negatieve reacties van mensen uit de omgeving. Zij rekenen op een meegaand persoon en moeten nu leren dealen met een persoon die zijn eigen grenzen bewaakt. Beide zaken (stress en negatieve reacties) verhogen de kans op terugval en versterken de ervaring van het 'dilemma van de verandering'. Pas als door oefenen en groeiende ervaring het nieuwe assertieve gedrag tot minder stress en groter gemak in omgaan met anderen leidt, zal internaliseren op gang komen en de kans op terugval in het oude patroon afnemen.

De tweede mogelijkheid gaat een stap verder. Er wordt niet alleen een ander gedrag geoefend en geïnternaliseerd, er wordt bovendien een keuzemoment toegevoegd. De patiënt leert om als het alarmeringssysteem afgaat eerst de vraag te beantwoorden: Wat wil ik? Het kan zijn dat hij soms assertief wil reageren maar het soms ook erg belangrijk vindt de ander tegemoet te komen en ruimte aan die ander te geven. Voordeel van deze tweede variant is dat de speelruimte van de patiënt toeneemt en de kans afneemt dat hij weer verstrikt raakt in één standaardreactie. Internalisering van nieuw gedrag betekent dan concreet: standaard een moment van afstand nemen (mentaliseren) inbouwen, nadenken over alternatieven (flexibiliseren) en kiezen voor de best passende reactie, dat wil zeggen: voor een handeling die aansluit bij de eigen waarden.

Waarden en toegewijd handelen

De begrippen waarden en toegewijd handelen zijn afkomstig uit ACT. Waarden komen in zicht zodra het moeten (controle), plaatsmaakt voor mogen (accepteren) en ten slotte voor willen. Willen staat voor aansluiten bij eigen waarden. Pas dan kan het besef ontstaan dat het leven een keuze is waarin de patiënt zelf bepaalt wat hij wel en wat hij niet doet. Waarden vallen niet samen met doelen. Waarden geven aan welke richting de patiënt op wil in zijn leven; een soort innerlijk kompas, dat wel de richting aangeeft maar niet de bestemming. Doelen zijn eerder de concrete bestemmingen, die als vanzelf opdoemen bij het volgen van de richting. Om dat onderscheid scherp te krijgen nodigt de hulpverlener de patiënt uit om drie grote dromen op te schrijven. Dromen zijn grote dingen die op korte termijn onbereikbaar lijken, of die misschien al zijn opgegeven omdat ze niet bereikbaar leken. Dat is jammer, want ze geven bij uitstek de richting aan en helpen waarden zichtbaar maken. Waarden zorgen ervoor dat de gestelde doelen ook echt waarde krijgen. Bij het vaststellen van waarden kunnen allerlei oefeningen worden gebruikt, bijvoorbeeld de oefening *waarden-volle keuzes* en de *waarden top 10*. Telkens wordt de patiënt uitgenodigd waarden onderling te vergelijken en er een rangorde in aan te brengen.

In het alledaagse leven dreigen waarden nogal eens ondergesneeuwd te worden doordat oude controlemechanismen toch weer de overhand krijgen. Dat gebeurt met name als oude angst weer de kop opsteekt en de patiënt bijna automatisch terugschiet in controlegedrag, zeker als dat op korte termijn de meeste voordelen lijkt op te leveren. Waardevast handelen vraagt voortdurend omhelzing van die angst, voortdurend beseffen dat die gedachten en gevoelens nooit zullen verdwijnen en dat daarom controlegedrag feitelijk ook geen zin heeft. Controlegedrag is gekoppeld aan kortetermijndoelen, waarden aan langetermijndoelen. Waardegericht handelen betekent voortdurend beseffen dat kortetermijndoelen in het hier-en-nu misschien wel aardig zijn, maar uiteindelijk ertoe zullen leiden dat waardenvol gedrag wordt afgehouden. Op lange termijn zorgt de keuze voor kortetermijndoelen enkel voor extra problemen.

Waarden nastreven vergt investeringen voor de lange termijn. Vanuit onze aard bezien ligt het meer voor de hand te gaan voor kortetermijndoelen. Waarden volgen is per definitie dus moeilijk, want dit vraagt alertheid van systeem II. Waardegericht gedrag vraagt met andere woorden veel toewijding. Toewijding staat tegenover zelfcontrole als strenge vorm van zelfsturing. Zelfcontrole gaat over het volgen van regels, toegewijd gedrag staat daarentegen voor het handelen conform onze waarden. Het verschil zit hem in de omgang met de angst. Zelfcontrole komt voort en is gericht op het onder controle houden van de angst. Toewijding staat voor een intieme relatie met de angst. Toegewijd handelen is als dansen in de regen. Wie bereid is om te dansen in de regen, hoeft niet langer te schuilen. Binnen de commitmentfase van het ACT-model wordt aan de patiënt gevraagd verder te kijken dan de angst groot is. Toegewijd handelen zorgt ervoor dat het leven zoals het eigenlijk gewenst wordt, ook daadwerkelijk geleefd wordt. De metafoor van de voetbalwedstrijd helpt bij het verduidelijken van toegewijd handelen. Op de tribune zitten de toeschouwers. Zij kijken op afstand naar het spel en weten precies waar de bal naartoe moet en hebben ook allemaal ideeën over hoe dat moet. De spelers op het veld weten ook waar de bal naartoe moet. Zij komen in beweging om de bal in de goede richting te laten gaan. Zij hebben directe invloed op het spel. Maar ... waar gehakt wordt, vallen spaanders. Soms gaat het goed, soms gaat het mis en dan lopen ze een blauwtje en worden ze uitgejoeld door het publiek. De prijs van toegewijde actie is dat het kan misgaan (dan komt de angst weer boven). De opbrengst is dat je aan het roer zit en de wedstrijd daadwerkelijk kunt beïnvloeden en maken of breken.

Toegewijde actie is gericht op maximalisatie van de kans om gestelde doelen daadwerkelijk te realiseren. Daarbij passen oefeningen als *act smart* (slim handelen), de kleinste stap, blijven lopen en barrières. *Act smart* gaat over het formuleren van concrete doelen. Die zijn Specifiek, Meetbaar, Ambitieus, Realistisch en Tijdgebonden. *De kleinste stap* helpt om een begin te maken door de patiënt aan te moedigen de vraag te beantwoorden wat de kleinste en gemakkelijkste stap is die hij de komende 24 uur kan zetten om zijn leven in de gewenste richting te helpen. Probeer dat zo concreet mogelijk te formuleren, en te beschrijven welke acties daarvoor in welke volgorde moeten worden uitgevoerd [5]. *Blijven lopen,* en niet afgeleid worden door tegenslagen, helpt de patient bij het opstellen van een plan van aanpak voor het naleven van waarden. Benoem de waarde, onderscheid korte- (1 week), middellange- (1 maand) en langetermijndoelen (1 kwartaal), maak keuzes, stel iedere week het plan bij door te kijken wat gerealiseerd is van de kortetermijndoelen en de middellangetermijndoelen verder te concretiseren door ze tot kortetermijndoelen om te vormen.

5.5.4 Internaliseren: klachten

Het lijkt zo eenvoudig: heb je eenmaal een alternatief gevonden waardoor de stagnatie afneemt, dan zou je verwachten dat het verder vanzelf helemaal goed komt. Helaas is dat niet altijd zo: tegenslagen en uitdagingen doen zich voor met de regelmaat van de klok. Oude patronen zijn zo ingesleten, dat ze op een onbewaakt ogenblik opnieuw de kop opsteken en maken dat de patiënt, voordat hij er erg in heeft, weer terugvalt in eerder gedrag en weer terug in de vicieuze cirkel gaat ronddraaien en de klachten zijn leven weer gaan domineren. Om dat voor te blijven kunnen interventies worden aangeboden die eraan bijdragen dat de klacht niet zomaar terug de 'macht' grijpt. Er wordt een leerproces op gang gebracht waardoor het nieuwe gedrag geïnternaliseerd wordt, dat wil zeggen dat het zo geautomatiseerd wordt, dat het onderdeel wordt van systeem I en systeem II er niet langer aandacht aan hoeft te besteden. Het adagium luidt hier: oefenen, oefenen, oefenen en nog eens oefenen. Daarbij gaat het primair over de principes van leren: klassieke en operante conditionering, en soms ook over nieuwe contexten creëren, *social modelling* en over complexe cognitieve leerprocessen [22].

Automatiseren

Klassieke en operante conditionering zijn de meest voor de hand liggende leermechanismen om gedrag te automatiseren. Gedrag (ongeconditioneerde respons) zal in frequentie toenemen als het naast koppeling aan een ongeconditioneerde stimulus kan worden gekoppeld aan een neutrale stimulus. Het kwijlen van de hond van Pavlov neemt toe als een neutrale stimulus (belletje) kan worden gekoppeld aan voedsel krijgen, want dan is een belletje voldoende om de hond te laten kwijlen. Operante conditionering is vooral toepasbaar in situaties waar het te versterken gedrag neutraal is en makkelijk op te roepen (operant) en door beloning in frequentie zal toenemen. Contingentiemanagement (CM) is een gedragstherapeutische methode waarbij systematische contingente bekrachtiging plaatsvindt op vooraf vastgelegd doelgedrag. CM baseert zich op de principes van operante conditionering en bestaat uit de directe beïnvloeding door de hulpverlener van gedrag van de patiënt. De beloningen worden meestal gegeven in de vorm van geld of tokens/vouchers, en sociale bekrachtiging door de hulpverlener. In de meeste CM-programma's wordt het primingprincipe toegepast, waarbij een initiële beloning voorafgaat aan het optreden van het gewenste gedrag. Om het gewenste gedrag te belonen wordt het doelgedrag doorgaans opgeknipt in deelaspecten: het ontwikkelen van nieuw gedrag door opeenvolgende selectieve bekrachtiging van gedrag dat het vooropgestelde doelgedrag steeds dichter benadert. Dit wordt *shaping* of *successive approximation* genoemd. Het is dus een procedure om nieuw gedrag stapsgewijs aan te leren via positieve bekrachtiging. Een belangrijke toevoeging is nog dat zodra het gewenste gedrag zich heeft gevormd, de beloning geleidelijk aan een variabel karakter krijgt, waarbij niet langer valt te voorspellen wanneer de beloning wordt gegeven.

Exposure

Herhaalde en veelvuldige exposure is binnen menig CGT-behandeling van angst de meest voorkomende internalisatiestrategie. Eerst worden bijvoorbeeld oefeningen gedaan met introceptieve exposure, daarna met imaginaire exposure om ten slotte de patiënt uit te nodigen oefeningen in vivo exposure uit te voeren. Ben je bang op bruggen, ga dan veelvuldig naar bruggen toe. Ben je bang op pleinen, ga dan zo vaak mogelijk midden op het plein staan en ben je bang voor aandacht in grote ruimten, ga dan naar de supermarkt en begin hard te schreeuwen, zodat iedereen opkijkt en je aanstaart. Hoe vaker en hoe realistischer de oefeningen, des te groter de kans dat het nieuwe gedrag een vaste plaats krijgt in het gedragsrepertoire, en zo stevig wordt geïnternaliseerd, dat niet eerst het oude probleemgedrag zich opdringt, maar juist eerst het nieuwe succesvolle gedrag.

Counterconditioning

Het is ook mogelijk om alternatief gedrag aan te leren dat feitelijk in strijd is met de klacht. In de vakliteratuur wordt dat *counterconditioning* genoemd. Er wordt gedrag aangeleerd dat niet kan samengaan met de klacht. Ontspanningsoefeningen kunnen de patiënt helpen ontspannen te reageren op de klacht, maar kunnen ook worden ingezet om een barrière op te werpen voor de klacht, juist omdat de klacht (bijvoorbeeld angst) onmogelijk samengaat met ontspanning. Een voorbeeld betreft de toegepaste relaxatie van Lars-Göran Öst [23], waarbij de patiënt door oefening leert in een fractie van een seconde tot volledige ontspanning te komen, waardoor de klacht (denk aan angst) in de kiem wordt gesmoord. Ontspanning kan nu eenmaal niet samengaan met spanning.

Zelfcontroletechnieken

Zelfcontroletechnieken worden veel toegepast om het gewenste gedrag verder te internaliseren. Ze passen vooral in situaties waarbij directe beïnvloeding van probleemgedrag mogelijk is door willekeurig gedrag (operant gedrag). Zelfcontrole leidt tot afname van de klacht of juist tot toename van het gewenste alternatief. Dat kan door stimuluscontrole, waarbij de patiënt aan de slag gaat met het organiseren van de omgeving, bijvoorbeeld het weghalen van een trommel met koekjes op tafel waardoor de kans op een eetaanval afneemt. Zelfcontrole is ook mogelijk door de responsketen te onderbreken. We spreken dan van stimulus-responsinterventies. De patiënt grijpt in in de keten die anders zou leiden tot het probleemgedrag. Bijvoorbeeld bij de patiënt met eetaanvallen blijkt de aanval voorafgegaan te worden door vage spanning. Daar kan de patiënt op ingrijpen, bijvoorbeeld door te gaan fietsen of een flink stuk te gaan wandelen. Ten slotte kan ook worden ingegrepen op de consequenties van gedrag, bijvoorbeeld door alternatief gedrag dat probleemgedrag uitsluit aantrekkelijker te maken. In plaats van eetbuien niet zomaar een fietstochtje maar een fitnessprogramma ontwikkelen dat moet leiden tot gewichtsafname en conditieverbetering.

5.6 Veerkracht

In de vorige paragrafen zijn interventies voor mentaliseren, flexibiliseren en internaliseren beschreven die passen bij de focus van competentie (zie ▶ H. 4). In deze paragraaf laten we zien dat dezelfde interventies bijna altijd ook toepasbaar zijn bij patiënten met een chronisch psychiatrische aandoening waarbij de doelstelling van de zorg gericht is op het *leren omgaan met* ... Eerder spraken we van veerkrachtpatiënten (in plaats van chronisch psychiatrisch patiënten). Bijna altijd toepasbaar wil echter nog niet zeggen dat we alles ook allemaal altijd en op dezelfde wijze kunnen gebruiken. Daarmee zouden wij deze doelgroep met hun eigen ervaringen onrecht doen. Vaak hebben deze patiënten in het verleden al de nodige zorg ontvangen en hebben ze al ervaring opgedaan met tal van interventies (en de werking ervan).[1] Die ervaring kan nu ten dienste staan

---

1 Met enige regelmaat komt het overigens voor dat deze patiënten wel een uitgebreide zorgcarrière achter de rug hebben, maar nauwelijks systematisch zijn behandeld voor specifieke klachten. Bij aanmelding is het daarom aan te bevelen altijd met deze patiënten na te gaan welke interventies voor welke aangrijpingspunten eerder zijn ingezet.

van de keuze voor een specifieke interventie: de patiënt heeft positieve ervaringen opgedaan met een specifieke interventie en dat kan een goede reden zijn dezelfde interventie weer opnieuw toe te passen, zelfs met een andere focus of een ander aangrijpingspunt. Het tegendeel is evenzeer denkbaar: de patiënt is zo teleurgesteld in de zorg, dat hij grote moeite heeft zich opnieuw te motiveren voor deze specifieke interventie of zelfs voor iedere andere willekeurige interventie. In alle gevallen zal de ervaring van de patiënt een belangrijke rol spelen bij de keuze voor een specifieke interventie.

Juist vanwege die vaak al zeer langdurige ervaring met hulpverlening is het bij veerkrachtpatiënten belangrijk ruim tijd te nemen voor onderlinge afstemming en overeenstemming over focus, doel en werkwijze. Met enige regelmaat komt het voor dat veerkrachtpatiënten bij aanmelding (nog) helemaal niet bezig zijn met vragen rondom persoonlijk herstel. Ze hopen (nog steeds) op klachtenreductie en zijn nog helemaal niet toe aan de vraag hoe het leven weer op te pakken met een aandoening. De vraag naar persoonlijk herstel komt voor hen te vroeg. Ook komt het voor dat ze zich melden met een crisis, suïcidale gedachten of medicatievragen. Regelmatig is dan verwijzing naar specialistische ggz aan de orde. Als hier echter sprake is van lange wachttijden of andere problemen in de toegankelijkheid, komt het nogal eens voor dat ook in de generalistische ggz gedeald moet worden met dergelijke vragen. Zelfs bij een duidelijke indicatie voor de generalistische ggz zal er vaak veel aandacht en ruimte nodig zijn voor verheldering van de hulpvraag. De ervaring leert dat generalistische hulpverleners soms zo snel te werk gaan, dat ze al denken zaken geregeld te hebben, terwijl de patiënt nog aarzelt over het zetten van de eerste stap. Dit fenomeen van tempoverschillen, dat uitvoerig is beschreven in de rehabilitatieliteratuur [24], heeft als gevaar dat de patiënt vroegtijdig afhaakt of aan de slag moet met een doel dat hij helemaal niet nastreeft [25]. Om deze mismatch te voorkomen krijgt de eerste stap en zeker ook het mentaliseren een uitgebreider karakter. Een kwestie van gestaag zoeken naar mogelijke aanknopingspunten en verdere verdieping van focus van behandeling. Kortom: neem voldoende tijd voor verkenning en aansluiting. Denk met de patiënt na over de wijze waarop de generalistische zorg optimaal gebruik kan maken van eerdere zorgervaringen (continuïteit), maar probeer ook met elkaar helder te krijgen op welke wijze het generalistische zorgaanbod een daadwerkelijk generalistisch karakter kan krijgen en dus niet alleen maar meer van hetzelfde beoogt dan eerdere behandelingen (met name in de s-ggz).

Een veerkrachtbehandeling vraagt veel en nadrukkelijke afstemming. Wat verwacht de patiënt van de hulpverlening en in hoeverre is de vastgestelde focus en het aangrijpingspunt voldoende eenduidig om ermee aan de slag te gaan conform de hiervoor beschreven interventies rondom de factoren L, O, P en K? Is dat niet eenduidig, dan is het proces van focussen niet af en moet extra tijd worden besteed aan probleem- en oplossingseigenaarschap. Er lopen nog te veel zaken door elkaar heen, waardoor de patiënt te veel heen en weer geslingerd wordt en zijn focus nog niet heeft bepaald. Bijna altijd is het dan passend extra tijd te nemen voor het in kaart brengen van de ervaringen van de patiënt en om te beginnen ruim tijd te nemen voor probleemverkenning, inclusief mentaliseren. Daarbij kan het helpen een onderscheid te maken tussen klachten die rechtstreeks het gevolg zijn van de chronische aandoening en klachten die gekoppeld zijn aan het omgaan met de chronische stoornis.

Tabel 5.5 Enkele specifieke interventies veerkracht

aangrijpingspunt	veerkracht
lijf	– somatische screening – crisiskaart – signaleringsplan
klacht	comorbide klachten
persoonlijke stijl	– VERS-training – versterking zelfcompassie
omstandigheden	– voluit leven – lotgenotencontact

5.6.1 Veerkracht: lijf

Focus op lijf betekent bij veerkracht altijd dat het aangrijpingspunt direct gekoppeld wordt aan de chronisch psychiatrische aandoening (tab. 5.5). Doel van de behandeling wordt dan al snel vermindering van de last van de stoornis. Is (bijstelling van) medicatie nodig, kunnen oefeningen helpen de pijn te verzachten, of moeten bepaalde situaties worden vermeden of juist worden opgezocht? Mentaliseren is hier gericht op het in kaart brengen van factoren die van invloed zijn op toe- en afname van klachten, flexibiliseren op het beïnvloeden van die factoren en internaliseren op het stabiliseren van gemaakte keuzes. Altijd ook is aan de orde of er lichamelijke en/of psychologische en sociale bijwerkingen van de aandoening spelen (negatieve symptomen) en in welke mate daar binnen de behandeling apart aandacht aan moet worden besteed. Een mogelijke interventie in deze is een gestandaardiseerde somatische screening. Deze wordt bij voorkeur uitgevoerd door de huisarts of een verpleegkundig specialist ggz.

Somatische screening

Van een *somatische screening* is sprake indien de hulpverlener systematisch (en mogelijk ook repetitief) met de patiënt de conditie van het lichaam in kaart brengt. Het gaat daarbij over algemene verzorging, algemene dagelijkse levensverrichtingen (ADL), specifieke klachten als onderdeel van de aandoening en mogelijke bijwerkingen van medicatie. Bij structureel gebruik van antipsychotica, neuroleptica en mogelijk ook SSRI's is regelmatige lichamelijke screening aan te bevelen. Dat geldt ook bij lithiumgebruik, waarbij regelmatig de bloedwaarden moeten worden vastgesteld. De volgende ingrediënten zijn voorts aan de orde bij de somatische screening: algemene somatische screening, medicatiemonitoring en leefstijl. Uit de algemene somatische screening en de monitoring van medicatie komen gegevens naar voren die in onderling verband beoordeeld dienen te worden (bijvoorbeeld de indicatoren voor verhoogd cardiovasculair risico). Deze gegevens dienen ook aan de leefstijl van de patiënt te worden gerelateerd. Aandacht voor leefstijl heeft als doel de risicofactoren op ziekten die vaak voorkomen bij mensen met een ernstige psychische aandoening, zoals cardiovasculaire aandoeningen, gunstig te beïnvloeden en somatische complicaties zo veel mogelijk te voorkomen. De leefstijlanamnese helpt patiënten zich bewust te worden van de effecten van hun leefstijl op hun gezondheid. Leefstijlanamnese, waaronder het in kaart brengen van voedingsgewoonten en het bewegingspatroon, staat aan de basis van het motiveren van de patiënt tot noodzakelijke leefstijlveranderingen zoals afvallen, minderen of stoppen met roken, gezonder eten en meer bewegen [26].

Crisiskaart

De crisiskaart (▶www.crisiskaart.nl) en vooral het samen opstellen ervan kan helpen inzicht te krijgen in frequentie, omvang en heftigheid van een crisis en om samen met de patiënt te reflecteren over te nemen stappen in geval van crisis. Wie in crisis raakt, is meestal minder goed in staat om aan te geven wat hij op dat moment nodig heeft. Hulpverleners en naasten moeten dan gissen naar de beste aanpak en kunnen soms niet goed op behoeften inspelen, bijvoorbeeld omdat er te weinig bekend is. Hulp kan sneller ingezet worden als de hulpverlener en de omgeving direct de juiste gegevens hebben en weten wat hen te doen staat. In goeden doen kunnen veel mensen wel aangeven wat ze nodig hebben als ze in crisis raken; zeker als er eerder een crisis heeft plaatsgevonden. Een crisiskaart is een klein document waarin vermeld staat wat er moet gebeuren in geval van crisis. Het is de bedoeling dat deze kaart samen met direct betrokkenen wordt ingevuld op een moment dat de patiënt helder voor ogen heeft wat wel en niet passend is in geval van crisis. Hiermee wordt voorkomen dat er beslissingen over de patiënt worden genomen op een moment dat hij niet of nauwelijks in staat is aan te geven wat er aan de hand is en wat het beste gedaan kan worden. De crisiskaart is een document van de patiënt zelf. Op een crisiskaart worden persoonlijke gegevens genoteerd, maar ook vertrouwenspersonen, medicijngebruik, diagnose of omschrijving van een crisissituatie, afspraken met de huisarts of de behandelaar, wensen, en praktische informatie zoals kinderen of huisdieren die verzorging nodig hebben. Een mooi voorbeeld van de werking van een crisiskaart geeft Rob.

Rob

Rob heeft als patiënt lang geleden tijdens zijn langdurige verblijf in een psychiatrisch ziekenhuis, de diagnose schizofrenie gekregen. Na ontslag en veel omzwervingen is bij hem geleidelijk een proces van herstel ingezet. Het is hem gelukt te 'ontpsychiatriseren'. Hij heeft een studie opgepakt, is afgestudeerd en heeft werk gevonden. Later heeft hij een gezin gesticht en is hij verhuisd naar een ander deel van het land. Soms gebeurt het dat de psychose weer oplaait. Wijs geworden door de ervaring heeft Rob inmiddels geleerd daar niet voor op de vlucht te slaan, of bij de eerste de beste hulpverlener aan te kloppen die dan weer uitvoerige diagnostiek verricht en opnieuw een of ander wondermedicijn voorschrijft of, nog erger, een opname aanbeveelt. Hij weet dat hij met dergelijke acties van de regen in de drup terechtkomt. Daarom heeft

> hij tijdens zijn goede dagen gezocht naar de hulpverlener die bereid is alleen die
> behandeling te geven waarmee hij goede ervaringen heeft opgedaan. Met zijn partner
> Joke heeft hij vervolgens afspraken gemaakt over haar taak. Als Joke zegt dat het tijd
> voor behandeling wordt – zo luidt het contract – dan neemt Rob direct contact op met
> zijn hulpverlener, die dan vervolgens het afgesproken programma in werking stelt. De
> afspraak bestaat nu sinds een jaar of vijf en met enige regelmaat treedt de procedure in
> werking. Tot nu gaat het goed en heeft de psychose hem niet van de wijs gebracht.

Signaleringsplan

Een *signaleringsplan* (zie werkboek ▶www.ggzveenendaal.nl) ligt in het verlengde van een crisisplan. Het heeft tot doel om het voor de patiënt, zijn directe sociale omgeving en de hulpverlener(s) inzichtelijk te maken hoe de verschillende gradaties van de stoornis en het bijbehorende functioneren eruitzien. Vervolgens helpt het signaleringsplan om met elkaar vast te stellen welke reacties in iedere fase mogelijk of passend zijn. Op basis van die informatie worden de signalen en verwachtingen per stap helder. Ook biedt het plan aanknopingspunten om dreigend probleemgedrag te zien aankomen, daar tijdig op te anticiperen en de kans te maximaliseren dat het probleemgedrag in al zijn hevigheid en nare consequenties niet optreedt. Bij een signaleringsplan zijn de analyse en beschrijving van het probleemgedrag slechts twee van de elementen van de methodiek. Zeker even belangrijk zijn de elementen wat zelf te doen en hoe de omgeving (mantelzorgers inclusief hulpverleners) moet reageren. In ◘tab. 5.6 is ter illustratie een signaleringsplan weergegeven voor jongeren met een ernstige vorm van autisme. In de rijen zijn de verschillende fasen van het probleemgedrag in kaart gebracht, lopend van een stabiele situatie tot een ernstige crisis. Kolom 1 geeft vervolgens een overzicht van signalen, de kolommen 2 en 3 hebben de vorm van een actieplan, terwijl kolom 4 aangeeft wat de eindtermen of doelen zijn van de in te zetten acties.

5.6.2 Veerkracht: klachten

Klachten als focus vraagt onderscheid te maken tussen de niet of nauwelijks te beïnvloeden symptomen van de chronisch psychiatrische stoornis (die zijn hierboven beschreven bij focus op lijf) en klachten die mogelijk mede het gevolg zijn van de stoornis, maar daar niet rechtstreeks door veroorzaakt worden. De patiënt ervaart onrust en spanning, de psychiatrische stoornis is van belang, maar er zijn mogelijk ook andere factoren van belang die maken dat de spanning nu zo hoog is (omstandigheden × persoonlijke stijl). Bij focus op klachten binnen veerkracht gaat het eigenlijk altijd over focus op comorbide klachten. Dat luistert nauw, en het onderscheid is niet altijd eenvoudig te maken.

Tabel 5.6 Voorbeeld van een signaleringsplan

wat merk ik?	wat moet ik doen?	wat moet ik niet doen?	wat levert het op?
– rust – goede nachtrust – energie om dingen te ondernemen – 'lucht' in mijn hoofd	– mezelf uitdagen met studievraagstukken – goede overzichtsplanning maken en me eraan houden – zorgen voor ontspanning – dagstructuur vasthouden – voldoende slaap	– overvolle planningen maken – meerdere afspraken op een dag maken – te laat gaan slapen	– rust – plezier – voldoening – trots
– slechte concentratie – lang wakker liggen – gespannen houding – hoofdpijn – buikpijn	– rustige plek opzoeken – overzichtsplanning volgen – doelen voor ogen houden – koptelefoon met muziek/oordoppen gebruiken – ontspannende activiteit ondernemen	– door blijven gaan als het niet lukt – later dan 22:00 uur naar bed gaan – met meerdere dingen bezig gaan	– rust – overzicht – grip op de situatie – betere cijfers
– afsluiten voor de omgeving – terugtrekken – irritaties – overzicht kwijtraken – duizelig zijn – doorrennen	– inspanning en ontspanning in balans brengen – in contact blijven met omgeving en signalen benoemen – schrijven – middagdutje – gedetailleerdere planning	– afspreken met mensen die me vaak irriteren – drukke ruimten opzoeken – college vermijden	– rust – overzicht – grip op de situatie – energie – ontspanning
– kortsluiting – huilen om kleine dingen – pijnlijke knieën – drang tot weglopen – dingen eruit flansen – dissociëren – veel misselijk zijn – milde psychotische klachten – afvalplannen	– ontladen met inspannende activiteit – uit contact gaan na benoemen van signaal – rustmomenten goed inplannen en volgen – opschrijven – slaapmedicatie gebruiken – globale dagplanning maken – eetstructuur uitschrijven en volgen – nachtje ergens anders slapen	– middagdutjes – geluid van telefoon aanlaten – drukke ruimten opzoeken	– rust – overzicht – grip op de situatie – mensen bij me houden i.p.v. afstoten – zelfvertrouwen – ontspanning – lichter hoofd

Tabel 5.6 Voorbeeld van een signaleringsplan (vervolg)

wat merk ik?	wat moet ik doen?	wat moet ik niet doen?	wat levert het op?
– hoofdbonken in slaap – meer psychische klachten – slechte zelfzorg – aangepast eetgedrag – destructieve plannen – destructief gedrag	– hulp inroepen (medicijnen) – in contact blijven met omgeving – eetstructuur volgen – muziek hard aan – gedetailleerde dagplanning – ontspannende activiteiten	– zelf met medicijnen rommelen – hulp uitstellen – winkelen – wandelen in het donker – nieuwe dingen aangaan	– rust – overzicht – grip op de situatie – niet alleen staan – zelfvertrouwen

Irene

Irene heeft een bipolaire stoornis. Ze kampt nu met depressieve klachten, waarvoor ze naar de gb-ggz wordt verwezen. Ze is bang dat de klachten het gevolg van de bipolaire stoornis zijn. In de brief van de huisarts staat: probeer depressieve klachten te behandelen als losstaand van de bipolaire stoornis (lithiumspiegel is op orde). Irene is bereid mee te gaan in die interpretatie, waarop de hulpverlener haar voorstelt een registratieboekje van de klachten bij te houden. Daaruit blijkt dat depressieve klachten vooral heftig worden op dagen dat zij vrij is van werk en in de hand lijken te worden gewerkt doordat ze dan de hele dag niemand ziet en een gevoel van eenzaamheid over haar heen valt. Daarop besluiten ze samen een 'bezoekregeling' op te zetten, waarbij ze wekelijks op zondagavond een plannetje gaat maken wie ze komende week uitnodigt voor een kopje thee en met welke vriendin ze op zondag gaat wandelen. Na enkele weken zijn haar depressieve klachten duidelijk verminderd.

Mentaliseren bij focus op de klacht moet duidelijk maken hoe de klachten zich verhouden tot de chronische aandoening, maar ook moet duidelijk worden hoe die klachten straks beïnvloed kunnen worden in het proces van flexibiliseren. Mentaliseren betekent inzoomen op de klacht, kijken wat daaraan voorafgaat en welk gedrag daarop volgt, zodat helderder wordt hoe beïnvloedbaar de klacht is en op welk moment nog een alternatieve reactie kan worden overwogen.

Neem een patiënt met een chronische dwangstoornis (OCS) die regelmatig tegen het plafond vliegt van machteloosheid en radeloosheid. Veerkracht gericht op de klacht focust op de radeloosheid en dus niet op de chronische dwang. Dat lijkt heel dicht bij elkaar te liggen en toch maken we dat onderscheid. Waarom? Omdat die dwang als onderdeel van de OCS eerder is behandeld en niet is verdwenen (maar sterker nog, tot chronische aandoening is verklaard). De bijkomende radeloosheid is mogelijk wel te beïnvloeden en daarmee kunnen hulpverlener en patiënt aan de slag. Daarop is mentaliseren mogelijk (en komen vervolgens ook flexibiliseren en internaliseren aan de orde). Een ander voorbeeld betreft de patiënt met de diagnose schizofrenie, die bij vlagen somber wordt van de beperkingen die de stoornis hem oplegt en dan vervalt in een uiterst negatief zelfbeeld. Somberheid en negatief zelfbeeld zijn hier hooguit indirecte gevolgen van de schizofrenie. Focus op de klachten betekent actief aan de slag met de somberheid en het negatieve zelfbeeld.

5.6.3 Veerkracht: persoonlijke stijl

Ook bij veerkracht zijn alle interventies op de persoonlijke stijl aan de orde. Maar vertrekpunt is ook hier dat met veranderingen in de persoonlijke stijl wel de bijkomende klachten maar niet de symptomen van de chronische stoornis zelf zijn te beïnvloeden. Ook kan met een focus op de persoonlijke stijl een bijdrage worden geleverd aan het op afstand houden van die symptomen. De patiënt weet dat als hij heftig ruziemaakt met zijn partner, de kans op hallucinaties toeneemt. Een kort lontje hebben en daarna volledig opgaan in ruziemaken kan gezien worden als een persoonlijk stijlkenmerk. Dat leren beheersen (beperken van volledig opgaan in de ruzie) helpt om het hallucineren te verminderen. Deze patiënt zou mogelijk baat hebben bij een variant van de VERS-training (vaardigheidstraining emotieregulatiestoornis).

Met een *VERS-training* kunnen patiënten met een grote gevoeligheid voor emotionele en andere prikkels leren afstand te nemen van de onrust die bij heftige emoties aan de orde is en leren ze deze te verdragen. Vooral het beeld van de pannenset kan helpen. In ◘fig. 5.5 is de pannenset in beeld gebracht:

De pannenset is in eerste instantie gericht op mentaliseren en afstand nemen. Vervolgens kan dezelfde pannenset gebruikt worden om ander gedrag uit te proberen. De kokende pan van het fornuis nemen gaat waarschijnlijk niet lukken zonder flinke brandwonden op te lopen, terwijl een licht opgewarmde pan wel degelijk van het fornuis kan worden gehaald en bijvoorbeeld in water kan worden gezet om weer af te koelen. Met de patiënt zoekt de hulpverlener naar de tekenen van opwarming en vervolgens naar 'koud water' waarin de pan kan afkoelen.

Daarnaast gaat het bij interventies rondom persoonlijke stijl bij veerkracht vaak ook over *zichzelf opnieuw uitvinden*. Er is stabiliteit en langzaam (vroeg of laat) komt er rust, maar de patiënt weet dat het leven niet meer als vroeger zal zijn en dat hij zichzelf opnieuw moet uitvinden, en wel als patiënt met een chronische aandoening die voortdurend kan opspelen. Interventies kunnen oplossingsgericht zijn met een aangepaste wondervraag: Stel je wordt morgen wakker en een engeltje heeft ervoor gezorgd dat je je stoornis helemaal hebt geaccepteerd, wat is dan het eerste dat je zult merken? De interventies kunnen uit cognitieve elementen bestaan, waarbij patiënt en hulpverlener oude schema's de revue laten passeren en zich afvragen welke nu passend zijn. Of ze passen in de ACT-traditie, waarbij voornamelijk gewerkt wordt aan acceptatie en defusie. Alles is mogelijk, mits maar duidelijk is dat niet de symptomen veranderen, hooguit de klachten en de vaardigheden die nodig zijn om met die symptomen om te gaan.

DE PANNENSET DATUM:	(NOG) NIETS AAN DE HAND  1	ER IS IETS!  2	ER IS IETS EN HET IS MIS!  3	DIT GAAT FOUT!  4	DE EXPLOSIE!  5
WAT ZEGT EN DOET DE ANDER? HET LETTERLIJKE GEDRAG (GEEN INTERPRETATIE)					
WAT ZEG EN DOE IK? HET LETTERLIJKE GEDRAG (GEEN INTERPRETATIE)					
GEVOELENS WAT VOEL IK? HOE STERK (0-10) ?					
GEDACHTEN WAT DACHT IK OP DAT MOMENT? (GEEN VRAGEN)					

Figuur 5.5 De pannenset (uit begeleidingsmap VERS, Trimbos-instituut 2016)

Versterking van zelfcompassie is een van de belangrijkste elementen van de focus op persoonlijke stijl bij veerkrachtpatiënten. Zelfcompassie klinkt eenvoudig maar is het bepaald niet. Bij confrontatie met lijden, tegenslag of falen is de houding van de meeste mensen ten opzichte van zichzelf niet erg vriendelijk en begripvol. Het is nog niet zo eenvoudig om rust te nemen en stil te staan bij wat er gebeurt. Bovendien accepteren de meeste mensen niet van zichzelf dat zij falen of met tegenslag te maken krijgen. Ook is het een veelvoorkomende ervaring alleen te staan bij falen en die niet als menselijk te zien. Gerner spreekt van de 'onheilige drie-eenheid van zelfkritiek, zelfisolatie en vereenzelviging met lijden' [27]. Zelfcompassie staat hier tegenover vriendelijkheid voor zichzelf, gedeelde menselijkheid en mindfulness [28]. Binnen de ACT- aanpak wordt vaak gewerkt met individuele zelfcompassie-interventies; hier beschrijven we drie groepsvormen van zelfcompassie-interventies. Neff en Gerner hebben een *mindful self-compassion* (MSC)-programma ontwikkeld [29], gebaseerd op reguliere mindfulnesstraining, waarin iedere week wordt stilgestaan bij een specifiek kenmerk van zelfcompassie (mindfulness, liefdevolle vriendelijkheid, je innerlijke compassievolle stem ontwikkelen, leven volgens je waarden, omgaan met moeilijke emoties, moeilijke relaties transformeren, jezelf en je leven waarderen). Van Gilbert is de *compassion focused therapy* (CFT) [30] waarin aangesloten wordt bij de drie emotieregulatiesystemen (gevaarsysteem, jaagsysteem en kalmeringssysteem) en de daarmee samenhangende complexiteit van het menselijk brein. Vaak is er sprake van een disbalans als gevolg van een onderontwikkeld kalmeringssysteem en een overontwikkeld jaag- of gevaarsysteem.

Van belang is dat deelnemers leren inzien dat zij zelf geen schuld hebben aan de complexiteit van hun emotionele reacties, maar door oefeningen wel in staat zijn om de samenwerking tussen deze drie systemen te verbeteren, met name door het kalmeringssysteem te versterken. Ten slotte noemen we de *mindfulness-based compassionate living* (MBCL) van Van den Brink en Koster die in Nederland is uitgewerkt in de cursus *Compassievol leven – Van mindfulness tot heartfulness* [31]. Deze derde training combineert elementen uit mindfulnesstrainingen met elementen uit de hiervoor beschreven trainingen van Neff en Gerner alsmede van Gilbert.

5.6.4 Veerkracht: omstandigheden

Dezelfde logica past bij het werken aan een focus op omstandigheden bij veerkracht. Omstandigheden die van invloed zijn op bijkomende klachten kunnen in kaart gebracht worden. De patiënt met een chronische psychose leert opkomende stress relateren aan drukke groepsactiviteiten, of melancholische buien aan thuis op de bank zitten. Misschien zit het nog wel complexer in elkaar en realiseert de patiënt zich dat hij andere dagactiviteiten moet zoeken, of misschien wel moet ophouden met betaald werk, omdat de gevoelens van falen zo sterk zijn, dat hij iedere keer met zijn falen geconfronteerd wordt. En omgekeerd, misschien ontdekt hij dat specifieke contexten hem kunnen helpen met meer afstand maken tot hinderende gedachten en gevoelens of om dingen te ondernemen die hem positieve energie opleveren. In dat geval ligt de uitdaging bij het creëren van nieuwe omstandigheden die enerzijds recht doen aan zijn kwetsbaarheid, anderzijds ruimte scheppen op betekenisvolle wijze een bijdrage te leveren aan de samenleving (sociaal herstel).

Onder het kopje omstandigheden passen interventies die in de literatuur beschreven staan als onderdelen van maatschappelijk herstel. *Leven met de stoornis* wordt in deze stap geleidelijk vervangen door *leven voorbij de stoornis*. Dat gebeurt door actief op zoek te gaan naar een betekenisvol leven, waarbij de patiënt zijn rol als burger weer (beter) probeert op te nemen en op zijn eigen manier betekenisvolle sociale activiteiten ontwikkelt of (her)ontdekt. Voor de een betekent dit bestaande maatschappelijke taken weer oppakken, voor zover die passen bij zijn aandoening, bijvoorbeeld in plaats van een fulltimebaan een parttimefunctie of vrijwilligerswerk. Dit is het domein van de arbeidsrehabilitatie [32]. Voor de ander betekent het nieuwe rollen en taken ontwikkelen. Een voorbeeld daarvan is het oppakken van de rol van ervaringsdeskundige, waarbij de eigen ervaring wordt gebruikt om andere patiënten met vergelijkbare aandoeningen tot steun te kunnen zijn. Een ander voorbeeld is de patiënt die voorlichting geeft op scholen, of de strijd aangaat tegen stigmatisering en maatschappelijke uitsluiting van patiënten met een chronisch psychiatrische aandoening [33].

De weg naar maatschappelijk herstel is vaak verre van eenvoudig. De patiënt denkt op de goede weg te zitten en wordt plots opnieuw overvallen door heftige symptomen. Vervolgens is het dan zaak weer overeind te krabbelen en opnieuw te beginnen. Nogal eens is dat een eenzaam avontuur, waarbij de patiënt nauwelijks steun ervaart. Om daarin te voorzien moeten de organisatie en doelstelling van de ggz de komende jaren sterk veranderen en wordt het tijd voor zorg waarbij naast professionele hulpverleners ook ervaringsdeskundigen en lotgenoten een belangrijke functie vervullen (zie bijvoorbeeld *Goede GGZ*) [34]. Zeker bij maatschappelijk herstel kan lotgenotencontact van groot belang zijn: patiënten verstaan en begrijpen elkaar op een eigen en andere wijze dan hulpverleners dat doen. Zeker ook is daarbij een belangrijke functie weggelegd voor ervaringsdeskundigen die patiënten kunnen uitdagen om samen als lotgenoten het herstel ter hand te nemen. Nog een stap verder en we komen op het terrein van zelfhulpgroepen en zelfhulpnetwerken (zie bijvoorbeeld ▸www.zelfhulpnetwerk.nl). Bijna iedere regio heeft zijn eigen zelfhulpnetwerken waarbij patiënten zich kunnen aansluiten en waarbij patiënten elkaar helpen stappen te zetten op weg naar herstel.

5.7 Sluiproutes, rondritten en hoofdwegen

Volgens de uitgangspunten van de generalistische aanpak kunnen (onderdelen van) interventies uit verschillende therapeutische referentiekaders bijeen worden gebracht in het kader van het verwerven van de vaardigheden mentaliseren, flexibiliseren en internaliseren. Welke interventies de voorkeur verdienen of krijgen, hangt af van focus en aangrijpingspunt, maar ook van voorkeuren van patiënt en therapeut. Natuurlijk is ook de beschikbare *evidence* van belang. Zo zal bij een focus op de klacht (angst) exposure de interventie van eerste voorkeur bij het mentaliseren zijn. Ook is het binnen onze aanpak mogelijk om interventies uit verschillende referentiekaders te combineren, mits aannemelijk is dat ze elkaar niet tegenwerken: ontspanningsoefeningen laten zich over het algemeen niet zo eenvoudig combineren met exposuretechnieken. Het regiemodel is met andere woorden weinig prescriptief, zolang maar de stappen mentaliseren, flexibiliseren en internaliseren worden gevolgd. En ook daarvoor geldt: het regiemodel schrijft geen strakke volgorde voor, veeleer zijn het natuurlijke ingrediënten die hulpverlener en patiënt helpen bij het realiseren van duurzame gedragsverandering.

Net zomin als de volgorde van de interventies heilig is, is zelfs het verwerven van alle vaardigheden niet dwingend. Soms volstaat het in therapie om een bestaand reactiepatroon te doorbreken. Er ontstaat dan automatisch een ander patroon en de patiënt gaat er met grote vanzelfsprekendheid mee aan de slag, alsof het probleemgedrag nooit heeft plaatsgevonden. Een klein duwtje is voldoende om een proces van misschien zelfs structurele verandering op gang te brengen, zoals in de zogenoemde *single session therapy* gebeurt [35]. Een voorbeeld daarvan is een patiënt met depressieve klachten die zich in het eerste gesprek realiseert dat de hele dag thuiszitten hem bepaald niet helpt om uitgedaagd te worden. Hij besluit direct om vaker uit te gaan en meer activiteiten met zijn vrienden te ondernemen. Een week later komt de patiënt een stuk opgeruimder binnen. De depressieve klachten blijken nagenoeg volledig verdwenen. De patiënt even tot een ander inzicht laten komen is voldoende om het gedrag duurzaam te veranderen. Veranderd inzicht is in dit voorbeeld de sluiproute om snel bij het gewenste doel aan te komen.

Tabel 5.7 Sluiproutes, rondritten en hoofdwegen

sluiproutes	– direct flexibiliseren – direct internaliseren
rondritten	– EMDR – COMET – innerlijk bureaublad
hoofdwegen	– protocollen – behandelprogramma's

5.7.1 Sluiproutes

Sluiproutes zijn er in soorten en maten (tab. 5.7). Binnen de generalistische ggz is de belangrijkste misschien wel dat de fase van gemeenschappelijke probleemdefiniëring zo voortvarend verloopt, dat direct kan worden begonnen met flexibiliseren. Soms zelfs leidt de gemeenschappelijke probleemdefinitie als vanzelf tot een keuze voor alternatief gedrag. In de interventiefase kan dan worden volstaan met aandacht te schenken aan problemen rondom de internalisering. Het kan zelfs voorkomen dat de patiënt tot duurzame gedragsverandering komt enkel en alleen op basis van de gemeenschappelijke probleemdefinitie. De patiënt realiseert zich dat hij met zijn gedrag de klacht zelf in stand houdt, verandert daarop zijn gedrag waardoor ook de klacht verdwijnt. Ook sluiproutes via flexibiliseren en internaliseren laten zich heel goed uittekenen. De patiënt realiseert zich in een eerste gesprek welk gedrag het meest passend en wenselijk is, waardoor de therapie kan beginnen met het internaliseren van de oplossing.

Binnen het generalistische kader zijn sluiproutes meer regel dan uitzondering. In belangrijke mate is dat een gevolg van het uitgangspunt dat de eerste stappen van probleemeigenaarschap en oplossingseigenaarschap samen met de patiënt worden gedaan. Doelstelling is om de patiënt zo snel als mogelijk eigenaar te maken van probleem en oplossing, waardoor hij mogelijk ook heel snel zelf aan de slag kan met de interventie. Op een wat abstracter conceptueel niveau blijkt er bovendien sprake van herhaling van stappen: de eerste fase tot probleemeigenaarschap volgt dezelfde logica als de fase van mentaliseren. Een gemeenschappelijke probleemdefinitie is eigenlijk al het product van mentaliseren. En vervolgens is flexibiliseren direct verwant met het opstellen van het behandelplan en bijgevoegd adagium luidt dan ook dat oplossingseigenaarschap volgens dezelfde lijnen van logica gerealiseerd wordt als flexibiliseren. Hoe beter deze stappen aansluiten bij de patiënt, des te minder werk er te doen blijft in de interventiefase. In zijn algemeenheid wordt het bewandelen van deze sluiproutes toegejuicht, mits de hulpverlener beseft wat hij doet en zich realiseert dat snelheid van therapie niet noodzakelijkerwijze een perfecte correlatie heeft met duurzaam resultaat. Er is niets tegen een sluiproute, er is wel wat tegen te snel handelen waardoor de patiënt een week later terug op de stoep staat met de mededeling dat hij een en ander al weer vergeten is en weer is teruggevallen in oude gewoonten. Sluiproutes moeten dus niet enkel op korte termijn effectief zijn, zij moeten ook beklijven.

5.7.2 Rondritten

Onder *rondritten* verstaan we hier de zogenoemde combipakketten van interventies, met daarin opgenomen mentaliseren, flexibiliseren en internaliseren. Het zijn geïntegreerde behandelvormen met een eigen duidelijk theoretisch kader en meestal gekoppeld aan een specifieke methodiek. Hier bespreken we drie rondritten: EMDR, COMET en innerlijk bureaublad. Elk van deze pakketten kan bogen op zijn eigen *evidence*, en spreekt tot de verbeelding omwille van de zeer consequente doorvoering van de stappen.

EMDR

EMDR werd in 1989 door Francine Shapiro ontwikkeld als vorm van cognitieve gedragstherapie om traumatische gebeurtenissen te verwerken [36]. In Nederland is EMDR verspreid en onderzocht door Erik ten Broeke en Ad de Jongh. Kenmerkend voor EMDR is de combinatie van het oproepen van traumatische ervaringen met tegelijkertijd afleiding van aandacht door het volgen van tikjes of handbewegingen van de hulpverlener (*eye movement desensitization and reprocessing*). De hulpverlener vraagt de patiënt aan de gebeurtenis terug te denken, inclusief de bijbehorende beelden, gedachten en gevoelens. Eerst gebeurt dit om meer informatie over de traumatische beleving te verzamelen. Daarna wordt het verwerkingsproces in gang gezet door de gebeurtenis op te roepen, die opnieuw voor de geest te halen, maar nu in combinatie met een afleidende stimulus. In veel gevallen is dat de hand van de therapeut of zijn het lichtjes van een apparaat die voor de ogen worden bewogen met de instructie ze te volgen, of door geluiden die via een koptelefoon afwisselend links en rechts worden aangeboden. Er wordt gewerkt met sets (= series) stimuli. Na elke set wordt er even rust genomen. De therapeut zal de patiënt vragen wat er in gedachten naar boven komt, wat er gebeurt. De EMDR-procedure brengt doorgaans een stroom van gedachten en beelden op gang, maar soms ook gevoelens en lichamelijke sensaties. EMDR wordt vooral gebruikt bij de behandeling van posttraumatische stressstoornissen, alsook bij zaken als zelfbeeld.

Een mogelijke verklaring voor de werkzaamheid van EMDR is dat terugdenken aan een nare herinnering in combinatie met oogbewegingen ervoor zorgt dat het natuurlijke verwerkingssysteem wordt gestimuleerd. Omdat een traumatische herinnering wanneer deze in gedachten wordt genomen levendig en intens is, kost dit zoveel geheugencapaciteit dat verwerking niet mogelijk lijkt. Maar het zo snel mogelijk volgen van de vingers van de therapeut, zoals dat bij EMDR gebeurt, kost ook geheugencapaciteit. Door deze concurrentie van werkgeheugentaken is er minder plaats voor de levendigheid en de akeligheid van de herinnering en kan het verwerkingsproces alsnog op gang komen. Dit biedt de patiënt de mogelijkheid om een andere betekenis aan de gebeurtenis te geven.

COMET

COMET (*competitive memory training*) van Kees Korrelboom is een voorbeeld van een interventie (training) die zowel individueel als in een groep kan worden uitgevoerd en die de elementen mentaliseren, flexibiliseren en internaliseren op gestructureerde wijze integreert [37]. COMET past in de cognitief gedragstherapeutische traditie die zich richt op bijstelling van disfunctionele betekenissen van belangrijke begrippen voor patiënten.

In het langetermijngeheugen zijn tal van betekenissen opgeslagen die vaak met elkaar in competitie zijn om te worden geactiveerd. De combinatie van omstandigheden en persoonlijke stijl bepaalt welke betekenis op welk moment die strijd wint. Per moment, zo is de aanname, kan slechts één betekenis dominant zijn, en die is bepalend voor gevoel en gedrag. Problemen doen zich voor wanneer niet-functionele betekenissen de overhand krijgen. De COMET begint met een inventarisatie van die disfunctionele betekenis (mentaliseren), zoekt naar functionele betekenissen (flexibiliseren) en stimuleert deze zodat ze de bovenhand kunnen gaan voeren (internaliseren). Bij lage zelfwaardering – de patiënt voelt zich voortdurend slecht en rot over zichzelf – vindt eerst een inventarisatie plaats van disfunctionele cognities. Nadat deze aan de oppervlakte zijn gekomen, moeten positievere betekenissen dominant worden gemaakt, onder meer door tegenvoorbeelden op te schrijven of te verbeelden. Vervolgens vindt koppeling plaats van de positieve zelfwaardering aan situaties die eerder vooral een negatieve betekenis activeerden (contraconditionering).

Innerlijk bureaublad

Het *innerlijk bureaublad* van Martin Appelo [38] is enigszins vergelijkbaar met de COMET. Ook deze aanpak (rondrit) is afkomstig uit de CGT-traditie en stelt de computermetafoor (bureaublad) centraal. Samen met de patiënt wordt gewerkt aan een innerlijk bureaublad waarop icoontjes worden geplaatst die bepaalde programma's (= schema's) activeren. Elk programma staat voor een bepaalde manier van denken, voelen en doen; een bepaalde rol of een specifieke stijl. De cursor symboliseert het ik (bewuste aandacht) en het vermogen een programmaatje te activeren. Doel van de therapie is de mentale kracht te versterken door bepaalde gewoonten te veranderen en het zelfvertrouwen een positieve impuls te geven (meer zelfregie). Het inrichten van het innerlijk bureaublad gebeurt in vier stappen:

1. Het innerlijk bureaublad herkennen (ogen sluiten en visualiseren van bureaublad).
2. De comfortzone als eerste programma installeren, waarbij een icoontje moet worden gekozen van een situatie die voor de patiënt rustgevend, comfortabel en aangenaam is.
3. Bestaande mentale programma's herkennen, dat wil zeggen: standaardschema's van denken, voelen en handelen die vaak voorkomen in het dagelijks leven. Eerst de nuttige en aangename programma's, vervolgens de minder nuttige programma's die verbonden zijn aan de klacht. In onze woorden gaat het hier over mentaliseren.
4. Nieuwe mentale programma's installeren. Dit zijn manieren van denken, voelen en doen die de patiënt mist of die hij beter zou willen ontwikkelen. Het zijn andere rollen die de patiënt graag zou willen spelen (flexibiliseren).

Oefenen (internaliseren) is bij Appelo geen aparte stap, maar onderdeel van de stappen 3 en 4. Oefenen betekent van de ene rol naar de andere gaan (je kunt rollen niet uitzetten, wel andere activeren en als het ware over de oude heen schrijven), waarbij overgangen vaak alleen mogelijk zijn door in een vroege fase het ene programma te verlaten, vervolgens te ontspannen via de comfortzone om uiteindelijk koers te zetten naar het nieuwe functionele programma.

5.7.3 Hoofdwegen

Binnen de ggz is de afgelopen jaren veel aandacht ontstaan voor complete behandeltrajecten waarvan de effectiviteit met wetenschappelijk onderzoek is aangetoond, de zogenoemde *empirically supported treatments* (*EST*) [39, 40]. In het voorgaande zijn al veel onderdelen hiervan aan de orde geweest. Er valt veel te zeggen voor de hele trajecten, omdat ze in hun geheel zijn onderzocht en vaak niet op onderdelen. Waar verschillende interventies beschikbaar zijn voor de behandeling van een specifiek probleem, ligt de keuze voor de interventie met de beste evidentie voor de hand. Op dat uitgangspunt is de jongste generatie *evidence based* standaarden gebaseerd. Vaak zijn de interventies die worden aanbevolen, uitgewerkt in de vorm van protocollen. Deze hoofdwegen zijn beschrijvingen van specifieke interventies in een specifieke volgorde voor de behandeling van een specifiek probleem of specifieke klacht (meestal stoornissen). Een goed protocol is transparant in zijn opzet en daardoor heel goed na te volgen of in te trainen. Ook biedt het protocol hulp bij het bepalen van de behandellijn, bij het maken van keuzes en het overzien van opties. Voor patiënten biedt het protocol vaak informatiemateriaal over de klacht of de stoornis en zijn er vaak registratieforumlieren en huiswerkopdrachten beschikbaar. Een protocol biedt met andere woorden een kant-en-klaarpakket waarbij zowel hulpverlener als patiënt baat kan hebben. Inmiddels zijn voor heel veel stoornissen en ook wel specifieke klachten of problemen protocollen beschikbaar. Ook in de generalistische ggz zijn deze over het algemeen goed toepasbaar, zeker als de focus ligt op de behandeling van klachten.

Toch kiezen wij er niet voor de protocollen hier uitgebreid te beschrijven. Daarvoor zijn handboeken beschikbaar [41]. Bovendien zijn al veel van de interventies waaruit protocollen zijn opgebouwd in eerdere paragrafen uitvoerig aan bod gekomen. Dat geldt zeker voor de protocollen die gebaseerd zijn op de uitgangspunten van de cognitieve gedragstherapie. Ter illustratie: in het protocol behandeling paniekstoornis wordt naast registratie gebruikgemaakt van exposure en vervolgens van cognitieve therapie (uitdagen disfunctionele cognities). In belangrijke mate zijn de meest gebruikte protocollen daarmee impliciet opgenomen. Daarnaast zijn er twee extra redenen waarom we niet al te uitvoerig op behandelprotocollen ingaan. Van pragmatische aard is de overweging dat de meeste protocollen te uitgebreid zijn voor toepassing in de generalistische ggz, omdat deze per definitie kort is (bijvoorbeeld omdat de zorgverzekeraar niet zoveel sessies financiert). De hulpverlener met ervaring met protocollen zal, gegeven de specifieke problematiek van de patiënt, vaak kunnen volstaan met een verkorte versie van een protocol. Ook kan hij vaak gebruikmaken van *e*-healthmodules waarin diezelfde protocollen in verkorte vorm zijn opgenomen, en waarbij afhankelijk van de vaardigheden van de patiënt, meer of minder kan worden overgelaten aan de patiënt zelf. Van meer principiële aard is het argument dat protocollen over het algemeen stoornisgericht zijn, terwijl het uitgangspunt van de generalistische benadering is dat oplossingsgericht wordt gewerkt. Daarbij draait het om de vraag wat de patiënt minimaal nodig heeft om het probleem zelf op te lossen. Zeer regelmatig, ook wanneer een DSM-classificatie aan de orde is, komt de focus op de omstandigheden of de persoonlijke stijl te liggen. De meeste protocollen sluiten daar niet of onvoldoende op aan. Weer wel zijn elementen uit het protocol daarbij behulpzaam, en die hebben we al hierboven beschreven.

Ten slotte nog enkele opmerkingen over samengestelde behandelprogramma's zoals die met name in de jeugdzorg en jeugd-ggz zijn ontwikkeld en waarvan het Nederlands Jeugdinstituut een databank effectieve jeugdinterventies bijhoudt. Deels betreft het hier protocollen van EST-interventies, bijvoorbeeld: *Bedwing je dwang* of *Denken + doen = durven*. Ook voor deze groep protocollen gelden de bovenstaande opmerkingen. Daarnaast bestaat de lijst uit samengestelde behandelprogramma's, waarbij een combinatie van protocollen en interventies worden gemaakt en waarbij verschillende professionele rollen worden onderscheiden, bijvoorbeeld: *multidimensionele familietherapie* of *dialectische gedragstherapie voor jongeren*. Veel van deze programma's vragen zorg op maat, verleend door verschillende disciplines. Nogal eens kunnen hulpverleners uit de generalistische ggz daarbij worden betrokken, maar relatief zelden voeren zij daarbij de functie van regie- of hoofdbehandelaar. Behandeling volgens deze programma's overschrijdt daarmee vaak de grenzen van de generalistische ggz. Dat betekent echter allerminst dat de generalistische hulpverlener er geen gebruik van kan maken.

5.8 Van interventie naar uitvoeringseigenaarschap

In dit hoofdstuk is een groot aantal interventies beschreven die allemaal tot doel hebben de patiënt te helpen de stagnatie op te heffen. Nagenoeg alle beschreven interventies zijn ontwikkeld door en voor hulpverleners. Zij sturen het veranderingsproces en maken gebruik van deze interventies om de patiënt in beweging te brengen, zodat de problemen verdwijnen. De overgrote meerderheid van deze interventies is bovendien probleem- of stoornisspecifiek, dat wil zeggen dat hun effectiviteit telkens is aangetoond ter reductie van specifieke klachten. Ook in de generalistische ggz kunnen we gebruikmaken van deze interventies. Ons perspectief is echter anders: niet de interventies maken de patiënt beter, de patiënt maakt zichzelf beter en gebruikt daartoe specifieke interventies. De beschreven interventies ondersteunen de klus die de patiënt zelf moet klaren. Aan het einde van de interventiefase is niet alleen de stagnatie opgeheven, nog belangrijker is dat de patiënt heeft geleerd hoe hij dat zelf heeft gedaan en hoe hij dat een eventuele volgende keer weer opnieuw zelf zal kunnen doen.

De interventiefase van de behandeling is gericht op zelf doen. En zelf doen verwijst naar het proces waarbij de stagnatie wordt opgeheven, de patiënt zelf aan de slag gaat met als resultaat dat hij zaken zo verandert, dat hij uiteindelijk weer mag vertrouwen op zijn automatische piloot. Dit alles conform de uitgangspunten van het regiemodel. We hebben de stappen in dat proces dan ook benoemd in termen van te verrichten taken: patiënt moet leren mentaliseren, leren flexibiliseren en uiteindelijk weer leren internaliseren. De werkwoordsvorm is gekozen omdat het over uit te voeren taken (activiteiten) gaat.

Om de stagnatie het hoofd te bieden moet de patiënt zichzelf op afstand brengen van het probleem waartegen hij aanloopt en de ruimte die dat oplevert gebruiken om naar de stagnatie te kijken. Met eenvoudige woorden gaat het om de beweging van: 'ik ben een probleem' naar: 'ik heb een probleem'. Tussen de patiënt en zijn probleem moet afstand ontstaan. Zodra die afstand is ontstaan, kan duidelijk worden waarom het probleem intact blijft en zichzelf blijft versterken en onderhouden, en wat er nodig is om dat patroon te doorbreken. Hoe duidelijker de stagnatie gekoppeld is aan een specifieke context, des te sneller de verandering mogelijk is (bij verandering van context verandert automatisch het probleem). Omgekeerd geldt: hoe minder de stagnatie gekoppeld kan worden aan specifieke contextvariabelen, des te moeilijker het te beïnvloeden zal zijn en des te groter de afstand tot de stagnatie moet worden om alsnog verandering op gang te brengen. Mentaliseren betekent zoveel afstand maken, dat verandering mogelijk wordt.

Verandering in gedrag (flexibiliseren) wordt mogelijk op het moment dat de patiënt voldoende op afstand van zijn stagnatie komt. Zijn mentaliseren is succesvol zodra de patiënt zicht heeft op factoren die de stagnatie uitlokken en in stand houden, en hij vervolgens invloed op die factoren kan uitoefenen. Nu eens gaat dat bijna vanzelf (mentaliseren leidt automatisch tot ander gedrag), dan weer is flexibiliseren veel moeilijker dan mentaliseren. Meestal is er sprake van een voortdurende interactie tussen mentaliseren en flexibiliseren: je neemt afstand, kijkt of je kunt beïnvloeden en zo nee, dan ga je weer terug naar het mentaliseren, totdat je uiteindelijk voelt dat je weer greep krijgt op de stagnatie en deze naar je hand kunt zetten. Ook kan flexibiliseren op talrijke manieren tot stand worden gebracht: nu eens volstaat het aanleren van andere cognities (een andere interpretatie van wat er aan de hand is), dan weer moet er echt actie worden ondernomen en moet er heel ander gedrag worden ontwikkeld. De fase van flexibiliseren kan succesvol worden afgesloten zodra het alternatieve gedrag in voldoende mate is ontwikkeld en getoetst en de patiënt nu weet wat hem te doen staat.

Internaliseren is de actie van de patiënt gericht op het zich in voldoende mate eigen maken van het nieuwe gedrag. Vaak is dat een kwestie van veel oefenen, waardoor het nieuwe gedrag als het ware als eerste op de agenda verschijnt zodra de stagnatie optreedt. Doel van deze fase is dat de patiënt niet alleen weet wat hem te doen staat, maar dat hij het feitelijk ook doet. Liefst dan in de automatische piloot, zodat de stagnatie al is opgeheven nog voordat het probleem bewust is gesignaleerd. Ook het internaliseren is bij uitstek een vaardigheid die de patiënt zichzelf moet eigen maken: hij moet het nieuwe gedrag zo vaak oproepen en uitvoeren, dat het nieuwe gedrag zich bijna automatisch aan de patiënt opdringt, zelfs nog voordat er besef van stagnatie ontstaat. Internaliseren is succesvol zodra de patiënt zich niet meer bewust is van de veranderingen in zijn gedrag en de stagnatie is opgeheven.

We spreken van uitvoeringseigenaarschap zodra de patiënt de stap heeft gezet van het ondergaan van interventies naar eigenaar zijn van deze interventies. De patiënt maakt daarbij een drievoudige slag: hij leert te doen wat hem te doen staat (hij wordt uitvoerder van interventies) en hij leert het onderliggende patroon te herkennen waardoor hij bij (dreigende) stagnatie zelfstandig de stappen leert en durft zetten van mentaliseren, flexibiliseren en internaliseren. En ten slotte heeft hij ook geleerd dat internaliseren niet lukt zolang met flexibiliseren nog niet een passend antwoord is gevonden, en dat flexibiliseren op zijn beurt niet lukt zolang het mentaliseren nog niet tot voldoende afstand heeft geleid. Die derde stap impliceert feitelijk dat de patiënt zich eigenaar heeft gemaakt van het therapeutisch proces en de voortgang ervan zelf kan monitoren en evalueren. Die laatste stap staat centraal in ▶H. 6 over evalueren.

5.9 Samenvatting en conclusies

Nadat patiënt en hulpverlener tot een gemeenschappelijke probleemdefinitie zijn gekomen en vervolgens samen het behandelplan hebben opgesteld volgt de derde stap in de behandeling. In dit hoofdstuk worden bestaande interventies beschreven. Ze zijn geordend volgens het regieprincipe, waarbij drie stappen zijn te onderscheiden: mentaliseren (afstand nemen), flexibiliseren (experimenteren met andere oplossingen) en internaliseren (inslijpen en automatiseren van nieuwe, werkende oplossingen). Deze drie stappen zijn in allerlei varianten in verschillende therapeutische kaders beschreven. In dit hoofdstuk hebben we vooral geput uit het gedachtegoed van de oplossingsgerichte, de CGT- en de ACT-tradities. Voordeel van deze interventies is dat ze breed bekend zijn onder hulpverleners en veelvuldig worden toegepast. Het eigene van de hier voorgestelde aanpak is het perspectief van de regiemetafoor: de patiënt moet uit zijn rol stappen en daarvan afstand nemen, vervolgens moet hem duidelijk worden waarom de stagnatie zich niet vanzelf oplost en welke alternatieven mogelijk tot een beter resultaat leiden. Vervolgens is het experimenteren met die nieuwe acties en uitvogelen welke het beste past binnen de rollen die hij speelt. Zodra die keuze is gemaakt, is het oefenen geblazen en ervoor zorgen dat de oplossing geautomatiseerd wordt en voortaan als eerste opplopt zodra de situatie op het toneel daartoe aanleiding geeft.

Welke van al deze interventies het beste kunnen worden toegepast, is aan patiënt en hulpverlener. De hulpverlener zal in eerste instantie vooral die interventies aanbieden waarin hij geschoold is en waarbij hij de ervaring heeft van succes. Het generalistische uitgangspunt hierbij is dat de minst invasieve interventie met gerede kans op succes de voorkeur verdient. Minst invasief vertalen wij in deze context met: de maximale kans dat het zelfhelende vermogen van de patiënt wordt aangesproken en de patiënt zichzelf weer beter maakt. Dit betekent voor zeer veel behandelaars die voor het eerst in een generalistische setting werken dat zij aanvankelijk zeer veel zullen moeten afleren en moeten leren laten. Een proces dat tijd en aandacht vraagt, maar dat essentieel is om daadwerkelijk een specialist te worden in generalistisch werken. Daarnaast verdient het aanbeveling dat de hulpverlener consistent is in zijn keuzes. Een beetje pragmatiek en eclecticisme kunnen geen kwaad, mits de algemene boodschap maar duidelijk is en de patiënt een duidelijk beeld krijgt van wat hem te doen staat. Let er daarbij op dat interventies elkaar niet tegenwerken, denk bijvoorbeeld aan exposure in combinatie met ontspanning en vermijding. De kans dat die combinatie werkt, is erg klein. Consistentie betekent daarnaast dat de hulpverlener niet te vlug switcht van de ene interventie naar de andere. Even doorbijten, zelfs als het lastig is, blijkt buitengewoon goed te werken. Het helpt de patiënt op koers te blijven en zich niet te snel te laten afleiden door alledaagse besognes.

Vaak neemt de patiënt het voorstel van de hulpverlener in eerste instantie over, zeker als de hulpverlener hem betrekt bij de keuzes, hem uitlegt welke alternatieven er zijn en waarom de voorkeur juist bij deze ene interventie ligt. Duidelijkheid in de rationale helpt de patiënt vervolgens de stip aan de horizon vast te houden, ook bij dreigende mislukking en demotivatie. Leg uit dat alle begin moeilijk is en dat oefening kunst baart. Kies als hulpverlener vooral niet te vlug en te gemakkelijk voor een alternatieve interventie. Er moeten goede argumenten zijn om af te wijken van de ingezette koers, zeker in de beginfase van de behandeling. Tegelijkertijd geldt dat de hulpverlener vooral niet te koppig moet volharden en ruimte moet creëren om het te hebben over tegenslagen en eventuele twijfels van de patiënt. Samen de keuze maken voor doorgaan of aanpassen verdient in alle gevallen de voorkeur. Dat geldt zeker binnen de kaders van het regiemodel in de generalistische ggz. Binnen onze aanpak zijn veel interventies immers als nevenschikkend beschreven, dat wil zeggen dat ze bijdragen aan dezelfde doelen.

Gaandeweg de behandeling wordt de ruimte voor alternatieven groter, zeker indien de therapie vordert en de beweging is ingezet. De patiënt proeft de winst van doorgaan en krijgt tegelijkertijd een completer beeld van wat goed en wat minder goed werkt in de concrete omstandigheden waarin hij verkeert. Die ruimte kan zelfs helpen om het doel van versterking van zelfregie sneller te bereiken; hoe beter immers de patiënt begrijpt en ervaart wat er aan de hand is en welke stappen gezet moeten worden om de stagnatie op te heffen, des te groter de ruimte waarin zelfregie tot ontwikkeling kan komen. Weliswaar worden die stappen in eerste instantie gezet onder begeleiding en onder regie van de hulpverlener, maar uitdrukkelijk is het doel van generalistische ggz dat de patiënt leert de regie over te nemen, zodat hij zelf wikt, weegt en handelt. Dat kan betekenen dat de patiënt niet altijd de handigste keuzes maakt, en dat de hulpverlener hem die ruimte laat, zeker als die keuze past binnen de logica van de regiemetafoor. En mocht het de hulpverlener vervolgens lukken de patiënt te helpen begrijpen waarom deze interventie op dit moment juist minder werkte, dan is zelfs een minder handige keuze van de patiënt een perfecte aanleiding om het regiemodel nogmaals uit te leggen.

Generalistische ggz gebruikt de stagnatie als casus aan de hand waarvan zelfregie wordt uitgelegd en ontwikkeld. Zonder opheffing van stagnatie is de behandeling niet geslaagd, en zonder toename van zelfregie evenmin. Een dubbele doelstelling dus. En dat bij een hulpverleningsvorm die kort en pragmatisch wenst te zijn. Maar juist dat korte wordt als werkzaam element ingezet. We zouden dat de paradox van de generalistische ggz kunnen noemen: in korte tijd dubbele winst. Dat kan alleen maar door de stagnatie in sterke mate te normaliseren en de stappen van behandeling (regiemodel) klein en overzichtelijk te houden. Interventies worden zo hulpmiddelen die de patiënt leert inzetten in het geval zijn automatische piloot even de weg is kwijtgeraakt. Eigenlijk is het belangrijkste uitgangspunt van generalistische ggz dat de patiënt bijna altijd de stagnatie het beste zelf oplost. Aan de hulpverlener het grote genoegen dat goede nieuws aan de patiënt te mogen overbrengen. En bij aanhoudende twijfel dat ook nog te mogen laten zien aan de patiënt.

Literatuur

1. Rijnders P, Heene E, redactie. Kortdurende interventies voor de eerste lijn. Amsterdam: Boom; 2010.
2. Mok L, Wenning H, De Vries L. Handboek POH-GGZ. Houten: Bohn Stafleu van Loghum; 2016.
3. Ofman D. Bezieling en kwaliteit in organisaties. Utrecht: Kosmos Uitgevers; 2006.
4. Hayes SC, Stroshahl KD, Wilson KG. Acceptance and commitment therapy. The process and practice of mindful change. 2nd edition. New York London: The Guilford Press; 2012.
5. Jansen G, Batink T. Time to ACT. Het basisboek voor Professionals. Zaltbommel: Uitgeverij Thema; 2017.
6. Van Heycop Ten Ham B, De Vos B, Hulsbergen M. Praktijkboek gedragstherapie. Handboek voor cognitief gedragstherapeutisch werkers, deel 1 en 2. Amsterdam: Boom; 2012.

Literatuur

7. Korrelboom K, Ten Broeke E. Geïntegreerde cognitieve gedragstherapie. Handboek voor theorie en praktijk. Bussum: Coutinho; 2014.
8. Bannink F. Oplossingsgerichte therapie. In: Bohlmeijer E, Bolier L, Westerhof G, Walburg JA, redactie. Handboek positieve psychologie. Theorie, onderzoek en toepassingen. Amsterdam: Boom; 2013. pag. 341–54.
9. Van der Velden K, Hoogduin K, Lange A. Directieve therapie. Amsterdam: Boom; 2010.
10. Young JE, Klosko JS, Weishaar ME. Schemagerichte therapie. Handboek voor therapeuten. Houten: Bohn Stafleu van Loghum; 2005.
11. Van Vreeswijk M, Broersen J. Handleiding kortdurende schematherapie. Voor groepstherapie en individuele therapie. 3e herziene druk. Houten: Bohn Stafleu van Loghum; 2017.
12. Kabat-Zinn J. Mindfullness-based interventions in context: past, present, and funture. Clin Psychol Sci Pract. 2003;10:144–56.
13. De Jong P, Berg IK. De kracht van oplossingen. Handboek Oplossingsgericht Werken. 3e druk. Amsterdam: Pearson; 2013.
14. De Shazer S. Keys to solution in brief therapy. New York: Norton; 1985.
15. Hassink-Franke LJ, Van Weel-Baumgarten EM, Wierda E, Engelen MW, Beek MM, Bor HH, et al. Effectiveness of problem-solving treatment by general practice registrars for patients with emotional symptoms. J Prim Health Care. 2011;3(3):181–9.
16. Beck AT. Cognitive therapy and the emotional disorders. New York: New American Library; 1976.
17. Claassen A-M, Pol S. Schematherapie en de gezonde volwassene. Positieve technieken uit de praktijk. Houten: Bohn Stafleu van Loghum; 2015.
18. Appelo M. Het gelaagde brein. Reflectie en discipline bij het werken aan verandering. Amsterdam: Boom; 2017.
19. De Silva D. Evidence: helping people help themselves. A review of the evidence considering whether it is worthwhile to support self-management. London: The Evidence Centre; 2011.
20. Trappenburg J, Jonkman N, Jaarsma T, Van Os-Medendorp H, Kort H, De Wit N, et al. Zelfmanagement bij chronische ziekten. Huisarts Wet. 2014;57(3):120–4.
21. Lackamp O, Luteijn B, Casteelen G. Farmaca en psyche in de huisartsenpraktijk. In: Lamers E, Bosch F, Hinderink L, Verschuren C, redactie. Handboek psychologie in de eerste lijn. Kortdurende behandeling van veelvoorkomende problemen. Amsterdam: Pearson; 2006. pag. 236–251.
22. Rinck M. Lernen. Ein Lehrbuch für Studium und Praxis. Hasselhorn M, Kunde W, Schneider S, redactie. Stuttgart: W. Kohlhammer; 2016.
23. Öst L-G. Applied relaxation: description of a coping technique and review of controlled studies. Behav Res Ther. 1987;25(5):397–409.
24. Brouwers EPM, Van Gestel-Timmermans J, Van Nieuwenhuizen Ch. Herstelgerichte zorg in Nederland: modegril of daadwerkelijke verandering? Psychopraktijk. 2013;5(4):14–7.
25. Van Gestel-Timmermans J. Herstellen doe je zelf: evaluatie van een cliëntgestuurde cursus. Tijdschr Rehabil Herstel Mensen Met Psych Beperkingen. 2012;21(3):32–41.
26. V&VN. Multidisciplinaire richtlijn Somatische screening bij patiënten met een ernstige psychische aandoening. Utrecht: Trimbos-instituut; 2015.
27. Gerner CK. The mindful path to self-compassion: freeing yourself from destructive thoughts and emotions. New York: Guilford Press; 2009.
28. Hulsbergen M, Smeets E. Zelfcompassie. In: Claassen A-M, Pol S, redactie. Schematherapie en de Gezonde Volwassene. Houten: Bohn Stafleu van Loghum; 2015. pag. 53–68.
29. Neff K, Gerner C. A pilotstudy and randomized controlled tiral of the mindful self-compassion program. J Clin Psychol. 2013;69(1):28–44.
30. Gilbert P. The origins and nature of compassion focused therapy. Br J Clin Psychol. 2014;53:6–41.
31. Van der Brink E, Koster F. Compassievol leven. Amsterdam: Boom; 2012.
32. Schene A, Van Weeghel J, Van der Klink J, Van Dijk F. Psychische aandoeningen en arbeid: een vergelijking van interventies. Psychopraxi. 2005;7(3):91–6.
33. Boevink W, Van Beuzekom J, Gaal E, Jadby A, Jong F, Bramel MK, et al. Samen werken aan herstel. Van ervaringen delen naar kennis overdragen. Utrecht: Trimbos-instituut; 2002.
34. Delespaul P, Milo M, Schalken F, Boevink W, Van Os J. Goede GGZ! Nieuwe concepten, aangepaste taal en betere organisatie. Leusden: Diagnosis; 2016.
35. Rosenbaum R, Hoyt MF, Talmon M. The challenge of single-session therapies. In: Wells RA, Giannetti VJ, editors. Handbook of the brief psychotherapies. New York: Springer; 1990. pp. 165–89.

36. Shapiro F. Eye movement desentization and reprocessing. Basic principles, protocols and procedures. 3rd edition. New York/London: The Guilford Press; 2018.
37. Korrelboom K. Groepstrainingen voor specifieke klachten. Competitive momory training (COMET) als voorbeeld. In: Verbraak M, Visser S, Muris P, Hoogduin K, redactie. Handboek voor gz-psychologen. Amsterdam: Boom; 2011. pag. 249–61.
38. Appelo M. Het innerlijk bureaublad. Zelfvertrouwen door zelfcontrole. Amsterdam: Boom; 2012.
39. Keijsers GPJ, Van Minnen A, Hoogduin CAL. Protocollaire behandeling in onderzoek en praktijk: recente ontwikkelingen. In: Keijsers GPJ, Van Minnen A, Hoogduin CAL, redactie. Protocollaire behandeling in de ambulante geestelijke gezondheidszorg 2. Houten: Bohn Stafleu van Loghum; Cure & Care Development; 1999. pag. 1–16.
40. Keijsers G, Vissers W, Hutschemaekers G, Witteman C. Waarom die weerstand tegen protcollaire behandelingen? In: Verbraak M, Visser S, Muris P, Hoogduin K, redactie. Handboek voor gz-psychologen. Amtsterdam: Boom; 2011. pag. 133–40.
41. Keijsers G, Van Minnen A, Hoogduin C, Verbraak M, Emmelkamp P. Protocollaire behandelingen voor volwassenen met psychische stoornissen. Amsterdam: Boom; 2017.

Van evaluatie naar proceseigenaarschap

6.1 De basishouding: methodisch, behendig en roldoorbrekend – 171
6.1.1 Methodisch – 171
6.1.2 Behendig – 173
6.1.3 Roldoorbrekend – 174

6.2 Evalueren: van resultaatmeting naar monitoring – 175

6.3 Evaluatie als gemeenschappelijke opdracht – 177

6.4 Van evalueren naar inzicht – 182

6.5 Van inzicht naar proceseigenaarschap – 185

6.6 De toolbox van de (zelf)regisseur – 188

6.7 Samenvatting en conclusies – 193

Literatuur – 194

© Bohn Stafleu van Loghum is een imprint van Springer Media B.V., onderdeel van Springer Nature 2019
G. Hutschemaekers, M. Nekkers en B. Tiemens, *Handboek generalistische ggz*,
https://doi.org/10.1007/978-90-368-2364-7_6

Bijna is het regiemodel met zijn fasen en stappen volledig in kaart gebracht. Wat nog ontbreekt, is de laatste stap van evaluatie. Goede hulpverlening bestaat niet alleen uit 'zaken doen', maar ook uit kijken of hetgeen beoogd is daadwerkelijk gerealiseerd wordt. Wie denkt dat aandacht voor de voortgang bijna vanzelf spreekt, komt bedrogen uit. Dat is het allerminst, in oude modellen van professionalisering en expertisevorming [1] wordt evaluatie niet expliciet genoemd, laat staan als aparte stap in professionele arbeid onderscheiden. In klassieke psychotherapiemodellen lijkt tussentijdse evaluatie zelfs gecontra-indiceerd en zou het vooral storend werken op het therapeutisch proces [2]. Daarnaast is er de bevinding uit veel hedendaags psychotherapie onderzoek dat succesvolle hulpverleners allerminst ook goed zijn in het monitoren van de voortgang van hun behandeling. Volgens Michael Lambert moeten we zelfs concluderen dat hulpverleners niet alleen slecht kunnen voorspellen of een behandeling met een goed resultaat zal eindigen, maar ook dat ze slecht in staat zijn de voortgang te beoordelen [3]. Hulpverleners moeten vooral geloof hebben in de voortgang van hun behandeling, en met die roze bril op kunnen ze nauwelijks of niet zien in hoeverre de patiënt daadwerkelijk opknapt.

Daarom is het des te belangrijker om evaluatie als een aparte en expliciete stap in het behandelproces te onderscheiden. Dat weten huisartsen als geen ander door gebruik te maken van *watchfull waiting*. Men mag best vertrouwen op het zelfhelend vermogen van patiënten, voorwaarde is wel dat gebrek aan vooruitgang direct wordt gesignaleerd en er zo nodig maatregelen kunnen worden getroffen. Dat geldt zeker ook voor het psychologisch behandelproces: expliciete doelen vragen om expliciete evaluaties. Bij uitblijven van succes moet ofwel de interventie ofwel het doel worden bijgesteld. De allerbelangrijkste reden voor evaluatie ligt bij de patiënt. In dit hoofdstuk zullen we beargumenteren dat evaluatie en monitoring bij uitstek middelen zijn om de patiënt eigenaar te maken van het therapeutisch proces en zich de taak van zelfregisseur eigen te maken.

6.1 De basishouding: methodisch, behendig en roldoorbrekend

Ten grondslag aan stap 4 (van evaluatie naar proceseigenaarschap) die de patiënt moet zetten op weg naar meer zelfregie, liggen therapeutische interventies die van de hulpverlener een specifieke basishouding vragen: hij moet methodisch te werk gaan, behendig zijn in meenemen van de patiënt en uiteindelijk roldoorbrekend zijn door zijn rol als hulpverlener los te laten waardoor de patiënt de rol van zelfregisseur kan nemen.

6.1.1 Methodisch

Een methodische basishouding begint bij wat Donald Schön omschrijft als het beginsel van de *reflective practice* [4]. De professional beschikt over een bijzondere expertise, die maakt dat zijn handelen effectief kan zijn. Veel van zijn handelen is gebaseerd op impliciete kennis ook wel *tacit knowledge* genoemd. De toepassing ervan noemt Schön *reflection in action*. In de interactie met de patiënt moet de hulpverlener telkens opnieuw handelen. De hulpverlener is zich vaak amper bewust van dat handelen, tegelijkertijd is het echter kenmerkend voor zijn expertise. De reflectieve professional doet echter nog iets heel anders: hij neemt steeds even afstand van het hulpverleningsproces om terug te kijken op wat daarin is gebeurd. *Reflection on action* verwijst naar de kunst om steeds even een pas op de plaats te maken, waardoor dat impliciete werken expliciet wordt gemaakt. Dat is nodig om samen met de patiënt de afwegingen te kunnen maken voor de volgende stappen in het hulpverleningsproces. Reflectie betekent vragen stellen. Bijvoorbeeld vragen over de wensen van de patiënt, over de voortgang van de behandeling, alternatieve behandelopties, de relatie met de patiënt en het behandeldoel. Telkens gaat het over vragen als: Is bij deze patiënt deze werkwijze wel de beste manier om het afgesproken behandeldoel te bereiken? En: Komt het behandeldoel in zicht? Eerder is al beschreven dat er van een methodische werkwijze sprake is, indien deze reflectieve manier van werken voldoet aan de volgende vijf kenmerken [5]:
- *Systematisch*: de hulpverlening volgt een plan.
- *Gefaseerd*: dat plan is opgedeeld in fasen.

- *Transparant*: besluiten worden in openheid samen met de patiënt genomen, net als de acties die worden gepland.
- *Doelgericht*: de behandelopties die een hulpverlener aan zijn patiënt voorlegt, staan in een logische relatie tot het behandeldoel en vertegenwoordigen de *state of the art* binnen het vakgebied.
- *Toetsend*: de hulpverlener registreert voortdurend het resultaat van zijn professionele handelen om indien nodig tijdig te kunnen bijsturen.

Met deze definitie in het achterhoofd is het niet moeilijk te erkennen dat de generalist bij uitstek methodisch-generalistisch werkt. In de vorige hoofdstukken zijn veel van de bovengenoemde kenmerken al uitgebreid aan bod gekomen. In ►H. 1 en 2 is het systematische karakter van de generalistische benadering uitgebreid beschreven, ►H. 3, 4 en 5 expliciteren de fasen in de zorg en maken de behandeling transparant en doelgericht. In dit hoofdstuk gaan we nader in op het belang van toetsing. Methodisch werken in de generalistische ggz gaat echter veel verder dan strikte toepassing van deze kenmerken, het is de basishouding van de hulpverlener en is misschien zelfs wel het meest typerende van zijn werkwijze: systematisch afstand nemen gericht op transparantie, alternatieven expliciteren en doelgerichte actie ondernemen en toetsen zijn misschien wel andere woorden om het therapeutisch proces van mentaliseren, flexibiliseren, internaliseren en evalueren te benoemen. Daarbij past de kunst om zaken af te ronden en daarin doortastend te zijn.

De methodische basishouding in de generalistische ggz staat vervolgens voor een specifieke manier van denken en hypothesevorming. Eerder typeerden wij dit als denken volgens het beginsel van *parsimony* (een eenvoudige en zuinige verklaring geniet de voorkeur boven een complexe en uitgebreide verklaring). Hoe minder psychopathologie verondersteld wordt om het gedrag van de patiënt te verklaren, des te beter die verklaring. Hoe spaarzamer de hypothese, des te geringer vervolgens de inzet moet zijn om de stagnatie op te heffen. Spaarzaamheid verwijst naar de notie van 'luie' therapeut, die telkens kiest voor de kleinst mogelijke ontregeling of aanpassing om de stagnatie in het leven van de patiënt op te heffen [6]. Het uitgangspunt van die spaarzaamheid vereist echter wel een voortdurend toetsen of het klopt en of de verklaring toch niet complexer is. Het begrip methodisch als basishouding van de generalist verwijst dus niet alleen naar een manier van werken, maar vloeit ook voort uit een specifieke manier van denken.

Er is nog een derde aspect gekoppeld aan de methodische basishouding van de generalist: in zijn handelen 'verleidt' hij de patiënt tot dezelfde houding. Methodisch werken is een manier van het gemeenschappelijk maken van het therapeutisch proces. In de specialistische aanpak zit de therapeut als deskundige regisseur aan het roer en gebruikt hij informatie van de patiënt om vast te stellen wat er aan de hand is, om keuzes te maken, interventies uit te voeren en te toetsen of hij op koers ligt en tijdig de afgesproken doelen realiseert. In de generalistische aanpak is het doel in zekere zin verstrekkender: de patiënt moet niet alleen beter worden, hij moet opgeleid worden tot (zelf)regisseur. En dat vraagt van de patiënt deskundigheid op het terrein van afstand nemen en transparant maken, alternatieven expliciteren, doelgerichte actie ondernemen en toetsen.

En daarvoor moet ook de patiënt leren denken volgens het *parsimony* beginsel. Bij dreigende stagnatie luidt niet de opdracht om te bedenken wat in theorie allemaal mis kan zijn, maar juist om de meest minimale verklaring te zoeken en die vervolgens te toetsen.

6.1.2 Behendig

Het tweede kenmerk van de basishouding van de evaluerende generalist is zijn behendigheid. Wie evalueert, moet bereid zijn de uitkomsten ervan serieus te nemen. Evaluatie impliceert een methodische aanpak, waarbij doelen zijn geëxpliciteerd en waarbij op basis van de gemeenschappelijke probleemdefinitie en de daaruit afgeleide hypothese een of meer interventies worden uitgevoerd. Evaluatie geeft vervolgens antwoord op de vraag in welke mate met de betreffende interventies de doelen tijdig worden (of zijn) gerealiseerd. In overeenstemming met de generalistische werkwijze vindt die evaluatie altijd plaats in samenspraak tussen patiënt en hulpverlener. In het meest wenselijk geval constateren hulpverlener en patiënt gezamenlijk dat de behandeling op koers ligt: doelen worden binnen de gestelde termijn behaald en de patiënt is in staat de koers te volgen en vast te houden. Maar zeer regelmatig komt het voor dat de evaluatie niet alleen wenselijke resultaten oplevert. Er is wel voortgang, maar die verloopt trager dan verwacht. Of er is wel voortgang, maar de patiënt vindt het buitengewoon zwaar of juist veel te langzaam gaan en dreigt misschien wel af te haken. Of de voortgang is niet conform verwachting. Of misschien is er sprake van ongewenste bijeffecten. Telkens vraagt de uitkomst een andere actie van de hulpverlener (en misschien ook wel van de patiënt). In het ene geval moeten hulpverlener en patiënt stug doorgaan, in het andere geval moet misschien gezocht worden naar kleine aanpassingen en weer in een ander geval moet de koers om en luidt de opdracht vast te stellen wat er precies gebeurt en op welke aspecten bijstelling van behandelplan, inclusief onderliggende rationale, noodzakelijk is. Evaluatie zorgt zogezegd voor extra drukte in het therapeutisch proces en vraagt tegelijkertijd methodische hardheid, wendbaarheid en vermogen tot bijsturen. We vatten dit samen met de basishouding behendig.

Behendig omvat begrippen als gedreven, sterk, handig en tactisch. De generalist is *gedreven* en gelooft in zijn aanpak en handelt met passie. Die gedrevenheid helpt hem de uitkomsten van de evaluatie in te zetten om tot betere resultaten te komen. Die gedrevenheid maakt hem nieuwsgierig naar en betrokken bij het dagelijks leven en de strubbelingen van de patiënt. Zijn enthousiasme werkt aanstekelijk en helpt de patiënt gemotiveerd te blijven en vol te houden. *Sterk* verwijst naar niet te snel uit het lood geslagen bij tegenvallende uitkomsten. De generalist houdt vol, draagt mee en weet vast te houden. Sterk staat ook voor bereidheid onder ogen te zien dat bijstelling van doelen of interventies noodzakelijk kan zijn. *Handig* verwijst naar het vermogen de uitkomsten te gebruiken en in te zetten om de stagnatie te doorbreken. Een behendige hulpverlener maakt aannemelijk dat dit een eerste signaal is dat zaken gaan schuiven en de oplossing dichterbij komt. *Tactisch* gaat over het vermogen af te wegen en samen met de patiënt keuzes te maken, vasthouden aan doelen en interventies of juist bijstellen van doelen en interventies. Tactisch verwijst ook naar de vaardigheid om de keuze samen met de patiënt te maken op een manier dat hij die keuze ervaart als ondersteunend bij het herstel. De keuze moet de patiënt helpen om te groeien in eigenaarschap van het therapeutisch proces en de behandeling. Behendig omgaan met feedback en nieuwe informatie betekent overigens geenszins dat de hulpverlener telkens het probleem zo kan draaien, dat de oplossing dichterbij komt. Behendig kan ook betekenen dat de hulpverlener toegeeft het zelf ook niet te weten. Soms helpt juist die aanpak om de patiënt nog meer eigenaar te maken, soms ook kan het betekenen dat de hulpverlener voorstelt te verwijzen, bijvoorbeeld naar een collega in de s-ggz.

6.1.3 Roldoorbrekend

De laatste en meest complexe basishouding is die van roldoorbreker. Simpel gezegd komt die houding erop neer dat steeds meer initiatief en steeds meer verantwoordelijkheid voor proces en uitkomst wordt overgelaten aan de patiënt. Bij aanmelding zal menig hulpverlener redelijk sturend zijn en de regie in het gesprek nemen. Dat sluit aan bij de verwachtingen van de patiënten. Van de hulpverlener wordt immers verwacht dat hij de agenda opstelt en vervolgens ook voorstellen doet voor specifieke interventies. Gaandeweg de behandeling is het van groot belang dat de patiënt de touwtjes zelf weer strakker in handen neemt. Soms nemen patiënten die rol als vanzelf op zich, soms moet de hulpverlener hen daar uitdrukkelijk toe uitnodigen en soms moet de hulpverlener een vacuüm laten ontstaan, zodat de patiënt wel over de brug *moet* komen. In alle gevallen zet de hulpverlener geleidelijk stappen terug en verruilt hij de rol van regisseur voor die van coach en uiteindelijk zelfs voor die van medeacteur. Lukt dat, dan heeft de patiënt de rol van regisseur aangenomen die de hulpverlener uitnodigt mee te denken bij de uitvoering.

Een voorwaarde om rollen te kunnen veranderen, is het expliciteren van het behandelproces. In de eerste stap van de behandeling luidt de doelstelling dat de patiënt probleemeigenaar wordt. Bij de tweede stap is het doel dat hij oplossingseigenaar wordt. Pas bij stap 3 (interventie-eigenaarschap) ontstaat onderscheid tussen de oplossing van de stagnatie en het proces dat daartoe wordt ingezet (mentaliseren, flexibiliseren en internaliseren). De patiënt krijgt inzicht in de regiesystematiek. En bij stap 4 (evaluatie) wordt nog een extra stap gezet: de patiënt leert ook eigenaar te worden van voortgang en bijstelling van het proces. Gedurende het proces wordt de hulpverlener steeds explicieter over de therapeutische stappen en betrekt hij de patiënt steeds nadrukkelijker bij terug- en vooruitkijken. Doel is dat de patiënt geleidelijk aan het onderliggende mechanisme ontdekt en expert wordt van zijn eigen therapeutisch proces. Succes betekent dat de patiënt zelf stappen leert zetten, zijn eigen valkuilen daarbij ontdekt en vaardigheden ontwikkelt voor tussentijdse bijsturing, zodat de stagnatie uiteindelijk helemaal wordt opgeheven. Sterker nog, dat deze vaardigheden gegeneraliseerd worden naar andere situaties, zodat de kans op stagnatie afneemt en de patiënt niet langer schrikt van nieuwe uitdagingen, maar dan direct weet wat hem te doen staat om de uitdaging succesvol het hoofd te bieden.

6.2 Evalueren: van resultaatmeting naar monitoring

De evaluatie van een behandeling heeft in de loop van de jaren een alsmaar explicieter karakter gekregen. Tegenwoordig worden evaluatie en afronding nadrukkelijker op de agenda gezet en is het meer en meer een aparte fase van de behandeling geworden. Samen met de patiënt kijkt de hulpverlener terug op het verloop van de behandeling, op de wijze waarop de patiënt binnenkwam, hoe hij er nu voor staat en wat hen nog te doen staat.

Afgelopen decennia is daarbij steeds meer gebruikgemaakt van meetinstrumenten. Hiermee werd het mogelijk om het resultaat van een behandeling ook in kwantitatieve termen uit te drukken. Zowel aan het begin als aan het eind van de behandeling werd een vragenlijst ingevuld door de patiënt of de behandelaar en werden begin- en eindscores met elkaar vergeleken. Steeds meer werd duidelijk dat voor een optimale meting van het behandelresultaat naast medewerking van hulpverlener en patiënt twee zaken absoluut noodzakelijk zijn: een helder doel en een meetinstrument dat de mate van doelrealisatie eenduidig meet. Over de doelen van behandeling is in ▶H. 3 reeds het nodige geschreven; het opstellen ervan vormt een belangrijk gespreksonderwerp tussen hulpverlener en patiënt, waarbij duidelijk wordt wat beiden van elkaar en van de behandeling verwachten. Doelen in het kader van de resultaatmeting zijn van zo'n groot belang omdat ze bepalen wat gemeten moet worden om een uitspraak te doen over de mate van doelrealisatie. Binnen de specialistische ggz wordt meestal verondersteld dat klachtenreductie en het herstel van functioneren de centrale doelstellingen vormen, waardoor de meting ervan kan geschieden met instrumenten die primair klachtenreductie meten, zoals de *Outcome Questionnaire* (OQ-45.2) van Michael Lambert [7, 8] of de *Symptom Checklist* (SCL-90) [9] en de verkorte versie ervan, de *Brief Symptom Inventory* BSI [10]. Voor patiënten met chronische problematiek liggen andere instrumenten meer voor de hand, zoals de *Health of Nation Outcome Scales* (HoNOS) [11] of de inmiddels ook voor de generalistische basis-ggz gevalideerde *Individual Recovery Outcomes Counter* (I.ROC) [12]. Voor jeugd kan gedacht worden aan de *Strengths and Difficulties Questionnaire (SDQ)* [13] voor het meten van klachten en gedragsproblemen of de *KIDSCREEN* [14] voor het meten van kwaliteit van leven.

Complicerende factor voor de generalistische ggz is dat klachtenreductie lang niet altijd het belangrijkste doel is waaraan wordt gewerkt. Eventueel kunnen andere meetinstrumenten worden gebruikt, zoals de *Mental Health Continuum-Short Form* (MHC-SF) [15], de *Acceptance and Commitment Scale* [16, 17] of andere schalen uit de traditie van de positieve psychologie [18]. Het is echter maar de vraag of daarmee heel andere uitkomsten worden gevonden [19]. Voorlopig is het nog wachten op een meetinstrument gericht op het meten van versterking van zelfregie, de zelfregielijst [20].

Voor patiënt en hulpverlener wint resultaatmeting aan betekenis indien de uitkomst van invloed kan zijn op het verloop van de behandeling zelf. Aan het einde van de behandeling bepalen in welke mate de doelstellingen zijn gerealiseerd, is één. Met de resultaten bepalen of de behandeling op koers ligt, is een tweede toepassing. In de derde plaats wint de meting nog verder aan betekenis als ze vervolgens gebruikt kan worden om vast te stellen of bijstelling van de behandeling nodig is. De hier genoemde instrumenten laten zich ook heel goed inzetten om tussentijdse resultaten in kaart te brengen. Het meetinstrument wordt bijvoorbeeld om de drie zittingen of om de maand opnieuw afgenomen, zodat de voortgang van de behandeling kan worden gevolgd. We spreken in dat geval echter niet meer van resultaatmeting maar van voortgangscontrole of *routine outcome monitoring*, kortweg ROM genoemd. Monitoren vraagt een actievere en persoonlijkere inzet. Er zit het aspect in van het verloop van de behandeling volgen (tussentijdse evaluaties) en er zit het aspect in van controle (op koers blijven). Daarnaast zit er ook het aspect in van actief gebruikmaken van informatie over het verloop van de behandeling. Monitoring is actief volgen en is daarmee een onderdeel van de behandeling zelf.

Het verschil tussen resultaatmeting en ROM zit hem niet alleen in de frequentie van afname van het evaluatie-instrument, het zit hem zeker ook in de attitude van de hulpverlener. Resultaatmeting velt een oordeel over de totale behandeling. Zeker bij gebruik van gevalideerde instrumenten ontstaat de indruk dat resultaatmeting vooral gaat over wat er is gebeurd, en mogelijk ook nog een beetje over hoe dat is gebeurd, en of de patiënt daar tevreden over is als de patiënt ook een satisfactielijst invult. Hulpverlener en patiënt staan er zogezegd bij en kijken ernaar. Een wat afwachtende houding dus, want de behandeling is voorbij en alles wat duidelijk wordt, is of het allemaal is gelukt. Bij monitoring is de therapie nog volop gaande. Dezelfde scores blijken nu ineens informatie te bevatten die van belang kan zijn voor het verdere verloop van de behandeling. Voor een geoefende hulpverlener blijken die scores ineens van onschatbare waarde omdat ze een indicatie geven voor wat er nog te gebeuren staat [21]. Hij bekijkt de scores en kan ze gebruiken om de vraag te beantwoorden of de behandeling op koers ligt en of bijstelling van doelen of interventies aan de orde is. De ROM geeft de hulpverlener zogezegd een ander oog, waardoor hij in staat is om achter de coulissen – of beter nog: op het toneel – te kijken. En dat op een moment dat hij er zelf niet bij is. ROM biedt de hulpverlener de polsstok om over zijn eigen intuïtieve indrukken heen te springen, waardoor hij tegelijkertijd optimistisch en vol vertrouwen kan blijven in de goede afloop van de therapie en de signalen kan ontvangen van een eventueel gebrek aan voortgang.

Tom

Na vier sessies volgt bij Tom de eerste tussentijdse evaluatie. Tom vult enkele vragenlijsten in en samen met zijn hulpverlener bespreekt hij de voortgang.
H: Je bent nu anderhalve maand bezig, en je hebt afgelopen weekend opnieuw de vragenlijst ingevuld. Ik zie dat de klachten zijn afgenomen. Herken je dat?
P: Ik merk dat er veel is vooruitgegaan. De somberheid is veel minder en duurt vooral ook veel minder lang.
H: Dat zien we inderdaad ook in de scores op de vragenlijsten. Goede vooruitgang. Super! Wat is het belangrijkste geweest waardoor dat is gelukt?
P: Nou dat we bedacht hebben dat ik, of ik nou zin heb of niet, toch op tijd mijn bed uit ga. Daar voel ik me toch wel goed bij, al is het soms lastig.

> H: Dat heb je dan toch maar mooi voor elkaar. Fijn.
> Zijn er ook puntjes die nog niet voldoende de goede kant op gaan, die we kunnen bespreken?
> P: Ja, die zijn er wel. Ik realiseer mij dat ik het contact zoeken met vrienden uitstel.
> H: Daar heb je vast een reden voor.
> P: Ja, het contact met lotgenoten gaat me makkelijk af, want aan hen hoef ik niets uit te leggen, laat staan dat ik mijn excuses moet maken omdat ik zo lang contact heb afgehouden. Bij vrienden heb ik altijd wel dat gevoel, dat is een stuk moeilijker.
> H: Vind je contact met vrienden wel belangrijk?
> P: Ja, zeer, maar ik zie er ook erg tegenop.
> H: Zullen we op dit onderwerp dan eens nader ingaan?

Het voorbeeld van Tom laat zien dat de ROM niet alleen inzicht geeft in het verloop van de klachten, maar bij terugkoppeling aan de patiënt ook nieuwe onderwerpen voor gesprek aandraagt. De ROM geeft aan dat patiënt en therapeut goed bezig zijn, tegelijkertijd scoort Tom op bepaalde vragen wat lager, waardoor de therapeut de kans krijgt daarover door te vragen en met Tom na te gaan of op die terreinen (nog) extra actie nodig is.

Het voorbeeld van Tom laat ook zien dat de ROM een nog centralere functie krijgt zodra de patiënt ook zelf aan de slag gaat met de uitkomsten van de ROM. De therapeut stelt de vraag of de patiënt herkent wat hij heeft ingevuld. Meestal zijn de uitkomsten conform eigen verwachting, maar soms gebeurt het dat de patiënt een heel andere beleving heeft van de voortgang. Zeker als de voortgang boven de verwachting van de patiënt is, blijkt ROM een belangrijke motivatie om door te gaan en vol te houden. Maar ook bij tegenvallend resultaat kan de ROM verstrekkende effecten hebben. Bij Tom is het resultaat positief, maar biedt de uitkomst ook aanleiding tot vervolgactie. Daarmee wordt de ROM een instrument dat zowel therapeut als patiënt gebruikt als onderdeel van de behandeling. Gezamenlijke reflectie op de resultaten bij gebrek aan voortgang leidt heel vaak tot de gezamenlijke vraag hoe dat gebrek te verklaren en wat er nodig is om daar veranderingen in te realiseren.

6.3 Evaluatie als gemeenschappelijke opdracht

De klassieke vorm van evaluatie als terugblik is gekoppeld aan het meten van de resultaten van behandeling en het meten van de voortgang van de behandeling. Daarbij verschuiven de posities van hulpverlener en patiënt geleidelijk van lijdend en meewerkend voorwerp naar die van onderwerp. De voortgang van de behandeling zegt immers niet alleen iets over de interventies, maar ook over de twee partijen die daarbij direct betrokken zijn: de patiënt en zijn therapeut. Onvoldoende voortgang zegt iets over hun prestaties. Kunst is dan om samen uit te zoeken wat de voortgang vertraagt en wat beiden eraan kunnen doen om weer op koers te komen.

Vaak zien we daarbij dat in de beginfase de hulpverlener zich verantwoordelijk maakt voor het gebrek aan voortgang, soms echter blijvend. Dit terwijl het streven is dat naarmate de therapie vordert ook de patiënt verantwoordelijkheid voor de voortgang neemt. Evaluatie wordt aldus een gezamenlijke opdracht. En hoe succesvoller die opdracht, des te meer de patiënt zich realiseert dat hij de hoofdrol speelt in de therapie en des te trotser hij op zichzelf mag zijn met de uitkomsten.

ROM, zo zagen we hiervoor, voorziet de hulpverlener van een derde oog. Maar hetzelfde geldt voor de patiënt: ook hij verwerft zich een extra oog. De cijfers in de ROM-rapportage en de trends die zij tonen, vragen om interpretatie en verklaring. Stel de rapportage toont gebrek aan voortgang. De therapeut legt dat voor aan de patiënt en vraagt wat er precies aan de hand is. Is er bijvoorbeeld sprake van een tijdelijke dip, of is er meer aan de hand? Lijkt dat laatste aan de orde, dan ligt het voor de hand samen te zoeken naar die contextuele aspecten (de L, de O en de P), die daarbij mogelijk een rol spelen of er zelfs voor verantwoordelijk zijn. De patiënt gaat op zoek naar recente veranderingen, neemt daarmee afstand tot zijn stagnatie en komt dan uiteindelijk uit bij een probleemdefinitie die hem vat geeft op wat er aan de hand is. Zeker in de beginfase zal de hulpverlener hem hier direct bij assisteren en dat leidt tot een nieuwe gemeenschappelijke probleemdefinitie. De ROM nodigt hem in dit geval dus uit tot opnieuw mentaliseren, en vervolgens tot gezamenlijk exploreren van alternatieve oplossingen, dus flexibiliseren. Stap 3 is dan het internaliseren. Later weer opnieuw terugkijken (evaluatie) wordt dan stap 4, die ofwel leidt tot opnieuw mentaliseren of tot de conclusie dat zaken nu op orde zijn en verder geautomatiseerd kunnen worden.

Deze lijn van denken sluit aan bij *The Heroic Client* van Barry Duncan en Scott Miller [22]. ROM draagt bij aan het besef bij de patiënt dat de therapeutische opgave vooral door hem moet worden uitgevoerd. De hulpverlener levert daar weliswaar een belangrijke bijdrage aan, maar zeker niet de belangrijkste. Om de patiënt in die taak te ondersteunen hebben Duncan en Miller de *CDOI* ontwikkeld, de *client directed outcome informed*. De CDOI bestaat uit de *outcome rating scale* (ORS) en de *session rating scale* (SRS) [23]. De ORS bevat vier vragen over persoonlijk, sociaal, maatschappelijk en algeheel welbevinden. De patiënt wordt uitgenodigd deze bij aanvang van de sessie in te vullen. Op een schaal van 10 centimeter moet hij een streepje zetten (links heel slecht, rechts heel goed). De hulpverlener meet vervolgens de totale lengte van de vier afstanden en telt deze bij elkaar op. Dat geeft een score van welbevinden van de afgelopen week. De SRS vult de patiënt na afloop van de sessie in. Ook hier weer vier vragen, maar deze keer over de kwaliteit van de therapeutische relatie, over de mate van overeenstemming in doelen tussen patiënt en therapeut, over de mate van overeenstemming in aanpak en werkwijze en ten slotte een algehele beoordeling van de sessie. De patiënt zet per item een streepje op een lijn van 10 centimeter, waarbij uiterst links betekent dat de patiënt erg ontevreden is over dat onderdeel in de sessie en uiterst rechts betekent dat de patiënt zeer tevreden is. De totale opgetelde lengte is een maat voor tevredenheid met de afgelopen sessie. Een eerste experimentele studie in de generalistische basis-ggz laat een toename van het behandelresultaat zien bij gebruik van de CDOI [24].

Het vraagt weliswaar de nodige inspanning om de afname van de CDOI volledig te integreren in de standaardopzet per sessie, maar als dat gelukt is, geeft de CDOI een eigen dynamiek aan de therapie. Vaak sluiten hulpverleners het eerste gesprek af met de SRS en leggen vervolgens aan de patiënt uit dat ze dit voortaan na afloop van iedere sessie gaan doen, en vervolgens iedere sessie zullen beginnen met de ORS. Zeer behulpzaam is dan vervolgens er expliciet bij stil te staan dat als uit de SRS blijkt dat de samenwerking goed loopt en de juiste dingen gebeuren, dit zich normaal gesproken snel vertaalt in stijging van de scores op de ORS. Hiermee wordt de patiënt direct op het spoor gezet van mede-eigenaarschap en medeverantwoordelijkheid.

Patiënten komen binnen en vragen naar de lijst en weten al wat ze gaan invullen. Bij stijging van de ORS signaleert de hulpverlener die stijging met gepaste vreugde en vraagt om een korte toelichting: Wat een verschil! Hoe is je dat gelukt? Soms laat hij de patiënt zelfs raden naar de veranderingen in de score. Telkens met het doel om vlug verder aan de slag te gaan. Als er geen voortgang is of de score is lager dan de vorige keer, ontstaat er meestal een ander gesprek. Meestal kan de patiënt die verandering verklaren – er is bijvoorbeeld iets vervelends voorgevallen – en patiënt en hulpverlener gaan samen na of dit gevolgen moet hebben voor de verdere behandeling. Vaak geven de patiënten dan zelf aan dat dit niet nodig is. Soms is er meer aan de hand en verkennen ze het voorval en de stagnatie van vooruitgang en komen vervolgens toch weer terug bij de oorspronkelijke doelen en interventies. Aldus ontstaat een sfeer van gezamenlijk reflecteren op de voortgang van de behandeling waarin de patiënten steeds meer het voortouw in het zoeken naar verklaringen neemt.

Marlieke

H: Je scores op welbevinden zet je wat lager dan vorige keer.
P: Klopt helemaal. Ik voel me niet goed. Wat ik me na vorige keer had voor genomen, heb ik niet gedaan en ik weet ook niet hoe ik dat zou moeten doen.
H: Hm, Hm. Ik kan me goed voorstellen dat dat vervelend voelt. Zou je mij kunnen uitleggen waar het niet lukte?
P: We hadden bedacht dat ik iedere avond beslis hoe laat ik de wekker zet voor de volgende dag en dat ik dan 's morgens, ongeacht hoe ik heb geslapen, als de wekker afgaat niet zal treuzelen maar direct uit bed stap. Dat is maar twee keer gelukt. Daarna niet meer.
H: Dus het is je twee van zeven keer gelukt. Oké ...
Bleef je de andere keren nog even in je bed liggen?
P: Klopt.
H: En kon je vervolgens nog even uitrusten.
P: (Denkt na). Nu je het vraagt: eigenlijk niet. In plaats van nog even te slapen begon ik mij vervolgens af te vragen of dat wel verstandig was en ging ik twijfelen, piekeren en me zelf nog slechter voelen.
H: Ja, en dat schiet dan niet op: in plaats van een beetje extra uitrusten, raak je nog vermoeider. Vervelend voor je.

> P: (zucht)
> H: Vervelend, tegelijkertijd signaleer je een belangrijke rode draad waar we nader op in kunnen gaan: doorslapen lukt niet, integendeel, je gaat malen en piekeren en je aan jezelf ergeren.
> P: Nu je het zegt. Klopt.
> H: Vind je het goed eens naar die twee keer te kijken dat het wel gelukt is om daaruit misschien te kunnen leren hoe het voor je werkt als het wel lukt? Daarna kunnen we dan eventueel nog kijken naar de keren dat het nog niet gelukt is, om te kijken of we daar blokkades kunnen ontdekken waar we misschien nog iets mee kunnen.

In het voorbeeld van Marlieke leidt de score op de ORS tot een nieuw inzicht over hoe verder te bouwen aan vooruitgang. Marlieke en haar hulpverlener ontdekken samen wat werkt en wat niet en daar kunnen ze mee aan de slag.

Over de validiteit van de SRS en de voorspellende waarde ervan voor de behandeluitkomst wordt nog discussie gevoerd [23]. Dat sluit echter geenszins uit dat het gebruik van de SRS toch een belangrijke functie kan vervullen bij het realiseren van gezamenlijke verantwoordelijkheid over de voortgang van de behandeling. In eerste instantie zal het waarschijnlijk wel wennen zijn voor de patiënt om al direct terug te kijken naar het therapeutisch proces. Dat geldt mogelijk ook voor de hulpverlener, die allerlei redenen kan verzinnen om niet direct met de SRS te beginnen. Een van die redenen kan het vermoeden zijn dat de SRS weinig zegt, omdat de meeste patiënten bij voorbaat aardig voor hun hulpverlener willen zijn. Zeker! En dat maakt het voor veel patiënten erg lastig om al direct kritisch naar de sessie en de samenwerking met hun hulpverlener te kijken. Dat is echter geen sterk argument om niet met de SRS te werken. Het kan voor de hulpverlener juist een extra uitdaging zijn de patiënt een handje te helpen door hem expliciet uit te nodigen de SRS vooral open en eerlijk in te vullen, want dat helpt het beste om tot optimale samenwerking te komen.

Ongeacht de eerste score is het belangrijk de patiënt te valideren in zijn oordeel en de patiënt te erkennen bij positieve scores: Ik zie dat je tevreden bent met het werken aan de afgesproken doelen. Dat herken ik. Ik vond dat je er hard aan werkte vandaag. Vervolgens: Maar ik zie dat je nog ruimte laat voor verbetering. Aan welke doelen hebben we gewerkt als je de volgende sessie nog iets positiever op dit vlak bent? Vervolgens verdienen ook de minder positieve scores ruime aandacht. Na erkenning van het overalloordeel kan het bijvoorbeeld werken om in te zoomen op het streepje dat het meest naar links staat: Ik zie dat we hier nog een klusje te doen hebben. Hoe zou het ons kunnen lukken om dat streepje volgende keer meer naar rechts te krijgen? Wat zou ik anders kunnen doen? Is het oordeel overwegend negatief – dat is volgens Duncan en Miller met een gemiddelde van 7 of minder – dan moet de samenwerking echt gethematiseerd worden. In de praktijk echter blijkt dat heel veel patiënten hoge tot zeer hoge scores geven. Soms wel pas na enkele sessies: Ik weet het nu nog niet zo goed. Ik heb het nog nooit eerder meegemaakt en ik weet ook nog niet of het wel gaat helpen. Wat ook geruststellend is, is dat er een groep patiënten is die ons altijd zeventjes zal geven. Niet omdat dat nu zozeer iets over ons zegt, maar omdat ze, zoals ze dat zelf toelichten, geen mensen zijn die snel tienen geven.

Heeft ook de therapeut de ervaring van een moeizame voortgang, dan kan het helpen het oordeel gemeenschappelijk te maken: Ik herken je score. Ook ik vond het lastig om de goede insteek en toon te vinden. Zullen we eens kijken wat we hieraan kunnen doen? Het algemene advies daarbij is: begin de vraag altijd bij het hier-en-nu in de therapie en laat je niet te snel verleiden de gesignaleerde problemen te koppelen aan de persoonlijke stijl van de patiënt of aan zijn schema's en modi. Veel handiger is het om het gebrek aan samenwerking in het hier-en-nu van de behandeling te houden. Daar kan zowel hulpverlener als patiënt invloed op uitoefenen. Het voorbeeld van Henk illustreert dit.

Henk

H: Je gevoel over de afgelopen sessie is duidelijk: er is nog veel ruimte voor verbetering, om het maar eens eufemistisch uit te drukken. Hoe interpreteer jij die scores?
P: Ik ben inderdaad niet zo tevreden. Het duurt mij te lang, er is te weinig vooruitgang en we komen niet tot de kern van de kwestie.
H: Dat vind ik een belangrijke constatering. Vind je het goed dat ik daarover nog even doorvraag? Je antwoorden kunnen ons mogelijk helpen de volgende keer wel tot de kern door te dringen.
P: We bleven maar praten over wat er van de week gebeurd is, waardoor ik te veel bleef hangen in mopperen en boos zijn.
H: Oké. Ik mag directiever zijn. Dat wil ik graag proberen. Kun je me een voorbeeld geven van waar dat goed had gewerkt?
P: Oh. Vind ik moeilijk. Maar ik vertelde je over de laksheid van mijn collega's. Ik werd bozer en bozer. Ik had het fijner gevonden dat je dat had afgekapt.
H: Da's interessant. Begrijp ik het goed dat ik je had kunnen helpen met kijken naar die situatie (eerder had ik het met jou over afstand nemen) door eerder je boosheid aan de orde te stellen?
P: Ja, ja, hoe vroeger je ingrijpt, des te makkelijker het voor mij is buiten die boosheid te blijven.
H: Ja dat kan ik proberen: sneller signaleren dat emoties weer de overhand te krijgen. Ik vind dat trouwens wel een belangrijk inzicht: hoe sneller je oog krijgt voor je emoties, des te meer ruimte je ervaart om op afstand van die emoties te blijven. Ik wil graag meedoen.

De casus van Henk laat zien dat bespreken van de SRS belangrijke informatie en inzichten kan opleveren, zeker als het de hulpverlener lukt om de communicatie open te houden en dicht bij de patiënt te blijven. De SRS-score geeft aanleiding om de patiënt te laten reflecteren op wat er aan de hand is. In dit geval dat het te zeer meegaan in de emoties het de patiënt onmogelijk maakt terug te komen in het hier-en-nu. En daarmee is de SRS evenals de ORS een belangrijk hulpmiddel om de patiënt tot (mede)eigenaar te maken van het therapeutisch proces.

6.4 Van evalueren naar inzicht

Daar waar resultaatmeting vooral betrekking heeft op de uitkomsten van de zorg, heeft monitoring een directere relatie met de voortgang van de zorg. Niet alleen de mate van doelrealisatie komt centraler te staan, maar ook de vraag wat nog nodig is om het einddoel te realiseren. Met instrumenten als de OQ-45, de I.ROC of de ORS en SRS nemen patiënt en hulpverlener telkens een beetje afstand van het therapeutisch proces om te kijken of alles naar wens verloopt. Het algemene beeld daarbij is dat de klachtenreductie bij aanvang van de behandeling het grootst is en vervolgens geleidelijk afvlakt tot nog maar beperkte verandering in de laatste fase van de behandeling [25]. Het fenomeen van de zogenoemde afnemende meeropbrengsten. Dit is dan ook het moment waarop gesproken kan gaan worden over afsluiten of daadwerkelijk kan worden afgesloten vanuit het vertrouwen dat het proces van verbetering na afsluiting van de behandeling door kan gaan. Patiënten hebben de juiste weg weer gevonden en weten wat ze moeten doen om deze weg verder te bewandelen. De scores op ROM-instrumenten in het begin van de behandeling blijken al met al een redelijk goede voorspeller van de mate waarin de behandeldoelen worden gerealiseerd en de klachten zijn afgenomen [26]. En uitkomsten op de tussentijdse meting blijken meestal direct gekoppeld aan de mate waarin de tussentijdse doelen zijn gerealiseerd. Hoewel harde evidentie nog ontbreekt, lijkt het dat naarmate de patiënt er beter in slaagt probleem- en oplossingseigenaar te worden, ook zijn functioneren direct verbetert en zijn klachten verminderen. Hetzelfde geldt voor de voortgang in de interventiefase: hoe beter het mentaliseren, flexibiliseren en internaliseren, des te duidelijker de verschillen in scores op de vragenlijsten. Het geldt zelfs voor de mate van succesvol evalueren: hoe beter patiënt en hulpverlener slagen in het evalueren, des te beter de voortgang.

De positieve relatie tussen algemeen functioneren, klachtenreductie en tussentijdse doelrealisatie is tamelijk algemeen en zegt vooral iets over de algemene voortgang van behandeling, en veel minder over welke specifieke doelen in welke mate zijn gerealiseerd. Dat vraagt een veel inhoudelijkere evaluatie per (sub)doel [27]. Na afloop van de intakefase ervaart de patiënt al vaak verbetering zonder dat hij precies de vinger kan leggen op wat er is gebeurd en wat dat voor hem precies betekent. Wel ervaart hij bijvoorbeeld enige vorm van opluchting, bijvoorbeeld omdat hij zich begrepen voelt en de hulpverlener zo treffend heeft verwoord wat er op dit moment in zijn leven gebeurt. Daardoor begrijpt hij zichzelf nu ook beter. En wat eerder probleemeigenaarschap is genoemd, vertaalt zich voor de patiënt in de ervaring dat hij een uitweg uit de stagnatie ziet en dat hij zich daarbij realiseert dat hij het is die die uitweg moet bewandelen. De patiënt ervaart zogezegd weer de ruimte om met zijn problemen aan de slag te kunnen gaan en durft daarbij te vertrouwen op de komende oplossing, zeker met deze therapeut die hem zo goed begrijpt. De intake heeft tot ruimte geleid, waardoor de patiënt meer lucht kan krijgen en zichzelf weer verantwoordelijk durft te maken voor de volgende stap. Pas veel later in het therapeutisch proces leert de patiënt die ervaring koppelen aan het begrip probleemeigenaarschap, en misschien nog later ontdekt hij welke stappen hij daarvoor heeft moeten zetten. Het eerste subdoel in de behandeling (intake, ▶ H. 3) is inzicht in het probleem en hersteld vertrouwen in mogelijkheden tot het vinden van een passende oplossing.

6.4 · Van evalueren naar inzicht

Evaluatie van deze eerste stap geschiedt vaak op twee momenten. Aan het einde van het eerste gesprek vat de hulpverlener de belangrijkste conclusies samen en gaat na of hij met de patiënt op dezelfde golflengte zit. Is het voorstel om samen een volgende stap te zetten, dan kan de hulpverlener de SRS aan de patiënt voorleggen. Hoge scores duiden erop dat de patiënt zich begrepen weet en ervan overtuigd is op de goede weg te zijn. Lage scores vragen om directe reflectie en evaluatie. Zoals gezegd scoort een deel van de patiënten de eerste sessie(s) niet heel hoog, wat geen probleem hoeft te zijn maar wel begrepen moet worden. Het tweede evaluatiemoment is bij aanvang van het tweede gesprek (indicatiestelling). Met de ORS kan worden nagegaan hoe het de patiënt de afgelopen week is vergaan. Daarbij gaat het eigenlijk nauwelijks over de somscore (mate van functioneren), maar veel meer over het verhaal erachter: hoe kijkt de patiënt terug op het eerste gesprek, wat heeft hij daarvan meegenomen en welke aspecten vragen nog nadere uitleg of analyse. Misschien moet een deel van het gesprek herhaald worden of is er een enkel vraagje blijven hangen, maar in alle gevallen is de inzet om alsnog de doelstelling van probleemeigenaarschap te realiseren. De hulpverlener kan pas door naar de volgende stap als de patiënt duidelijk zijn probleemeigenaarschap erkent. Lukt dat niet, dan moet de doelstelling worden bijgesteld, bijvoorbeeld met een alternatieve probleemdefinitie. En als ook dat niet lukt, dan kunnen hulpverlener en patiënt samen tot de conclusie komen dat (terug)verwijzing op haar plaats is.

Simone

H: Zou je nu deze vier vragen willen beantwoorden (ORS).
P: Nu?
H: Ja, graag ... Voortaan wil ik ieder gesprek beginnen met het invullen van dit lijstje. Dit geeft ons dan een goed beeld van hoe het met je is en of we op koers zitten. Ik zie nu dat je erg veel last hebt van klachten, terwijl je eigenlijk best goed sociaal functioneert.
P: Klopt. Ik voel me vooral bij het opstaan nog erg somber en piekerachtig. Maar op mijn werk gaat het eigenlijk veel beter nu ik zie hoe mijn stemming zo direct afhankelijk is van de luimen van mijn baas. Bovendien realiseer ik me sinds ons vorige gesprek veel beter dat ik op mijn werk vooral boos en verdrietig word nadat ik weer eens een uitbrander heb gekregen en ik me schuldig voel over wat ik gedaan heb.
H: Interessant, ik hoor je zeggen dat de interpretatie van je klachten zoals we die vorige week samen hebben geformuleerd, je nu beter laat begrijpen wat er op je werk gebeurt. Wat we gedaan hebben, is eigenlijk niets anders dan afstand nemen om beter te kunnen kijken naar wat er aan de hand is.
P: Klopt! Die keren dat ik me realiseerde wat er gebeurde, was ook mijn somberheid – zo lijkt het althans – een stuk minder.
H: Dat klinkt echt heel goed. Je nam afstand en zag daardoor wat er gebeurde. We zijn op de goede weg. Een goed begin is het halve werk. Je hebt iets belangrijks te pakken.
P: (klein lachje)

In het voorbeeld van Simone is duidelijk dat de gemeenschappelijke probleemdefinitie behulpzaam is en dat hulpverlener en patiënt een volgende stap kunnen zetten richting oplossingseigenaarschap.

Het tweede subdoel van de generalistische behandeling hebben we in ▶H. 4 gedefinieerd als oplossingseigenaarschap. Dat subdoel laat zich bijvoorbeeld als volgt formuleren: Aan het einde van dit gesprek hebben we een keuze gemaakt waaraan we op welke manier gaan werken en waartoe dat moet leiden. Eerst heeft focussen plaatsgevonden, zodat de patiënt scherp ziet waaraan gewerkt gaat worden. Het aangrijpingspunt is zogezegd vastgesteld. Vervolgens maken patiënt en hulpverlener het behandeldoel concreet en formuleren zij bijvoorbeeld schaalvragen en daarmee meetbare tussenstappen. Ten slotte is er overeenstemming over de aanpak en methode. De patiënt weet wat de therapeut van hem verwacht en waartoe dat gaat leiden. Oplossingseigenaarschap is dus overeenstemming over doelen en middelen. Evaluatie van dit tweede subdoel van de behandeling vindt opnieuw plaats door scoring van de SRS en gezamenlijk recapituleren van gemaakte afspraken. In het volgende gesprek geven de scores op de ORS opnieuw een eerste aanwijzing van de mate waarin de indicatiestelling succesvol is afgerond en of er overgegaan kan worden naar de derde interventiefase.

Het derde doel, gekoppeld aan de interventiefase, laat zich in grote lijnen op dezelfde manier evalueren. Er is de algemene voortgang in termen van ORS, er is het oordeel over de sessie (SRS) en er is de inhoudelijke evaluatie om gezamenlijk na te gaan of de behandeling op koers ligt, waar de eventuele obstakels zich bevinden en hoe daarmee om te gaan et cetera. In deze derde fase krijgt de evaluatie daarnaast nog een andere functie: de hulpverlener gebruikt de evaluatie niet alleen om uit te leggen wat er te gebeuren staat, maar ook, en in toenemende mate, hoe het onderliggende proces eruitziet. In de fase van het mentaliseren werken patiënt en hulpverlener naar voldoende afstand en zodra die tot stand is gekomen, legt de therapeut de patiënt uit dat hij feitelijk afstand tot het aangrijpingspunt heeft genomen zodra er overzicht ontstaat. Evaluatie gaat dus niet langer alleen over de inhoud, maar betreft ook het onderliggende proces. De patiënt moet zich gaan realiseren dat bij (dreigende) stagnatie de oplossing pas in beeld komt als hij voldoende afstand neemt, overzicht creëert en zodoende ook uitzicht krijgt op de oplossing zelf. Dezelfde evaluatieprocedure herhaalt zich bij het flexibiliseren: er is de evaluatie van het feitelijk beschikbaar komen van en experimenteren met alternatieven. Vervolgens moet in de herhaling van het experimenteren het mechanisme zelf zichtbaar worden: de patiënt moet begrijpen wat de inzet is van deze stap van flexibiliseren. De evaluatie van de internaliseringsstap vindt plaats volgens dezelfde methodiek: van inhoud (kiest mijn automatische piloot nu eerder en als vanzelfsprekend voor het alternatieve gedrag) naar onderliggende rationale: alleen door oefenen kan het nieuwe gedrag geïnternaliseerd worden en de stagnatie voortaan worden vermeden. Evaluatie wordt hier een middel om de patiënt eigenaar te maken van de interventies en hem zodoende uitvoeringseigenaarschap te bezorgen. En niet alleen bij deze concrete stagnatie, maar ook in andere voorkomende risico's van stagnatie.

6.5 Van inzicht naar proceseigenaarschap

Bijna is de cirkel rond. Evaluatie gaat natuurlijk over de uitkomsten maar ook over de stappen die gezet worden en het proces dat daaraan ten grondslag ligt. Sterker nog, gaandeweg de behandeling gaat het steeds minder over de scores op de vragenlijsten en steeds meer over de behandeling zelf. Dat is het beste zichtbaar in de laatste stap van wat traditioneel terugvalpreventie wordt genoemd. Wij spreken liever van *behoud van resultaat*.

Het behoud van resultaat krijgt aandacht tijdens de laatste bijeenkomst en is onderdeel van de evaluatie (van het resultaat) van de behandeling. Patiënt en hulpverlener kijken terug op de gezette stappen, de successen en de eventuele valkuilen. Meestal begint het gesprek bij de interventies en passeren de belangrijkste momenten van de behandeling de revue. De vooruitgang die is ervaren, brengt de hulpverlener in verband met processen van mentaliseren, flexibiliseren, internaliseren en (tussentijds) evalueren.

Mentaliseren. Terug naar het voorbeeld van Annemieke die kampt met emotieregulatieproblemen: bij haar heeft het reconstrueren van situaties en gedrag voorafgaand aan een emotionele uitbarsting tot het inzicht geleid dat ze in een vroege fase heel goed uit de beginnende emotie kan stappen. Afstand nemen (mentaliseren) biedt ruimte. Daarbij is haar ook duidelijk geworden dat afstand nemen tot die emotie alleen mogelijk is als de emotie nog niet al te heftig is. Onvermogen afstand te nemen is voor haar zelfs een signaal geworden dat ze gevangenzit in een opkomende emotie. Op zo'n moment is voor haar radicaal uit de situatie stappen nog de enige mogelijkheid. Met het evalueren van wat er in de behandeling heeft plaatsgevonden, ontstaat dus inzicht in het proces van mentaliseren en waarom dat nodig is wil je stagnatie opheffen. Terugvalpreventie betekent dan de link leggen tussen dreigende stagnatie en een stap terugzetten om afstand te nemen en (het mentaliseren) op gang te brengen.

Flexibiliseren. Is eenmaal de stap tot afstand nemen gezet, dan volgt bijna automatisch de stap van het flexibiliseren. Wat te doen zodra de afstand voldoende groot is en het duidelijk is geworden met welk gedrag de stagnatie in stand wordt gehouden? Natuurlijk luidt het devies: focussen op het aangrijpingspunt, zoeken naar alternatieven en keuzes maken. Flexibiliseren dus. Dat kan plaatsvinden door een kleine verandering in die context aan te brengen, of door anders om te gaan met dat deel van de context waaraan de stagnatie vastzit. In de voorgaande hoofdstukken zijn allerlei voorbeelden van alternatief gedrag beschreven: Annemieke koos voor anders reageren op de blik van haar partner en Tom via lotgenotencontact voor nieuwe vriendschappen. Nu na afloop is het van belang, in het kader van aandacht voor het behoud van resultaat, dat de patiënt leert inzien dat er enkel op afstand de ruimte kan ontstaan om al focussend aan de slag te gaan met alternatief gedrag. Is de keuze gemaakt, dan getuigt het van wijsheid eerst goed na te gaan of met de nieuwe oplossing de stagnatie inderdaad helemaal is verdwenen. Dat is een kwestie van uitproberen en kijken wat er gebeurt (volgen). Via uitproberen, toetsen en almaar verder toespitsen komt de oplossing dichterbij.

Internaliseren. De derde stap, ook in het kader van aandacht voor behoud van het resultaat, is die van internaliseren. Eerst moet de onderliggende rationale worden geëxpliciteerd: het lijkt allemaal zo eenvoudig, maar oud gedrag komt telkens terug. En om nieuw gedrag een kans te geven moet je oefenen, oefenen en nog eens oefenen. Terugkijkend naar de fase van evalueren herkent de patiënt dat oefenen en ziet hij hoe daardoor het nieuwe gedrag na verloop van tijd bijna vanzelfsprekend is geworden, zelfs tot eerste optie van de automatische piloot. Een ook deze fase is afgesloten met een evaluatief moment: na het oefenen volgt de vraag: is het doel gerealiseerd? Aldus geformuleerd staat behoud van resultaat voor het proces van terugkijken naar de gezette stappen, de vraag stellen naar hun werkzaamheid, vervolgens de onderliggende rationale expliciteren en die samen met de patiënt beschrijven zodat hij een volgende keer bij dreigende stagnatie weet wat hem te doen staat: mentaliseren, flexibiliseren, internaliseren en evalueren. En in zijn termen, die na de behandeling mee naar huis gaan en hem de mogelijkheid geven tot zelfregie: afstand nemen, focussen, oefenen en volgen (zie ▶ par. 6.6).

Proceseigenaarschap ontstaat zodra de patiënt leert zien welke stappen hij in de behandeling heeft gezet, deze vertaalt in termen van het regiemodel en uiteindelijk ontdekt hoe daarmee de problemen zijn opgelost. Dat inzicht kan het beste op gang worden gebracht door de patiënt uit te nodigen een koppeling te maken tussen de fasen van het therapeutisch proces, de gezette regiestappen en de regievaardigheden (◘ fig. 6.1). De patiënt leert zien dat het hele therapeutisch proces op drie direct bij elkaar aansluitende manieren kan worden uitgelegd: in vier fasen, in vier stappen of met vier vaardigheden. Uiteindelijk gaat het om een telkens terugkerende beweging van mentaliseren, flexibiliseren, internaliseren en evalueren.

Het regiemodel is gebaseerd op de metafoor van het toneel. Op het podium is het personage actief dat daarbij regelmatig wordt bijgestuurd door zijn acteur. We bevinden ons in fase D. Bij optredende stagnatie moet de acteur het voortdurend overnemen. Lukt het de acteur niet om het personage weer goed aan het functioneren te krijgen, dan komt hij in fase A: er gaat iets mis, de acteur weet niet wat, maar de spanning of het gemoed is hoogst ongewenst. Om de stagnatie op te heffen moet de acteur afstand nemen van het podium waarop het probleem zich voordoet en op afstand stap (a) van probleemeigenaarschap realiseren. Daarmee komt de acteur in fase B. Die fase is nog steeds onplezierig en ongewenst. Via de stap van (b) oplossingseigenaarschap komt hij in fase C (bewust – gewenst). In deze fase (ook wel de behandelfase genoemd) gaat de acteur aan de slag om te komen tot (c) uitvoeringseigenaarschap. Via (d) proceseigenaarschap komt hij uiteindelijk terug in fase D, of bij onvoldoende succes terug in fase A waardoor de cyclus opnieuw herhaald kan worden.

Een niveau specifieker in het regiemodel bevinden zich de vier vaardigheden die de patiënt zich ook, naast het behandeldoel waaraan wordt gewerkt, tijdens de uitvoeringsfase eigen maakt. De patiënt leert mentaliseren (I), flexibiliseren (II), internaliseren (III) en evalueren (IV) toe te passen.

De in ▶ H. 3 (de intake) beschreven doelstelling van een gemeenschappelijke probleemdefinitie blijkt heel goed te passen in de logica van het mentaliseren. De regisseur in de rol van therapeut trekt de acteur los van zijn personages en nodigt hem uit om op

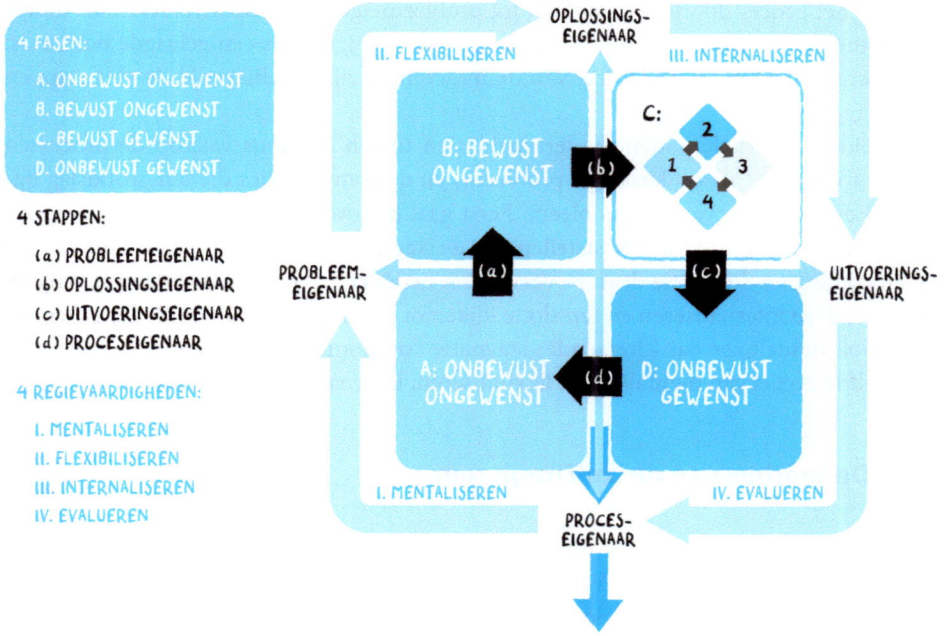

Figuur 6.1 Het volledige regiemodel

afstand te kijken naar de uitvoering op het podium (de context). Eindproduct is dat de acteur begrijpt wat er aan de hand is en zijn klachten leert interpreteren als een functie van lijf, omstandigheden en persoonlijke stijl. In algemenere termen van mentaliseren ontdekt de patiënt in deze stap dat alleen hij in staat is de stagnatie op te heffen, bijvoorbeeld door anders te reageren op specifieke gebeurtenissen. Het resultaat van die eerste stap is dus niet alleen inzicht in wat er aan de hand is, maar ook probleemeigenaarschap bewerkstelligen. Dit betekent dat de patiënt het besef heeft en accepteert dat het zijn taak is om actief te werken aan de oplossing van het probleem.

De volgende stap op weg naar oplossingseigenaarschap (►H. 4) kan nu beschreven worden als een voorbeeld van flexibiliseren. De patiënt weet wat het probleem in stand houdt en moet op zoek naar alternatieven om verandering aan te brengen. Oplossingseigenaarschap ontstaat door keuzes te maken en daarmee te focussen op datgene dat zou moeten veranderen, waardoor het uiteindelijk duidelijk wordt met welk gedrag in welke situatie moet worden geëxperimenteerd of geoefend en wat daarbij het te bereiken doel moet zijn. Aldus doorredenerend kan de derde stap van uitvoeringseigenaarschap heel goed begrepen worden in termen van internaliseren (►H. 5). De patiënt weet hoe de vork in de steel zit, heeft zijn keuzes gemaakt ten aanzien van de oplossingsrichting en moet daar nu concreet mee aan de slag en het nieuwe gedrag zich eigen maken. De laatste stap van evalueren kan nu gedefinieerd worden als proceseigenaarschap, waarbij de patiënt zich telkens de vraag stelt of het doel naderbij is gekomen of zelfs gerealiseerd en of de eerdere stappen hun werk afdoende hebben gedaan. Blijkt dat niet het geval, dan terug naar af, dat wil zeggen: naar de stap van mentaliseren of, zo men wil, opnieuw het proces doorlopen dat leidt tot probleemeigenaarschap. Evalueren als motor van de therapeutische cyclus. Het schema uit ▶H. 2 krijgt aldus een gelaagde betekenis: De concrete stappen als onderdeel van de interventie, zijn tegelijkertijd de vier stappen van het regiemodel.

Geleidelijk leert de patiënt onderscheid zien tussen de casus waarop de processen worden toegepast (het onderhavige probleem) en de competenties die ten grondslag liggen aan de oplossing van dat probleem. Eerst gaat het over de concrete actie van inzoomen op het aangrijpingspunt, vaststellen hoe de stagnatie het gevolg is van een mismatch tussen context en de reactie daarop. Vervolgens bedenken van een concrete oplossing en bij succes deze internaliseren en ten slotte kijken of het doel is gerealiseerd. Tegelijkertijd wordt ook duidelijker dat (dreigende) stagnatie voorkomen of opheffen telkens bestaat uit dezelfde cyclus van mentaliseren, flexibiliseren, internaliseren en evalueren.

6.6 De toolbox van de (zelf)regisseur

Het regiemodel is opgebouwd vanuit de regiemetafoor. Eerst hebben we vier fasen onderscheiden (A, B, C en D). Vervolgens hebben we de stappen tussen de fasen geëxpliciteerd: probleemeigenaar, oplossingseigenaar, uitvoeringseigenaar en proceseigenaar. Tot slot zijn de vaardigheden zoals omschreven in ▶H. 5: mentaliseren, flexibiliseren, internaliseren en evalueren, direct gekoppeld aan de stappen. Probleemeigenaarschap wordt gerealiseerd via mentaliseren, oplossingseigenaarschap met flexibiliseren et cetera. Dit betekent vervolgens heel concreet dat methodieken die zich richten op mentaliseren ook bruikbaar zijn om probleemeigenaarschap te realiseren. Het omgekeerde is ook waar: methodieken beschreven in het hoofdstuk over probleemeigenaarschap (denk aan KLOP) zijn ook weer passende interventies voor mentaliseren. Die koppelingen impliceren met andere woorden dat het palet van interventies dat de hulpverlener ter beschikking heeft om de patiënt te ondersteunen op zijn weg naar meer zelfregie per hoofdstuk verder is uitgebreid. Daarmee is de toolbox van de regisseur verder gevuld. Met het oog op zelfregie van de patiënt vertalen we het regiemodel nu in woorden die waarschijnlijk beter aansluiten bij zijn belevingswereld. In plaats van fasen, stappen en vaardigheden gebruiken we vier actietermen: afstand nemen, focussen, oefenen en ten slotte volgen (◘fig. 6.2).

De regisseur maakt de acteur probleemeigenaar, oplossingseigenaar, uitvoeringseigenaar en proceseigenaar door hem te leren mentaliseren, flexibiliseren, internaliseren en evalueren. In het ideale geval maakt de acteur zich daarmee tot zelfregisseur. Bij (dreigende) stagnatie weet hij wat hem te doen staat: afstand nemen (via mentaliseren probleemeigenaar worden), focussen (via flexibiliseren oplossingseigenaar worden), oefenen (via internaliseren uitvoeringseigenaar worden) en ten slotte volgen (via evalueren proceseigenaar = zelfregisseur worden). Om die acties te kunnen uitvoeren heeft hij verschillende tools tot zijn beschikking. In theorie zou hij gebruik kunnen maken van al de interventies die in de vorige hoofdstukken zijn beschreven. Omdat dit in de praktijk uiteraard moeilijk is, werken we voor elke stap een tool uit. Hierna zullen we aan de hand van een paar voorbeelden laten zien hoe die toolbox eruit kan zien.

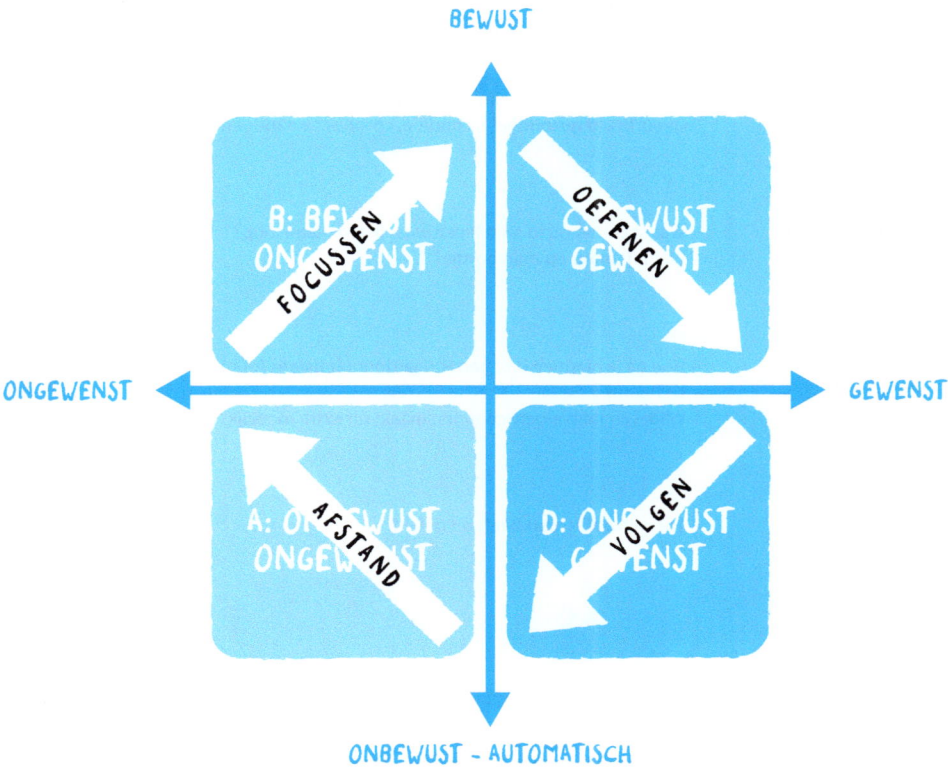

Figuur 6.2 De acties van de zelfregisseur

Afstand nemen is misschien wel de lastigste stap op weg naar meer zelfregie. Stagnatie betekent dat de patiënt wordt meegezogen in het probleem en er helemaal in dreigt te verdwijnen. Het probleem neemt de patiënt zo in beslag, dat hij onderdeel van het probleem is geworden. Afstand nemen is dan de kunst van het omdraaien: het probleem niet langer de context van het dagelijks leven laten zijn, maar het leven tot context van het probleem maken. Binnen de actuele context van mijn leven kan ik het probleem begrijpen en betekenis geven. Afstand nemen hebben we in ▶H. 3 uitgewerkt als 'contextualiseren' door gebruik te maken van de KLOP-systematiek. In ◻tab. 6.1 gebruiken we de vragen die passen bij de KLOP-aanpak als tool om afstand te nemen, maar in een andere volgorde omdat dit de samenhang beter duidelijk maakt.

De zelfregisseur zal bij dreigende stagnatie bijna automatisch het proces van afstand nemen opstarten. Het adagium luidt: afstand maken. Dat doet hij door de context zichtbaar te maken. Met de KLOP-vragen gaat hij op zoek naar die afstand. Hij KLOP't net zo lang totdat hij binnen wordt gelaten, dat wil zeggen: totdat hij ziet wat er gebeurt en hoe de klachten samenhangen met lijf, omstandigheden en persoonlijke stijl. En natuurlijk geldt ook voor de zelfregisseur: hoe dichter hij blijft bij simpele verklaringen (*parsimony*), des te eenvoudiger zal straks de oplossing blijken.

Tabel 6.1 Actie 1: afstand nemen: aan mijn deur KLOP'pen om mijn probleem te begrijpen

lijf	– Wat gebeurt er met mijn lijf waarmee ik nu moet dealen? (bijvoorbeeld gezondheid, conditie, chronische aandoening)
omstandigheden	– Wat speelt er nu in mijn leven waar ik tegenaan loop? – Wat ligt er nu op mijn bordje?
persoonlijke stijl	– Hoe ga ik hiermee om; ben ik daardoor uit balans (of blijft het daardoor bestaan)? – Welk van mijn eigenschappen maakt dit extra moeilijk?
klachten	– Tot welke klachten heeft dit geleid?

Actie 2 heeft vervolgens te maken met *focussen*. Op afstand ziet de zelfregisseur in welke richting de verandering moet worden gezocht. In die richting zet hij de volgende stap van focussen, focussen en nog eens focussen. Dat zal hem uiteindelijk brengen bij het punt dat hij kan gaan experimenteren met alternatieve oplossingen. Veel experimentjes zijn geoorloofd, zolang ze maar leiden tot meer ruimte en bijdragen aan opheffen van de stagnatie. En als het niet direct lukt, dan moet hij iets anders proberen: "Als iets niet werkt, doe iets anders" [28]. Oplossingen ontstaan door erover te durven fantaseren. Het kan helpen om te kiezen voor oplossingen die vooral een beroep doen op de sterke kanten van de patiënt. De zelfregisseur kent de hulpbronnen die hij kan aanspreken om de oplossing dichterbij te brengen. ▫Tabel 6.2 helpt de zelfregisseur om tot zijn keuzes te komen.

▫Tabel 6.2 laat zien hoe het focussen direct voortborduurt op de resultaten van de KLOP. Met focussen kiest de zelfregisseur uiteindelijk voor de aanpak waarover hij het eenvoudigst zeggenschap kan ontwikkelen.

Is de keuze gemaakt dan is de derde actie ervoor zorgen dat de oplossing helemaal van de zelfregisseur wordt. De zelfregisseur moet zich het nieuwe gedrag eigen maken. Dat vraagt oefenen, oefenen en nog eens oefenen. Een hulpmiddel dat hem daarbij ten dienste staat, is het positief dagboekje (▫tab. 6.3). Dit koppelt dat oefenen aan belonen, zodat het gewenste gedrag 'tussen de oren' terechtkomt. Het positief dagboekje helpt de zelfregisseur oog te krijgen en houden voor de vooruitgang, in plaats van bij de pakken te blijven neerzitten als het een keer minder goed gaat. Daarbij past systematisch volhouden en je niet laten demoraliseren door te grote stappen die moeilijk te zetten zijn en vooral onmogelijk zijn vol te houden.

Tabel 6.2 Actie 2: focussen, focussen, focussen: zelf kiezen wat moet veranderen

	kies L,O,P of K	keuze	- wat kan ik doen? - wat wil ik (beter) leren? - schrijf alles op	voordelen	nadelen	keuze
lijf	Is er iets met mijn lijf waarmee ik beter wil leren omgaan, of waarvoor ik een eerste stap zou willen zetten om me beter te voelen?					
omstandigheden	Is er iets in mijn leven waarmee ik beter wil leren omgaan? Lost dat mijn probleem op?					
persoonlijke stijl	Is het niet alleen wat er op mijn bordje ligt, maar vooral ook hoe ik met dingen omga en wat niet (goed meer) werkt?					
klachten	Zijn mijn klachten zo heftig en staan ze zo op zichzelf, dat ik daar meteen mee aan de slag wil?					

De vierde actie is ten slotte de stap van systematisch volgen van de voortgang en de vooruitgang. Volgen verwijst naar voortdurende monitoring en evaluatie van de (tussentijdse) resultaten. Tegelijkertijd gaat het over procesbewaking met daarbij vragen als: Ben ik op de goede weg? Of: Lig ik op koers? Volgen betekent dat de zelfregisseur er zich regelmatig van vergewist dat hij met de huidige inzet van middelen daadwerkelijk zijn doel realiseert. Volgen is de tussentijdse en eindtoetsing die ofwel leidt tot de constatering dat het doel is bereikt en de actie (zelfregie) kan worden gestaakt, ofwel dat bijstelling noodzakelijk is en opnieuw de cyclus van zelfregie moet worden opgestart. Het weekrapport is een voorbeeld van een tool om te volgen. Het is hier opgenomen als tab. 6.4.

Tabel 6.3 Actie 3: oefenen, oefenen, oefenen, het positief dagboekje

datum:	
	doel waarop ik focus: Als over … weken/maanden is gelukt waarop ik hoop, wat doe ik anders?
	eerste stapje: Wat is een eerste stapje in de goede richting?
vandaag	
Wat ging er goed? Wat gaat er beter?	
Hoe is dat gelukt?	
Wat betekent dat voor me?	
En voor …? (partner, kinderen, vriend)	
Hoe ga ik er meer van doen?	
Wie/wat kan mij helpen?	
Wat is het volgende stapje?	

Tabel 6.4 Actie 4: volgen, volgen, volgen; het weekrapport over mijn doel

week
waar sta ik?   helemaal niet goed ——————————————————————— helemaal goed
waar wil ik heen?   helemaal niet goed ——————————————————————— helemaal goed
hoe tevreden ben ik over hoe ik mijn plan regisseer?   helemaal niet   ——————————————————————— helemaal
Wat doe ik anders als ik volgende week hoger scoor?
Wanneer ga ik op welke manier vieren wat ik heb bereikt?

Actie 4, volgen, moet uiteindelijk leiden tot het afsluiten van zelfregie. De volgactie mag zichzelf echter niet helemaal op non-actief stellen. Succesvolle zelfregie leidt ertoe dat het volgen tot een soort van waakvlammetje wordt, dat nodig is om de motor weer direct te starten zodra zich opnieuw stagnatie dreigt voor te doen. Het volgen zelf wordt uiteindelijk zo geautomatiseerd, dat het een tweede natuur wordt en niet meer de voortdurende aandacht van de regisseur hoeft te zijn. De behandeling is pas echt voorbij als ook het volgen zelf helemaal tussen de oren is komen te zitten en de zelfregisseur (voormalig patiënt) helemaal op zichzelf durft te vertrouwen en het helemaal los kan laten, omdat hij zeker weet dat zijn automatische piloot het een volgende keer niet meer zo ver zal laten komen.

6.7 Samenvatting en conclusies

In dit hoofdstuk is het evalueren als vierde stap van het regiemodel beschreven. Evalueren is een vorm van *reflection on action*, waarbij nagegaan wordt of de ingezette middelen hebben geleid tot realisering van de gestelde doelen. Evalueren vindt traditioneel plaats aan het einde van de behandeling, maar tegenwoordig idealiter ook – en daarbij sluiten wij aan bij de werkwijze van de *scientist practitioner* – tijdens het behandelproces zelf. Continu het verloop van de behandeling volgen (monitoren), vraagt van hulpverlener en patiënt voortdurend afstand nemen, waarbij telkens ruimte wordt gemaakt om stil te staan bij het proces zelf. Met monitoring wordt het mogelijk gedurende de behandeling bij te sturen, maar het biedt ook mogelijkheden voor de patiënt om oog te krijgen voor de aard van het behandelproces, dat wil zeggen: reflecteren op de vaardigheden die de patiënt zich verwerft: mentaliseren, flexibiliseren, internaliseren en evalueren.

De laatste stap van evaluatie draagt eveneens alle elementen in zich van het regiemodel. Evalueren begint feitelijk met afstand nemen tot het therapeutisch proces en is daarmee een vorm van mentaliseren. Flexibiliseren en oplossingseigenaarschap vragen vergelijking van opties en komen niet van de grond zonder die vergelijking; alleen zo ontdekt de patiënt wat goed en wat minder goed werkt. Uitvoeringseigenaarschap is nooit alleen een kwestie van doen, maar zeker ook van soms even niet-doen, dit om de vraag te stellen en te beantwoorden hoe het met de voortgang is gesteld. Aldus geformuleerd is evalueren heel veel meer dan aan het einde van de behandeling vaststellen of de therapie succesvol is geweest. Het is feitelijk het realiseren van afstand ten opzichte van het proces van mentaliseren, flexibiliseren, internaliseren en evalueren. Dat gebeurt door dat proces een cyclisch karakter te geven: even afstand nemen, focussen, oefenen, volgen en zo nodig weer terug naar afstand nemen et cetera.

In het regiemodel gaan wij ervan uit dat tijdens de behandeling de oorspronkelijke stagnatie steeds meer tot casus wordt aan de hand waarvan de patiënt zelf de behandeling leert regisseren. De behandeling is daarom niet alleen succesvol als het probleem verdwijnt, maar ook en vooral als de patiënt zelfregievaardigheden verwerft. Dat moet er uiteindelijk toe leiden dat de patiënt de volgende keer de stagnatie minder ver laat komen en dat hij weet wat hem te doen staat om zichzelf te helen.

Met de beschrijving van de vierde stap van het regiemodel is opnieuw duidelijk geworden dat zelfregie niet zozeer een of andere piekervaring van autonomie is, als wel een set vaardigheden die de patiënt zich eigen maakt om bij dreigende stagnatie sneller het stuur over te nemen van de automatische piloot en vooral sneller zich te realiseren dat herhaling van niet-succesvolle actie zelden de oplossing van stagnatie blijkt. Daar hebben we nu de woorden 'afstand nemen', 'focussen', 'oefenen' en 'volgen' voor geïntroduceerd, en daar direct handige hulpmiddeltjes aan toegevoegd. We kunnen het nog eenvoudiger zeggen: Zelfregie ontstaat bij het besef dat als iets niet werkt, je iets anders moet doen. Bannink illustreert deze vaardigheid aan de hand van een Japanse legende:

» Een Japans kustdorpje werd bedreigd door een tsunami. Een boer die op de rijstvelden boven het dorpje aan het werk was, zag de vloedgolf van verre aankomen. Omdat er geen tijd was om terug te lopen naar het dorp en hij merkte dat hij te ver weg was om gehoord te kunnen worden, stopte hij met schreeuwen en stak onmiddellijk de akkers in brand. Hierdoor kwamen de dorpelingen meteen aanhollen om hun gewassen te redden. Daarmee werden ze gered van de verdrinkingsdood [28].

Met dit citaat kunnen we zelfregie mooi samenvatten. Eerst en vooral ziet de boer een tsunami aankomen. Vervolgens is er het besef dat standaardprobleemoplossingen niet werken. Ten derde is er de creatieve actie om het probleem op een andere manier aan te pakken. Dat vraagt moed, volharding en de overtuiging dat de oplossing de moeite waard zal blijken. En ten slotte is er het besef dat de actie heeft gewerkt.

Literatuur

1. Abbott A. The system of professions. An essay on the division of expert labor. Chicago: University of Chicago Press; 1988.
2. Greenson RR. The technique and practice of psychoanalysis. London: The Hogarth Press; 1978.
3. Lambert MJ. Prevention of treatment failure. The use of measuring, monitoring, and feedback in clinical practice. Washington DC: American Psychological Association; 2010.
4. Schön DA. The reflective practitioner. How Professionals think in action. New York: Basic Books; 1983.
5. Tiemens BT, Kaasenbrood AJA, De Niet GJ. Evidence based werken in de GGZ. Methodisch werken als oplossing. Houten: Bohn Stafleu Van Loghum; 2010.
6. Boeckhorst F, Hutschemaekers G. The expert always knows best! Wat maakt een professional tot een expert? (in voorbereiding).
7. Lambert MJ, Morton JJ, Hatfield DR, Harmon C, Hamilton S, Shimokawa K. Administration and scoring manual for the OQ-45.2 (outcome questionnaire). 3rd ed. Wilmington, DE: American Professional Credentialling Services LLC; 2004.
8. De Jong K, Nugter M, Polak M, Wagenborg J, Spinhoven P, Heiser W. The Outcome Questionnaire (OQ-45) in a Dutch population: a cross-cultural validation. Clin Psychol Psychother. 2007;14:288–301.
9. Arrindell WA, Ettema JHM. SCL-90. Handleiding bij een multidimensionele psychopathologie-indicator. Lisse: Swets & Zeitlinger; 1986.
10. De Beurs E, Zitman F. De Brief Symptom Inventory (BSI). De betrouwbaarheid en validiteit van een handzaam alternatief voor de SCL-90 (Reliability and validity of an applicable alternative of the SCL-90). MVG. 2006;61:120–41.
11. Mulder CL, Van der Gaag M, Bruggeman R, Cahn W, Delespaul PA, Dries P, et al. Routine outcome monitoring voor patiënten met ernstige psychiatrischeaandoeningen: een consensus document [routine outcome monitoring for patients with severe mental illness: a consensus document]. Tijdschr Psychiatr. 2010;52(3):169–70.
12. Beckers T, Koekkoek B, Hutschemaekers G, Rudd B, Tiemens B. Measuring personal recovery in a low intensity community mental healthcare setting: validation of the Dutch version of the Individual Recovery Outcomes Counter (I.ROC). (in voorbereiding).
13. Van Widenfelt BM, Goedhart AW, Treffers PD, Goodman R. Dutch version of the Strengths and Difficulties Questionnaire (SDQ). Eur Child Adolesc Psychiatry. 2003;12(6):281–9.
14. Ravens-Sieberer U. The kidscreen questionnaires: quality of life questionnaires for children and adolescents. Handbook. Lengerich: Pabst Science Publ.; 2006.
15. Lamers SM, Westerhof GJ, Bohlmeijer ET, Klooster Pt, Keyes C. Evaluating the psychometric properties of the Mental Health Continuum-short Form (MHC-sf). J Clin Psychol. 2011;67:99–110.
16. Fledderus M, Oude Voshaar MA, Ten Klooster PM, Bohlmeijer ET. Further evaluation of the psychometric properties of the acceptance and action questionnaire-II. Psychol Assess. 2012;24:925–36.
17. Bernaerts I, Groot FD, Kleen M. De AAQ-II (Acceptance and Action Questionnaire-II): een maat voor experiëntiële vermijding: normering bij jongeren [The AAQ-II: a measure for experiential avoidance: norm for adolescents]. Gedragstherapie. 2014;45:389–99.

18. Lamers SM, Smit A, Hutschemaekers GJ. Het meten van welbevinden en optimaal functioneren. In: Bohlmeijer E, Bolier L, Westerhof G, Walburg JA, redactie. Handboek positieve psychologie. Amsterdam: Boom; 2013. pag. 387–97.
19. Van Erp Taalman Kip RM, Hutschemaekers GJ. Health, well-being, and psychopathology in a clinical population: structure and discriminant validity of Mental Health Continuum Short Form (MHC-SF). J Clin Psychol. 2018;74(10):1719–29.
20. De Vries A, Tiemens B, Cilissen L, Hutschemaekers G. Construction of the self direction measure. (in voorbereiding).
21. Tiemens B, Böcker K, Kloos MW. Prediction of treatment outcome in daily generalized mental healthcare practice: first steps towards personalized treatment by clinical decision support. Eur J Pers Cent Healthc. 2016;4:24–32.
22. Duncan BJ, Miller SD, Sparks JA. The heroic client. A revolutionary way to improve effectiveness through client-directed, outcome- informed therapy. San Fransisco: Jossey Bass; 2004.
23. Janse PD, Boezen-Hilberdink L, Van Dijk MK, Verbraak MJPM, Hutschemaekers GJM. Measuring feedback from clients: the psychometric properties of the Dutch outcome rating scale and session rating scale. Eur J Psychol Assess. 2014;30(2):86–92.
24. Bovendeerd B. When does PCOMS work? Preliminary results of a PCOMS study in basic mental health care. Amsterdam: International Federation of Psychotherapie (IFP); 2018.
25. Rubel J, Lutz W, Schulte D. Patterns of change in different phases of outpatient psychotherapy: a stage-sequential pattern analysis of change in session reports. Clin. Psychol. Psychother. England. 2015;221–14.
26. Schibbye P, Ghaderi A, Ljotsson B, Hedman E, Lindefors N, Ruck C, et al. Using early change to predict outcome in cognitive behaviour therapy: Exploring timeframe, calculation method, and differences of disorder-specific versus general measures. PLoS One United States. 2014;9:e100614.
27. Tiemens B. Omgeven door relaties. Evidence based werken in de geestelijke gezondheidszorg. Gedragstherapie. 2018;51(2):72–84.
28. Bannink F. Gelukkig zijn en geluk hebben. Zelf oplossingsgericht werken. Amsterdam: Pearson; 2007–2019.

Slot: werken aan zelfregie, een bijzonder specialisme

7.1 Samenvatting – 198

7.2 Werken aan zelfregie – 200

7.3 Een bijzonder specialisme – 202

Literatuur – 205

© Bohn Stafleu van Loghum is een imprint van Springer Media B.V., onderdeel van Springer Nature 2019
G. Hutschemaekers, M. Nekkers en B. Tiemens, *Handboek generalistische ggz*,
https://doi.org/10.1007/978-90-368-2364-7_7

In dit boek hebben we de belangrijkste uitgangspunten en werkwijzen van de generalistische ggz beschreven, zoals wij vinden dat die er idealiter uit moet zien. Onder generalistische ggz verstaan wij hier alle geestelijke gezondheidszorg verstrekt door huisarts, poh-ggz en de generalistische basis-ggz. Aansluitend bij de generalistische werkwijze hebben wij het regiemodel ontwikkeld, en in de opeenvolgende hoofdstukken stap voor stap beschreven. Het regiemodel is bedoeld om patiënten te leren 'zelfregisseur' te worden, zodat ze toekomstige stagnaties zelf kunnen oplossen. Ter illustratie hebben we daarbij veel concrete voorbeelden gegeven en aan de hand van concrete patiënten laten zien hoe de verschillende behandelstappen er in de praktijk uitzien. In deze slotbeschouwing vatten wij de belangrijkste bevindingen samen en formuleren we vervolgens enkele belangrijke implicaties voor de rol van de patiënt, en die van zijn generalistische hulpverlener.

7.1 Samenvatting

In ▶H. 1 is een inhoudelijk onderscheid geïntroduceerd tussen generalistisch en specialistisch werken in de ggz. Gekoppeld aan de plaats in de zorg is de rol van de generalist die van eerste aanspreekpunt en poortwachter, terwijl de specialist in actie komt bij onvoldoende mogelijkheden bij de generalist. Dat kan zijn bij niet-pluis, bij onvoldoende kennis en/of vaardigheden, of bij grenzen van het zorgaanbod. De rol van poortwachter past bij de voordeur (van samenleving naar gespecialiseerder zorg), maar ook bij de achterdeur, dat wil zeggen: van de zorg naar de samenleving. De specifieke positie van de generalist geeft hem een eigen perspectief op het probleem (diagnostiek), eigen overwegingen en behandelkeuzes (indicatiestelling), en andere interventies (behandeling). Met betrekking tot de diagnostiek stelt de generalist de vraag waarom de patiënt op dit moment bij hem komt. Daartoe inventariseert hij de klachten (het probleem) en de context waarin ze voorkomen. Op basis van die contextuele interpretatie stelt hij zich vervolgens de vraag wat de patiënt (minimaal) nodig heeft om dit probleem op te lossen. De generalist indiceert gericht op versterking van zelfregie, waardoor de patiënt zelf zijn problemen leert oplossen. De behandeling volgt uit deze indicatie. Blijft de generalist aan zet, dan gaat hij aan de slag met vergroting van zelfregievaardigheden bij de patiënt. Ziet hij daartoe onvoldoende mogelijkheden, dan verwijst hij door naar de specialist. De diagnostiek van de specialist is veel sterker gefocust op de klachten en stoornis, de indicatiestelling en de daarop volgende interventies zijn gericht op behandeling van de stoornis. Het bijzondere van de Nederlandse gezondheidszorg is dat generalistische en specialistische zorg complementair aan elkaar zijn gedefinieerd en daardoor elkaar zo prachtig kunnen versterken.

De generalistische uitgangspositie van zorg is dat het zelfhelend vermogen van de patiënt moet worden versterkt. In ▶H. 2 wordt dat voor geestelijke gezondheidsproblemen uitgewerkt aan de hand van het begrip *zelfregie*. Zelfregie definiëren we als het vermogen van de patiënt zichzelf te helen, dat wil zeggen: zijn eigen hulpverlener te zijn. Om die rol van eigen hulpverlener goed te begrijpen is gebruikgemaakt van de metafoor van de rol van de regisseur bij een uitvoering. Op het toneel spelen acteurs hun rollen, ook wel personages genoemd. Hoe beter het spel, des te overtuigender het personage. Tijdens de uitvoering komt de regisseur nauwelijks of niet in beeld. Gaat het even wat minder goed, dan grijpt de acteur in bij zijn eigen personage. Pas als het echt niet gaat, kan de acteur overwegen om even de voorstelling te onderbreken en de regisseur te consulteren. Dat is belangrijk: de acteur stapt uit zijn rol en achter het podium kijkt hij samen met de regisseur naar wat er niet lukt. Door alleen al zijn plaats (achter het podium) creëert de regisseur afstand tussen de acteur en de context waarin zijn personage onvoldoende functioneert. Vervolgens kan hij helpen met het analyseren van het probleem, het zoeken en kiezen van alternatieven, het helpen instuderen van de nieuwe invulling van de rol en het evalueren van de nieuwe oplossing. Toegepast op het gezondheidsdomein kunnen we in de rol van regisseur de hulpverlener herkennen, terwijl het onderscheid tussen personage en acteur direct aansluit bij het onderscheid tussen het handelen vanuit systeem 1 (automatismen) en het reflecteren door inzetten van systeem 2 (bewustzijn). Deze elementen vormen de basis voor het regiemodel. Daarin onderscheiden we vier fasen, die lopen van onbewust-ongewenst via bewust-ongewenst en bewust-gewenst naar onbewust-gewenst, vier stappen waarbij de patiënt achtereenvolgens probleemeigenaar, oplossingseigenaar, uitvoeringseigenaar en proceseigenaar wordt en zich vier vaardigheden eigen maakt: mentaliseren, flexibiliseren, internaliseren en evalueren. Doordat de patiënt zich de vier vaardigheden verwerft, kan hij de vier stappen van behandeling zetten en daarmee de vier therapeutische fasen doorlopen. Het regiemodel sluit direct aan op het door Machteld Huber gemaakte onderscheid tussen ziekte (uitdagingen) en gezondheid (omgaan met die uitdagingen).

Al vanaf de aanmelding is de doelstelling van meer zelfregie (mede)bepalend voor de gang door de zorg. In ▶H. 3 is dat uitgewerkt voor de diagnostiek. Generalistische diagnostiek vindt plaats door de aanmeldingsklacht (stagnatie) te plaatsen in de context waarin deze zich voordoet. Dat proces van contextualiseren krijgt concrete inhoud met de KLOP-aanpak, waarbij de klacht wordt geïnterpreteerd als een resultante van lijf, omstandigheden en persoonlijke stijl. Samen met de patiënt zoekt de hulpverlener naar een betekenisvolle werkhypothese over wat er in het leven van de patiënt gebeurt en hoe dat leidt tot de klachten waarmee hij zich meldt. De uitkomst noemen wij hier, in navolging van Paul Rijnders, de gemeenschappelijke probleemdefinitie. Daarbij hanteert de hulpverlener het *parsimony*principe: hoe eenvoudiger de verklaring (zonder veronderstellingen over allerlei oorzaken buiten de invloedssfeer van de patiënt), des te bruikbaarder ze is en des te groter de kans dat de patiënt er zelf mee aan de slag kan. Wil dat laatste ook daadwerkelijk gebeuren, dan is de kans aanzienlijk dat de patiënt zich gedurende de diagnostische fase steeds meer probleemeigenaar heeft gemaakt.

Daar waar diagnostiek door contextualisering een proces van afstand nemen impliceert, zo vraagt de indicatiestelling juist weer een proces van toenadering. In ▶H. 4 zijn na de stap van perspectiefwisseling, drie stappen van focussen beschreven die patiënt en hulpverlener moeten zetten om te komen tot een doelstelling en aangrijpingspunt. De eerste focus is gekoppeld aan de behandelgeschiedenis van de patiënt (competentie versus veerkracht), de tweede focus aan de gemeenschappelijke probleemdefinitie en via een derde focus wordt het aangrijpingspunt vastgesteld. Ten slotte zal de doelstelling zo geformuleerd worden, dat patiënt en hulpverlener beiden weten wat de gewenste eindsituatie is. Zijn doel en aangrijpingspunt vastgesteld, dan kan het behandelplan worden opgesteld aan de hand van het regiemodel. Zo ontdekt de patiënt de logica achter de voorgestelde therapie-interventies en kan hij zich oplossingseigenaar van het therapeutisch proces maken.

▶Hoofdstuk 5 geeft een overzicht van veel gebruikte interventies in de generalistische ggz. Ordening van de interventies vindt plaats conform de uitgangspunten van het regiemodel, te weten in overeenstemming met de vier te ontwikkelen vaardigheden: mentaliseren, flexibiliseren, internaliseren, en evalueren. Mentaliseren staat voor afstand leren nemen van het probleem (aangrijpingspunt) en daarmee inzicht krijgen in het ontstaan en voortduren van de stagnatie. Bij voldoende afstand ontdekt de patiënt beïnvloedingsmogelijkheden. Via flexibiliseren zoekt de patiënt naar werkbare alternatieven en gaat hij ermee experimenteren. Zo ontdekt hij wat goed en wat minder goed werkt en ontstaat er ruimte voor nieuwe oplossingen. Zodra de keuze is gemaakt, begint het proces van internaliseren. Door oefenen en automatiseren komt de nieuwe oplossing steeds meer op de eerste plaats, totdat de patiënt niet langer hoeft na te denken en de keuze als vanzelf ten uitvoer brengt. Naarmate de patiënt meer ervaring krijgt met deze drie processen, wordt hij ook meer de eerstverantwoordelijke uitvoerder van die processen en ontwikkelt hij zich tot uitvoeringseigenaar.

De laatste stap van uitvoeringseigenaar is gekoppeld aan de vierde vaardigheid: het evalueren van de voortgang van de behandeling. Evaluatie met bijbehorend instrumentarium staat centraal in ▶H. 6. Geen goed uitgevoerde behandeling zonder dat patiënt en hulpverlener samen nagaan of de doelstellingen van de behandeling zijn gerealiseerd. Om de kracht van terugkoppeling optimaal in te zetten is het van cruciaal belang dat patiënt en hulpverlener ook tussentijds nagaan of de therapie vordert in de gewenste richting (ROM). Evalueren wordt zo een centrale motor in het therapeutisch proces, waarbij de patiënt steeds meer het voortouw neemt en steeds uitdrukkelijker zelf leert vaststellen of de behandeling op orde is. De patiënt weet wat er dient te gebeuren om de behandeling succesvol af te sluiten. Daarbij leert de patiënt steeds nadrukkelijker hoe de verschillende fasen van behandeling eruitzien, welke stappen hij daarin heeft gezet en welke vaardigheden daarbij noodzakelijk zijn. Zodra dat inzicht helemaal tot hem is doorgedrongen, mag hij zich proceseigenaar noemen en weet hij ook wat hem een volgende keer te doen staat bij dreigende stagnatie. De patiënt is zogezegd zelfregisseur geworden en weet wat het betekent om afstand te nemen, te focussen, te trainen en te volgen.

7.2 Werken aan zelfregie

In het ideale geval weet de patiënt aan het einde van de behandeling welke vaardigheden hij zich heeft eigen gemaakt en hoe die te gebruiken zijn bij een volgende dreiging van stagnatie. De patiënt kan dan zijn eigen behandelaar zijn en is zogezegd *zelfregisseur* geworden. Generalistische ggz leidt tot werken aan zelfregie. Dat lijkt eenvoudig, maar is het allerminst. Het is een ideaaltypische weergave van de effecten van generalistische ggz. De praktijk van alledag is weerbarstiger; meer zelfregie als doel is niet altijd aan de orde, laat staan eenvoudig te realiseren. In dit boek hebben we vooral de onderliggende principes van zelfregie geschetst en hoe vanuit verschillende therapeutische referentiekaders daaraan kan worden bijgedragen, niets meer maar ook zeker niets minder.

De constatering dat vanuit andere, ook specialistische referentiekaders heel goed passende interventies voor de generalistische ggz beschikbaar zijn, werkt mogelijk een beetje bevreemdend. Neem het voorbeeld van schematherapie. De insteek van deze benadering is duidelijk specialistisch, zeker de diagnostiek, die zich vooral richt op wat in de vroege kindertijd verstoord is et cetera. En toch laten zelfs deze interventies zich heel goed beschrijven in termen van mentaliseren, flexibiliseren, internaliseren en evalueren. Het grote verschil zit hem in de doelstelling van diagnostiek en behandeling. Schematherapie gaat over wat er is misgegaan en hoe dat gerepareerd kan worden. Generalistische ggz gaat over wat gezond en normaal is en hoe dat versterkt kan worden om de voorliggende stagnatie het hoofd te bieden. Het is als dat oude verhaal: een man vertelt tegen zijn vriend dat er voortdurend twee honden in zijn hoofd om de macht vechten: een goede vrolijke hond en een slechte nare hond. Waarop de vriend vraagt: en wie wint er? Waarop de man antwoord: de hond die ik de meeste aandacht geef. De generalist is geneigd vooral de vrolijke hond aan te spreken, de specialist is gericht op het heropvoeden van de slechte hond. Dat klinkt verschillend, maar hoe verschillend is dat echt? Zou de patiënt het verschil wel echt opmerken?

De vraag naar de verschillen speelt ook op de werkvloer. In de praktijk van alledag blijken specialistische hulpverleners soms bezig te zijn met versterking van de zelfregie en houden heel wat generalistische hulpverleners terdege rekening met de aard van de stoornis. Heel vaak ook worden in de generalistische ggz vragenlijsten gebruikt die klachtenreductie meten, terwijl menig hulpverlener in de specialistische ggz copinglijsten toepast. En iedere keer valt weer op hoe gering de verschillen zijn tussen de uitkomsten van de generalistische en specialistische ggz, voor zover te vergelijken, en hoe succesvol beide zijn. Waarom dan toch zoveel nadruk op de verschillen tussen generalistische en specialistische ggz, en waarom zoveel aandacht voor zelfregie? Omdat werken aan zelfregie zowel van de patiënt als van de hulpverlener een fundamenteel andere houding en een andere werkwijze vraagt.

De eigenheid van generalistische ggz manifesteert zich al in het vertrekpunt. Werken aan zelfregie past in een adaptatieperspectief en verwijst naar een andere manier van omgaan met uitdagingen in de context. De therapie helpt de patiënt veranderingen aan te brengen in die context, of anders om te gaan met die context. Meer zelfregie betekent verruiming of flexibilisering van copingvaardigheden. Specialistische ggz past beter in een medisch perspectief, waarin opheffen van de stoornis centraal staat. De therapie richt zich meer op reparatie van wat er mis is gegaan. Die aanpak leidt tot herstel van de oude situatie. In de spreekkamer vertaalt zich dat verschil in vertrekpunt al direct in een andere interactie en vooral in een andere werkwijze. De generalist zet in op een gezamenlijke probleemdefinitie en probleemeigenaarschap bij de patiënt, dat wil zeggen: op diens directe betrokkenheid. De specialist gaat voor de juiste diagnose en vraagt van de patiënt eerder geduld. Om die andere rol van de patiënt kracht bij te zetten zal de generalist vooral geneigd zijn het probleem te normaliseren en daarmee te beperken. De specialist is eerder geneigd het probleem in al zijn diepte en complexiteit te aanschouwen.

Gegeven dit andere vertrekpunt zullen ook de vervolgstappen een andere invulling krijgen. Al direct vanaf het eerste moment impliceert de doelstelling van meer zelfregie dat de patiënt aan de slag gaat en zich de rol van regisseur eigen maakt. Dat lukt het beste door de patiënt al direct aan te spreken op zijn kracht en het voor hem heel zichtbaar te maken dat hetgeen hem overkomt niet alleen heel begrijpelijk is (gegeven de uitdagingen), maar ook dat zijn reactie op die uitdagingen van grote kwaliteit getuigt. Het gevecht dat hij levert met zijn stagnatie en de stap die hij heeft gezet naar de hulpverlener, laten overduidelijk zijn kracht zien. En uitgerekend die kracht is nodig om de context en zijn reactie daarop nu meer naar zijn hand te leren zetten. Dat wordt voor de patiënt een belangrijke en nieuwe uitdaging. Afwachten is eigenlijk geen optie. Lukt deze deal, dan komt er direct dynamiek in de behandeling. Werken aan zelfregie betekent niet alleen dat de patiënt leert om een volgende keer zelf de regie te nemen, het betekent in het hier-en-nu vooral dat hij zich in een actieve stand laat zetten en bereid is mee te zoeken naar en eigenaar te worden van de oplossing. Lukt dat niet, dan is het zaak daarover met de patiënt in gesprek te gaan en met hem over stoppen of verwijzing naar de specialistische ggz na te denken. En ook dat vraagt een actieve opstelling, waarbij de patiënt zich laat aanspreken als mededeskundige in de oplossing van zijn stagnatie.

7.3 Een bijzonder specialisme

De generalistische boodschap van werken aan zelfregie suggereert misschien wel dat de patiënt het eigenlijk allemaal best zelfstandig en alleen had gekund. Vaak is dat ook zo. Bij veel patiënten is een klein duwtje in de goede richting voldoende om het schip weer vlot te trekken. Maar helaas is dat niet altijd het geval. Menig patiënt is in zo'n heftige stagnatie verzeild geraakt, dat meer hulp nodig is. De cijfers liegen er niet om: patiënten in de generalistische zorg gaan gebukt onder ernstig lijden en zijn ten einde raad. Dat geldt zowel voor de patiënten van de huisarts en de poh-ggz, als voor de patiënten van de gb-ggz. Dat laatste blijkt uit de hoge OQ-scores van patiënten uit de gb-ggz. De doorsneepatiënt zit hoog boven de normale range in het klinische gebied, vaak vergelijkbaar met de patiënt in de specialistische ggz [1]. Patiënten hebben dus alle reden om zich bij een generalistische hulpverlener te melden en hulp te vragen bij hun herstel. En waarschijnlijk hebben de meesten van hen ook een hulpverlener nodig voor de vervolgstappen.

In de voorgaande hoofdstukken is de bijdrage van generalistische hulpverleners reeds in verschillende bewoordingen beschreven. In ieder hoofdstuk zijn met enkele kernwoorden de grondhouding en de bijbehorende vaardigheden van de generalist getypeerd. Ten eerste (▶H. 3) de kernwoorden *direct* en *dichtbij*. *Direct* verwijst naar een positieve houding van no-nonsense en getuigt van het vermogen helder en open te communiceren zonder een blad voor de mond te nemen. *Direct* verwijst vervolgens naar directief en de patiënt overtuigen concrete stappen te zetten. *Dichtbij* is de houding van compassie en begrip. De generalist is bij uitstek geïnteresseerd in het verhaal van de patiënt en aarzelt ook niet eigen ervaringen te delen. Ten tweede (▶H. 4) is de grondhouding *oplossingsgericht*, dat wil zeggen: vanaf het allereerste begin met de blik gericht op oplossingen die aansluiten bij de belevingswereld van de patiënt. Rotsvast is het geloof van de hulpverlener dat er reeds uitzonderingen zijn en dat daar slechts op voortgebouwd hoeft te worden, zonder de realiteit uit het oog te verliezen. Altijd weet hij oplossingen aan zijn patiënt te ontlokken, zichtbaar te maken en dermate concreet te formuleren dat de patiënt ermee aan de slag gaat. Ten derde wordt de generalist gekenmerkt door zijn doelgerichte en pragmatische actie (▶H. 5). *Doelgericht* verwijst naar de actie waarmee hij met zachte doch stevige hand de oplossing dichterbij brengt, en naar het uitvoeren van acties die daarvoor nodig zijn. *Pragmatisch* verwijst naar de vaardigheid om interventies vanuit verschillende referentiekaders te kunnen inzetten in functie van het gestelde doel. Tegelijkertijd verwijst *pragmatisch* ook naar de vaardigheid de ene interventie voor de andere in te leveren als dat in het voordeel is van de voortgang van de behandeling. Ten vierde (▶H. 6) is de generalist *methodisch*, *behendig* en *roldoorbrekend*. *Methodisch* in de zin van systematisch en gefaseerd werkend en daarnaast transparant, doelgericht en toetsend. Zijn *behendigheid* toont de generalist in zijn vermogen om niet tegenover de patiënt te staan maar met hem op te trekken en hem telkens zo aan te spreken, dat de noodzakelijke stappen in de behandeling ook gezet worden. *Roldoorbrekend* ten slotte verwijst naar de vaardigheid gaandeweg de therapie de rol van regisseur los te laten en die te vervangen door een rol als acteur, waarbij de patiënt de omgekeerde beweging maakt: van acteur tot (zelf)regisseur. Dit alles bij elkaar opgeteld levert een beeld op van de generalist met een bijzonder specialisme.

De eigen en bijzondere expertise van de hulpverlener-generalist (huisarts, poh-ggz, gz-psycholoog) komt vooral tot wasdom dankzij zijn rol als regisseur en zijn positie achter het podium. In zekere zin wordt zijn expertise tot leven gewekt door de patiënt zelf in de therapeutische relatie die hulpverlener en patiënt met elkaar aangaan. Volgens Frank wordt psychologische hulpverlening – psychotherapie – niet alleen gekenmerkt door haar specifieke doel (betere gezondheid), maar ook door het unieke middel dat daarvoor wordt ingezet: de *healing relationship*, dat wil zeggen: de specifieke samenwerking tussen patiënt en hulpverlener [2]. Volgens Frank betreft het principieel een tijdelijk verbond, dat speciaal met het oogmerk van het doel van therapie wordt gevestigd. Is dat doel gerealiseerd, dan houdt de therapeutische relatie op te bestaan. In de therapeutische relatie zijn de verhoudingen principieel ongelijk: de vraag komt van de patiënt, die zich onmachtig voelt en de hulp inschakelt van de hulpgever met het verzoek hem uit deze benarde situatie te redden. Aan de therapeut de taak om de hulpvrager te ondersteunen en te coachen bij het oplossen van zijn probleem. Die ongelijkheid wordt verder versterkt door de eenzijdigheid van de interactie: de patiënt is bereid zichzelf open te stellen en vooral te ontvangen, de hulpverlener is vooral een vragensteller en gever van aanwijzingen; van zichzelf laat hij alleen datgene zien dat noodzakelijk is voor het succesvol uitvoeren van de opdracht. De therapeutische relatie impliceert overeenstemming over therapeutische doelen, overeenstemming over therapeutische taken en de kwaliteit van de persoonlijke band tussen patiënt en therapeut [3]. Maar er is meer: in de ogen van patiënt en samenleving beschikt de hulpverlener over de noodzakelijke expertise om het probleem van de patiënt te helpen oplossen. Die expertise zet hij in om de therapie tot een succes te maken. Daarbij wordt hij verder gelegitimeerd door de formele positie die de samenleving hem toevertrouwt: hij bepaalt – in samenspraak met de patiënt – wat er aan de hand is en vervolgens ook wat er gedaan moet worden. De samenleving gaat daar onder bepaalde voorwaarden mee akkoord. Via de therapeut kan de patiënt dus afspraken maken met de samenleving, waaronder afspraken over de ziekenrol en vergoeding van de kosten voor zorg. Dat maakt de patiënt extra afhankelijk van de hulpverlener.

De metafoor van de regie helpt bij het inzichtelijk maken van het belang van de therapeutische relatie: de patiënt-acteur is als eerste aan zet. Hij nodigt de therapeut uit zijn taak van regisseur ter hand te nemen en hem te ondersteunen bij het neerzetten van zijn personage. De hulpverlener blijft achter het podium en de patiënt moet het podium even verlaten om met de hulpverlener-regisseur te sparren. De hulpverlener is geen onderdeel van de uitvoering; hij moedigt aan, geeft suggesties, doet het misschien een keertje voor, maar staat niet op het toneel. Die positie maakt het voor de hulpverlener mogelijk buiten de verwikkelingen bij de uitvoering te blijven, terwijl de patiënt noodzakelijk afstand tot zijn personage moet nemen, zonder direct bevreesd te hoeven zijn dat hij in allerlei nieuwe verwikkelingen verzeild raakt. De therapeut kan hem buiten het toneel dingen zeggen en de patiënt kan ze van hem horen. Op het toneel zouden dezelfde woorden, maar dan uitgesproken door een ander personage, misschien wel onverdraaglijk zijn en in ieder geval een directe (re)actie oproepen. Wat de therapeut hem zegt, is geen deel van de uitvoering en hoeft dus ook niet uitgelegd te worden in termen van het specifieke positiespel van andere personages. De therapeutische deal betekent dat er een ruimte gecreëerd wordt waarbinnen patiënt en hulpverlener niets anders van elkaar hoeven dan samen de problemen van de patiënt oplossen. De therapie is zogezegd een gesprek in de regisseursruimte. Zodra die deal ter discussie komt en bij de patiënt bijvoorbeeld het vermoeden zou groeien dat er andere motieven bij de therapeut gaan spelen, krijgt de therapeut automatisch de rol van medeacteur en misschien ook wel medepersonage. Er ontstaat dan een nieuwe situatie.

De therapeutische relatie in de generalistische zorg is van korte en beperkte duur. Het risico dat de therapeut medepersonage wordt, blijft daardoor beperkt. Dat heeft in de ogen van specialistische psychotherapeuten ongetwijfeld nadelen, want een deel van de door hen beschreven werkzame therapeutische factoren kan niet worden ingezet. Denk maar aan het ont- en afwikkelen van een overdrachtsrelatie waarop de psychoanalytische therapie is gericht. Voor de generalistische hulpverlener heeft de beperkte duur echter vooral grote voordelen: hij kan het contact gebruiken om zaken voor elkaar te krijgen en de patiënt te committeren aan de therapie. Hij hoeft veel minder rekening te houden met langetermijnrisico's van de therapeutische relatie, zoals groeiende afhankelijkheid. Hij mag zich meer committeren en spontane acties inzetten, gericht op het faciliteren van de taken waarvoor de patiënt zich geplaatst weet. Juist omdat de therapeutische relatie in de generalistische zorg zo'n kortdurend bondgenootschap is, mag het gesprek in de regisseursruimte dynamisch, heftig en betrokken zijn.

De regiemetafoor maakt duidelijk dat de therapeutische relatie ontstaat doordat de acteur even achter het podium stapt. De patiënt moet dan afstand nemen van zijn personages. Omdat de acteur zelf naar de regisseur stapt, en vooral ook omdat de regisseur zelf niet deelneemt aan de voorstelling, is het voor de acteur bijna vanzelfsprekend om de reactie van de regisseur direct heel serieus te nemen en zijn raad als ter zake, neutraal en deskundig te interpreteren. Dat wil zeggen: te durven geloven dat de raadgevingen en daden van de regisseur zonder enige vorm van eigenbelang worden aangeboden (die horen bij de personages op het toneel). Omdat patiënten hun hulpverleners die rol gunnen, krijgen de woorden van hulpverleners bijzondere waarde, en juist die waarde helpt patiënten afstand te nemen om zo het therapeutisch proces van mentaliseren, flexibiliseren, internaliseren en evalueren op gang te laten komen. Voor de hulpverleners is het vervolgens zaak die rol voortvarend ter hand te nemen en de patiënt er verder van te overtuigen dat hij als hulpverlener volledig achter de patiënt staat en dat zijn adviezen niet zijn ingegeven door eigenbelang of door zijn positie tijdens de voorstelling (de regisseur staat achter het podium en heeft geen rol op het podium). Juist dat vraagt kennis van zaken en behendigheid in het regisseren van het therapeutisch proces. Vanuit ons generalistisch perspectief voegen wij daar vervolgens aan toe dat de regisseur vooral aansluit bij wat er al goed gaat op het podium. Hij bevestigt de acteur in zijn expertise en laat hem eigenlijk al vanaf het eerste moment zien dat hij op het podium bijna altijd al de perfecte zelfregisseur is en dat de toegevoegde rol van de hulpverlener beperkt en tijdelijk is.

De doelstelling van werken aan zelfregie geeft een bijzondere dynamiek aan de interactie tussen patiënt en hulpverlener. Al vanaf de eerste kennismaking zoekt de hulpverlener vooral aansluiting bij de sterke kanten van de patiënt. Die sterke kanten zijn nodig om de patiënt weer in een actieve modus te krijgen en hem medeverantwoordelijk te maken voor de voortgang en de uitkomst van de behandeling. De hulpverlener zet al zijn expertise in om de patiënt 'te verleiden' tot die actieve rol, maar uiteindelijk is het altijd de patiënt die die rol moet pakken. De regiemetafoor helpt ook bij het inzichtelijk maken van het proces dat daaraan ten grondslag ligt: de vorming van de therapeutische relatie. Komt die relatie tot stand, dan is de behandeling al bijna geslaagd en kan het therapeutisch veranderingsproces zijn gang gaan en de acteur steeds meer zijn eigen regisseur maken. Dat is een klus voor de patiënt, maar zeker ook voor de hulpverlener. Een bijzondere klus zelfs, die veel van hem vraagt. Het wordt de hoogste tijd te erkennen dat generalisme een bijzonder specialisme is.

Literatuur

1. Kloos M, Tiemens BG, Hutschemaekers GJM. Patiënten zonder DSM-IV-diagnose en/of met subklinische klachten in de generalistische en specialistische ggz. Tijdschr Psychiatr. 2016;58:565–73.
2. Frank JD, Frank JB. Persuasion and Healing: a comparative study of psychotherapy. 3rd ed. Baltimore London: The John Hopkins University Press; 1991.
3. Hafkenscheid A. De therapeutische relatie. Utrecht: De Tijdstroom; 2014.

Bijlagen

Literatuur – 208

Register – 212

© Bohn Stafleu van Loghum is een imprint van Springer Media B.V., onderdeel van Springer Nature 2019
G. Hutschemaekers, M. Nekkers en B. Tiemens, *Handboek generalistische ggz*,
https://doi.org/10.1007/978-90-368-2364-7

Literatuur

Abbott A. The system of professions. An essay on the division of expert labor. Chicago: University of Chicago Press; 1988.
Aleman A. Je brein de baas. Over de rol van bewust denken. Amsterdam/Antwerpen: Atlas Contact; 2017.
Appelo M. Het innerlijk bureaublad. Zelfvertrouwen door zelfcontrole. Amsterdam: Boom; 2012.
Appelo M. Het gelaagde brein. Reflectie en discipline bij het werken aan verandering. Amsterdam: Boom; 2017.
Arrindell WA, Ettema JHM. SCL-90. Handleiding bij een multidimensionele psychopathologie-indicator. Lisse: Swets & Zeitlinger; 1986.
Bannink F. Gelukkig zijn en geluk hebben. Zelf oplossingsgericht werken. Amsterdam: Pearson; 2007.
Bannink F. Oplossingsgerichte therapie. In: Bohlmeijer E, Bolier L, Westerhof G, Walburg JA, redactie. Handboek positieve psychologie. Theorie onderzoek toepassingen. Amsterdam: Boom; 2013. pag. 341–54.
Beck AT. Cognitive therapy and the emotional disorders. New York: New American Library; 1976.
Beckers T, Koekkoek B, Hutschemaekers G, Rudd B, Tiemens B. (in voorbereiding). Measuring personal recovery in a low intensity community mental healthcare setting: validation of the Dutch version of the Individual Recovery Outcomes Counter (I.ROC).
Beckers T, Koekkoek B, Tiemens B, Jaeqx-van Tienen L, Hutschemaekers G. Substituting specialist care for patients with severe mental illness with primary healthcare. Experiences in a mixed methods study. J Psychiatr Ment Health Nurs. 2019;26(1–2):1–10.
Bernaerts I, Groot FD, Kleen M. De AAQ-II (Acceptance and Action Questionnaire-II): een maat voor experiëntiële vermijding: normering bij jongeren. (The AAQ-II: a measure for experiential avoidance: norm for adolescents). Gedragstherapie. 2014;45:389–99.
Boeckhorst F, Hutschemaekers G. (in voorbereiding). The expert always knows best! Wat maakt een professional tot een expert?
Boevink W, Beuzekom JV, Gaal E, Jadby A, Jong F, Bramel MK, Van der Wal C. Samen werken aan herstel. Van ervaringen delen naar kennis overdragen. Utrecht: Trimbos-instituut; 2002.
Bohlmeijer E, Bolier L, Steeneveld M, Westerhof G, Walburg JA. Welbevinden: van bijzaak naar hoofdzaak? In: Bohlmeijer E, Bolier L, Steeneveld M, Westerhof G, Walburg JA, redactie. Handboek positieve psychologie. Amsterdam: Boom; 2013. pag. 17–38.
Bonneux L. De voor- en nadelen van borstkankerscreening. Tijd voor evidence-based informatie. Ned Tijdschr Geneeskd. 2009;153:A887.
Boshuizen HPA, Bromme R, Gruber H. Professional learning: gaps and transistions on the way from novice to expert. Dordrecht: Kluwer; 2004.
Bovendeerd B. When does PCOMS work? Preliminary results of a PCOMS study in basic mental health care. Amsterdam: Paper presented at the International Federation of Psychotherapie (IFP); 2018.
Brouwers EPM, Van Gestel-Timmermans H, Van Nieuwenhuizen C. Herstelgerichte zorg in Nederland: modegril of daadwerkelijke verandering? Psychopraktijk. 2013;5(4):14–7.
Claassen A-M, Pol S. Schematherapie en de gezonde volwassene. Popsitieve technieken uit de praktijk. Houten: Bohn Stafleu van Loghum; 2015.
Cladder H. Oplossingsgerichte kortdurende psychotherapie. Lisse: Swets & Zeitlinger; 1999.
Csikszentmihalyi M. Finding flow. New York: Basic Books; 1997.
De Beurs E, Zitman F. De Brief Symptom Inventory (BSI). De betrouwbaarheid en validiteit van een handzaam alternatief voor de SCL-90 (Reliability and validity of an applicable alternative of the SCL-90). MGV. 2006;61:120–41.
De Jong P, Berg IK. De kracht van oplossingen. Handboek oplossingsgericht werken. 3e druk. Amsterdam: Pearson; 2013.
De Jong K, Nugter M, Polak M, Wagenborg J, Spinhoven P, Heiser W. The Outcome Questionnaire (OQ-45) in a Dutch population: a cross-cultural validation. Clin Psychol Psychother. 2007;14:288–301. ▶https://doi.org/10.1002/cpp.529.
De Maeseneer J, Boeckxstaens P. James Mackenzie Lecture 2011: multimorbidity, goal-oriented care, and equity. Br J Gen Pract. 2012;62:522–4.
De Rijk K, Verhaak P, Tiemens B, De Vries W, Kerssens J, Hutschemaekers G. Tussen de lijnen. Achtergrondstudie bij de Beleidsvisie GGZ (Vol. 99–3). Utrecht: Trimbos-instituut Nivel; 1999.
De Shazer S. Keys to solution in brief therapy. New York: W.W. Norton; 1985.
De Silva D. Evidence: helping people help themselves. A review of the evidence considering whether it is worthwhile to support self-management. London: The Health Foundation; 2011.
De Vries A, Tiemens B, Cilissen L, Hutschemaekers G. (in voorbereiding). Construction of the self direction measure.
Delespaul P, Milo M, Schalken F, Boevink W, Van Os J. Goede GGZ! Nieuwe concepten, aangepaste taal en betere organisatie. Leusden: Diagnosis; 2016.
Dijksterhuis A. Het slimme onbewuste. Amsterdam: Bert Bakker; 2007.

Literatuur

Duncan BJ, Miller SD, Sparks JA. The heroic client. A revolutionary way to improve effectiveness through client-directed, outcome- informed therapy. San Fransisco: Jossey Bass; 2004.

Duyvendak J, Hutschemaekers G, Van Londen J, Schnabel P, Visser A, De Winter M. Zorg van velen. Eindrapport landelijke commissie geestelijke volksgezondheid. Den Haag: Ministerie van Volksgezondheid Welzijn en Sport; 2002.

Fledderus M, Oude Voshaar MA, Ten Klooster PM, Bohlmeijer ET. Further evaluation of the psychometric properties of the acceptance and action questionaire-II. Psychol Assess. 2012;24:925–36.

Frank JD, Frank JB. Persuasion and healing. A comparative study of psychotherapy. 3rd ed. Baltimore London: the John Hopkins University Press; 1991.

Gerner CK. The mindful path to self-compassion: freeing yourself from destructive thoughts and emotions. New York: Guilford Press; 2009.

Gilbert P. The origins and nature of compassion focused therapy. Br J Clin Psychol. 2014;53:6–41.

Greenson RR. The technique and practice of psychoanalysis, vol. I. London: The Hogarth Press; 1978.

Groenewegen P. Huisartsen als poortwachter. Betere gezondheidszorg dan in landen met vrij toegankelijke specialisten? Ned Tijdschr Geneeskd. 2016;160:D88.

Hafkenscheid A. De therapeutische relatie. Utrecht: De Tijdstroom; 2014.

Harré R. Social being. A theory for social psychology. Oxford: Basil Blackwell; 1979.

Hassink-Franke LJ, Van Weel-Baumgarten EM, Wierda E, Engelen MW, Beek MM, Bor HH, Van Weel C. Effectiveness of problem-solving treatment by general practice registrars for patients with emotional symptoms. J Prim Health Care. 2011;3(3):181–9.

Hayes SC, Stroshahl KD, Wilson KG. Acceptance and commitment therapy. The process and practice of mindful change. 2nd ed. New York London: The Guilford Press; 2012.

Heycop-van ten Ham B, De Vos B, Hulsbergen M. Praktijkboek gedragstherapie. Handboek voor cognitief gedragstherapeutisch werkers 1 en 2. Amsterdam: Boom; 2012.

Huber M, Knottnerus JA, Van der Horst H, Jadad AR, Kromhout D, Leonard B, Smid H. How should we define health? BMJ. 2011;343:d4163. ▶https://doi.org/10.1136/bmj.d4163.

Huijgen F. Family medicine. The medical life history of families. New York: Brunner/Mazel, Inc.; 1982.

Hulsbergen M, Smeets E. Zelfcompassie. In: Claassen A-M, Pol S, redactie. Schematherapie en de gezonde volwassene. Houten: Bohn Stafleu van Loghum; 2015. pag. 53–68.

Hutschemaekers G, Tiemens B. Het einde van de categorale GGZ. Ontwikkelingen, trends en controverses. Tijdschr Psychiatr. 2006;48(1):27–37.

Hutschemaekers G, Tiemens B, De Winter M. Effects and side-effects of integrating care: the case of mental health care in the Netherlands. Int J Integr Care. 2007;7:e31. Retrieved from ▶http://www.ncbi.nlm.nih.gov/entrez/query.fcgi?cmd=Retrieve&db=PubMed&dopt=Citation&list_uids=17786180.

Hutschemaekers G, Witteman C, Rutjes J, Kaasenbrood AJA. Different answers to different questions exploring clinical decision making by general practitioners and psychiatrists about depressed patients. Gen Hosp Psychiatry. 2014;36(4):425–30. ▶https://doi.org/10.1016/j.genhosppsych.2014.02.003.

Hutschemaekers G. De gz-psycholoog en zijn specialismen. In: Verbraak M, Visser S, Muris P, Hoogduin K, redactie. Handboek voor gz-psychologen. Amsterdam: Boom; 2011. pag. 51–60.

Hutschemaekers G. Focus in de Basis GGZ. Indigo handboek voor de Basis GGZ. Utrecht: Indigo; 2015.

Hutschemaekers G. Wordt Nederland steeds zieker? Kengetallen en achtergrondanalyses. MGV. 2001;55:314–35.

Janse PD, Boezen-Hilberdink L, Van Dijk MK, Verbraak MJPM, Hutschemaekers GJM. Measuring feedback from clients: the psychometric properties of the Dutch outcome rating scale and session rating scale. Eur J Psychol Assess. 2014;30(2):86–92.

Jansen G, Batink T. Time to ACT. Het basisboek voor professionals. Zaltbommel: Thema; 2017.

Kaasenbrood A. Consensus als criterium. De ontwikkeling, de verpreiding en het gebruik van richtlijnen voor goed psychiatrisch handelen. Utrecht: NcGv; 1995.

Kabat-Zinn J. Mindfullness-based interventions in context: past, present, and funture. Clin Psychol Sci Pract. 2003;10:144–56.

Kahneman D. Thinking fast and slow (Vol. Allan Lane). London: Farrar, Straus and Giroux; 2011.

Keijsers G, Van Minnen A, Hoogduin C, Verbraak M, Emmelkamp P. Protocollaire behandelingen voor volwassenen met psychische stoornissen. Amsterdam: Boom; 2017.

Keijsers G, Vissers W, Hutschemaekers G, Witteman C. Waarom die weerstand tegen protcollaire behandelingen. In: Verbraak M, Visser S, Muris P, Hoogduin K, redactie. Handboek voor gz-psychologen. Amtsterdam: Boom; 2011. pag. 133–40.

Keijsers GPJ, Van Minnen A, Hoogduin CAL. Protocollaire behandeling in onderzoek en praktijk: recente ontwikkelingen. In: Keijsers GPJ, Van Minnen A, Hoogduin CAL, redactie. Protocollaire behandleing in de ambulante geestelijke gezondheidszorg 2. Houten: Bohn Stafleu van Loghum; Cure & Care Development; 1999. pag. 1–16.

Kloos M, Tiemens BG, Hutschemaekers GJM. Patiënten zonder DSM-IV-diagnose en/of met subklinische klachten in de generalistische en specialistische ggz. Tijdschr Psychiatr. 2016;58:565–73.

Korrelboom K. Groepstrainingen voor specifieke klachten. Competitive momory training (COMET) als voorbeeld. In: Verbraak M, Visser S, Muris P, Hoogduin K, redactie. Handbook voor gz-psychologen. Amsterrdam: Boom; 2011. pag. 249–61.

Korrelboom K, Ten Broeke E. Geïntegreerde cognitieve gedragstherapie. Handboek voor theorie en praktijk. Bussum: Coutinho; 2014.

Lackamp O, Luteijn B, Casteelen G. Farmaca en psyche in de huisartsenpraktijk. In: Lamers E, Bosch F, Hinderink L, Verschuren C, redactie. Psychologie in de eerste lijn. Kortdurende behandeling van veelvoorkomende problemen. Amsterdam: Harcourt; 2006. pag. 2251–360.

Lambert MJ. Prevention of treatment failure. The use of measuring, monitoring, and feedback in clinical practice. Washington DC: American Psychological Association; 2010.

Lambert MJ, Morton JJ, Hatfield DR, Harmon C, Hamilton S, Shimokawa K. Administration and scoring manual for the OQ-45.2 (outcome questionnaire). 3rd ed. Wilmington, DE: American Professional Credentialling Services LLC; 2004.

Lamers SM, Smit A, Hutschemaekers GJ. Het meten van welbevinden en optimaal functioneren. In: Bohlmeijer E, Bolier L, Westerhof G, Walburg JA, redactie. Handboek positieve psychologie. Amsterdam: Boom; 2013. pag. 387–97.

Lamers SM, Westerhof GJ, Bohlmeijer ET, Ten Klooster PM, Keyes CL. Evaluating the psychometric properties of the mental health continuum-short form (MHC-SF). J Clin Psychol. 2011;67:99–110.

Lamme V. De vrije wil bestaat niet. Over wie er echt de baas is in het brein. Amsterdam: Bert Bakker; 2010.

Lazarus RS, Folkman F. Stress, appraisal and coping. New York: Springer; 1984.

Lucassen P, Postma S, Olde Hartman T, Van Ravesteijn H, Linssen M, Wolf J, Gerritsen D. Psychische problemen benaderen als een huisarts. Ned Tijdschr Geneeskd. 2017;161:1–4.

Meijer SA, Zantinge EM, Verhaak PFM. Evaluatie versterking eerstelijns GGZ. Utrecht: Nivel; 2004.

Mieras M. Ben ik dat? Wat hersenonderzoek vertelt over onszelf. Amsterdam: Nieuw Amsterdam; 2007.

Miller WR, Rollnick S. Motiverende gespreksvoering. Een methode om mensen voor te berieden op verandering. Gorinchem: Ekklesia; 2005.

Ministery-of-health. Beleidslijnen GGZ. 's Gravenhage: Ministerie VWS; 1998.

Mok L, Wenning H, De Vries L. Handboek POH-GGZ. Houten: Bohn Stafleu van Loghum; 2016.

Mulder CL, Van der Gaag M, Bruggeman R, Cahn W, Delespaul PA, Dries P, Kempen RW. Routine outcome monitoring voor patiënten met ernstige psychiatrischeaandoeningen: een consensus document (routine outcome monitoring for patients with severe mental illness: a consensus document). Tijdschr Psychiatr. 2010;52(3):169–70.

Neff K, Gerner C. A pilotstudy and randomized controlled tiral of the mindful self-compassion program. J Clin Psychol. 2013;69(1):28–44.

Nelissen M. De brein machine. De biologische wortels van emoties en gevoelens. Een darwinistische kijk. Tielt: Lannoo; 2008.

Ofman D. Bezieling en kwalieit in organisatie. Utrecht: Kosmos/Servire; 2006.

Öst L-G. Applied relaxation: description of a coping technique and review of controlled studies. Behav Res Ther. 1987;25(5):397–409.

Peeters FP, Ruhe HG, Beekman AT, Spijker J, Schoevers R, Zitman F, Schene A. Stagering en profilering van unipolaire depressies (staging and profiling of unipolar depression). Tijdschr Psychiatr. 2012;54(11):957–63.

Prochaska JO, DiClemente CC, Norcross JC. In search of how people change. Application to addictive behaviour. Am Psychol. 1992;47:1102–15.

Ravens-Sieberer U. The kidscreen questionnaires: quality of life questionnaires for children and adolescents. Handbook. Lengerich: Pabst Science Publ; 2006.

Rijnders P, De Jong T, Pieters-Korteweg E. Kortdurend behandelen in de GGZ. Een inleiding. Houten: Bohn Stafleu van Loghum; 1999.

Rijnders P, Heene E, redactie. Handboek KOP-model. Kortdurende interventies voor de basis GGZ. Amsterdam: Boom; 2015.

Rijnders P, Heene E, redactie. Kortdurende interventies voor de eerste lijn. Amsterdam: Boom; 2010.

Rinck M. Lernen. Ein lehrbucht für studium und praxis. Stuttgart: W.Kohlhammer; 2016.

Rogers C. On becoming a person. A therapists' view of psychotherapy. London: Constable; 1967.

Rosenbaum R, Hoyt MF, Talmon M. The challenge of single-session therapies. In: Wells RA, Giannetti VJ, editors. Handbook of the brief psychotherapies. New York: Springer; 1990. pp. 165–89.

Rubel J, Lutz W, Schulte D. Patterns of change in different phases of outpatient psychotherapy: a stage-sequential pattern analysis of change in session reports. Clin Psychol Psychother Engl. 2015;221–14.

Sackett DL, Strauss SE, Richardson WS, Rosenberg W, Haynes RB. Evidence-based medicine. How to practice and teach EBM. Edinburgh London New York: Churchill Livingstone; 2000.

Saleeby D, editor. The stregth perspective in social work practice. 5th ed. Boston: Pearson Education; 2009.

Schibbye P, Ghaderi A, Ljotsson B, Hedman E, Lindefors N, Ruck C, et al. Using early change to predict outcome in cognitive behaviour therapy: exploring timeframe, calculation method, and differences of disorder-specific versus general measures. PLoS One US. 2014;9:e100614.

Schene A, Van Weeghel J, Van der Klink J, Van Dijk F. Psychische aandoeningen en arbeid: een vergelijking van interventies. Psychopraxi. 2005;7(3):91–6.

Schön DA. The reflective practitioner. How professionals think in action. New York: Basic Books; 1983.
Shapiro F. Eye movement desentization and reprocessing. Basic principles, protocols and procedures. 3rd ed. New York London: The Guilford Press; 2018.
Singla DR, Kohrt BA, Murray LL, Anand A, Chorpita BF, Patel V. Psychological treatments for the world. Lessons form low- and middle-income countries. Annu Rev Psychol. 2017;13:149–81.
Slors M. Dat had je gedacht. Brein, bewustzijn en vrije wil in filosofisch perspectief (Vol. 2012). Amsterdam: Boom; 2012.
Stange KC, Ferrer RL. The paradox of primary care. Ann Fam Med. 2009;7(4):293–9.
Starfield B. Is primary care essential? Lancet. 1994;344:1129–33.
Stoffer R. Het vijfgesprekkenmodel. Een handleiding. Delft: Eburon; 2001.
Swaab D. Wij zijn ons brein. Van baarmoeder tot altzheimer. Amsterdam/Antwerpen: Uitgeverij Contact; 2010.
Tiemens B, Böcker K, Kloos MW. Prediction of treatment outcome in daily generalized mental healthcare practice: first steps towards personalized treatment by clinical decision support. Eur J Pers Cent HealthC. 2016;4:24–32.
Tiemens B, Hutschemaekers GJM, Kaasenbrood AJA. Getrapte zorg als beslismodel. MGV. 2004;59(11):916–30.
Tiemens B. Omgeven door relaties. Evidence based werken in de geestelijke gezondheidszorg. Gedragstherapie. 2018;51(2):72–84.
Tiemens BT, Kaasenbrood AJA, De Niet GJ. Evidence based werken in de GGZ. Methodisch werken als oplossing. Houten: Bohn Stafleu van Loghum; 2010.
Trappenburg J, Jonkman N, Jaarsma T, Van s-Medendorp H, Kort H, De Wit N. Zelfmanagement bij chronische ziekten. Huisarts Wet. 2014;57(3):120–4.
V&VN. Multidisciplinaire richtlijn somatische screening bij patiënten met een ernstige psychische aandoening. Utrecht: Trimbos-instituut; 2015.
Van den Brink E, Koster F. Compassievol leven. Amsterdam: Boom; 2012.
Van der Velden K, Hoogduin K, Lange, A. Directieve therapie. Amsterdam: Boom; 2010.
Van Erp Taalman Kip RM, Hutschemaekers GJ. Health, well-being, and psychopathology in a clinical population: structure and discriminant validity of Mental Health Continuum Short Form (MHC-SF). J Clin Psychol. 2018;74(10):1719–29.
Van Gestel-Timmermans J. Herstellen doe je zelf: evaluatie van een cliëntgestuurde cursus. Tijdschr Rehabil. 2012;21(3):32–41.
Van Mens K, Lokkerbol J, Janssen R, Van Orden ML, Kloos M, Tiemens B. A cost-effectiveness analysis to evaluate a system change in mental healthcare in the Netherlands for patients with depression or anxiety. Adm Policy Ment Health & Ment Health Serv Res. 2018;07. ▶https://doi.org/10.1007/s10488-017-0842-x.
Van Orden M, Deen ML, Spinhoven P, Haffmans J, Hoencamp E. Five-year mental health care use by patients referred to collaborative care or to specialized care. Psychiatr Serv Adv. 2015. ▶https://doi.org/10.1176/appi.ps.201400238.
Van Os J. De DSM-5 voorbij! Persoonlijke diagnostiek in een nieuwe GGZ. Leusen: Diagnosis uitgevers; 2014.
Van Rooij E, Droyan-Kodner L, Rijsemus T, Schrijvers G, redactie. Health and health care in the Netherlands. A critical self-assessment of Dutch experts in medical and health sciences (2nd revised ed.). Maarssen: Elsevier Gezondheidszorg; 2002.
Van Straten A, Tiemens B, Hakkaart L, Nolen WA, Donker MCH. Stepped care versus matched care for mood and anxiety disorders: a randomised controlled trial in routine practice. Acta Psychiatr Scand. 2006;113(6):468–76.
Van Vreeswijk M, Broersen J. Handleiding kortdurende schematherapie. Voor groepstherapie en individuele therapie. 3e herziene druk. Houten: Bohn Stafleu van Loghum; 2017.
Van Weel C. Context en medisch handelen. Een visie vanuit de huisartspraktijk. Huisarts Wet. 2001;11:494–7.
Van Widenfelt BM, Goedhart AW, Treffers PD, Goodman R. Dutch version of the Strengths and Difficulties Questionnaire (SDQ). Eur Child Adoles Psychiatry. 2003;12(6):281–9.
Vedsted P, Olesen F. Are the serious problems in cancer survival partly rooted in gatekeeper principles? An ecologic study. Br J Gen Pract. 2011;61:508–12.
Verhaak P, Hoeymans N, Garssen A, Westert G. Mental health in the Dutch population and in general practice: 1987–2001. Br J Gen Pract. 2005;55(10):770–5.
Verhaak P, Van de Lisdonk E, Bor H, Hutschemaekers G. GP's referral to mental health care during the last 25 years. Br J Gen Pract. 2000;50:307–8.
Von Korff M, Tiemens B. Individualized stepped care of chronic illness. Cult Med. 2000;17:133–7.
Witteman C, Bolks L, Hutschemaekers G. Development of the illness perception questionnaire mental health. J Ment Health. 2011;20(2):115–25.
Young JE, Klosko JS, Weishaar ME. Schemagerichte therapie. Handboek voor therapeuten. Houten: Bohn Stafleu van Loghum; 2005.

Register

A

aangrijpingspunt 90
- competentie klacht 95
- competentie lijf 90
- competentie omstandigheden 92
- competentie persoonlijke stijl 93
- veerkracht klacht 97
- veerkracht lijf 96
- veerkracht omstandigheden 96

acceptance and commitment therapy (ACT) 109, 122, 132
- acceptatie 122
- compassion focused therapy (CFT) 156
- creatieve hopeloosheid 122
- defusie 133
- metafoor 134
- mindful self-compassion (MSC) 156
- mindfulness-based compassionate living (MBCL) 156
- toegewijde actie 146
- waarden en toegewijd handelen 145
- waarden nastreven 146
- zelf als context 134
- zelfcompassie versterken 156

ACT. *Zie* acceptance and commitment therapy
actorschap 97
acute aandoening 90
adaptatie 35
afstand nemen 188
agency 25, 94, 95
algemeen ziekenhuis 12
algemene conditie 90
algemene gezondheidszorg 12
ambulante ggz 15
angststoornis 95
arbeidsrehabilitatie 157
assertiviteit 94
automatische piloot 34

B

balansschema 120
basisassumptie 124
basishouding
- positieve grondhouding 49

basishouding van de therapeut
- behendig 173, 174
- dichtbij 50
- direct 49
- doelgericht 110
- methodisch 171–173
- oplossingsgericht 79
- pragmatisch 111
- roldoorbrekend 174

behandeldoel 97–101
behandeling 41
behandelplan 40, 100
behandelprogramma 163
behavioural change-model 141
behoud van resultaat (terugvalpreventie) 185
- evalueren 186
- flexibiliseren 185
- internaliseren 186
- mentaliseren 185

C

CDOI. *Zie* client directed outcome informed
CFT. *Zie* compassion focussed therapie
CGT. *Zie* cognitief gedragstherapeutische techniek
chronische aandoening 90
chronische dwang 154
chronischepsychiatrische aandoening 54
cirkel van invloed 117
client directed outcome informed (CDOI) 178
- outcome rating scale (ORS) 178
- session rating scale (SRS) 178

cognitief gedragstherapeutische techniek (CGT) 109, 123
- automatiseren 147
- betekenisanalyse 124
- counterconditioning 148
- exposure 135
- functie-analyse 123
- gedachterapport 135
- gedragsexperiment 136
- herhaalde en veelvuldige exposure 147
- imaginaire exposure 135
- in vivo exposure 135
- introceptieve exposure 135
- meerdimensionaal evalueren 137
- priming-principe 147
- registratie van klachten 124
- socratische dialoog 137
- verlies- en winstrekening 144
- zelfcontroletechniek 148

collective sense of the profession 9
COMET. *Zie* competitive memory training
comorbiditeit 17, 96
competentie 41, 83
competitive memory training (COMET) 160
complementaire model 3, 13
- breedte- 5
- diepte- 5

contextualiseren 14, 54, 68
contingentiemanagement 147
contraconditionering 161
contra-indicatie 52
coping 35
copingstrategie 86
crisiskaart 151
cultureel interview 119
cultuur en maatschappij 35, 93
curatie 83

D

deductie 9
defusie 134
demoralisatie 34
depressieve stoornis 95
diagnostische fase 38
DSM-classificatie 17
dubbelrol 32

E

eerstelijnspsychologie 18
eetstoornis 95
e-health 162
eindevaluatie 43
EMDR. *Zie* eye movement desensitization and reprocessing
emotieregulatie 94
empirically supported treatment (EST) 162
ervaringsdeskundige 158
EST. *Zie* empirically supported treatment
evaluatie
- meetinstrumenten 175

evaluatieproces 42
evalueren 114, 164

Register

expertisevorming 4
externaliserende vraag 133
eye movement desensitization and reprocessing (EMDR) 160

F

flexibiliseren 112, 127–138, 163
flow 29
focussen 19, 83, 188

G

gb-ggz. *Zie* generalistische basis-ggz
gebrek aan regie 34
gedachtedagboekje 125
geïntegreerde specialistische ggz 15
gemeenschappelijke probleemdefinitie 38, 67
generalisatie 125
generalist 9
- behandelen 11
- diagnostiek 11
- evaluatie 12
- indicatiestelling 11
- professionele attitude 12
generalistische basis-ggz (gb-ggz) 2
generalistische diagnostiek 50
generalistische ggz 2
- doel 18
- uitgangspunten 18
generalistische model 9
gestalt 67
gezondheid 35
- definitie 12
gezondheidspodium 33
G-schema 117–119
gz-psycholoog 3

H

healing relationship 203
hermeneutische cirkel 67
hersenproces 24
- systeem II 24
herstel 87
- fasen 87
het zelf 23
homeostase 35
hoofdweg 162
huisarts 9
hypothese 39

I

impulscontrole 94
indicatiestelling 39, 79
indicatietrechter 84
- competentie klacht 87
- competentie lijf 85
- competentie omstandigheden 85
- competentie persoonlijke stijl 86
- veerkracht klacht 88
- veerkracht lijf 89
- veerkracht omgeving 89
- veerkracht persoonlijke stijl 89
innerlijk bureaublad 161
internaliseren 113, 139–146, 163
interpretatieschema 117
interventie 8
inzicht, overzicht en uitzicht 70

J

jeugd-ggz 163
jeugdzorg 163

K

kernkwadrantenschema 121
klacht 52
- affectlabiliteit 53
- angst 52
- depressie 53
- jaloezie 53
- lichamelijk 53
- suïcidale gedachte 53
- woede-uitbarsting 53
- zelfverwijt 53
klachtenreductie 175
klinisch psycholoog 3, 16
KLOP-systematiek 19, 51–60, 82, 83, 85–88, 189, 190
KLOP'pen 36, 60, 65, 80–83, 190
KOP-model 19, 51

L

leefstijladvies 90
levensfase 92
lijdensdruk 34
lijf 54, 128
- activering 128
- lichamelijke aandoening 55
- lichamelijke conditie 55
- medicatie 129
- mentale beperking 55
- middelenafhankelijkheid 55
- mindfulness 129
- psychische beperking 55
- psychosomatische klacht 55
- somatopsychische klacht 55
lotgenoot 158

M

maatschappelijk herstel 157
maatschappelijk werker 15
MBCL. *Zie* mindfulness-based compassionate living
MBSR. *Zie* mindfulness-based stress reduction
medicatie 55, 116
- afbouw 142
medisch model 7
mentaliseren 44, 114–126, 163
methodisch 171
mindfulness-based compassionate living (MBSL) 157
mindfulness-based stress reduction (MBSR) 129
mindful self-compassion 156
model van complementariteit 12
monitoren 164, 176
motivational interviewing 102
MSC. *Zie* mindful self-compassion

N

normaliseren 61
normaliserende grondattitude 50

O

obsessief compulsieve stoornis (OCS) 154
obsessieve en compulsieve klacht 95
OCS. *Zie* obsessief compulsieve stoornis
oefenen 188, 190
omstandigheden 56, 130
- actuele hier en-nu gebeurtenis 57
- familie en gezin 57
- ingrijpende gebeurtenis 57
- levensfase 57
- levensgebeurtenis 57
- opleiding, sociale achtergrond, familie 57

- vrienden en bekenden 57
- vrije tijd 57
- vroegere gebeurtenis 57
- werk 57
- wonen 57

onderliggende patronen 126
ontspanningstechniek 116
ontwikkelingsstoornis 97
- ADHD en autisme 97

operante conditionering 147
oplossingseigenaarschap 40, 103
oplossingsgericht 79
oplossingsgerichte therapie 109
- schaalvraag 130
- uitzondering 130
- wondervraag 82

optelmodel 3
ORS. *Zie* outcome rating scale
outcome rating scale 178
overdrachtsrelatie 204

P

paradox of primary care 13
paradoxale intentie 126
parsimony 61, 83, 172
persoonlijke stijl 131
- copingstrategieën 59
- gewoonten 59
- patronen 59
- persoonlijkheidskenmerken 59

persoonlijkheidsstoornis 127
perspectiefwisseling 82
pluis/niet-pluiscriterium 10
poortwachter 12
positief dagboekje 190
positieve psychologie 12
- registratie 125

pragmatisme 111
praktijkondersteuner huisarts-ggz (poh-ggz) 2, 55
proactiviteit 94
probleemdefinitie 68
- aannemelijk 69
- bruikbaar 69
- gemeenschappelijk 68

probleemeigenaarschap 39, 70, 71
- bezoekers- of voorbijgangerspositie 71
- contemplatiefase 71
- handhavingsfase 72
- klager- of zoekerpositie 72
- klant- of koperpositie 72
- precontemplatiefase 71
- voorbereidingsfase 72

problem solving therapy (PST) 131

proceseigenaar 42, 186
professionele attitude
- doelgericht werken 110
- pragmatisch 110

protocol 162
PST. *Zie* problem solving therapy
psychiater XIV, 16, 142
psychiatrisch ziekenhuis 15
psychofarmaca 142
psychosomatische klacht 90, 117

R

reflectieve bewustzijn 25, 39
reflection in action 8, 171
reflection on action 8, 171
reflective practice 171
regie 30
regie en zelfregie 37
regiemodel 18, 163, 166, 170, 186, 187
- de vier stappen 43
- evaluatie 170
- fasen 38, 100
- stagnatie als casus 166
- stappen 100
- vaardigheden 44

regievaardigheden
- evalueren 44
- flexibiliseren 44
- internaliseren 44

regisseur 23, 31
rehabilitatie 83
relapse prevention 43
relatie en gezin 92
remoralisatie 39
reptielenbrein 25
resultaatmeting 175
riagg 15
roldoorbrekend 171
ROM. *Zie* routine outcome monitoring
rondrit 160
roos van Leary 121
routine outcome monitoring (ROM) 16, 176
- gezamenlijke opdracht 178

S

schaalvraag 82
schematherapie 138
- disfunctionele modus 127
- kindmodus 127
- oudermodus 127

schizofrenie 155
scientist practitioner 192

screening 14
self efficacy 41, 95
sense of urgency 39
session rating scale 178
shaping 147
shared decision making 22, 102
signaleringsinterventie 143
signaleringsplan 152
single session therapy 158
sluiproute 159
sociale steun 104
socratisch motiveren 103
somatische screening 150
somatopsychische klacht 90, 116
specialisme zenuw- en zielsziekte 15
specialist
- diagnostiek 8
- evaluatie 8
- indicatiestelling 8
- interventie 8

specialistische attitude 8
specialistische ggz 2
SRS. *Zie* session rating scale
stagering 16
stagnatie 23, 33, 36
stepped care 11
stress-copingmodel 10, 18
stress- en angstklacht 116
studie, werk en maatschappij 93
successive approximation 147

T

tacit knowledge 171
tapering 143
therapeutische relatie 203
toenaderingsinterventie 126
toneelmetafoor 23
- achter het podium 27
- acteur 27
- acteur en personage 28
- het publiek 27
- personage 27
- podium 27
- producent 27
- regisseur 27
- schrijver 27

toolbox 188
transtheoretisch model 114

U

uitvoeringseigenaarschap 112, 164

V

veerkracht 41, 84
veerkrachtpatiënt 148
verpleegkundig specialist 17
VERS-training 155
verwijzing naar s-ggz 73
– criteria 73
volgen 188, 191
voortgang 41
voortgangscontrole 176
vs-ggz 55

W

watchfull waiting 11, 171
werkhypothese 78

Z

zelfbeeld 95, 155, 160
zelfcontrole 41
zelfgevoel 97
zelfhelend vermogen 11
zelfhulpgroep 158
zelfmanagement 91, 140
zelfregie 18, 22, 23, 32, 194
– oplossingseigenaarschap 23
– probleemeigenaarschap 23
– proceseigenaarschap 23
– uitvoeringseigenaarschap 23
zelfregielijst 175
zelfregisseur 172
zelfwaardering 161
zenuwarts 15
zorgprogramma 16

MIX
Papier aus verantwortungsvollen Quellen
Paper from responsible sources
FSC® C105338

If you have any concerns about our products,
you can contact us on
ProductSafety@springernature.com

In case Publisher is established outside the EU,
the EU authorized representative is:
**Springer Nature Customer Service Center GmbH
Europaplatz 3, 69115 Heidelberg, Germany**

Printed by Libri Plureos GmbH
in Hamburg, Germany